Jahrbuch für Wirtschaftsgeschichte BEIHEFT 6

Im Auftrag der Herausgeber
des Jahrbuchs für Wirtschaftsgeschichte
herausgegeben von Reinhard Spree

Mark Spoerer

Steuerlast, Steuerinzidenz und Steuerwettbewerb

Verteilungswirkungen der Besteuerung in Preußen und Württemberg (1815–1913)

THEORIA CUM PRAXI

Akademie Verlag

ISBN 3-05-004088-2

Das eingesetzte Papier ist alterungsbeständig nach DIN/ISO 9706.

Einbandgestaltung: Ingo Ostermaier, Berlin
Druck und Bindung: Druckhaus „Thomas Müntzer“, Bad Langensalza

Gedruckt in Deutschland

Inhaltsverzeichnis

Vorwort

„The avoidance of taxes is the only intellectual pursuit that carries any reward."

John Maynard Keynes [1]

Wer sich alljährlich im Mai mit seiner Einkommensteuererklärung auseinandersetzen muß, mag der Illusion anheimfallen, auch im Steuerwesen sei früher alles besser gewesen. Doch schon lange vor Keynes' Zeiten waren die europäischen Steuersysteme so belastend und so komplex, daß die Steuerzahler beträchtliche Energien in Steuervermeidungsstrategien steckten. Die Steuerlast, ihre Abwälzung und ihre Umgehung sind zentrale Themen dieses Buches, das sich als Resultat einer intellektuellen Bemühung versteht, über deren Ertrag sich Keynes so skeptisch geäußert haben soll. Immerhin, die Kosten der Archivstudien, die der vorliegenden Arbeit zugrundeliegen, konnten mit Erfolg steuerlich abgesetzt werden. Sicherlich lassen sich weniger aufwendige Steuervermeidungsstrategien vorstellen, doch wurde die Arbeit außerdem im Sommersemester 2003 von der Fakultät für Wirtschafts- und Sozialwissenschaften der Universität Hohenheim als Habilitationsschrift angenommen. Ob dies angesichts des Strukturwandels der deutschen und europäischen Universitätslandschaft einmal den erhofften Ertrag abwerfen wird, wird die Zukunft erweisen.

Mein Dank gilt den beiden Gutachtern Jürgen v. Kruedener und Rolf Caesar, die mir sehr wertvolle Hinweise für die Überarbeitung in Buchform gegeben haben sowie Reinhard Spree, der die Aufnahme in die Reihe befürwortet hat. Sehr förderlich war der Entstehung dieser Studie die persönlich wie intellektuell sehr bereichernde langjährige Zu-

[1] Zit. n. The Newsletter of the Cliometric Society, 17 (2002), H. 2, S. 51.

sammenarbeit mit Jürgen v. Kruedener. Britta Bopf, Clemens Esser, Rainer Fattmann, Ute Siepermann und Jochen Streb haben Teile früherer Manuskriptfassungen gelesen und mit konstruktiver Kritik nicht gegeizt. Ihnen allen möchte ich dafür danken.

Ferner danke ich Andreas Kunz vom Institut für Europäische Geschichte in Mainz, der im Rahmen des IEG-Maps-Projekts sehr kurzfristig die Gestaltung der Karten in Kapitel 2.2 ermöglicht hat.

Zu guter letzt sei Ute für Langmut und Vertrauen gedankt.

Tübingen, Ende Mai 2004

1. Einleitung

„Es ist kein Wirtschaftssystem denkbar, das den Bürger mit dem Opfer der Steuerzahlung völlig aussöhnen könnte. Auch psychologisch ist es verständlich, daß der Zensit mehr den ihn unmittelbar treffenden Verlust als mittelbare und oft ungewisse Vorteile beachtet. Darum haben die Steuerzahler aller Länder und Zeiten immer wieder versucht, die drohende Last auf ein Mindestmaß zu beschränken."

Fritz K. Mann (1937) [1]

1.1 Einführung

Niemand zahlt gerne Steuern. Im Gegensatz zur Gebühr ist die Steuer dadurch charakterisiert, daß derjenige, der sie zahlt, keinen Anspruch auf eine direkt zurechenbare Gegenleistung des Staates erwirbt. Insofern hofft jeder Steuerzahler, daß zur Finanzierung staatlicher Leistungen, die er gerne in Anspruch nimmt, alle anderen Steuerzahler beitragen, während er seine eigene Steuerzahlung gering zu halten versucht. Dieses klassische Trittbrettfahrerproblem charakterisiert das notorisch ambivalente Verhältnis zwischen Steuerzahler (Zensit) und Staat.

Seitdem es verfaßte Gesellschaften gibt, ist dieses Fundamentalproblem der Besteuerung bekannt. Die Relevanz des Trittbrettfahrerverhaltens hängt von der Größe der Gebietskörperschaft ab, in der über Steueraufbringung und -verwendung entschieden wird, und, damit zusammenhängend, vom Einfluß des Zensiten auf die Aufbringung und Verwendung seiner Steuergelder, wie die empirischen Studien vor allem Schweizer Finanz-

[1] Fritz K. Mann (1937), Steuerpolitische Ideale. Vergleichende Studien zur Geschichte der ökonomischen und politischen Ideen und ihres Wirkens in der öffentlichen Meinung 1600-1935 (Finanzwissenschaftliche Forschungen, 5), Jena: Fischer, S. 39.

wissenschaftler und neuerdings auch experimenteller Spieltheoretiker gezeigt haben.[2] Einer der zentralen Aspekte dieses Problems ist die Verteilung der Steuerlast. Da niemand gerne Steuern zahlt, ist die Entscheidung darüber eine Frage der aktuellen Machtverhältnisse. Nach konstitutionellen Fragen ist das Problem der Steuerlastverteilung in modernen Friedenszeiten eines der bedeutendsten politischen Probleme überhaupt, entscheidet seine Lösung doch über die Verteilung des Sekundäreinkommens und somit über Konsummöglichkeiten, materielle Absicherung und Prestige in der Leistungsgesellschaft. Nicht ohne Grund gelten das Steuerbewilligungs- und das Budgetrecht als die wichtigsten Errungenschaften auf dem Weg zur direkten bzw. parlamentarischen Demokratie.[3]

Vor allem in diesem Kontext hat die wirtschafts- und finanzhistorische Forschung ihr Augenmerk wiederholt auf Fragen der Besteuerung im 19. Jahrhundert gerichtet. In Hinsicht auf die Verteilung der Steuerlast sind drei Untersuchungsfelder zu unterscheiden, denen die Forschung seit dem Zweiten Weltkrieg nachgegangen ist. Eine geradezu klassische Frage ist erstens die nach dem Einfluß der Besteuerung auf die sektorale Steuerlastverteilung und in diesem Zusammenhang auch auf den gesamtwirtschaftlichen Wachstumsprozeß in der Industrialisierung. Zweitens geht es um die Frage der regionalen Steuerlastverteilung, wobei der Interessenkonflikt zwischen dem industrialisierten Westen und dem agrarischen Osten Preußens im Vordergrund steht. Schließlich beschäftigen sich mehrere Autoren mit den Auswirkungen der Besteuerung auf unterschiedliche soziale Schichten. Während im ersten Untersuchungsfeld auch allokative Aspekte thematisiert werden, stehen insbesondere im letzten distributive im Mittelpunkt. Vor allem die Frage nach den schichtspezifischen Wirkungen der Besteuerung wird in der Literatur in den größeren Kontext der Modernisierungsforschung eingebettet, die über die rein ökonomische Perspektive hinaus auch soziale und politische Fragestellungen thematisiert. Neben der historischen Forschung wirft zuweilen auch die Finanzwissenschaft einen Blick zurück ins 19. Jahrhundert. Ihr geht es darum, eine Vorstellung von der langfristigen Entwicklung der Staatsquote und, eng damit zusammenhängend, der Steuerquote zu gewinnen. Im Hintergrund steht dabei das „Wagnersche Gesetz" des im Verhältnis zum Sozialprodukt überproportionalen Wachstums öffentlicher Ausgaben (und ergo Einnahmen).

Die Ergebnisse der Forschung fallen teils einheitlich, teils widersprüchlich aus. Selbst scheinbar so einfache Fragen wie die nach den tatsächlichen Staats- und Steuerquoten sind sehr unterschiedlich beantwortet worden. Ein wesentlicher Grund hierfür

---

2 Vgl. vor allem die Forschungen von Werner Pommerehne, etwa Werner Pommerehne/Hannelore Weck-Hannemann (1996), Tax Rates, Tax Administration and Income Tax Evasion in Switzerland, in: Public Choice, 88, S. 161-170, und zum spieltheoretischen Ansatz Ernst Fehr/Simon Gächter (2000), Fairness and Retaliation: The Economics of Reciprocity, in: Journal of Economic Perspectives, 14, Nr. 3, S. 159-181, und György Szabó/Christoph Hauert (2002), Phase Transitions and Volunteering in Spatial Public Goods Games, in: Physical Review Letters, 89, Nr. 118101.

3 Vgl. etwa Rudolf Goldscheid (1926), Staat, öffentlicher Haushalt und Gesellschaft. Wesen und Aufgabe der Finanzwissenschaft vom Standpunkte der Soziologie, in: Handbuch der Finanzwissenschaft, 1. Aufl., Bd. I, Tübingen: Mohr (Siebeck), S. 146-184, hier S. 152.

W

liegt in dem schlechten Stand der zeitgenössischen Finanzstatistik. Vor allem mit der Erstellung von Kommunalfinanzstatistiken taten sich die zeitgenössischen statistischen Ämter schwer. Wegen der schlechten Datenlage konzentriert sich die wirtschafts- und finanzhistorische Forschung fast ausschließlich auf die Finanzen des Reichs und der Bundesstaaten. Hinsichtlich der Frage nach der Wirkung der Besteuerung auf das Wachstum kommt sie mehrheitlich zu der Antwort, daß die Steuergesetzgebung und -veranlagung förderlich gewesen sei, weil sie den rasch wachsenden industriellen Sektor zu Lasten der Landwirtschaft geschont habe. Auch die schichtspezifischen Verteilungswirkungen werden von der Forschung überwiegend positiv beurteilt, da die Entwicklung der Besteuerung im Verlaufe des 19. Jahrhunderts einen Trend zu größerer Steuergerechtigkeit aufgewiesen habe.

In der vorliegenden Arbeit werden einige dieser Urteile revidiert, andere auf neuer empirischer Grundlage bestätigt. In Anlehnung an die Neue Politische Ökonomie wird dabei auch ein Perspektivwechsel vorgenommen. Nicht der Staat wird im Vordergrund stehen, sondern, soweit das die Quellen zulassen, der Zensit. Methodische Ausgangspunkte werden dabei erstens die Erschließung neuer Datenquellen sein, insbesondere aus Archiven, zweitens die Nutzung von Verfahren der induktiven Statistik und drittens die Ausweitung der Perspektive auf die Steuerinzidenz und die steuerinduzierte Migration mit Steuerwettbewerb als Folge.[4] Obwohl die Konzepte der Steuerinzidenz und insbesondere des Steuerwettbewerbs in der heutigen finanzwissenschaftlichen Diskussion eine wichtige Rolle spielen, sind sie bislang in der deutschen wie angelsächsischen finanzhistorischen Forschung fast völlig unbeachtet geblieben. Insbesondere die Einbeziehung dieser beiden Aspekte wird zu einer differenzierteren und kritischeren Betrachtung der Besteuerung im 19. Jahrhundert führen, die bislang von maßgeblichen Teilen der Forschung als Erfolgsgeschichte beurteilt wird.

Der Untersuchungszeitraum liegt zwischen dem Wiener Kongreß und dem Beginn des Ersten Weltkriegs, einer Phase, in der Deutschland in wirtschaftlicher und sozialer Hinsicht einen umfassenderen Wandel erlebte als jemals zuvor oder danach. Angesichts der Vielfalt der deutschen Staatengebilde zwischen 1815 und 1871 ist eine Auswahl zu treffen. Die Einbeziehung Preußens bedarf angesichts des politischen und wirtschaftlichen Übergewichts dieses Staates keiner weiteren Begründung. Da die Finanzgeschichte die Steuersysteme der deutschen Staaten in das „preußische“ Subjektsteuersystem und das „süddeutsche“ Objektsteuersystem einteilt, bieten sich Baden, Bayern oder Württemberg als Gegenpart an. Weil das württembergische Steuersystem als das konse-

---

[4] Die Begriffe „Steuerlast“ und „Steuerinzidenz“ werden in der Literatur verschieden definiert und *können* synonym verstanden werden; vgl. etwa Fritz Neumark (1977), Steuern: Grundlagen, in: Handwörterbuch der Wirtschaftswissenschaften, Bd. VII, Stuttgart u.a.: Fischer u.a., S. 295-309, hier S. 306f. Unter Steuerlast wird im folgenden die (Brutto-) Summe der tatsächlich aufgebrachten Steuer verstanden. Erst durch Überwälzung der Steuerschuld vom formal Steuerpflichtigen an andere Wirtschaftssubjekte ergibt sich die Verteilung der effektiven Steuerlast (Inzidenz). Die Mehrwertsteuer z.B. wird vom Einzelhändler an das Finanzamt abgeführt. Gleichwohl wird man davon ausgehen können, daß er über die Endverkaufspreise die Steuerlast auf seine Kunden (ganz oder teilweise) abwälzen kann.

quenteste der süddeutschen Ertragsteuersysteme angesehen wird[5] und zudem die archivalische Überlieferung ebenso wie die publizierte württembergische Statistik relativ aussagekräftig ist, bildet dieser Staat das zweite Untersuchungsobjekt.

Neben der zeitlichen und räumlichen ist auch eine sachliche Abgrenzung zu treffen. Wollte man die Verteilungswirkungen staatlicher finanzwirtschaftlicher Aktivität vollständig untersuchen, so dürfte man sich nicht auf die Analyse der Steuern beschränken, sondern müßte die Wirkungen der Ausgabenseite und gegebenenfalls der öffentlichen Verschuldung miteinbeziehen. Die Untersuchung dieser sogenannten Budgetinzidenz wird jedoch in der finanzwissenschaftlichen Literatur als praktisch kaum durchführbar angesehen, zumal sie methodisch umstritten ist und daher empirisch nur mit starken Einschränkungen operationalisiert werden kann.[6] Eines der Hauptprobleme ist beispielsweise die Zurechnung öffentlicher Güter auf einzelne Haushaltsgruppen. Dieses Problem muß sich für eine Analyse der Budgetinzidenz im 19. Jahrhundert um so mehr stellen, als, erstens, der Anteil der öffentlichen Güter (Verteidigung, Polizei, Justizwesen usw.) an den gesamten öffentlichen Ausgaben mindestens bis zum Aufkommen kommunaler Versorgungsunternehmen im letzten Viertel des Jahrhunderts weitaus höher war als heute. Zweitens hatten damals direkte öffentliche Umverteilungsmaßnahmen, etwa in Form von Transferzahlungen oder Sozialversicherungsleistungen, eine weitaus geringere Bedeutung. Insofern wird hier die Ausgabenseite der öffentlichen Budgets weitgehend ausgeblendet. Erst im letzten Kapitel wird sie kursorisch in die Betrachtung miteinbezogen.

Eine detailliertere Auseinandersetzung mit der Forschung erfordert gewisse finanzhistorische und steuertechnische Grundlagen. Daher folgt zunächst ein kurzer Abriß der preußischen und württembergischen Steuergeschichte.

1.2 Staatliche und kommunale Besteuerung in Preußen und Württemberg im Überblick

Aus dem grundlegend anderen Staatsverständnis, das den konstitutionell verfaßten Staat des 19. Jahrhunderts vom spätabsolutistischen Staat des 18. Jahrhunderts unterschied, leitete sich auch eine andere Finanzverfassung ab. Der originäre Finanzbedarf des spätabsolutistischen Landesherrn, d.h. ohne den Schuldendienst, erstreckte sich im wesentlichen auf drei Gebiete, die alle unmittelbar mit Machtausübung, -erhalt und -demonstra-

[5] Vgl. Wilhelm Gerloff (1929), Der Staatshaushalt und das Finanzsystem der wichtigsten Kulturstaaten vom Beginn des 19. Jahrhunderts bis zur Gegenwart, in: Handbuch der Finanzwissenschaft, 1. Aufl., Bd. III, Tübingen: Mohr (Siebeck), S. 1-69, hier S. 52. – Genau genommen handelte es sich um Sollertragsteuersysteme. Die in dieser Darstellung behandelten Ertragsteuern waren bis kurz vor Ende des 19. Jahrhunderts allesamt Soll-, nicht Istertragsteuern.

[6] Vgl. etwa Kurt Reding/Walter Müller (1999), Einführung in die Allgemeine Steuerlehre, München: Vahlen, S. 133, 141.

tion verbunden waren: Militär, Verwaltung, Hofhaltung.[7] Es lag daher nahe, daß er für die Deckung seiner Ausgaben auf die Erträge des eigenen landesherrlichen Vermögens zurückgriff, d.h. vor allem auf solche aus seinen Domänen und Forsten. Für eine Trennung in landesherrliche und staatliche Finanzen gab es zunächst keinen zwingenden Grund. Selbst Maßnahmen zur wirtschaftlichen Erschließung des Landes, etwa Infrastrukturverbesserungen, dienten im kameralistischen Kalkül der Zeit zur Hebung der Steuerkraft und damit letztlich der landesherrlichen Kasse und Macht.

Bei der Besteuerung sah sich der Landesherr mit zwei Widerständen konfrontiert. Zum einen mußte der Besteuerungsvorgang angesichts der geringen verwaltungsmäßigen Erschließung des frühneuzeitlichen Territoriums an gut sicht- und quantifizierbaren Tatbeständen anknüpfen, etwa Realvermögen oder dem Passieren einer ohnehin zu bewachenden inneren oder äußeren Grenze. Zum anderen hatte er mit dem Widerstand der Stände und der Bevölkerung zu rechnen. Die indirekten Steuern[8] (v.a. Akzisen und Zölle) waren schon früh in die alleinige Verfügungsgewalt der Landesherren übergegangen, da sie vor allem in den Städten erhoben wurden und die übrigen Stände wenig tangierten, da ihre Mitglieder ihr Einkommen vor allem aus Grundbesitz bezogen. Bei den direkten Steuern – ganz überwiegend Grund- und andere Vermögensteuern – mußten die Landesherren jedoch mit sehr viel mehr Widerstand der Stände rechnen. Der Landesherr forderte daher die Erhebung direkter Steuern zunächst nur in Notfällen ein, die nicht nur seine Herrschaft, sondern das Land als Ganzes und damit auch das Eigentum der Stände bedrohten, typischerweise bei Kriegsgefahr. Direkte Steuern wurden somit zunächst nur unregelmäßig erhoben, doch erreichten einige Landesherren eine Verstetigung, in Brandenburg-Preußen zum Beispiel kurz nach Mitte des 17. Jahrhunderts. Auch bei den direkten Steuern knüpfte die Erhebung an einfach festzustellenden Tatbeständen an: Boden, Gebäude(teile), Personen. Somit stand die Finanzierung des spätabsolutistischen Staates auf drei Säulen: den landesherrlichen Domänen- und Forsteinkünften, den indirekten Steuern und den direkten Steuern, wobei den indirekten Steuern

---

7 Vgl. Jürgen v. Kruedener (1973), Die Rolle des Hofes im Absolutismus (Forschungen zur Sozial- und Wirtschaftsgeschichte, 19), Stuttgart: Fischer, S. 13-17.

8 Die Unterteilung in direkte und indirekte Steuern ist nach wie vor die gängigste. Vereinfacht dargestellt bemessen sich direkte Steuern nach Einkommen und Vermögen (z.B. Personensteuern, Realsteuern) und werden unmittelbar über eine Veranlagung beim Steuerpflichtigen erhoben, während indirekte Steuern bei der Produktion oder wirtschaftlichen Transaktionen (z.B. Verkehrsteuern, Verbrauchsteuern) anfallen. In der Finanzwissenschaft wird vom Gebrauch der Begriffe mittlerweile abgeraten, weil sie Inzidenzwirkungen suggerieren – indirekte Steuern seien überwälzbar, direkte nicht –, die im Einzelfall sehr fraglich sein können; vgl. z.B. Neumark (1977), S. 299; Dieter Brümmerhoff (2001), Finanzwissenschaft, 8. Aufl., München u.a.: Oldenbourg, S. 380f., aber auch schon Johann G. Hoffmann (1840), Die Lehre von den Steuern. Als Anleitung zu gründlichen Urtheilen über das Steuerwesen. Mit besonderer Beziehung auf den preussischen Staat, Berlin: Nicolai, S. 69-74, und Walther Lotz (1910), Einige Ergebnisse der Steuerüberwälzungslehre für die Steuersystematik, in: Zeitschrift für Volkwirtschaft, Sozialpolitik und Verwaltung, 19, S. 561-569, hier S. 562. Da die Trennung in direkte und indirekte Steuern jedoch nach wie vor geläufig ist und vor allem in der zeitgenössischen Diskussion ständig vorgenommen wurde, wird sie hier beibehalten.

Ende des 18. Jahrhunderts in den meisten Territorien größere Bedeutung zukam als den direkten.[9]

Auf der kaum erforschten Ebene der Gebietskörperschaften unterhalb des Staates, also der landständischen und kommunalen Finanzen,[10] dürfte den direkten Steuern dagegen eine größere Bedeutung zugekommen sein als auf der Landesebene. Dies war zum einen darauf zurückzuführen, daß indirekte Steuern meist für den Landesherrn reserviert waren, und zum anderen, daß das Vermögen der städtischen Einwohner besonders gut sicht- und meßbar war und sie oft Einfluß auf die Verwendung der kommunalen Steuern hatten.

Die Meßbarkeit des Steuergegenstandes hatte starken Einfluß auf die Ausgestaltung des Steuersystems, das im Übergang zum konstitutionellen Staat drei idealtypische Ausprägungen erhielt. In Ländern mit relativ ausdifferenzierter Verwaltung entwickelte das System entweder einen Schwerpunkt auf den Objektsteuern (Realsteuern), wie etwa in Frankreich, oder auf den Subjektsteuern (Personensteuern), wie in England. In Ländern mit rudimentärer verwaltungsmäßiger Durchdringung dagegen blieben die indirekten Steuern dominierend.

Die Erhebung von Objektsteuern bietet sich an, wenn der Staat sich aus steuertechnischen Gründen außerstande sieht oder aus steuerpolitischer Rücksichtnahme nicht willens ist, die persönlichen Einkommensverhältnisse der Zensiten zu eruieren. Daher richtet er sein Augenmerk auf das Realkapital, mit dem der Zensit sein Einkommen erzielt. Der Wert dieses Realkapitals wird aus bestimmten „objektiven" Tatbeständen (z.B. Bodengröße und -beschaffenheit, Gebäudegröße und -verkaufswert) abgeleitet, und die daraus durchschnittlich erzielbaren Erträge werden geschätzt und in Kataster eingetragen, die der Besteuerung zugrundeliegen. Welche Erträge der Zensit tatsächlich aus der Nutzung seines Realkapitals erzielt, ist für die Bemessung der Steuer nicht erheblich und hat allenfalls auf die Wahrscheinlichkeit ihrer erfolgreichen Eintreibung Einfluß.

Im Verlaufe des 19. Jahrhunderts sah man Objektsteuern zunehmend als veraltet an. Als modern galten die Subjektsteuern und insbesondere ihre prominenteste Vertreterin, die Einkommensteuer. Ihre Vorzüge liegen aus staatlicher Sicht in der finanziellen Er-

---

9 Vgl. Rudolf Braun (1975), Taxation, Sociopolitical Structure, and State-Building: Great Britain and Brandenburg-Prussia, in: Charles Tilly (Hrsg.), The Formation of National States in Western Europe, Princeton: Princeton University Press, S. 243-327; ders. (1977), Steuern und Staatsfinanzierung als Modernisierungsfaktoren. Ein deutsch-englischer Vergleich, in: Reinhart Koselleck (Hrsg.), Studien zum Beginn der modernen Welt (Industrielle Welt, 20), Stuttgart: Klett-Cotta, S. 241-262; Ernst Klein (1974), Geschichte der öffentlichen Finanzen in Deutschland (1500-1870) (Wissenschaftliche Paperbacks Sozial- und Wirtschaftsgeschichte, 6), Wiesbaden: Steiner, S. 24-88, und Werner Buchholz (1996), Geschichte der öffentlichen Finanzen in Europa in Spätmitelalter und Neuzeit. Darstellung, Analyse, Bibliographie, Berlin: Akademie, S. 11-58.

10 Vgl. für Deutschland: Buchholz (1996), S. 15f., und für die anderen europäischen Staaten die systematisch bzw. nach Staaten geordneten Beiträge in: Richard Bonney (Hrsg.) (1995), Economic Systems and State Finance (The Origins of the Modern State in Europe, B), Oxford: Clarendon; ders. (Hrsg.) (1999), The Rise of the Fiscal State in Europe, c. 1200-1815, Oxford: Oxford University Press.

giebigkeit, da ihre Erträge mit dem Einkommen des Zensiten quasi automatisch – d.h. ohne Änderung des Steuersatzes und der damit verbundenen Friktionen – wachsen, und in der Tatsache, daß sie bei entsprechender Ausgestaltung, z.B. Progression, nach landläufiger Auffassung dem Leistungsfähigkeitsprinzip eher entsprechen kann als andere Steuern. Ihr bedeutendster Nachteil ist, daß ihre Erhebung Einblicke und Eingriffe in die Privatsphäre nach sich zieht. Daraus folgen steuerpsychologische Widerstände und steuertechnische Probleme, insbesondere die Schwierigkeit, das Einkommen des Zensiten korrekt zu ermitteln. Das häufigste Attribut, mit dem Gegner der Einkommensteuer und ihrer Veranlagung sie daher im 19. Jahrhundert immer wieder belegten, war „gehässig";[11] das härteste Verdikt, immerhin noch 1873 von einem Finanzwissenschaftler vorgetragen, lautete sogar „terroristisch".[12] Die erste moderne Einkommensteuer erhob England, konnte sie jedoch gegen die Widerstände der Zensiten nur solange aufrechterhalten, wie die napoleonische Gefahr anhielt. Nach dem Experiment von 1799 bis 1815 kam es erst 1842 zu einem zweiten Versuch. Dieser hatte Erfolg und wurde aufmerksam in anderen europäischen Ländern beobachtet.[13]

In Deutschland kam es nach der Mediatisierung zu vielen Verwaltungsreformen, die in der Regel von Finanzreformen begleitet waren. Die neu ausgebauten Steuersysteme sollten einerseits eine steuerliche Vereinheitlichung der zum Teil stark angewachsenen und disparaten Territorien herbeiführen und andererseits die Finanzmittel zur Tilgung der vor allem durch Kriegslasten enorm gewachsenen Staatsverschuldung aufbringen. Unter napoleonischem Einfluß richteten die drei süddeutschen Staaten ihr Steuersystem am französischen Beispiel aus, das ganz auf die Ertragbesteuerung setzte. Den Anfang machte Bayern, das 1808 ein viergliedriges Ertragsteuersystem einführte. Baden folgte zwei Jahre später mit einer Grund- und Häusersteuer. Württemberg modernisierte dagegen erst 1821 sein schon länger bestehendes Ertragsteuersystem. Alle drei Staaten bildeten ihre Objektsteuersysteme in der Folgezeit aus, so daß sie weitaus rationeller waren als die der meisten anderen deutschen Staaten. Allerdings verhinderten eben diese gut ausgebildeten Steuersysteme auch einige Jahrzehnte lang die Einführung der allgemeinen Einkommensteuer, also einer Subjektsteuer. Baden ging 1884 zur Einkommensteuer über, Württemberg und Bayern folgten erst 1903 und 1912.[14]

---

11 So etwa 1847 die Diskussionen im ersten vereinigten preußischen Landtag; vgl. Eduard Bleich (Hrsg.) (1847), Der Erste Vereinigte Landtag in Berlin 1847, Berlin: Reimarus, S. 1577.

12 Constantin Rößler (1873), Gutachten über die directe Personalbesteuerung in Deutschland, in: Die Personalbesteuerung. Gutachten auf Veranlassung der Eisenacher Versammlung zur Besprechung der socialen Frage (Schriften des Vereins für Socialpolitik, 3), Leipzig: Duncker & Humblot, S. 67-94, hier S. 91.

13 Vgl. z.B. Friedrich v. Raumer (1810), Das Brittische Besteuerungssystem, insbesondere die Einkommensteuer, dargestellt mit Hinsicht auf die in der Preußischen Monarchie zu treffenden Einrichtungen, Berlin: Sander, S. 136-176, 229-276; Max Lehmann (1901), Der Ursprung der preußischen Einkommensteuer, in: Preußische Jahrbücher, 103, S. 1-37, und Martin J. Daunton (2001), Trusting Leviathan: The Politics of Taxation in Britain, 1799-1914, Cambridge u.a.: Cambridge University Press, S. 24.

14 Vgl. Walter Steitz (1976), Feudalwesen und Staatssteuersystem. Bd. I: Die Realbesteuerung der Landwirtschaft in den süddeutschen Staaten im 19. Jahrhundert (Studien zu Naturwissenschaft,

Schon früh und stets mit Blick auf das englische Vorbild ging Preußen einen anderen Weg, indem es weitaus stärker auf Subjektsteuern setzte als die drei süddeutschen Staaten. Auch Preußen hatte mit der Grundsteuer und seit 1810 mit der Gewerbesteuer klassische Objektsteuern. Während die Gewerbesteuer im ganzen Staat einheitlich erhoben wurde, gab es bis 1861 keine einheitliche Grundsteuer. Sie setzte sich vielmehr aus einer Vielzahl regional gewachsener Grundsteuern zusammen. Nach zwei kurzen, kläglich gescheiterten Experimenten, die Einkommensteuer einzuführen (1808-11, 1811-14), schuf Preußen 1820 für das „platte Land“ und die kleineren Städte die Klassensteuer, eine Mischung aus Kopfsteuer und rudimentärer Einkommensteuer.[15] In den meisten größeren Städten führte Preußen dagegen 1820 in Anlehnung an die traditionelle Akzise wieder eine Mahl- und Schlachtsteuer ein und stellte damit den gerade zwei Jahre zuvor mit der Aufhebung der Binnenzölle beendeten steuerlichen Unterschied zwischen Stadt und Land wieder her. Insbesondere im Vergleich mit den süddeutschen Finanzverfassungen wirkte die preußische wegen ihrer Uneinheitlichkeit von Anfang an veraltet. Die Mahl- und Schlachtsteuer hielt sich trotz zunehmender Kritik und Versuchen, sie abzuschaffen, bis 1874. Nach eher halbherzigen Reformen der Klassensteuer 1851 (mit Einführung einer Teileinkommensteuer) und der Grundsteuer 1861 kam es erst 1891 im Zuge der Miquelschen Steuerreformen zur Einführung der allgemeinen Einkommensteuer in Preußen, neben die 1893 noch eine Ergänzungssteuer (Vermögensteuer) trat.[16]

Württemberg hielt lange an seinem gut ausgebildeten Ertragsteuersystem fest. Im Gegensatz zu den meisten preußischen direkten Steuern war die württembergische Grund-, Gebäude- und Gewerbesteuer eine Repartitionssteuer. Der Landtag schrieb eine fixe aufzubringende Steuersumme aus, die nach einem festen Verteilungsschlüssel auf die drei Hauptsteuerarten (Grundsteuer, Gebäudesteuer und Gewerbesteuer) und dann nach den jeweiligen Katastern auf die einzelnen Oberämter aufgeteilt wurde. Den Katasteranschlägen entsprechend verzweigte sich die Aufteilung anschließend auf die Gemeinden und von dort auf die einzelnen Zensiten. Der im Kataster angesetzte Durchschnittsertrag war somit nur für die Steuerverteilung maßgeblich, nicht für die konkrete Höhe der Steuerlast. Im Zuge der Industrialisierung, die in Württemberg erst nach 1855 verstärkt einsetzte, bewirkte die Fixierung der Repartitionsquoten auf die drei Hauptsteuerarten eine zunehmende relative Minderbelastung des Gewerbes im Verhältnis zur Landwirtschaft. Doch erst 1873 trug die Steuergesetzgebung dieser Entwicklung durch eine Neufestsetzung der Quoten Rechnung. 1887 erfolgte der Übergang vom Repartiti-

---

Technik und Wirtschaft im Neunzehnten Jahrhundert, 7), Göttingen: Vandenhoeck & Ruprecht, S. 11.

15 Vgl. zur frühen preußischen Einkommensteuer Lehmann (1901) und Alexander v. Witzleben (1985), Staatsfinanznot und sozialer Wandel. Eine finanzsoziologische Analyse der preußischen Reformzeit zu Beginn des 19. Jahrhunderts (Studien zur modernen Geschichte, 32), Stuttgart: Steiner. – Der Begriff „plattes Land“ war offizieller *Terminus technicus* der preußischen Verwaltung und wird hier übernommen.

16 Vgl. Eckart Schremmer (1996), Finanzreform und Staatshaushalt in Preußen nach 1820. Einige Beurteilungen, in: Hans-Peter Ullmann/Claus Zimmermann (Hrsg.), Restaurationssystem und Reformpolitik. Süddeutschland und Preußen im Vergleich, München: Oldenbourg, S. 111-138, hier S. 116-118.

ons- zum mittlerweile üblichen Quotitätssteuersystem, ehe der Landtag 1903 die Umstellung auf die Einkommensteuer beschloß und die Ertragsteuern zu Ergänzungssteuern auf das fundierte Einkommen degradierte.[17]

Neben diese „ordentlichen", weil seit 1514 in der einen oder anderen Form erhobenen Ertragsteuern trat 1820 die zunächst als „außerordentliche" bezeichnete, jedoch immer wieder verlängerte Kapital- und Besoldungssteuer. Zweck dieser Steuer war, Erträge zu belasten, die nicht von den drei klassischen Ertragsteuern erfaßt wurden. Im Grunde war es eine Steuer auf Arbeitseinkommen und Geldvermögen.[18] Bezieher von Dienst- und Berufseinkommen, Zinseinkünften aus geldlichem Vermögen oder Renten hatten ihre Einkünfte anzugeben und wurden nach Abzug von Freibeträgen einem progressiv gestaffelten Stufentarif unterworfen. Wie auch bei den anderen direkten Steuern war ein Abzug von Schuldzinsen nicht erlaubt, weil „sonsten derjenigen Güter, so sich uff das Schuldenmachen verlegen, steuerfrei gemacht würden",[19] wie schon die Steuerinstruktion von 1629 bemerkt hatte.

1852 erhielt diese Abgabe als „Kapital- und Apanagen- [später Renten-], Dienst- und Berufseinkommensteuer" den Charakter einer ordentlichen, d.h. explizit ständig erhobenen Steuer. Sie war eine Mischung aus Vermögensteuer (Kapital- und Rentensteuer) und Einkommensteuer (Dienst- und Berufseinkommensteuer). Letztlich sollte sich diese in Württemberg gegen die Ertragsteuern durchsetzen. Das Beispiel anderer Staaten hatte gezeigt, daß die Nachteile, die dem Ertragsteuersystem zugeschrieben wurden, nicht länger als unabänderlich hingenommen werden mußten. Die am durchschnittlichen mittleren Nettoertrag orientierten Richtwerte, die dem Grund- und dem Gewerbekataster zugrundelagen, hatten zwar den Vorteil, besonders erfolgreiche Bauern und Unternehmer zu belohnen, umgekehrt jedoch straften sie weniger Leistungsstarke, die unter dem Durchschnitt blieben. Lohn wie Strafe wurden zudem durch die ständig steigenden Kommunalzuschläge, die häufig ein Vielfaches der ihnen zugrundeliegenden Staatssteuer betrugen, verschärft. Schließlich hinkten die Kataster, insbesondere der Gebäude, der tatsächlichen Entwicklung hinterher.

---

17 Vgl. Denkschrift vom 19. März 1909 betr. die Fortführung der Steuerreform in Württemberg, in: Verhandlungen der Württembergischen Zweiten Kammer (Kammer der Abgeordneten), auf dem 37. Landtag in den Jahren 1907/1909, Beilagen-Band 105, Stuttgart: Gutenberg, S. 1-345, hier S. 1-16 (im folgenden VWKA abgekürzt). – Beim heute selbstverständlichen Quotitätsprinzip wird nur der Tarif festgelegt, aus dem sich dann die Steuerschuld berechnet. Dagegen wird beim Repartitionsprinzip die Höhe der Steuerschuld direkt festgelegt. – Unter fundiertem Einkommen wurde solches aus Vermögensbesitz verstanden. Arbeitseinkommen wurden als unfundiert bezeichnet. Sinn der Unterscheidung war die Annahme, daß Bezieher von Arbeitseinkommen für das Risiko des Ausfalls der Arbeitskraft Rücklagen bilden mußten, während Rentiers davon weniger berührt wurden; vgl. Hans Ritschl (1925), Theorie der Staatswirtschaft und Besteuerung: reine Theorie der Staatswirtschaft und allgemeine Steuerlehre (Bonner staatswissenschaftliche Untersuchungen, 11), Bonn/Leipzig: Schroeder, S. 210f. Zinseinkommen aus Geldvermögen wurden zuweilen ebenfalls als unfundiert angesehen, vgl. unten S. 95.

18 Vgl. Hans-Peter Ullmann (1996), Süddeutsche Finanzreformen in der ersten Hälfte des 19. Jahrhunderts, in: ders./Clemens Zimmermann (Hrsg.), Restaurationssystem und Reformpolitik. Süddeutschland und Preußen im Vergleich, München: Oldenbourg, S. 99-109, hier S. 105.

19 Zitiert nach VWKA (1907/1909), Beilagen-Band 105, S. 2f.

In der württembergischen Reformgesetzgebung von 1903 wurde mit Wirkung ab 1905 die allgemeine Einkommensteuer eingeführt, die sich vielfach an die preußische, zum Teil auch an die badische und sächsische anlehnte, jedoch einige Elemente der früheren württembergischen Dienst- und Berufseinkommensteuer beibehielt. Einkommen ab 2.000 Mark waren einem progressiven Stufentarif unterworfen, der bei Einkommen von 200.000 Mark den Höchstgrenzsteuersatz von zunächst 5% erreichte.[20]

Der württembergische Staat erhob etliche indirekte Steuern. Die Belastung durch die Akzise, die 1819/20 noch 20% zum Gesamtsteueraufkommen beitrug,[21] wurde bis zur Jahrhundertmitte sukzessive verringert. Zu den quantitativ wichtigsten Steuern zählten die Wirtschaftsabgaben, die ungeachtet der Tatsache, daß sie in den Rechnungsjahren ab 1871/72 meistens den größten Beitrag zu den württembergischen Gesamtsteuereinnahmen leisteten,[22] in der Literatur meist nur beiläufig erwähnt werden. Unter dieser Bezeichnung wurden etliche indirekte Steuern zusammengefaßt, so Produktionssteuern auf Bier und Malzessig, Verbrauchsteuern auf Wein, Obstmost und Essig sowie Konzessionen für die Errichtung neuer Gastwirtschaften.[23]

Der Unterschied zwischen dem uneinheitlichen preußischen und dem in sich weitaus geschlosseneren württembergischen Staatssteuersystem setzte sich in den Kommunalsteuersystemen fort. Im absolutistischen Staat hatten viele einst mächtige Städte ihre kommunale Handlungsfreiheit weitgehend verloren. Im 19. Jahrhundert sollten sie eine erstaunliche Renaissance erleben. Einen wichtigen Anfang machte Preußen mit der im November 1808 erlassenen Steinschen Städteordnung, die den Städten die volle Finanzgewalt zubilligte. Für die bis 1815 hinzugekommenen Provinzen erließ Preußen im März 1831 die Revidierte Städteordnung, die die Festsetzung von Kommunalsteuern einer aufsichtsrechtlichen Genehmigungspflicht durch den Staat unterwarf.[24] Aus Sicht der auf ihre Autonomie bedachten Kommunen bedeutete dies einen Rückschritt. Ihre Steuersysteme durchliefen im weiteren Verlauf des Jahrhunderts einen Prozeß der Vereinheitlichung. Spätestens 1820 gingen viele Städte dazu über, einen Teil ihres Finanzbedarfs durch Zuschläge zu den neuen Staatssteuern, d.h. zur Mahl- und Schlachtsteuer bzw. zur Klassensteuer, zu decken. Daneben existierten jedoch viele eigenständige, meist direkte Kommunalsteuern.

Nach der Jahrhundertmitte nahm der kommunale Finanzbedarf in Folge der Urbanisierung und des damit zusammenhängenden Aufbaus der städtischen Infrastruktur (Wasser- und Energieversorgung, öffentlicher Personennahverkehr) enorm zu. Die Reform der Kommunalsteuern konnte jedoch nicht ohne eine Reform der Staatssteuern erfolgen, die in den 1870er und 1880er Jahren blockiert war.[25] Daher erließ Preußen 1885

---

[20] VWKA (1907/1909), Beilagen-Band 105, S. 8-11.

[21] Vgl. Karl G. Wentzel (1913), Die Entwicklung der laufenden Rechnung Württembergs im 19. Jahrhundert, Diss. Tübingen, Tübingen: Laupp, Tab. Ib.

[22] Vgl. Wentzel (1913), Tab Ib.

[23] Vgl. Johann D. v. Memminger (1841), Beschreibung von Württemberg, 3. Aufl., Stuttgart/Tübingen: Cotta, S. 627f., und Wentzel (1913), Tab. Ib.

[24] Vgl. Ernst R. Huber (1967), Deutsche Verfassungsgeschichte seit 1789, 2. Aufl., Bd. I, Stuttgart u.a.: Kohlhammer, S. 174-178.

[25] Vgl. unten S. 74.

ein Kommunalsteuernotgesetz, um den Kommunen die Deckung des dringendsten Finanzbedarfs zu ermöglichen.[26]

Einen entscheidenden Durchbruch brachten erst die Miquelschen Steuerreformen. Nachdem die neu eingeführte staatliche Einkommensteuer bereits im ersten Jahr ihres Bestehens unerwartet günstige Resultate erzielt hatte, beschloß der Landtag 1893 die Überweisung der bislang vom Staat erhobenen Ertragsteuern (Grundsteuer, Gebäudesteuer und Gewerbesteuer) an die Kommunen. Da sie auch zur Einkommensteuer, nicht aber zur Ergänzungssteuer Kommunalzuschläge erheben konnten, standen ihnen nunmehr vier ausgebildete direkte Steuern zur Verfügung, deren Ertrag sie über die Ausgestaltung der Zuschläge auf ihre Bedürfnisse zuschneiden konnten.[27]

Die württembergischen Kommunen hatten sich Anfang des 18. Jahrhunderts vorwiegend durch Ertragsteuern auf Grund und Boden, Häuser und Handwerke sowie verschiedene Verbrauchsteuern finanziert. Im Jahre 1728 war ihnen zudem das Recht zugestanden worden, eine Bürger(rechts)steuer, eine Kapitaliensteuer sowie Wein- und Viehsteuern zu erheben. 1804 übernahm der Staat die Viehsteuer, 1820 die nun als Kapital- und Besoldungssteuer bezeichnete Kapitaliensteuer. Dafür bestimmte ein Verwaltungsedikt 1822, daß die Gemeinden unbeschränkt Zuschläge auf die ordentlichen staatlichen Ertragsteuern, d.h. auf die Grund-, Gebäude- und Gewerbesteuer erheben durften, insoweit die Einnahmen aus dem kommunalen Vermögen die Ausgaben nicht deckten. Bis Mitte des Jahrhunderts beruhten daher die Steuereinnahmen der Gemeinden im wesentlichen auf den Zuschlägen zu den Ertragsteuern (der sogenannte Gemeindeschaden), der Bürgerrechtssteuer (eine Kopfsteuer, seit 1885 Wohnsteuer genannt) und einigen unbedeutenden Verbrauchsteuern. 1849 wurde ihnen wieder das Recht eingeräumt, einen Zuschlag auf die Kapital- und Besoldungssteuer vorzunehmen, und 1853 wurde dies, allerdings mit gewissen Beschränkungen, auf die im Jahr zuvor geschaffene Kapital-, Renten-, Dienst- und Berufseinkommensteuer ausgedehnt.

Eine wichtige Zäsur für die württembergischen Kommunalfinanzen stellte die Steuergesetzgebung des Jahres 1877 dar, derzufolge die neuen Gebäude- und Gewerbekataster auch für die Kommunen verbindlich sein sollten. Zudem wurde den Kommunen erlaubt, Steuern auf den Konsum von Bier, Fleisch und Gas zu erheben, wenn die kommunalen Zuschläge mehr als 100% der eigentlichen Staatssteuern betrugen, was meistens der Fall war. Dadurch konnten die Kommunen die ihnen seit Anfang des 19. Jahrhunderts fast völlig verwehrte indirekte Besteuerung ausbauen. 1887 wurde das neue Grundkataster ebenfalls für die Gemeinden verbindlich. Zwei Jahre später wurde ihnen außerdem erlaubt, einen Zuschlag auf die 1824 reformierte staatliche Hundeabgabe zu erheben.[28] 1890 und 1899 erfolgte eine Verschärfung der kommunalen Erhebung

[26] Vgl. Schön (1895), Die geschichtliche Entwickelung des Kommunalabgabenwesens in Preussen und die wichtigsten principiellen Bestimmungen des neuen Kommunal-Abgabengesetzes, in: Annalen des Deutschen Reichs für Gesetzgebung, Verwaltung und Statistik, S. 249-284, hier S. 249-269.

[27] Vgl. Franz Adickes (1894), Das Kommunalabgabengesetz vom 14. Juli 1893. Für den praktischen Gebrauch mit einer geschichtlichen Einleitung und Erläuterungen versehen, sowie mit einem die Ausführungsanweisung berücksichtigenden Nachtrag, Berlin: Guttentag, S. 109-165.

[28] Vgl. Memminger (1841), S. 627.

von Wandergewerbesteuern. Schließlich durften die Kommunen seit 1893 Zuschläge auf die 1824 eingeführte staatliche Liegenschaftsakzise (Grundstückumsatzsteuer) erheben.

Die Einführung der allgemeinen Einkommensteuer 1903 hatte auch Auswirkung auf die württembergischen Kommunalfinanzen. Die Gemeinden waren nun unter bestimmten, praktisch fast immer gegebenen Umständen berechtigt, einen Zuschlag zur staatlichen Einkommensteuer zu erheben. Außerdem trat neben die Verbrauchsteuern auf Bier, Fleisch (1909 abgeschafft) und Gas noch die auf Elektrizität hinzu. Die staatliche Hundesteuer wurde ganz an die Kommunen abgetreten.[29]

Insgesamt zeichneten sich das württembergische Kommunalsteuersystem wie auch diejenigen in Baden und Bayern durch eine wesentlich stärkere Bindung an die staatlichen Steuern aus, als dies etwa in Preußen oder gar Sachsen, wo die Kommunen fast völlige Finanzautonomie genossen, der Fall war.[30] Dies hatte zur Folge, daß der ab etwa der Jahrhundertmitte stark ansteigende kommunale Finanzbedarf im wesentlichen durch eine Erhöhung der Zuschläge zu den staatlichen Ertragsteuern gedeckt werden mußte, da die Einführung neuer indirekter Steuern den württembergischen Kommunen bis 1877 verwehrt war. So betrugen die Zuschläge in den meisten größeren württembergischen Städten im Fiskaljahr 1875/76 über 200% der Staatssteuer; Vorreiter war Stuttgart mit 773%. Ein Ausweg bestand in der Preisgestaltung öffentlicher Monopolunternehmen (Wasser, Gas, Elektrizität), deren Gewinne den kommunalen Haushalt zunehmend entlasteten.[31] Die Finanzierung durch überhöhte Eisenbahntarife, wie das etwa der preußische Staat exzessiv nutzte, verbot sich den württembergischen Eisenbahnen angesichts ihrer unbefriedigenden Finanzlage.[32]

Auch die Kommunalverbände, die als Mittelinstanzen zwischen Staat und Kommunen angesiedelt waren, erhoben in beiden Staaten Steuern. Die preußischen Kreise und Provinzialverbände finanzierten sich ausschließlich aus Zuschlägen zu den staatlichen Steuern. Dasselbe gilt für die württembergischen Oberämter. Wie die Kommunen erhoben sie Zuschläge zu den staatlichen Ertragsteuern (den sogenannten Amtsschaden).[33]

---

29 Vgl. Otto Trüdinger (1908), Die Kommunalbesteuerung in Württemberg, in: Gemeindefinanzen, Bd. I: System der Gemeindebesteuerung in Hessen, Württemberg, Baden, Elsaß-Lothringen, Bayern, Sachsen, Preußen (Schriften des Vereins für Socialpolitik, 126), Leipzig: Duncker & Humblot, S. 55-112, hier S. 60-90.

30 Vgl. Trüdinger (1908), S. 58-62; Denkschrift (1909), S. 37-44, und Mitteilungen des Königl. Statistischen Landesamts (1912), S. 34-38.

31 Vgl. Karl V. Riecke (1879), Die direkten Steuern vom Ertrag und vom Einkommen in Württemberg, in: Württembergische Jahrbücher für Statistik und Landeskunde, S. 71-151, 185-207, hier S. 189, und Walter Steitz (1984), Gemeindeordnungen und Gemeindefinanzen im südwestdeutschen Raum im 19. Jahrhundert, in: Helmut Naunin (Hrsg.), Städteordnungen des 19. Jahrhunderts. Beiträge zur Kommunalgeschichte Mittel- und Westeuropas (Städteforschung, A19), Köln/Wien: Böhlau, S. 307-336, hier S. 315-324.

32 Vgl. zu Preußen Rainer Fremdling (1980), Freight Rates and State Budget: the Role of the National Prussian Railways 1880-1913, in: Journal of European Economic History, 9, S. 21-39.

33 Vgl. Ludwig Herrfurth/Georg Strutz (1910), Kommunalabgaben, in: Handwörterbuch der Staatswissenschaften, 3. Aufl., Bd. VI, Jena: Fischer, S. 19-36, hier S. 20-22; Trüdinger (1908), S. 73f., und speziell für Preußen Oskar Tetzlaff (1912), Finanzstatistik der preußischen Landkreise für das

Über die Zölle und bestimmte andere indirekte Steuern waren sowohl Preußen als auch Württemberg mit dem Zollverein bzw. später mit dem Reich finanziell verbunden. Preußen schloß seit 1819 Zollanschlußverträge mit kleineren deutschen Staaten. Württemberg vereinbarte 1824 einen Vertrag mit Hohenzollern. Mit Wirkung vom 1. Januar 1834 trafen dann beide Staaten im Zollverein zusammen.[34] Preußen machte sich beim Aufbau des Zollvereins klassische Skaleneffekte zunutze, da das Verhältnis von Steuereinnahmen zu Erhebungskosten mit der Größe der durch ein gemeinsames Territorium verbundenen Zollunion steigt. Dafür war Preußen bereit, die Zollvereinseinnahmen auf Pro-Kopf-Basis auf die Mitglieder zu verteilen.[35] Der Zollverein übernahm auch einige Verbrauchsteuern seiner Mitgliedsstaaten, wobei für Baden, Bayern, Württemberg und einige sehr kleine Territorien Ausnahmen bestanden. Nach der Gründung des Kaiserreiches ging die Zollhoheit auf dieses über; zusätzlich übernahm es die gemeinsamen Verbrauchsteuern und führte Verkehrsteuern ein. Alle diese Steuern waren von den Ländern zu erheben und an das Reich abzuführen, das über keine eigene Finanzverwaltung verfügte.[36]

1.3 Forschungsstand

Die deutsche Finanzgeschichte ist in der neueren Forschung ein stark vernachlässigtes Studienobjekt. Dies war nicht immer so. Vor allem die deutsche Finanzwissenschaft, die sich bis in die Zeit nach dem Zweiten Weltkrieg neben systematischen auch historischen Fragen widmete, hat eine Fülle von Arbeiten hervorgebracht, die aus finanzhistorischer Sicht auch heute noch von großem Interesse sind.

Ein besonders ergiebiger Fundus ist das erstmals 1885 erschienene und auch heute noch unter diesem Namen erscheinende Fachorgan *Finanzarchiv*. In dieser von Georg (von) Schanz begründeten Zeitschrift meldeten sich nicht nur an den Universitäten lehrende Ökonomen und Staatswissenschaftler, sondern auch Praktiker aus den Finanzverwaltungen der Kommunen, der Länder und des Reichs zu Wort. Dieses Mit- und Nebeneinander finanzwissenschaftlicher und finanzpraktischer Beiträge veranschaulicht den starken Einfluß, den die Finanzwissenschaft als Teil-Nachfolgerin der traditionellen Kameralwissenschaft auf die Finanzpolitik des 19. Jahrhunderts hatte.[37] Neben Artikeln

---

Rechnungsjahr 1908 (Preußische Statistik, 226), Berlin: Königliches Statistisches Landesamt; ders. (1912), Finanzstatistik der preußischen Provinzial- (Bezirks- usw.) Verbände für das Rechnungsjahr 1908 (Preußische Statistik, 228), Berlin: Königliches Statistisches Landesamt.

[34] Vgl. Theo Sommerlad (1911), Zollverein, in: Handwörterbuch der Staatswissenschaften, 3. Aufl., Bd. VIII, Jena: Fischer, S. 1058-1065.

[35] Vgl. Rolf H. Dumke (1976), The Political Economy of Economic Integration. Tariffs, Trade and Politics of the Zollverein Era, Ph.D. diss., University of Wisconsin-Madison, S. 37-49.

[36] Vgl. Gerloff (1929), S. 13-15, 23-35.

[37] Dieses Gebiet ist wenig untersucht; vgl. für das 19. Jahrhundert: Reginald Hansen (1996), Die praktischen Konsequenzen des Methodenstreits. Eine Aufarbeitung der Einkommensbesteuerung (Volkswirtschaftliche Schriften, 457), Berlin: Duncker & Humblot.

druckte das *Finanzarchiv* die wichtigeren Gesetze und Verordnungen des Reichs und der Länder ab. Da es sehr schnell an Renommee gewann, zog es Autoren an, die ihre Artikel sonst in den anderen führenden wirtschaftswissenschaftlichen Periodika – *Zeitschrift für die gesam(m)te Staatswissenschaft* (1844ff.), *Jahrbücher für Nationalökonomie und Statistik* (1863ff.) und *Schmollers Jahrbuch für Gesetzgebung, Verwaltung und Volkswirtschaft* (1871ff., wechselnde Titel) – veröffentlicht hätten, so daß es jahrzehntelang fast ein Monopol auf das deutschsprachige finanzwissenschaftliche Schrifttum hatte.

Erst lange nach dem Zweiten Weltkrieg geriet die deutsche Finanzwissenschaft in den Sog moderner wirtschaftswissenschaftlicher Methoden, was zu einer Abkehr von finanzhistorischen Themen führte. Die Finanzhistoriker mochten dagegen nicht den theoretischen Fortschritten in der Finanzwissenschaft folgen. Weder die wohlfahrtsökonomischen Konzepte der *Public Finance*-Schule noch die Ansätze der *Public Choice*-Theorie haben Eingang in die deutsche finanzhistorische Literatur gefunden. Die einzige Ausnahme ist bezeichnenderweise einem US-amerikanischen Autor zu verdanken, dem Politikwissenschaftler Mark Hallerberg, der untersucht hat, ob es im Kaiserreich Steuerwettbewerb gegeben habe.[38] Auch im angelsächsischen Sprachbereich, in dem die Finanzgeschichte ohnehin seit jeher eine untergeordnete Rolle spielt, ist eine Neuorientierung nicht zu verzeichnen.

Gleichwohl entstanden in der Nachkriegszeit verdienstvolle Arbeiten zur Entwicklung der Besteuerung in der Moderne, unter denen allerdings Übersichtsdarstellungen rar und von unterschiedlicher Qualität sind. Die Frühe Neuzeit und das 19. Jahrhundert decken die Darstellungen von Ernst Klein und Werner Buchholz ab.[39] Mit einem Überblicksartikel für die *Cambridge Economic History* hat Eckart Schremmer das Standardwerk für die Steuersysteme in England, Frankreich, Preußen und dem Deutschen Reich für 1800-1914 vorgelegt, das später auch auf deutsch in Buchform erschien.[40] Für Überblicksdarstellungen zum Steuerwesen der meisten anderen deutschen Staaten ist man nach wie vor auf die Beiträge von Adolph Wagner und Wilhelm Gerloff angewiesen.[41]

---

38 Mark S. Hallerberg (1996), Tax Competition in Wilhelmine Germany and Its Implications for the European Union, in: World Politics, 48, S. 324-357; ders. (2002), On the Political Economy of Taxation in Prussia, in: Jahrbuch für Wirtschaftsgeschichte, Nr. 2, S. 11-33.

39 Klein (1974); Buchholz (1996).

40 Eckart Schremmer (1989), Taxation and Public Finance: Britain, France, and Germany, in: Cambridge Economic History of Europe, Bd. VIII, Cambridge: Cambridge University Press, S. 315-494; ders. (1994), Steuern und Staatsfinanzen während der Industrialisierung Europas. England, Frankreich, Preußen und das Deutsche Reich 1800 bis 1914, Berlin: Springer. – Hans-Peter Ullmann wird voraussichtlich 2005 eine Geschichte der öffentlichen Finanzen in Deutschland vorlegen.

41 Adolph Wagner (1901), *Finanzwissenschaft*, Bd. 4: *Specielle Steuerlehre. Deutsche Besteuerung des 19. Jahrhunderts*, Leipzig: Winter; Gerloff (1929). Vgl. außerdem Karl Heinrich Kaufhold (1997), Staatsfinanzen im Königreich Hannover 1815 bis 1866, in: Sparen, Investieren, Finanzieren. Gedenkschrift für Josef Wysocki. Hrsg.v. Manfred Pix (Sparkassen in der Geschichte, 3/13), Stuttgart: Deutscher Sparkassenverlag, S. 21-43, und zu den beiden mecklenburgischen Staaten: Gerald Rosenberger (1999), Finanzen und Finanzverfassung in den beiden Großherzogtümern Mecklenburg von 1850 bis 1914 (Geschichte, 27), 3 Bde., Münster: Lit.

Die Wirkungen der Besteuerung auf Allokation und Distribution werden in der Literatur in drei Dimensionen analysiert: geographisch, sektoral und schichtspezifisch. Diese Trennung ist rein analytischer Natur, da die drei Dimensionen ineinander übergehen. Besonders deutlich wird dies etwa am Beispiel des Gegensatzes zwischen dem stärker industrialisierten preußischen Westen und dem rückständigen agrarischen Osten mit seinen andersgearteten demographischen, sozialen und wirtschaftlichen Problemen.

Die Analyse der geographischen Unterschiede der Besteuerung legt den Schwerpunkt auf den Vergleich der steuerlichen Belastung im Westen und Osten Preußens. Schon die Zeitgenossen, insbesondere Autoren aus den preußischen Westprovinzen, bemängelten starke Unterschiede vor allem in der grundsteuerlichen Belastung. Ihr einflußreichster Vertreter war David Hansemann, der behauptete, „daß die westlichen Provinzen, insbesondere die Rheinprovinz, unverhältnismäßig hoch besteuert sind, und zwar vorzüglich durch die Grundsteuer“.[42] Die Mißstände, die er ansprach, sind von späteren Autoren ebenfalls gesehen worden. Insbesondere Wolfram Pyta hat die geographischen Unterschiede in der grundsteuerlichen Belastung herausgearbeitet und ihre Rezeption und Verarbeitung in der zeitgenössischen Interessenpolitik dargestellt.[43] Stefan Wagner hat jedoch auf der Grundlage ausführlicher empirischer Untersuchungen Skepsis an der Berechtigung der rheinischen Beschwerden angemeldet.[44]

Die Diskussion der sektoralen Wirkungen der Besteuerung steht ganz im Zeichen der Industrialisierungsforschung. In dieser Hinsicht sind vor allem die Arbeiten von Eckart Schremmer hervorzuheben, der zunächst Württemberg und dann Preußen untersucht hat. Für Württemberg stellt Schremmer fest, daß das Steuersystem der Schwerpunktverlagerung der gesamtwirtschaftlichen Wertschöpfung vom agrarischen zum gewerblichen Sektor nur mit jahrzehntelanger Verzögerung gefolgt sei. Zusätzlich habe die württembergische Gewerbesteuer den kapitalintensiven Großbetrieb und die Ansiedlung von Betrieben auf dem Lande prämiiert. Durch diese drei Eigenschaften, so Schremmer, habe das württembergische Steuersystem den Industrialisierungsprozeß gefördert und sei damit modernisierungsfreundlich gewesen.[45]

---

42 David Hansemann (1834), Preußen und Frankreich. Staatswirthschaftlich und politisch, unter vorzüglicher Berücksichtigung der Rheinprovinz, 2. Aufl., Leipzig: Rein, S. 242 (Zitat, Zeichensetzung angepaßt), Tabelle IX.

43 Wolfram Pyta (1991), Landwirtschaftliche Interessenpolitik im Deutschen Kaiserreich. Der Einfluß agrarischer Interessen auf die Neuordnung der Finanz- und Wirtschaftspolitik am Ende der 1870er Jahre am Beispiel von Rheinland und Westfalen (Vierteljahrschrift für Sozial- und Wirtschaftsgeschichte, 97), Stuttgart: Steiner; ders. (1992), Liberale Regierungspolitik im Preußen der „Neuen Ära“ vor dem Heereskonflikt: die preußische Grundsteuerreform von 1861, in: Forschungen zur brandenburgischen und preußischen Geschichte, NF 2, S. 179-247.

44 Stefan Wagner (1980), Die staatliche Grund- und Gebäudesteuer in der preußischen Rheinprovinz von 1815 bis 1895: Entwicklung von Steuerrecht, -aufkommen und -belastung (Schriften zur rheinisch-westfälischen Wirtschaftsgeschichte, 31), Köln: Rheinisch-Westfälisches Wirtschaftsarchiv, S. 209.

45 Eckart Schremmer (1974), Zusammenhänge zwischen Katastersteuersystem, Wirtschaftswachstum und Wirtschaftsstruktur im 19. Jahrhundert: Das Beispiel Württemberg, 1821-1877/1903, in: Wirtschaftliche und soziale Strukturen im säkularen Wandel. Festschrift Wilhelm Abel (Schriftenreihe für ländliche Sozialfragen, 70), Hannover: Schaper, S. 679-706; ders. (1985), Föderativer Staats-

Zu ganz ähnlichen Ergebnissen kommt Schremmer auch für das preußische Steuersystem. Er sieht in den zwischen 1810 und 1820 vorgenommenen Reformen eine Politik, die das Gewerbe und damit letztlich die Industrialisierung begünstigt habe, indem sie die Hauptlast der Besteuerung auf dem Agrarsektor belassen habe. Wie in Württemberg habe außerdem die Gewerbesteuer den gewerblichen Sektor degressiv belastet, was die Ausbildung leistungsfähiger Großunternehmen gefördert habe. Diese Politik habe sich durch alle weiteren preußischen Reformen des 19. Jahrhunderts gezogen.[46]

Die Ergebnisse von W. Robert Lee gehen in dieselbe Richtung. Er bestätigt, daß die direkten Steuersysteme in Deutschland große Gewerbebetriebe begünstigt hätten. Außerdem habe das hohe Verhältnis von indirekten zu direkten Steuern in Deutschland die Sparneigung erhöht und damit die Kapitalakkumulation erleichtert. Insgesamt, so Lee, habe das deutsche Steuersystem verteilungspolitisch regressiv gewirkt und gerade dadurch die Industrialisierung gefördert.[47]

Damit sind die schichtspezifischen Verteilungswirkungen der preußischen Steuerpolitik angesprochen, die in der Literatur große Beachtung gefunden haben. Für das 18. Jahrhundert argumentiert Volker Braun, daß das preußische Steuersystem wegen seiner regressiven Struktur in politischer Hinsicht modernisierungshemmend gewesen sei, ein Befund, den er mit Einschränkungen auf das 19. Jahrhundert ausweitet.[48] Auch von anderen Autoren werden die Verteilungswirkungen der Steuerreformen von 1810/20 als ausgesprochen regressiv bewertet.[49] Dabei steht insbesondere die Mahl- und Schlachtsteuer in der Kritik, die aufgrund des im „Engelschen Gesetz" festgehaltenen Zusammenhangs von Einkommenshöhe und Anteil der Nahrungsmittelausgaben die unteren Schichten besonders stark belastete, und die Klassensteuer, deren Stufensätze ebenfalls regressiv wirkten und deren Jahreshöchstsatz auch nach einer 1821 vorgenommenen Erhöhung ganze 144 Taler betrug. Dies, so Hanna Schissler, sei vor allem zu Lasten der unteren Schichten gegangen, die auf diese Weise die finanzielle Hauptlast der vorangegangenen Kriege hätten tragen müssen.[50] Konkrete Belastungsvergleiche der Steuern von 1820 mit denen der Zeit davor sind allerdings nicht durchgeführt wor-

---

verbund, öffentliche Finanzen und Industrialisierung in Deutschland, in: Hubert Kiesewetter/Rainer Fremdling (Hrsg.), Staat, Region und Industrialisierung, Ostfildern: Scripta Mercaturae, S. 3-65, hier S. 8-18.

46 Vgl. Schremmer (1985), hier S. 20-29; ders. (1989), S. 222-224; ders. (1994), S. 122f., 147, 196-198.

47 W. Robert Lee (1975), Tax Structure and Economic Growth in Germany (1750-1850), in: Journal of European Economic History, 4, S. 153-178.

48 Braun (1975), S. 319-326; ders. (1977).

49 Vgl. Braun (1975), S. 321-323; Reinhart Koselleck (1967), Preussen zwischen Reform und Revolution. Allgemeines Landrecht, Verwaltung und soziale Bewegung von 1791 bis 1848 (Industrielle Welt, 7), 1. Aufl., Stuttgart: Klett-Cotta, S. 532-540; Hanna Schissler (1982), Preußens Finanzpolitik nach 1807. Die Bedeutung der Staatsverschuldung als Faktor der Modernisierung des preußischen Finanzsystems, in: Geschichte und Gesellschaft, 8, S. 367-385, hier S. 380; Schremmer (1994), S. 123, 133, und Rosemarie Siegert (2001), Steuerpolitik und Gesellschaft. Vergleichende Untersuchungen zu Preußen und Baden 1815-1848 (Schriften zur Wirtschafts- und Sozialgeschichte, 63), Berlin: Duncker & Humblot, S. 406.

50 Vgl. Schissler (1982), S. 380f.

den, vermutlich wegen der extremen Uneinheitlichkeit des preußischen Steuersystems und der vielen territorialen Veränderungen zwischen 1803 und 1815. Insofern ist es keineswegs ausgemacht, daß die Belastungswirkung für die unteren Schichten durch die unbestritten regressiven neuen Steuern zunahm. Gegen die fast unisono vorgetragene Kritik an den Reformen von 1820 hat sich Walter Mathiak mit dem Argument gewandt, daß der Klassensteuer-Eingangssatz nicht höher als der Personensteuersatz von 1811 gewesen sei.[51]

Die Reform der Personenbesteuerung von 1851 wird überwiegend als halbherzig beurteilt. Während die Änderungen der Klassensteuer in der Literatur nicht in Hinblick auf verteilungspolitische Wirkungen untersucht worden sind, wird in der Einführung der klassifizierten Einkommensteuer eine stärkere Belastung der bis dahin fast völlig verschonten höheren Einkommen gesehen.[52] Die Reform von 1873, in der die Mahl- und Schlachtsteuer abgeschafft und sowohl die Klassensteuer als auch die klassifizierte Einkommensteuer reformiert wurden, ist von der Forschung nicht näher untersucht worden.

Viel Resonanz haben dagegen die Miquelschen Steuerreformen gefunden. Die Einführung der allgemeinen Einkommensteuer 1891 wird übereinstimmend als Umverteilung von oben nach unten gewertet, da mit ihr die schnell wachsenden Einkommen der wirtschaftlich führenden Schichten einer stärkeren steuerlichen Belastung unterworfen worden seien.[53] Dagegen ist Andreas Thier aus verfassungshistorischer Perspektive zu Ergebnissen gekommen, die der These einer generellen Mehrbelastung der Oberschicht zuwiderlaufen. Er sieht das Wirtschaftsbürgertum als Hauptverlierer der Reformen und zählt neben den Unterschichten die Eigentümer ländlichen Grundbesitzes zu den wichtigsten Gewinnergruppen.[54]

Überblicksstudien zur steuerlichen Gesamtbelastung gibt es für die Zeit vor 1872 nicht, und auch punktuelle Angaben sind sehr selten. Der Agrarhistoriker Walter Achilles, der sich intensiv mit der steuerlichen Belastung der Bauern in der Frühen Neuzeit und dem 19. Jahrhundert beschäftigt hat, bemängelt den für die Frühe Neuzeit unbefriedigenden Forschungsstand. Die Belastung der Bauern sieht er auf Basis von einzelnen Lokalstudien als generell hoch an, ohne jedoch Ergebnisse für größere Territorien vorlegen zu können.[55] Dieses Ergebnis ist insofern interessant, als es Anlaß zur Skepsis gibt, einen quasi automatischen Trend zu immer höherer steuerlicher Belastung im Mo-

---

51 Vgl. Walter Matthiak (1999), Zwischen Kopfsteuer und Einkommensteuer. Die preußische Klassensteuer von 1820 (Schriftenreihe des Rechtshistorischen Museums Karlsruhe, 8), Karlsruhe: Verlag der Gesellschaft für Kulturhistorische Dokumentation, S. 31.

52 Vgl. Braun (1975), S. 321-323, und Schremmer (1994), S. 144.

53 Vgl. Schremmer (1994), S. 153, 157.

54 Vgl. Andreas Thier (1999), Steuergesetzgebung und Verfassung in der konstitutionellen Monarchie. Staatssteuerreformen in Preußen 1871-1893 (Studien zur Europäischen Rechtsgeschichte, 119), Frankfurt: Klostermann, S. 970.

55 Walter Achilles (1991), Landwirtschaft in der Frühen Neuzeit (Enzyklopädie deutscher Geschichte, 10), München: Oldenbourg, S. 34f.

dernisierungsprozeß zu unterstellen, wie dies implizit Adolph Wagner 1863 in seinem berühmten „Gesetz“ säkular wachsender Staatstätigkeit tat.[56]

Zeitgenössische Steuerlastvergleiche auf der Ebene der Bundesstaaten finden sich in der Literatur ab etwa Mitte des 19. Jahrhunderts viele,[57] doch kein einziger Autor versuchte, die kommunalen Steuern mitzuberücksichtigen, obwohl man sich der Notwendigkeit durchaus bewußt war. Der Grund lag im Fehlen von Kommunalsteuerstatistiken, weil die Regierungen lange Zeit den Aufwand scheuten, eine umfassende und notwendigerweise die kommunale Vielfalt vereinheitlichende Finanzstatistik aufzubauen.

Erst im Zuge der sich etwa ab 1870 verstärkenden Urbanisierung und des damit einhergehenden starken kommunalen Finanzbedarfs stieg das Interesse an einer umfassenden, auch die Kommunalfinanzen miteinschließenden Finanzstatistik. In Preußen versuchte das Statistische Bureau seit 1851 umfassende Angaben über die Kommunalfinanzen zu gewinnen, scheiterte aber immer wieder an der Uneinheitlichkeit der lokalen Finanzen, insbesondere der Landgemeinden und Gutsbezirke.[58] Erst für das Berichtsjahr 1911 konnte Preußen erstmals eine vollständige Finanzstatistik aller Kommunen, Landkreise und Provinzialverbände erstellen.[59]

In Württemberg waren die Verhältnisse etwas anders. Dort bestanden die kommunalen Steuereinnahmen von 1819 bis 1877 fast ausschließlich aus Zuschlägen zu den direkten Staatssteuern. Sie konnten daher zentral erfaßt werden und wurden von 1816 bis 1843 periodisch und danach gelegentlich publiziert. Damit war Württemberg den anderen deutschen Staaten weit voraus.[60] Die kommunalen Einnahmen aus den Zuschlägen zur Kapital-, Renten-, Dienst- und Berufseinkommensteuer sowie aus der Wohn- und Bürgersteuer und ab 1877 aus den indirekten Kommunalsteuern wurden jedoch nur gelegentlich veröffentlicht. Eine offizielle Gesamtsteuerstatistik konnte Württemberg erst-

---

56 Adolph Wagner (1863), Die Ordnung des österreichischen Staatshaushaltes, mit besonderer Rücksicht auf den Ausgabe-Etat und die Staatsschuld, Wien: Gerold, S. 2-5.

57 Vgl. etwa Friedrich W. v. Reden (1851, 1853, 1856), Allgemeine vergleichende Finanz-Statistik. Vergleichende Darstellung des Haushalts, Abgabewesens und der Schulden Deutschlands und des übrigen Europa, 2 Bde., Darmstadt: Jonghans; Karl Czörnig von Czernhausen (1862), Das österreichische Budget für 1862 in Vergleichung mit jenen der vorzüglicheren anderen europäischen Staaten, Bd. II, Wien: K.K. Hof- u. Staatsdruckerei; Otto Hausner (1865), Vergleichende Statistik von Europa, Bd. I, Lemberg: Milikowski, S. 304-375, oder Maurice Block (1869), L'Europe politique et sociale, Paris: Hachette. Periodische Zusammenfassungen finden sich in: Gothaischer Genealogischer Hofkalender nebst Diplomatisch-statistischem Jahrbuch.

58 Vgl. Otto Most (1910), Die Gemeindefinanzstatistik in Deutschland. Ziele, Wege, Ergebnisse (Gemeindefinanzen in Deutschland, 2.2) (Schriften des Vereins für Socialpolitik, 127,2), Leipzig: Duncker & Humblot, S. 26-37.

59 Oskar Tetzlaff (1920), Finanzstatistik der preußischen Städte und Landgemeinden für das Rechnungsjahr 1911. Staat (Preußische Statistik, 243), Berlin: Königlich Statistisches Landesamt (dazu mehrere Detailbände 1914-1920).

60 Vgl. Most (1910), S. 51f. Insofern ist das Urteil von Most, die württembergische Finanzstatistik sei dürftiger als die von Preußen, Bayern oder Sachsen (S. 50), zumindest für das 19. Jahrhundert überzogen. Vgl. auch Otto Most (1911), Finanzstatistik, in: Die Statistik in Deutschland nach ihrem heutigen Stand. Festschrift Georg v. Mayr. Hrsg. v. F. Zahn, Bd. I, München u.a.: Schweitzer, S. 759-824.

mals für das Stichjahr 1908 vorlegen.[61] Unter den anderen deutschen Staaten zeichnete sich vor allem Baden durch eine umfassende Kommunalfinanzstatistik bereits für das Stichjahr 1854 aus.[62]

Bis zum Beginn des Ersten Weltkriegs gab es daher keine Gesamtübersicht über die steuerliche Belastung in Deutschland. Den ersten Versuch überhaupt hatte das Reichsschatzamt unternommen, das 1908 einen Denkschriftenband für eine reichsweite Finanzreform zusammenstellte und dafür auch umfangreiche finanzstatistische Daten sammelte.[63] Doch die Bearbeiter aus dem Volkswirtschaftlichen Bureau des Reichsschatzamts beschränkten sich darauf, nur Städte über 10.000 Einwohner zu berücksichtigen. Abgesehen davon begingen sie mehrere methodische Nachlässigkeiten und Fehler, die ihnen kurz darauf Otto Most, Leiter des Düsseldorfer Statistischen Amts, pointiert vorhielt.[64] Most trug im Auftrag des Vereins für Socialpolitik die bisherigen kommunalsteuerstatistischen Ergebnisse zusammen. Sein Buch ist zweifellos die gründlichste Übersicht zum Thema. Doch schon wegen der sehr unvollständigen preußischen Daten blieb der statistische Teil ein Torso. Erst der Finanzwissenschaftler Wilhelm Gerloff konnte 1916 im Auftrag des Reichsschatzamts eine umfassende Steuerstatistik für das Stichjahr 1913/14 erstellen.[65] Seine Ergebnisse, deren Quellen er nicht veröffentlichte, wurden 1930 durch eine Untersuchung des Reichsfinanzministeriums, das im Zuge des Aufbaus einer umfassenden Reichsfinanzstatistik einen Vergleichswert für 1913/14 errechnete, im wesentlichen bestätigt.[66] Bis auf diese beiden gibt es keine Untersuchungen, die die Gesamtsteuerlast in Deutschland vor dem Ersten Weltkrieg berechnen.

---

61 Mitteilungen des Königl. Statistischen Landesamts (1912), S. 33-42. Zwei umfassende frühere statistische Erhebungen auf Gemeindeebene berücksichtigten lediglich die Staatssteuerzuschläge, nicht jedoch die Wohn- und Bürgersteuer oder die indirekten Kommunalabgaben; vgl. Grundlagen einer württembergischen Gemeindestatistik (Württembergische Jahrbücher für Statistik und Landeskunde, Erg.-Bd. 2). Hrsg. v. Königliches Statistisches Landesamt, Stuttgart: Kohlhammer 1898, und Württembergische Gemeindestatistik. Zweite Ausgaben nach dem Stand vom Jahre 1907. Hrsg. v. Königliches Statistisches Landesamt, Stuttgart: Kohlhammer 1910. Weiter zurückliegende Angaben finden sich bei Trüdinger (1908), S. 75, 77, 79.

62 Die Gemeinden des Großherzogthums Baden, ihre Vermögensverhältnisse, Einnahmen und Ausgaben (Beiträge zur Statistik der inneren Verwaltung des Großherzogthums Baden, 9). Hrsg. v. Handelsministerium, 2 Bde., Karlsruhe: Müller 1859.

63 Denkschriftenband zur Begründung des Entwurfs eines Gesetzes betreffend Änderungen im Finanzwesen. Hrsg. v. Reichsschatzamt, 3 Bde., Berlin: Reichsdruckerei 1908.

64 Vgl. Most (1910), S. 80f., 91f.

65 Wilhelm Gerloff (1916), Die steuerliche Belastung in Deutschland während der letzten Friedensjahre. Gutachten dem Staatssekretär des Reichsschatzamts erstattet, Berlin: Reichsdruckerei. Später legte Gerloff (1929), S. 22, auch eine Schätzung für 1907 vor.

66 Statistisches Reichsamt (1930), Die Ausgaben und Einnahmen der öffentlichen Verwaltung im Deutschen Reich für die Rechnungsjahre 1913/14, 1925/26 und 1926/27 (Einzelschriften zur Statistik des Deutschen Reichs, 10), Berlin: Hobbing; dass. (1930a), Die deutsche Finanzwirtschaft vor und nach dem Kriege nach den Hauptergebnissen der Reichsfinanzstatistik (Einzelschriften zur Statistik des Deutschen Reichs, 14), Berlin: Hobbing; dass. (1930b), Finanzen und Steuern im In- und Ausland. Ein statistisches Handbuch, Berlin: Hobbing, S. 223-246. Vgl. dazu Mark Spoe-

Versucht man dennoch, sich einen Überblick über die Entwicklung der Steuerlast vor dem Ersten Weltkrieg zu verschaffen, so ist man für den Zeitraum bis 1872 auf Untersuchungen der Ausgabenseite der öffentlichen Finanzen angewiesen. Als die Staatsquote nach dem Zweiten Weltkrieg den schon für die Zwischenkriegszeit festzustellenden aufsteigenden Trend fortsetzte, verstärkte sich das Interesse an der Überprüfung des Wagnerschen Gesetzes. In Anlehnung an die berühmte Studie von Alan T. Peacock und Jack Wiseman veröffentlichten Suphan Andic und Jindrich Veverka 1964 im *Finanzarchiv* eine Studie, die Wagners Gesetz empirisch bestätigte. Nach ihren Berechnungen verdoppelte sich die Staatsquote in Deutschland von 7,5% 1872 auf 16,2% 1901 und blieb dann bis 1913 auf einem Niveau von etwa 15%.[67] Forscher um den deutschen Finanzwissenschaftler Horst Recktenwald kamen jedoch einige Jahre später zu entgegengesetzten Ergebnissen. Basierend auf der bei ihm angefertigten Dissertation von Otto Weitzel behauptete Recktenwald, daß die Staatsquote „vom Wiener Kongreß bis 1881 relativ stark, dann bis zum Ersten Weltkrieg gering" abgenommen habe. Wagners Gesetz, so der überraschende Befund, sei daher zu seiner Zeit empirisch nicht fundiert gewesen.[68] Eine neutrale Position nimmt Gerold Ambrosius ein, der angibt, die Staatsquote habe im 19. Jahrhundert um 10% geschwankt.[69] Die einzige direkte Schätzung der Steuerquote hat Recktenwald für den Zeitraum ab 1872 vorgelegt. Seinen Berechnungen zufolge stieg sie bis 1891 von 6% auf 8% an, um dann bis 1913 auf diesem Niveau zu verharren. Auf die Widersprüchlichkeit seiner Ergebnisse für die Staatsquote einer-

---

rer (1998), Taxes on Production and on Imports in Germany, 1901-13, in: Jahrbuch für Wirtschaftsgeschichte, Nr. 1, S. 161-179, hier S. 165-169.

67 Alan T. Peacock/Jack Wiseman (1961), The Growth of Public Expenditure in the United Kingdom, Princeton: National Bureau of Economic Research; Suphan Andic/Jindrich Veverka (1964), The Growth of Government Expenditure in Germany since the Unification, in: Finanzarchiv, NF 23, S. 169-278, hier S. 183. Vgl. dort zu Steuereinnahmen S. 170, 226-232. Vgl. zur Kritik an der Methodik von Andic und Veverka: Fremdling (1980), S. 30f.

68 Vgl. Otto Weitzel (1967), Die Entwicklung der Staatsausgaben in Deutschland. Eine Analyse der öffentlichen Aktivität in ihrer Abhängigkeit vom wirtschaftlichen Wachstum, Diss. Erlangen-Nürnberg; Horst C. Recktenwald (1970), Staatsausgaben in säkularer Sicht, in: Heinz Haller u.a. (Hrsg.), Theorie und Praxis des finanzpolitischen Interventionismus. Fritz Neumark zum 70. Geburtstag, Tübingen: Mohr (Siebeck), S. 407-430, hier S. 418 (Zitat); ders. (1980), Markt und Staat. Fundamente einer freiheitlichen Ordnung in Wirtschaft und Politik, Göttingen: Vandenhoeck & Ruprecht, S. 242. Später erschien die noch unter Recktenwald begonnene Dissertation von Michael Jüngling (1991), Staatseinnahmen in säkularer Sicht. Eine kritische Studie (Abhandlung der Wirtschaftswissenschaftlichen Staatswissenschaften, 36), Göttingen: Vandenhoeck & Ruprecht. Jüngling unternimmt allerdings nirgends den Versuch, die gesamten öffentlichen Einnahmen zu schätzen. Wie Jünglings Studie beschränkt sich auch die kompendiumartige Zusammenstellung von Hans Mauersberg (1988), Finanzstrukturen deutscher Bundesstaaten zwischen 1820 und 1944, St. Katharinen: Scripta Mercaturae, auf die staatlichen Steuern.

69 Gerold Ambrosius (2001), Staat und Wirtschaftsordnung. Eine Einführung in Theorie und Geschichte (Grundzüge der modernen Wirtschaftsgeschichte, 3), Stuttgart: Steiner, S. 192. Er verzichtet auf einen Beleg, vemutlich weil seine Studie den Charakter einer Überblicksdarstellung hat.

seits und die Steuerquote andererseits ging er für das 19. Jahrhundert nicht ein.[70] Somit ist die Forschungslage zur gesamtwirtschaftlichen Staats- und Steuerquote im 19. Jahrhundert äußerst disparat und widersprüchlich.

Um 1980 entstanden einige Untersuchungen, die sich sehr detailliert Teilbereichen der Steuerlast zugewandt haben. Hervorzuheben sind hier vor allem die Studien von Walter Steitz und Stefan Wagner. Steitz untersucht die Realbesteuerung in den drei süddeutschen Staaten und setzt sich dabei auch mit der steuerlichen Belastung auseinander. Er kommt dabei zu dem Ergebnis, daß die Gesamtsteuerlast des Agrarsektors in Württemberg und Baden zwischen 1815 und 1870 vermutlich etwas langsamer anstieg als die bäuerlichen Realeinkommen und, analog zu Schremmer, daß die direkte Besteuerung insgesamt das Gewerbe begünstigte.[71] Wagner ermittelt, daß die effektive Belastung der Ackererträge durch die preußische staatliche Grundsteuer in der Rheinprovinz zwischen 1816 und 1894 um 6% schwankte. Er räumt jedoch ein, daß sich ein säkular steigender Trend ergäbe, wenn man die von ihm nicht untersuchten Kommunalzuschläge hinzurechnen würde. Die Belastung des Reinertrages von Gebäuden durch die staatliche Grund- und Gebäudesteuer schätzt Wagner für das Jahr 1834 auf etwa 10-12% und für 1864 auf 6-8%.[72] Ebenfalls auf die Rheinprovinz konzentriert sich die Studie von Rudolf Schillings, der die steuerliche Belastung gewerblicher Unternehmen zwischen 1850 und 1914 untersucht. Demnach betrug die steuerliche Gesamtbelastung deutscher Aktiengesellschaften 1913 etwa 7-8% des Bruttoertrags. Für die speziell von ihm untersuchten rheinisch-westfälischen Unternehmen kommt er schon für die Zeit vor den Miquelschen Steuerreformen auf etwas höhere Werte, die anschließend auf meist zweistellige Prozentsätze ansteigen.[73]

Ein Problem, mit dem sich auch diese, ansonsten sehr detailliert und sorgfältig argumentierenden Autoren nur beiläufig oder gar nicht beschäftigen,[74] ist die Steuerinzidenz. Den Finanzwissenschaftlern und selbst den meisten Finanzpolitikern des 19. Jahrhunderts war klar, daß formale und effektive Steuerbelastung weit auseinanderklaffen können, je nach dem, wie weit der Zensit die Steuerlast auf Kunden, Lieferanten oder andere Wirtschaftssubjekte überwälzen kann.[75] Doch die Diskussionen über die Inzi-

---

[70] Horst C. Recktenwald (1977), Umfang und Struktur der öffentlichen Ausgaben in säkularer Entwicklung, in: Handbuch der Finanzwissenschaft, 3. Aufl., Tübingen: Mohr (Siebeck), Bd. I, S. 713-752, hier S. 717-722, 733.

[71] Vgl. Steitz (1976), S. 145-212.

[72] Vgl. Wagner (1980), S. 183-187, 196f.

[73] Vgl. Rudolf Schillings (1986), Die Steuerbelastung gewerblicher Unternehmungen in der preußischen Rheinprovinz in den Jahren 1850 bis 1914 (Wirtschafts- und Rechtsgeschichte, 3), Köln: Müller Botermann. S. 495f., 504f., 516. Quellenkritisch ist jedoch anzumerken, daß der Wert für 1913 nach freiwilligen Angaben der Unternehmen in den 1920er Jahren errechnet wurde, die damit den zwischenzeitlichen Anstieg der steuerlichen Belastung unterstreichen wollten. Bei seinen Einzelstudien hat Schillings nicht thematisiert, ob die angegebenen Bruttoerträge die tatsächliche Gewinnsituation der Unternehmen herunterspielten, wie es vor dem Ersten Weltkrieg aus dividendenpolitischen Erwägungen durchaus üblich war.

[74] Vgl. Steitz (1976), S. 204-206; Wagner (1980), S. 210-212; bei Schillings (1986) kein Hinweis.

[75] Vgl. dazu ausführlich: Christian Scheer (1988), Steuer, Steuerverteilung und Steuerinzidenz in der deutschen Finanzwissenschaft der ersten Hälfte des 19. Jahrhunderts und der Einfluß der briti-

denz bewegten sich fast ausschließlich im Rahmen theoretischer Erörterungen. Der in Gießen lehrende Nationalökonom Etienne Laspeyres, der im Gegensatz zu den meisten seiner Kollegen auch empirisch-statistisch forschte, legte 1877 und 1901 zwei Studien über die Belastungswirkung der mit Wirkung von 1875 abgeschafften, politisch stets hochumstrittenen preußischen Mahl- und Schlachtsteuer vor.[76] Er kam zu dem paradox anmutenden Resultat, daß der Mahlsteuerbetrag zu weit über 100% an die Kunden überwälzt wurde. Allerdings konnte er keine befriedigende theoretische Erklärung dafür finden, was sicherlich mit dazu beigetragen hat, daß die Zeitgenossen seine Ergebnisse fast völlig ignorierten. Erst nach dem Zweiten Weltkrieg ist das von ihm vermutlich erstmals empirisch nachgewiesene, heute *Overshifting* genannte Phänomen von angelsächsischen Autoren thematisiert worden. Diese haben zwar mittlerweile den theoretischen Vordenker, Augustin Cournot, entdeckt, nicht jedoch Laspeyres' empirische Untersuchungen. Von seinen beiden Studien abgesehen, hat sich die Finanzwissenschaft bis zur Zeit nach dem Zweiten Weltkrieg empirisch nur sehr selten und in keinem Fall in der Breite der Laspeyreschen Analysen mit der Inzidenz auseinandergesetzt.[77] Obwohl dies heute ein eigenes Forschungsfeld der Wirtschaftswissenschaft darstellt, hat sich bislang die (deutsch- bzw. englischsprachige) Finanzgeschichte trotz diesbezüglicher Forderungen von Donald McCloskey und Rolf Dumke diesem methodisch schwierigen Thema nicht gestellt.[78]

Dasselbe gilt für den in der heutigen Finanzwissenschaft theoretisch wie empirisch viel diskutierten Begriff des Steuerwettbewerbs. Wenn es richtig ist, daß im Verlaufe des 19. Jahrhunderts wohlhabende Zensiten zunehmend und infolge verteilungspolitischer Einflüsse auf das Steuersystem auch überproportional besteuert wurden, so stünde zu erwarten, daß sie sich der steigenden steuerlichen Belastung durch Migration in niedrig steuernde Jurisdiktionen zu entziehen versucht hätten, was wiederum ein Ge-

---

schen Nationalökonomie, in: Harald Scherf (Hrsg.), Studien zur Entwicklung der ökonomischen Theorie, 6 (Schriften des Vereins für Socialpolitik, NF 115.6), Berlin: Duncker & Humblot, S. 105-169.

[76] Etienne Laspeyres (1877), Statistische Untersuchungen über den Einfluss einer Steueraufhebung auf die Preise der bisher besteuerten Producte, in: Statistische Monatschrift, 3, S. 497-514, 545-555; ders. (1901), Statist. Untersuchungen zur Frage der Steuerüberwälzung, geführt an der Geschichte der preussischen Mahl- und Schlachtsteuer, in: Finanz-Archiv, 18, S. 46-282.

[77] Zwei Ausnahmen mit allerdings nur sehr begrenztem Untersuchungsgebiet sind: Sigmund Schott (1902), Die Mannheimer Brodpreise seit Aufhebung des Oktrois auf Mehl und Brod, in: Beiträge zur Statistik der Stadt Mannheim, Nr. 10, und Statistisches Amt der Stadt Aachen (1911), Der Einfluß der am 31. März 1910 erfolgten Aufhebung der Schlachtsteuer auf die Fleischversorgung der Stadt Aachen, Aachen: La Ruelle'sche Accidenzdruckerei.

[78] Donald McCloskey (1978), A Mismeasurement of the Incidence of Taxation in Britain and France, 1715-1810, in: Journal of European Economic History, 7, S. 209f.; Rolf H. Dumke (1985), Zum Problem der Nicht-Neutralität der Steuersysteme im Industrialisierungsprozeß, in: Hubert Kiesewetter/Rainer Fremdling (Hrsg.), Staat, Region und Industrialisierung, Ostfildern: Scripta Mercaturae, S. 67-71, hier S. 69.

gensteuern seitens der Jurisdiktionen vermuten läßt.[79] In der gesamten deutsch- und englischsprachigen Literatur gibt es zum Thema Steuerwettbewerb lediglich zwei finanzhistorische Studien, von denen eine das Kaiserreich behandelt. Mark Hallerberg hat zu zeigen versucht, daß die bundesstaatlichen direkten Steuern zwischen 1873 und 1914 eine Entwicklung durchmachten, die auf Steuerwettbewerb zwischen den Bundesstaaten schließen läßt.[80]

Insgesamt, so läßt sich mit Rolf Dumke zusammenfassen, ist „die geschichtliche Entwicklung der Steuerlast in Deutschland während des 19. Jahrhunderts, [...] trotz einiger vorläufiger Schätzungen, noch unbestimmt."[81] Die Höhe der Gesamtsteuerlast ist für den Untersuchungszeitraum wegen der Schwierigkeit, die kommunalen Finanzen zu erfassen, nur für den Zeitraum von 1872 bis 1913 berechnet worden, was Aussagen über die Verteilungswirkungen der Besteuerung in Hinsicht auf Region, Wirtschaftssektor und soziale Schichten nur in Bruchstücken zugelassen hat. Zwei Ausweichreaktionen der Zensiten auf die steuerliche Belastung, das schwierige Thema der Inzidenz und die neue Frage der steuerinduzierten Migration mit Steuerwettbewerb als Antwort, sind bislang gar nicht bzw. erst einmal (Hallerberg) in historischer Dimension für Deutschland untersucht worden.

1.4 Kritische Würdigung und Problemstellung

Aufgrund der geringen Intensität der deutschen finanzhistorischen Forschung sind die oben referierten Ergebnisse überwiegend isoliert und ohne diskursiven Bezug zueinander entstanden. Bei der Zusammenstellung der Forschungsergebnisse fällt auf, daß sich in der Frage der Bewertung der Steuersysteme Preußens, Württembergs und anderer deutscher Staaten zwei unterschiedliche Sichtweisen gegenüberstehen. Während Autoren wie Lee und vor allem Schremmer die Geschichte der Besteuerung im 19. Jahrhundert im wesentlichen als Erfolgsgeschichte darstellen, äußern Braun, Schissler und Thier Skepsis. Bei genauerer Betrachtung wird ersichtlich, daß diesen Bewertungen unterschiedliche Normen zugrundeliegen.

In der klassischen Finanzgeschichte, wie sie vor allem Schremmer vertritt, werden Steuersysteme und -reformen nach zwei Normen beurteilt. Zum einen wird gefragt, ob das System der Industrialisierung förderlich gewesen sei, zum anderen, ob es zu mehr Steuergerechtigkeit geführt habe. Schremmer und Lee haben ihre These, daß die deutschen Steuersysteme gewerbliche Großbetriebe und Geldkapitalbesitzer zuungunsten kleinerer und agrarischer Betriebe bevorzugt behandelt hätten, als industrialisierungsfreundlich bezeichnet. Wenn damit die steuerliche Bevorzugung gewerblicher im Vergleich zu agrarischer Wirtschaftstätigkeit bezeichnet wird, so ist dem sicherlich zuzu-

---

79 Jurisdiktionen sind in etwa äquivalent mit Gebietskörperschaften (Staat, Länder, Kommunen). Dieser Anglizismus wird hier in Anlehnung an die neuere deutschsprachige Literatur zum Steuerwettbewerb verwendet.

80 Hallerberg (1996).

81 Dumke (1985), S. 67.

stimmen. Tatsächlich wollen dies Schremmer und Lee jedoch auch als wachstumsfreundlich verstanden wissen.[82]

Nicht nur aus dem Blickwinkel der heutigen Dienstleistungsgesellschaft, die die Industriegesellschaft abgelöst hat, erscheint dies fragwürdig. Auch aus wirtschaftstheoretischer Sicht ergeben sich Probleme. Schremmer wie Lee unterstellen ganz selbstverständlich, daß Eingriffe des Fiskus in marktliche Prozesse der Ressourcenallokation und Einkommensdistribution keiner weiteren theoretischen Begründung bedürfen, solange sie nur der Industrialisierung förderlich gewesen seien. Aus allokativer Sicht gibt es jedoch a priori keinen Grund, weshalb das Steuersystem gewisse ökonomische Aktivitäten steuerlich prämiieren oder, umgekehrt, überdurchschnittlich belasten sollte. Eine solche Sicht impliziert erstens, daß die zukünftige wirtschaftliche Entwicklung erkennbar ist und zweitens, daß es eine uneigennützige Planungsinstanz gäbe, die dies umsetzen kann und will. Dagegen wird es in der wirtschaftswissenschaftlichen Theorie durchweg als wünschenswerte Eigenschaft eines Steuersystems angesehen, daß es die ökonomischen Anreizstrukturen so wenig wie möglich verändert, es sei denn zur Korrektur von Marktversagen oder mit Rücksicht auf distributive Ziele.[83]

Für diesen grundsätzlichen Einwand gibt es auch empirische Belege. So hat, erstens, Rolf Dumke in seinen wegweisenden Untersuchungen zum Zollverein auf die Bedeutung der deutschen Agrarexporte für die Finanzierung industrieller Zwischenprodukte hingewiesen.[84] Zweitens kennt die europäische Wirtschaftsgeschichte ein vielzitiertes Beispiel, das die Fragwürdigkeit der Fixierung auf den sekundären Sektor unterstreicht. Als die dänische Wirtschaft nach der Mitte des 19. Jahrhunderts feststellen mußte, daß ihre agrarischen Exportgüter – Massengüter wie etwa Weizen und Roggen – auf dem Weltmarkt wegen der starken nordamerikanischen und russischen Konkurrenz an Wettbewerbsfähigkeit verloren, orientierte sie sich keineswegs auf den industriellen Sektor um, sondern spezialisierte sich auf hochwertige Agrargüter, vor allem Milchprodukte.[85] Damit war sie sehr erfolgreich. Das gesamtwirtschaftliche Wachstum Dänemarks und das Niveau des Pro-Kopf-Einkommens entwickelten sich zwischen 1870 und 1913 parallel mit dem des hochindustrialisierten und im internationalen Vergleich überdurchschnittlich stark wachsenden Deutschland.[86] Drittens ist schließlich festzuhalten, daß kaum eines der sich industrialisierenden Länder einen so hohen Anteil des sekundären Sektors erreichte wie Deutschland. Betrug der Anteil des sekundären Sektors an der Beschäftigung 1913 in Deutschland 41%, so lag er in den Vereinigten Staaten – der ande-

---

82 Vgl. Lee (1975), S. 175; Schremmer (1985), S. 20, 29, und ders. (1996), S. 131.

83 Vgl. zur Theorie der optimalen Besteuerung etwa Gerold Krause-Junk (1977), Steuern: Verteilungslehren, in: Handwörterbuch der Wirtschaftswissenschaften, Bd. VII, Stuttgart u.a.: Fischer u.a., S. 332-356, hier S. 346-348, und kritisch Charles B. Blankart (2003), Öffentliche Finanzen in der Demokratie. Eine Einführung in die Finanzwissenschaft, 5. Aufl., München: Vahlen, S. 215-241.

84 Vgl. Dumke (1976), S. 375.

85 Vgl. Christoph Buchheim (1994), Industrielle Revolutionen. Langfristige Wirtschaftsentwicklung in Großbritannien, Europa und in Übersee, München: dtv, S. 101-104.

86 Vgl. Angus Maddison (1995), Monitoring the World Economy, 1820-1992, Paris u.a.: OECD, S. 194.

ren hochdynamischen entwickelten Wirtschaft vor dem Ersten Weltkrieg – nur bei 30%.[87] Wie die weitere Entwicklung im 20. Jahrhundert gezeigt hat, ist der Anteil des sekundären Sektors an der gesamtwirtschaftlichen Wertschöpfung zurückgegangen. Bis zu welchem Punkt sollte also ein industrialisierungsfreundliches Steuersystem den sekundären Sektor bevorzugen?

Genauer zu durchleuchten ist auch der Begriff der Steuergerechtigkeit, auf den speziell Eckart Schremmer in seinen vielen Arbeiten über das deutsche Steuerwesen immer wieder zurückkommt. Eine seiner zentralen Thesen lautet, daß die Geschichte der Besteuerung im 19. Jahrhundert einen Trend zu größerer Steuergerechtigkeit aufweise. In seiner neuesten finanzhistorischen Studie faßt er sie wie folgt zusammen:

> „Die ausführlichen Steuer-Diskussionen in den deutschen Staaten endeten in der grundsätzlichen Zielvorstellung einvernehmlich. Gerechtigkeit in Steuersachen bedeutet die allgemeine Steuerpflicht mit der Gleichverteilung der Steuerlast gemäß der Leistungsfähigkeit der Bürger. Die Steuer sollte weder die ‚natürliche' Vermögensverteilung ändern noch den Vermögensstand mindern."[88]

Diese Sichtweise erscheint in mehrfacher Hinsicht über Gebühr harmonisierend. Erstens war die allgemeine Steuerpflicht in Preußen keineswegs allgemein anerkannt. In dieser Frage waren sich zwar die bürgerlichen Autoren einig. Alle Untertanen des Staates sollten den gleichen Regeln der Besteuerung unterliegen, unabhängig davon, wo sie lebten und welchem Stand oder welcher Schicht sie angehörten. Diese Ansicht hatte jedoch im politisch maßgeblichen und steuerlich teilweise eximierten Adel einen erbitterten Gegner, der sich jahrzehntelang mit Erfolg gegen seine steuerrechtliche Gleichstellung wehrte und sich schließlich seine Zustimmung dazu nur mit großzügigen Entschädigungen abkaufen ließ. Zweitens war das Prinzip der Gleichverteilung der Steuerlast gemäß der Leistungsfähigkeit höchst umstritten. Zum einen erforderte bereits die Messung der Leistungsfähigkeit ein Eindringen in die Einkommens- und Vermögensverhältnisse der Zensiten, das zumindest die Wohlhabenderen rundheraus ablehnten. Zum anderen herrschten selbst im Falle, daß die Leistungsfähigkeit zu messen gewesen wäre, höchst unterschiedliche Vorstellungen darüber, wie das steuerliche Opfer zu bemessen sei. Zwar waren gegen Ende des 19. Jahrhunderts kaum noch Stimmen zu vernehmen, die ein gleiches absolutes Opfer verlangten, doch ob das gleiche relative oder, wie es heute heißt, das gleiche marginale Opfer zu erbringen sei, war umstritten. Drittens muß den Beteiligten sehr wohl klar gewesen sein, daß die Besteuerung – nach welchem Opferprinzip auch immer – in jedem Falle den Vermögensstand mindert und fast immer die Vermögensverteilung verändert.

Schremmers optimistischer Sichtweise liegt offenbar die Vorstellung eines einheitlichen Gerechtigkeitsbegriffs zugrunde, dessen adäquate Umsetzung durch Diskurs unter

---

87 Vgl. Maddison (1995), S. 39.

88 Eckart Schremmer (2001), Einfach und gerecht? Die erste deutsche Einkommensteuer von 1874/78 in Sachsen als Lösung eines Reformstaus in dem frühindustrialisierten Lande, in: Scripta Mercaturae, 35, Nr. 2, S. 38-64, hier S. 38. Vgl. v.a. auch Schremmer (1996).

aufgeklärten Staatsbürgern gefunden werden kann.[89] Sie läßt dabei außer acht, daß hinter den Diskussionen um anstehende Steuerreformen typische Verteilungskämpfe standen und daß man daher den Begriff der steuerlichen Leistungsfähigkeit je nach Interessenlage sehr unterschiedlich füllen konnte. Während das Prinzip der steuerlichen Gleichbehandlung eine schwer angreifbare Norm sein dürfte und es sich ja in der Tat im Verlaufe des 19. Jahrhunderts gegen die Interessen des Adels durchsetzte, gab und gibt es für weitergehendere Vorstellungen von Steuergerechtigkeit keine allgemein akzeptierte Norm „optimaler" Einkommensumverteilung. Erst in jüngster Zeit ist eine über Risikoaversion und versicherungstheoretische Aspekte argumentierende Begründung für ein Mindestmaß an Umverteilung entwickelt worden, mit der sich auch die traditionell in Hinblick auf Gerechtigkeitskriterien sehr skeptischen Ökonomen anfreunden können.[90] Doch für das optimale Ausmaß der Umverteilung läßt sich nach wie vor keine allgemein akzeptierte Norm ableiten. Geringe Umverteilung verschärft die sozialen Spannungen und kann zu politischer und wirtschaftlicher Instabilität führen. Starke Umverteilung lähmt wegen der damit verbundenen negativen Anreizeffekte die wirtschaftliche Dynamik. Daher ist es stets problematisch, Steuerreformen lediglich nach dem Grad der Umverteilung zu beurteilen, die sie nach sich ziehen.

Klar ausgesprochen hat diesen Zusammenhang von allokativen und distributiven Effekten der Besteuerung W. Robert Lee, der gerade in der regressiven Ausprägung der deutschen Steuersysteme die Ursache dafür sieht, daß sie der Industrialisierung förderlich gewesen seien. Damit unterstellt er einen *trade-off* zwischen dem allokativen Ziel gesamtwirtschaftlichen Wachstums und dem distributiven Ziel gesellschaftlicher Umverteilung.[91] In einem kurzen Kommentar stellt jedoch Rolf Dumke die Zwangsläufigkeit eines solchen *trade-off* in Frage, indem er darauf hinweist, daß die Besteuerung im Normalfall stets zu einer Veränderung des Arbeitsangebots und der Sparneigung führe. Die von Lee und Schremmer festgestellten industrialisierungsfreundlichen Angebotswirkungen der deutschen Steuersysteme könnten durch entsprechenden Nachfrageausfall kompensiert worden sein, wodurch der Gesamteffekt unbestimmt sei.[92]

Aus dieser Perspektive haben Peter Mathias und Patrick O'Brien die Wirkung der Steuersysteme Großbritanniens und Frankreichs verglichen. Sie stellen fest, daß das stärker regressive britische System zwar die Investitionsneigung erhöhte, jedoch die Konsumneigung verringerte, was den Gesamteffekt des Systems auf die Industrialisie-

---

89 Vgl. auch frühere steuerhistorische Arbeiten Schremmers, etwa Eckart Schremmer (1963), Die Bauernbefreiung in Hohenlohe (Quellen und Forschungen zur Agrargeschichte, 9), Stuttgart: Fischer, S. 153f.; ders. (1994a), Über „gerechte Steuern". Ein Blick zurück ins 19. Jahrhundert, St. Katharinen: Scripta Mercaturae, S. 14-30.

90 Vgl. Hans-Werner Sinn (1997), The Selection Principle and Market Failure in Systems Competition, in: Journal of Public Economics, 66, S. 247-274; ders. (2003), The New Systems Competition, Oxford: Blackwell, S. 64-74. Der versicherungstheoretische Grundgedanke ist allerdings alt und läßt sich mindestens bis zu Charles L. de Montesquieu (1753), De l'esprit des loix, Genève: Barrillot, Bd. I, S. 333 (13. Buch, 1. Kapitel), zurückverfolgen; vgl. auch Mann (1937), S. 214-219.

91 Lee (1975), S. 169-175.

92 Dumke (1985), S. 67-71.

rung im Unklaren läßt.[93] Damit bleibt offen, ob es tatsächlich einen *trade-off* zwischen Stärkung der Wachstumskräfte und Umverteilung gegeben hat.[94]

An diesem Punkt kommt die Kritik derjenigen Autoren ins Spiel, die speziell die preußische Steuergeschichte nicht als Erfolgsmodell sehen wollen. Im Gegensatz zur klassischen finanzhistorischen Literatur sehen etwa Braun, Schissler oder Thier die finanzpolitische Entwicklung nicht nur aus dem isolierten Blickwinkel der Wirtschaftswissenschaften, sondern betten sie in gesellschaftliche Zusammenhänge ein. Ausgehend von der sehr ungleichen Verteilung politischer Rechte und wirtschaftlichen Wohlstands im 18. Jahrhundert beurteilen sie die Entwicklung der Besteuerung im 19. Jahrhundert ausschließlich unter distributiven Gesichtspunkten. In Anlehnung an Finanzsoziologen wie Rudolf Goldscheid, Joseph Schumpeter und Fritz Karl Mann wird die Finanzpolitik als Schauplatz widerstreitender gesellschaftlicher Interessen gesehen, in denen es letztlich um Macht ging. Herausragende Finanzwissenschaftler wie etwa Wilhelm Gerloff[95] haben diese Hintergründe immer schon berücksichtigt, doch viele der neueren finanzhistorischen Studien blenden sozioökonomische Aspekte fast völlig aus.[96]

Eine differenzierte Bewertung der preußischen Steuerpolitik, wie sie etwa Thier in seiner umfangreichen Arbeit zu den Miquelschen Steuerreformen vorgenommen hat, läßt sich nicht in das vor allem von Schremmer vertretene fiskalische Modernisierungsparadigma einordnen, das, etwas pointiert formuliert, im 19. Jahrhundert eine weitgehend glatte Linie geradezu hegelianisch-teleologischen Fortschritts in der preußischen Steuerpolitik sieht.[97] Es ist interessanterweise eine verfassungshistorische Arbeit, die weniger die formale als vielmehr die materielle Seite der Besteuerung akzentuiert und damit ökonomische Aspekte in die Diskussion einbringt, die in Schremmers Darstellung unterbelichtet bleiben.

In diesem Sinne soll in den vier folgenden Kapiteln der Arbeit der Blick weniger auf die formalen Aspekte der Besteuerung in Preußen und Württemberg gelenkt werden, als

---

93 Peter Mathias/Patrick O'Brien (1976), Taxation in Britain and France, 1715-1810. A Comparison of the Social and Economic Incidence of Taxes Collected for the Central Governments, in: Journal of European Economic History, 5, S. 601-650, hier S. 621-623.

94 Nur am Rande sei hier auf die These von Simon Kuznets verwiesen, wonach die Industrialisierung in den früh entwickelten Ländern mit einer temporären Erhöhung der Einkommensungleichheit verbunden gewesen sei. Für Deutschland ist dies kürzlich unter Verwendung der preußischen Klassen- und Einkommensteuerstatistiken bestätigt worden; vgl. Simon Kuznets (1955), Economic Growth and Income Inequality, in: American Economic Review, 45, S. 1-28, und Oliver W. Grant (2002), Does industrialization push up inequality? New evidence on the Kuznets curve from nineteenth century Prussian tax statistics (Working Paper, 48), Oxford.

95 Vgl. v.a. Wilhelm Gerloff (1913), Die Finanz- und Zollpolitik des Deutschen Reichs nebst ihren Beziehungen zu Landes- und Gemeindefinanzen von der Gründung des Norddeutschen Bundes bis zur Gegenwart, Jena: Fischer.

96 So etwa Schillings (1986); Peter Greim-Kuczewski (1990), Die preußische Klassen- und Einkommensteuergesetzgebung im 19. Jahrhundert. Eine Untersuchung über die Entwicklungsgeschichte der formellen Veranlagungsvorschriften (Wirtschafts- und Rechtsgeschichte, 18), Köln: Müller Botermann, und Georg Heni (1991), Historische Analyse und Entwicklungslinien der Gewerbesteuer (European University Studies, 1150), Frankfurt a.M. u.a.: Lang.

97 Vgl. v.a. Schremmer (1996).

vielmehr auf ihre effektiven materiellen Auswirkungen und die dahinterstehenden Interessen. Die aus allokativer Sicht interessante Frage, inwieweit die Steuersysteme Preußens und Württembergs auf das Wachstum einwirkten, wird dabei mangels aussagekräftiger Daten der volkswirtschaftlichen Gesamtrechnung nicht weiterverfolgt.[98] Der Schwerpunkt wird vielmehr auf der Entwicklung der Steuerlast, ihrer Verteilung und verschiedenen Ausweichreaktionen der Zensiten liegen. Das Gesamtbild wird dann eine differenziertere Aussage über die distributiven Folgen der Steuerpolitik in Preußen und Württemberg zulassen. Im Einzelnen wird folgenden Fragen nachgegangen:

(1) Welche Verteilungswirkungen hatten die wichtigen Steuerreformen?
Im zweiten Kapitel stehen die regionalen, sektoralen und schichtspezifischen Verteilungswirkungen der Besteuerung im Vordergrund. Für deren Beurteilung eignen sich regionale Steuerstatistiken besonders gut. Dieser Quellentyp ist bislang von der Forschung nicht genutzt worden. Durch geeignete Gruppierung der Verwaltungseinheiten lassen sich bestimmte Spezifika der Steuerlastverteilung herausarbeiten. In einigen Fällen führt darüber hinaus der Einsatz regressionsanalytischer Methoden zu neuen Erkenntnissen. Mit diesen Quellen und Methoden werden die wichtigsten Steuerreformen, die Preußen und Württemberg im 19. und frühen 20. Jahrhundert durchführten, in Hinblick auf ihre Verteilungswirkungen untersucht.

(2) Wie hoch war die steuerliche Gesamtbelastung?
Das dritte Kapitel nutzt dieses neue Datenmaterial im Aggregat, um die steuerliche Gesamtbelastung in den beiden untersuchten Bundesstaaten herauszuarbeiten. Dadurch werden Aussagen über die steuerliche Gesamtbelastung pro Kopf und im Verhältnis zum Volkseinkommen möglich. Dies erlaubt auch eine Beurteilung des Wagnerschen Gesetzes. Weitere Untersuchungen betreffen die Anteile der zwei bzw. ab 1834 drei Gebietskörperschaften (Zollverein bzw. Reich, Staat, Kommunen einschließlich Kommunalverbände) und der Steuerarten (direkte bzw. indirekte) am steuerlichen Gesamtaufkommen. Wegen ihrer regressiven Effekte ist der Anteil der indirekten Steuern besonders aufschlußreich für die Analyse der Verteilungswirkungen.

(3) Wer trug die indirekten Steuern?
Diese regressiven Verteilungswirkungen werden im vierten Kapitel einer genaueren Untersuchung unterzogen. Weder im deutschen noch im angelsächsischen Sprachbereich ist die Steuerinzidenz jemals historisch-empirisch untersucht worden. Die preußische Mahl- und Schlachtsteuer wurde schon von den Zeitgenossen als besonders unsozial kritisiert. Sie bietet sich auch insofern als Untersuchungsobjekt an, als sie nicht in allen preußischen Städten erhoben wurde und man somit neben der Gruppe der diese Steuer erhebenden Städte eine Kontrollgruppe hat. Basierend auf der preußischen Preisstatistik können die Ergebnisse Laspeyres‘ reproduziert und darüber hinaus unter Zuhilfenahme neuerer Theorien des *Overshifting* Ansätze zu ihrer Erklärung herausgearbeitet werden.

[98] Vgl. dazu unten, S. 113f.

(4) Gab es schon im 19. Jahrhundert Steuerwettbewerb?
Eine andere, ebenfalls in der deutschen und angelsächsischen Forschung (mit der genannten Ausnahme) nicht thematisierte Ausweichreaktion der Zensiten ist Gegenstand des fünften Kapitels. Obwohl steuerinduzierte Migration und Steuerwettbewerb erst in den letzten eineinhalb Jahrzehnten des 20. Jahrhunderts in der Finanzwissenschaft stärker diskutiert worden sind, steht zu fragen, ob dieses wesentliche Problem der Besteuerung nicht schon früher bestanden hat und diskutiert wurde. Für den empirischen Nachweis, daß schon um die Wende zum 20. Jahrhundert aktiver Steuer- und sogar Fiskalwettbewerb unter bestimmten preußischen Kommunen herrschte, wird wiederum auf preußische Kommunalsteuerdaten zurückgegriffen.

Die Zusammenfassung bettet die wichtigsten Ergebnisse dieser Untersuchung in den Rahmen der Modernisierungsforschung ein. Dabei wird abschließend die These zunehmender Steuergerechtigkeit im 19. Jahrhundert diskutiert.

2. Steuerreformen und Steuerlastverteilung

„Prinzipiell soll die Besteuerung [...] in dem Verhältnis zu der Leistungsfähigkeit umgelegt werden, wie es dem Interesse der Individuen für die Staatsleistungen entspricht. [...] Zuerst muß festgestellt werden, dass subjektive Bewertungen verschiedener Individuen nicht direkt gegeneinander abgewogen werden können, da kein Mensch in die Seele des anderen hineinschauen kann. [...] Jedes Individuum ist natürlich geneigt, das Steueropfer anderer im Verhältnis zu seinen eigenen zu unterschätzen."

Erik Lindahl (1919) [1]

2.1 Problemstellung

Wie groß war nun die Steuerlast im 19. Jahrhundert? Wie veränderte sie sich im Laufe der Industrialisierung? Sind Veränderungen der Steuerlastverteilung festzustellen? Wie die Ausführungen zum Forschungsstand gezeigt haben, lassen sich aufgrund des unbefriedigenden Zustands der Kommunalfinanzstatistik die Daten bestenfalls ab der zweiten Jahrhunderthälfte vollständig zusammentragen. Daher soll hilfsweise in diesem Kapitel zunächst nicht das Niveau, sondern die Veränderung der Steuerlast untersucht werden, die sich nach einer Steuerreform ergab. Dabei muß, wie auch im folgenden Kapitel, zunächst mit der üblichen Annahme gearbeitet werden, daß direkte Steuern nicht und indirekte Steuern voll überwälzt wurden.[2]

---

[1] Erik Lindahl (1919), Die Gerechtigkeit der Besteuerung. Eine Analyse der Steuerprinzipien auf Grundlage der Grenznutzentheorie, Lund: Gleerup, S. 192-194.

[2] Vgl. Neumark (1977), S. 299; Peter Mathias/Patrick O'Brien (1978), The Incidence of Taxation and the Burden of Proof, in: Journal of European Economic History, 7, S. 211-213, hier S. 213, und Don Fullerton/Gilbert E. Metcalf (2002), Tax incidence, in: Alan J. Auerbach/Martin Feldstein (Hrsg.), Handbook of Public Economics, Bd. IV, Amsterdam u.a.: Elsevier, S. 1787-1872, hier S. 1822f.

Die wichtigsten preußischen Steuerreformen fanden 1818-22, 1851, 1861, 1873 und 1891/93 statt; die wichtigsten württembergischen 1821/23, 1873 und 1903. Analog zur oben referierten finanzhistorischen Diskussion sind hier drei Dimensionen von Interesse, die geographische, die sektorale und die schichtspezifische. Zu fragen ist jeweils, ob sich in Hinsicht auf diese drei Dimensionen spürbare Änderungen der Lastverteilung nach einer Steuerreform feststellen lassen, diese also bestimmte Regionen, wirtschaftliche Sektoren oder gesellschaftliche Gruppen besser oder schlechter stellte.

Wie lassen sich Steuerlastverschiebungen erfassen? Die zeitgenössische Diskussion ist ab etwa der Jahrhundertmitte voll mit Belastungsvergleichen. Aufgrund des unbefriedigenden Zustands der Steuerstatistik konnten diese jedoch auf makroökonomischer Ebene nur auf zweierlei Art erfolgen. Eine – vielgenutzte – Möglichkeit bestand darin, in einem Querschnitt die Staatssteuerlast pro Kopf für verschiedene Staaten zu vergleichen. Da jedoch die volle Kommunalsteuerlast unbekannt war, mußten diese Vergleiche zwangsläufig unvollständig bleiben. Im Grunde war diese Methode nur für Belastungsvergleiche innerhalb eines Staates sinnvoll, etwa wenn (bei Unterstellung gleichbleibender Kommunalsteuern) die Belastung durch zwei unterschiedliche Steuern gegenübergestellt wurde. So finden sich viele Vergleiche, die auf die deutlich höhere Belastung der städtischen Bevölkerung durch die Mahl- und Schlachtsteuer im Vergleich zur Klassensteuer abheben.[3] Doch auch dieser Vergleich war problematisch, wenn die Autoren nicht auch die Kommunalzuschläge zu beiden Steuern mitberücksichtigten, was fast nie der Fall war. Die andere Vergleichsmethode bestand darin, in einem Längsschnitt die Veränderung der Belastung zu untersuchen. Doch auch dafür mußte unterstellt werden, daß die Kommunalsteuern konstant geblieben seien.

Einen ganz anderen, mikroökonomischen Ansatz wählte Wilhelm Gerloff 1907 in einer Pionierstudie, in der er die effektive Belastung verschiedener Haushaltstypen kleinerer und mittlerer Einkommen untersuchte.[4] Diese Methode erfordert eine sehr detaillierte Kenntnis des jeweils geltenden Steuerrechts einschließlich der Möglichkeiten des steuerlichen Abzugs. Gerloff mußte sich daher auf bestimmte Orte beschränken. Für die Analyse der Gesamtwirkung einer Steuerreform auf verschiedene sozioökonomische Gruppen eignet sich jedoch Gerloffs Ansatz nicht, da die Folgen je nach Ort sehr unterschiedlich ausfallen konnten. Insbesondere der steuerliche Dualismus von Stadt und Land, der in Preußen erst 1873 sein Ende fand, und darüber hinaus die gerade in Preußen unübersehbare Vielfalt regionaler Grundsteuern (bis 1861) und kommunaler Steuern läßt diesen Ansatz wenig fruchtbar erscheinen. Zudem ist auch innerhalb bestimmter sozioökonomischer Gruppen die Einkommensverteilung nicht normalverteilt, sondern rechtsschief. Weder das durchschnittliche Haushaltseinkommen, das dem arithmetischen Mittel entspräche, noch das (niedrigere) Medianeinkommen reagieren daher „durchschnittlich“, so daß eine Hochrechnung vom als typisch unterstellten Haushalt auf die Gesamtgruppe problematisch wäre.

---

[3] Vgl. etwa Beiträge zur Statistik der Königl. Preußischen Rheinlande, aus amtlichen Nachrichten zusammengestellt, Aachen: Mayer 1829, S. 115, und David Hansemann (1846), Die Mahl- und Schlachtsteuer in Aachen und Burscheidt, Aachen: Mayer.

[4] Vgl. Wilhelm Gerloff (1907), Verbrauch und Verbrauchsbelastung kleinerer und mittlerer Einkommen in Deutschland um die Wende des 19. Jahrhunderts, Jena: Fischer.

Die Veränderung der Steuerlast läßt sich zum Teil publizierten steuerstatistischen Angaben entnehmen. In der ersten Hälfte des 19. Jahrhunderts befand sich die amtliche Statistik noch in den Anfängen. Während demographische und vergleichsweise primitive wirtschaftsstatistische Daten auch schon im frühen 19. Jahrhundert publiziert wurden, etwa in Form von Bevölkerungs-, Gebäude- und Viehzählungen, Katasteranschlägen und zunehmend auch Gewerbezählungen, hielten sich die Staaten bei der Publikation finanzstatistischer Daten deutlich zurück.[5] Wie schon angedeutet, lag dies bei den Kommunalfinanzen daran, daß tatsächlich keine aggregierten Daten existierten, oder nur solche für einzelne, vor allem direkte Steuerarten. In den Parlamentsprotokollen finden sich jedoch recht ausführliche Angaben zu den Staatssteuern. Dabei handelte es sich um Etatansätze als Grundlage für die Diskussion und Verabschiedung des Etats, um Rechnungsnachweise im Rahmen der nachträglichen Rechnungskontrolle oder andere steuerstatistische Aufstellungen, die die Finanzministerien im Zuge anstehender steuerpolitischer Parlamentsdebatten aufstellen mußten. Diese drei Quellengruppen finden sich in den Beilagenbänden der Parlamentsprotokolle.[6]

Württemberg wies zwar seit 1819/20 die Etats und die staatlichen Steuern aus, jedoch unregelmäßig und in wechselnden Publikationsorten.[7] Die Ertragsteuern wurden von 1818 bis zum Übergang zum Quotitätssystem 1887 im Regierungsblatt ausgeschrieben.[8] In den *Württembergischen Jahrbüchern* finden sich in unregelmäßigen Abständen weitere Angaben zu den Rechnungsergebnissen.[9] Erst ab 1885 stand mit dem *Statistischen Jahrbuch für das Königreich Württemberg* ein periodisch erscheinendes Kompendium zur Verfügung, in dem auch finanzstatistische Daten ausgewiesen wurden.[10] Eine Gesamtübersicht über die Rechnungsergebnisse der staatlichen Steuerein-

---

5 Vgl. zur Entwicklung der amtlichen Statistik im 19. Jahrhundert: Adam J. Tooze (2001), Statistics and the German State, 1900-1945. The Making of Modern Economic Knowledge (Cambridge Studies in Modern Economic History, 9), Cambridge u.a.: Cambridge University Press, S. 40-74.

6 Vgl. für Preußen: Verhandlungen des Hauses der Abgeordneten, Anlagenbände, Berlin: Moeser (im folgenden abgekürzt: VHA); für Württemberg: VWKA. – Die Rechnungsnachweise sind für die hier verfolgten Zwecke die präzisesten Angaben, da sie brutto ausgewiesen sind. Bei Repartitionssteuern sind auch die im Etat angesetzten Beträge zuverlässig, da die ausgeschriebenen Beträge in aller Regel zu 100% eingetrieben wurden.

7 Vgl. Werner Krause (1970), Finanzen und Steuern, in: 150 Jahre Amtliche Statistik in Baden-Württemberg. Hrsg. v. Statistisches Landesamt, Stuttgart: Statistisches Landesamt, S. 187-202, hier S. 189; Erika Müller (1989), Theorie und Praxis des Staatshaushaltsplans im 19. Jahrhundert. Am Beispiel von Preußen, Bayern, Sachsen und Württemberg (Studien zur Sozialwissenschaft, 84), Opladen: Westdeutscher Verlag, S. 113-115.

8 Königlich-Württembergisches Staats- und Regierungs-Blatt vom Jahr 1818, Stuttgart: Hasselbrink, S. 17-19, 326, 456.

9 Vgl. dazu auch die kurze Geschichte der Württembergischen Jahrbücher am Anfang des Gesamtregisterbands 1886 (für 1818-1885).

10 Statistisches Jahrbuch für das Königreich Württemberg (1885-1914). Hrsg. v. Königlich Statistisches Landesamt, Stuttgart: Kohlhammer (ab 1896 Statistisches Handbuch). Die Jahrgänge bis einschließlich 1896 enthalten recht wenige finanzstatistische Angaben; vgl. die Vorbemerkung zum Jahrgang 1897.

nahmen von 1819/20 bis 1899/1900 ist bei Karl Wentzel abgedruckt.[11] Dabei handelt es sich jedoch um die Nettoergebnisse, also die Roheinnahmen abzüglich der Verwaltungskosten. Für die Ermittlung der steuerlichen Last, die auf den Zensiten ruhte, sind jedoch die Bruttoergebnisse relevant. Neben den Beilagenbänden der Parlamentsprotokolle sind auch die Akten des Staatsarchivs Ludwigsburg eine vergleichsweise übersichtliche Quelle für Angaben zu den Staatssteuern.[12]

Für Preußen ist die Zusammenstellung der staatlichen Steuereinnahmen ein mühseligeres Unterfangen. Die frühen publizierten Ausweise basieren bis 1849 durchweg auf dem Nettoprinzip und sind häufig nur Etatvoranschläge, die beim Quotitätssystem weit von den tatsächlichen Rechnungsergebnissen abweichen können. Schon der Finanzstatistiker Friedrich v. Reden bemängelte die Transparenz der preußischen Finanzen und schätzte die Roherträge der Staatseinnahmen in den 1840er Jahren auf 163% der ausgewiesenen Ergebnisse.[13] Für den Zeitraum von 1871 bis 1913 hat Peter-Michael Prochnow erstmals Ist-Bruttozahlen vorgelegt, deren Richtigkeit jedoch von Erika Müller angezweifelt worden ist.[14] Dagegen dürften die nach 1849 offiziell mitgeteilten und nach dem Bruttoprinzip ausgewiesenen[15] Zahlen zuverlässiger sein. Sie finden sich seit 1849 als separate Unterreihe der publizierten Verhandlungen des Hauses der Abgeordneten und in Überblicksbänden der Finanzverwaltung.[16]

Staatliche steuerstatistische Daten sind jedoch nicht nur auf aggregierter Ebene überliefert, sondern auch auf der untergeordneter Verwaltungseinheiten. Die Zahlungseingänge aus den untergeordneten Gebietskörperschaften wurden von zentralen staatlichen Buchhaltungsinstitutionen vereinnahmt und erfaßt. Anders wäre eine geordnete Rechnungsführung gar nicht zu gewährleisten gewesen. Diese Institutionen waren im Finanzministerium angesiedelt oder in eigenständige Behörden ausgegliedert. So war in Preußen von 1817 bis 1826 die General-Kontrolle, von 1827 bis 1844 die Staatsbuchhalterei, und erst ab 1845 die dem Finanzministerium unterstehende Generalstaatskasse für die Erfassung der Steuereinnahmen zuständig.[17] In Württemberg war seit 1816 die

---

11 Wentzel (1913), Tab. Ib.

12 StALB, E 226/301 (Staatshauptkasse Stuttgart), Bü 78ff.

13 Vgl. v. Reden (1856), S. 98.

14 Peter-Michael Prochnow (1977), Staat im Wachstum: Versuch einer finanzwirtschaftlichen Analyse der preussischen Haushaltsrechnungen 1871-1913, 2 Bde., Diss. Münster, Münster. Vgl. dazu Fremdling (1980), S. 21f., und Müller (1989), S. 6f.

15 Vgl. Müller (1989), S. 171.

16 Vgl. VHA, Allgemeine Rechnung über den Staatshaushalt des Jahres .... [1849ff.] nebst Anlagen, Berlin: Königliche Staatsdruckerei bzw. Reichsdruckerei; Uebersicht von den Staats-Einnahmen und Ausgaben mit dem Nachweise der Etats-Ueberschreitungen und den der nachträglichen Genehmigung bedürfenden extraordinairen Ausgaben für das Jahr .... [1862ff.], Berlin: Königliche Staatsdruckerei bzw. Reichsdruckerei; Die Finanzverwaltung Preußens ... [1870-1872, 1890-1896, 1897-1898]. Bericht des Finanzministers an Seine Majestät den Kaiser und König, Berlin: Königliche Staatsdruckerei bzw. Reichsdruckerei 1873, 1897, 1900.

17 Für die Überlieferung erwies sich das als Glücksfall, da die Bestände der beiden erstgenannten Institutionen den Zweiten Weltkrieg überstanden, wogegen der Bestand der Generalstaatskasse (Rep. 149 T), nach Mitteilung des Geheimen Staatsarchivs Preußischer Kulturbesitz in Berlin fast vollständig verlorengegangen ist. Vgl. zu den Zuständigkeiten für die Erfassung der preußischen

Generalstaatskasse die zentrale Kasse für den gesamten Staatshaushalt und blieb dies auch über den gesamten Untersuchungszeitraum hinweg.[18] Aufgrund dieser Kontinuität sind die württembergischen Staatsfinanzen für jedes einzelne Jahr bis in die Details rekonstruierbar und vergleichbar, während in der preußischen Überlieferung viele, auch kriegsbedingte Lücken klaffen. Im einen wie im anderen Falle erlaubt dieses steuerstatistische Material eine Differenzierung nach Regierungsbezirken (Preußen) bzw. Oberämtern (Württemberg).[19]

Übersicht 2.1: Einteilung der Gebietskörperschaften in Preußen und Württemberg 1815-1914

Preußen	Württemberg
8-13 Provinzen	–
25-38 Regierungsbezirke	4 Kreise
ca. 400 Kreise	64-65 Oberämter
Kommunen, Gutsbezirke	Kommunen

Diese Unterlagen sind in der Forschung noch nicht herangezogen worden. Zwar erlaubt das Material der zeitgenössischen zentralen Kassen keine direkten Einblicke in die Verteilung der Steuerlast in der sektoralen oder schichtspezifischen Dimension, eben weil sie gemäß ihrer Bestimmung die Finanzströme lediglich geographisch nach Gebietskörperschaften erfaßten. Doch lassen sich aus den demographischen und wirtschaftlichen Daten, die von der zeitgenössischen Verwaltung auf der Ebene untergeordneter Gebietskörperschaften erhoben und oft auch veröffentlicht wurden, einfache regionale Profile konstruieren, die dann mit den steuerstatistischen Daten in Beziehung gesetzt werden können.

Der Ansatz, auf Informationen zurückzugreifen, die in regionalen Daten stecken, ist nicht neu, jedoch in der Finanzgeschichte noch nicht genutzt worden. Frühe richtungweisende wirtschafts- oder sozialhistorische Arbeiten für das 19. Jahrhundert sind von Gerd Hohorst für Preußen und von Wolfgang v. Hippel für Württemberg vorgelegt worden, wobei ersterer bereits Verfahren der induktiven Statistik verwendete.[20] Wie die von Hohorst kamen auch spätere Arbeiten aus der Schule von Richard H. Tilly. Zu nennen

---

Staatseinnahmen: Ernst Müller/Ernst Posner (1934), Übersicht über die Bestände des Geheimen Staatsarchivs zu Berlin-Dahlem. I. Hauptabteilung (Mitteilungen der preußischen Archivverwaltung, 24), Leipzig: Hirzel, S. 196f.

18 Vgl. StALB E226/301, Vorbemerkung.

19 Die erheblichen territorialen Zugewinne veranlaßten Württemberg zu einer Reorganisation der Gebietskörperschaften. 1810 schuf es 65 Oberämter, von denen eines 1819 aufgelöst wurde (Albeck bei Ulm). Bis 1923 blieb die Zahl der Oberämter konstant; vgl. Christoph Borcherdt u.a. (1991), Baden-Württemberg. Eine geographische Landeskunde (Wissenschaftliche Länderkunden, 8.V), Darmstadt: Wissenschaftliche Buchgesellschaft, S. 15.

20 Gerd Hohorst (1977), Wirtschaftswachstum und Bevölkerungsentwicklung in Preußen 1816 bis 1914, New York: Arno Press; Wolfgang v. Hippel (1984), Auswanderung aus Südwestdeutschland. Studien zur württembergischen Auswanderung und Auswanderungspolitik im 18. und 19. Jahrhundert (Industrielle Welt, 36), Stuttgart: Klett-Cotta.

sind hier Harald Frank, Michael Kopsidis und Michael Hühner.[21] In jüngster Zeit hat vor allem Jörg Baten methodisch innovative Arbeiten zum 19. Jahrhundert vorgelegt, die wesentlich auf regionalstatistischen Daten beruhen.[22] In der angelsächsischen Literatur, die vorwiegend in den einschlägigen quantitativ orientierten Zeitschriften publiziert wird, ist der regionalstatistische Ansatz stärker verbreitet.

Auf die hier untersuchte Fragestellung angewandt, läßt sich das zugrundeliegende regressionsanalytische Modell wie folgt beschreiben:

(1) $\Delta T_n = f(X_{mn})$, mit $m = 1, ..., M$ und $n = 1,..., N$.

Die abhängige Variable ΔT ist ein Vektor, in dem die Änderung der Steuerlast der N Gebietskörperschaften vor und nach einer Steuerreform steht. Die in der Matrix X zusammengefaßten unabhängigen Variablen umfassen M Indikatoren, die die wirtschaftlichen Besonderheiten der N Gebietskörperschaften umschreiben. Die meisten Variablen sind im Folgenden pro Kopf ausgedrückt.

Aus statistischen Gründen (höhere Anzahl von Freiheitsgraden) wäre es im Falle Preußens wünschenswert gewesen, die Untersuchung auf der Kreisebene anzusiedeln, zumal entsprechende demographische und wirtschaftsstatistische Daten in publizierter Form vorliegen. Doch sind die korrespondierenden steuerstatistischen Daten nicht im zentralen Landesarchiv (Geheimes Staatsarchiv Berlin) zu erheben. Die Staatsregierungen der Regierungsbezirke erhielten die Staatssteuereinnahmen aus den ihnen untergeordneten Kreisen und übermittelten lediglich die konsolidierten Summen nach Berlin. Folglich finden sich dort nur vereinzelt steuerstatistische Aufstellungen für die (über 400) Kreise. In den Staatsarchiven zu recherchieren, die die Unterlagen der bis zu 38 Regierungsbezirke aufbewahren, wäre im Falle der östlichen Regierungsbezirke, die heute auf polnischem oder russischem Territorium liegen, ohnehin auf große praktische Schwierigkeiten gestoßen.

Für die Jahre 1882 und 1895 liegen die Ergebnisse der ersten beiden reichsweiten Beschäftigtenzählungen vor, die für die hier untersuchten Staaten Preußen und Württemberg ebenfalls die ersten Erhebungen dieser Art waren. Die Beschäftigtenanteile der drei klassischen Wirtschaftssektoren spiegeln nicht exakt die hier eigentlich interessierenden Wertschöpfungsanteile wieder, da die Produktivität im Gewerbe höher war als

[21] Harald Frank (1994), Regionale Entwicklungsdisparitäten im deutschen Industrialisierungsprozeß 1849-1939. Eine empirische analytische Untersuchung (Münsteraner Beiträge zur Cliometrie und quantitativen Wirtschaftsgeschichte, 1), Münster: LIT; Michael Kopsidis (1996), Marktintegration und Entwicklung der westfälischen Landwirtschaft 1780-1880. Marktorientierte ökonomische Entwicklung eines bäuerlich strukturierten Agrarsektors (Münsteraner Beiträge zur Cliometrie und quantitativen Wirtschaftsgeschichte, 3), Münster: LIT, und Michael Hühner (1998), Kommunalfinanzen, Kommunalunternehmen und Kommunalpolitik im Deutschen Kaiserreich (Münsteraner Beiträge zur Cliometrie und quantitativen Wirtschaftsgeschichte, 6), Münster: LIT.

[22] Jörg Baten (1999), Ernährung und wirtschaftliche Entwicklung in Bayern (1730-1880) (Beiträge zur Wirtschafts- und Sozialgeschichte, 82), Stuttgart: Steiner; ders. (1999a), Kartographische Residuenanalyse am Beispiel der regionalökonomischen Lebensstandardforschung über Baden, Württemberg und Frankreich, in: Dietrich Ebeling (Hrsg.), Historisch-thematische Kartographie, Bielefeld: Verlag für Regionalgeschichte, S. 98-109; ders. (2003), Creating Firms for a New Century, in: European Review of Economic History, 7, S. 301-329.

in den anderen beiden Sektoren. Doch sind sie angesichts der schlechten Datenlage für den Zeitraum vor 1882 eine gute Approximation.

Lassen die vorhandenen statistischen Daten also eine Unterteilung der Wirtschaftsaktivität in den agrarischen, den gewerblichen und den Dienstleistungssektor zu, so vereinfacht sich das zu schätzende Modell zu

(2) $\Delta T_n = \alpha + \beta_1 \, agr_n + \beta_2 \, gew_n + \varepsilon_n$,

wobei die Variablen agr und gew die Beschäftigtenanteile an der Gesamtbeschäftigung der Gebietskörperschaft n wiedergeben. Variablen für alle drei Sektoren zu verwenden würde perfekte Kollinearität bedeuten, da sich ihre Werte stets zu Eins ergänzen. Die Interpretation der Koeffizienten β_1 und β_2 ist recht einfach. Sie wird unten bei der ersten Anwendung erläutert. Angesichts der geringen Anzahl von Beobachtungen, insbesondere im Falle Preußens, steht allerdings nicht zu erwarten, daß die Resultate dieses sehr einfachen Verfahrens immer eindeutig sind.

Für den Zeitraum vor 1873[23] bereitet die spärliche Datenlage methodische Probleme. Insbesondere die Frage, welche Indikatoren die wirtschaftliche Aktivität in den Gebietskörperschaften sinnvoll beschreiben, erfordert kreative Lösungen. Dabei entstehen weitere Fragen, etwa die, wie die Werte der Koeffizienten zu interpretieren sind. Unabhängig davon ist zu fragen, welchen Einfluß statistische Ausreißer auf die Ergebnisse ausüben, hier vor allem die Groß- und zugleich Residenzstädte Berlin und Stuttgart mit ihren besonders gearteten lokalen Wirtschaftsstrukturen.

Neben diesen technischen ist auch ein inhaltliches methodisches Problem zu diskutieren: die Interpretation von Feudallasten und die sie ersetzenden Zahlungen im Zuge des vereinfachend „Bauernbefreiung" genannten Ablösungsprozesses. Steuern sind nach moderner Vorstellung Leistungsübertragungen an den Staat zur Finanzierung von an ihn delegierten Aufgaben. Die feudalen Abgaben hatten dagegen nicht nur öffentlich-rechtlichen, sondern – und ganz überwiegend – privatrechtlichen Charakter. Der pflichtige Grundhold zahlte zwar Abgaben öffentlich-rechtlichen Charakters an den Grundherren in seiner Funktion als Gerichts- und Schutzherr.[24] Der ganz überwiegende Anteil seiner Pflichten waren jedoch Abgaben und Dienstleistungen, die er für die Nutzung des dem Grundherren gehörenden Bodens an diesen zahlte, und die daher ökonomisch gesehen nichts anderes als Renten darstellen.

Insbesondere nach der Mediatisierung mußten die Grundherren die meisten herrschaftlichen Aufgaben an die zentrale Staatsgewalt abtreten. Das komplexe sozioökonomisch-politische Verhältnis der Grundherrschaft entwickelte sich somit zu einer fast rein ökonomischen Beziehung. Die Feudalabgaben des frühen 19. Jahrhunderts und die sie ersetzenden Ablösungszahlungen hatten daher ihren öffentlich-rechtlichen Charakter nahezu vollständig verloren; sie reflektierten im Grunde nur noch eine historisch gewachsene Spezifikation der Eigentumsrechte. Feudalabgaben und Ablösungszahlungen

---

23 Für die preußischen und württembergischen Steuerreformen der 1870er Jahre wurden die Beschäftigtenanteile von 1882 verwendet. Dies erscheint insbesondere deswegen unproblematisch, weil die Jahre von 1873 bis 1879 durch gesamtwirtschaftliche Stagnation gekennzeichnet waren und sich der sektorale Strukturwandel entsprechend verlangsamt haben dürfte.

24 Vgl. Schremmer (1963), S. 5-9, 151.

waren somit privatrechtlicher Natur und sollten nicht mit Steuern gleichgesetzt werden.[25] Sie sind daher bei der Analye der Besteuerung im 19. Jahrhundert allenfalls insoweit zu berücksichtigen, als sie für die Pflichtigen ähnlich wie die Steuern regelmäßig wiederkehrende Lasten darstellten, auf die der Staat bei der Gestaltung der staatlichen und kommunalen Abgabenbelastung unter Umständen Rücksicht zu nehmen hatte.

2.2 Preußen

Die preußischen Staatsfinanzen befanden sich nach dem Wiener Kongreß in einem desolaten Zustand. Die Staatsverschuldung belief sich Anfang der 1820er Jahre auf 232 Millionen Taler; das Staatssteuersystem war uneinheitlich. Es war durch drei Dualismen gekennzeichnet. Zwischen 1667 und 1713 war in allen Provinzen Brandenburg-Preußens die Akzise in den Städten eingeführt worden, während das Land durch die Kontribution (Grundsteuer) zur Deckung des staatlichen Finanzbedarfs beitrug.[26] Neben diesem Stadt-Land-Dualismus existierte der Dualismus von uneingeschränkt steuerpflichtiger Bevölkerung und Adel, der von der Grundsteuer und zu Teilen auch von anderen Steuerarten eximiert war. Drittens schließlich wiesen die historisch gewachsenen Steuersysteme der einzelnen Provinzen ein ausgesprochen starkes Beharrungsvermögen auf, wobei sich insbesondere der Westen vom Osten unterschied. Die Uneinheitlichkeit des preußischen Steuersystems hatte durch die Eingliederung der durch den Wiener Kongreß hinzugewonnenen Landesteile, vor allem der westlichen, noch einmal zugenommen. Im Westen war durch den napoleonischen Einfluß das Steuerwesen bereits stark modernisiert worden.[27] Da das französische Steuersystem im wesentlichen auf Ertragsteuern setzte, erbrachte in der Rheinprovinz die Grundsteuer den größten Teil der Steuereinnahmen. Im Gegensatz zu den anderen Steuern ließ Preußen diese Steuer im Westen bis 1839 unverändert fortbestehen, so daß die von der Grundsteuer besonders betroffene Landwirtschaft in der Rheinprovinz und Westfalen deutlich stärker belastet war als in den meisten übrigen Teilen der Monarchie.[28]

Die Hauptaufgaben der anstehenden Steuerreform waren die Konsolidierung der Staatsfinanzen und eine Vereinheitlichung des Steuersystems, dessen bestehende Ungleichgewichte in der Kritik standen und die Steuermoral negativ beeinflußten. Die Reform der Finanzverfassung sollte ursprünglich in der Verfassung geregelt werden, die der preußische Monarch im Oktober 1810 und Mai 1815 versprochen hatte.[29] Doch bis zur Verabschiedung einer Verfassung sollte es noch über drei Jahrzehnte dauern, und das volle Budgetrecht erlangte der preußische Landtag erst nach dem Ersten Welt-

---

25 Vgl. ähnlich Achilles (1991), S. 37.

26 Vgl. Braun (1975), S. 268f.

27 Vgl. Schremmer (1994), S. 121, 128.

28 Vgl. v.a. Hansemann (1834) und Emil Käding (1913), Beiträge zur preussischen Finanzpolitik in den Rheinlanden während der Jahre 1815-1840 (Studien zur rheinischen Geschichte, 8), Bonn: Webers.

29 Vgl. Huber (1967), S. 296, 302f.

krieg.[30] Für das preußische Finanzministerium hatte die aufgeschobene Verfassungsfrage in der ersten Jahrhunderthälfte den Vorteil, daß seine Reformer ohne Rücksichtnahme auf konstitutionelle Schranken agieren konnten.

2.2.1 Die Vereinheitlichung des Steuersystems 1818 bis 1822

Aus praktischen Erwägungen beließ Preußen nach dem Wiener Kongreß auch in den neu hinzugewonnenen Landesteilen zunächst alle überkommenen Steuern. Die Steuerreformen zwischen 1818 und 1822 stellten das preußische Staatssteuersystem auf eine neue Grundlage, die sich zwar als fiskalisch sehr ergiebig erweisen sollte, die systematischen Schieflagen jedoch bestehen ließ. Das Zollgesetz vom 26. Mai 1818 hob alle Binnen- und Ausfuhrzölle auf und legte mäßige und einheitliche Einfuhrzölle fest, die an das Warengewicht gebunden waren (Mengenzölle), schuf jedoch hohe Transitzölle, um die Nachbarstaaten zu einem Zollanschluß zu zwingen.[31] Neue, landesweit erhobene Verbrauchsteuern auf Branntwein, Braumalz, Weinmost, Tabak und Salz ersetzten 1819 die städtische Generalakzise.

Das Edikt über das Abgabenwesen vom 30. Mai 1820 reformierte sowohl die indirekten als auch die direkten Steuern. Die meisten größeren Städte unterlagen nun der (in dieser Form) neu geschaffenen Mahl- und Schlachtsteuer, die formal von den Bäckern und Fleischern zu entrichten war, jedoch über die Brot- und Fleischpreise auf die städtischen Konsumenten überwälzt werden sollte. Die Bewohner der anderen, meist kleinen Städte und des platten Landes mußten stattdessen eine Klassensteuer zahlen, die die erst 1808/11 eingeführte, doch wegen des großen Steuerwiderstandes suspendierte Einkommensteuer ersetzte. Die Klassensteuer war von Anfang an eine antiquierte Steuer, da sie die Leistungsfähigkeit der Steuerpflichtigen nach ihrer Standeszugehörigkeit einschätzte. Die am 2. November 1810 im Zuge der Gewerbefreiheit geschaffene Gewerbesteuer wurde 1820 auf als besonders ertragreich eingeschätzte Branchen, v.a. aus Handel und Großgewerbe, beschränkt. Sie galt nun im ganzen Land und ersetzte damit im Westen die von den Franzosen eingeführte Patentsteuer. Die wichtige Grundsteuer war nur geringfügigen Änderungen unterworfen, so daß hier der Gegensatz zwischen West und Ost und insbesondere auch die Befreiung des ostelbischen Adels bestehen blieb. Sie war wie die Gewerbesteuer als Repartitionssteuer ausgelegt, d.h. ein fixer zu erbringender Steuerbetrag wurde auf die einzelnen Regierungsbezirke und von dort auf die nachgeordneten Gebietskörperschaften umgelegt. Am 7. März 1822 wurden die bisher vorhandenen sieben verschiedenen Stempelsteuern zu einer zusammengefaßt. Sie lastete auf Urkunden und Quittungen, Wechseln, Aktien, Kalendern, Spielkarten und Zeitungen sowie Erbschaften und war damit teils Verbrauch-, teils Verkehrsteuer.[32]

---

30 Vgl. dazu ausführlich Huber (1968, 1983), Bd. III, S. 99f., 333-348, Bd. VI, S. 745f.

31 Vgl. Hans-Werner Hahn (1984), Geschichte des Deutschen Zollvereins, Göttingen: Vandenhoeck & Ruprecht, S. 20-27, und Takeo Ohnishi (1972), Zolltarifpolitik Preußens bis zur Gründung des deutschen Zollvereins. Ein Beitrag zur Finanz- und Außenhandelspolitik Preußens, Göttingen: Schwartz.

32 Vgl. Schremmer (1996), S. 116-118.

Die Struktur der preußischen Steuereinnahmen erfuhr durch die Reform des Zollwesens, den Ersatz der alten Personensteuern durch die Klassensteuer und den der alten Verbrauchsteuern durch solche auf Genußmittel und die Mahl- und Schlachtsteuer eine nachhaltige Veränderung. Diese ist in Übersicht 2.2.1 veranschaulicht, die damit zugleich das durch die Forschungen von Takeo Ohnishi geprägte Bild etwas korrigiert.[33]

Übersicht 2.2.1: Struktur der preußischen Staatssteuereinnahmen vor und nach den Steuerreformen von 1818-22 (Taler)

Etatjahr Rechnungsprinzip Quelle	1816 Rechnung Ohnishi	1818 Rechnung	1821 Anschlag Ohnishi	1823 Rechnung
Direkte Steuern	13.419.000	13.188.401	17.247.000	18.671.408
Grundsteuern	9.802.000	9.644.419	9.326.000	10.225.899
Gewerbesteuer	1.362.000	1.454.615	1.600.000	1.839.183
Personensteuern	2.255.000	2.089.367	0	0
Klassensteuer	0	0	6.321.000	6.606.326
Indirekte Steuern	15.768.000	19.279.787	17.810.000	19.394.973
Zölle	3.865.000	4.263.683	7.900.000	7.941.840
Städtische Akzise alte Provinzen	8.681.000	8.737.244	0	0
Landeskonsumtionssteuern alte Prov.	816.000	987.572	0	0
Verzehrungsabgaben neue Provinzen	2.406.000	2.675.488	0	0
Mahl- und Schlachtsteuer	0	0	2.000.000	2.376.893
Verbrauchsteuern auf Genußmittel	0	0	5.000.000	5.653.048
Stempelabgaben	k.A.	2.581.631	2.910.000	2.623.942
Sonstige indirekte Steuern	k.A.	34.169	k.A.	799.250
Steuern insgesamt	29.187.000	32.468.188	35.057.000	38.066.381

Quellen: 1816 Ohnishi (1980), S. 281; 1821 Ohnishi (1979), S. 295; 1818 GStAB, I. HA, Rep. 126, B.VIII.2.5, Rep. 126 II, D.17; 1823 I. HA, Rep. 126, B.VIII.2.21 und 2.22.

Ohnishi hatte für 1821, nicht aber für 1816 die Stempelabgaben berücksichtigt[34] und glaubte daher, eine Steigerung der indirekten Steuern zu erkennen. Doch ist der Anstieg der tatsächlichen (rechnungsmäßigen) Steuereinnahmen Preußens zwischen 1818 und 1823 um 17,2%, auf Pro-Kopf-Basis gerechnet um 6,9%, vielmehr auf den Anstieg der

[33] Vgl. Takeo Ohnishi (1979), Die Entstehung des ersten preußischen Staatshaushaltsetats im Jahre 1821, in: Jürgen Schneider (Hrsg.), Wirtschaftskräfte und Wirtschaftswege. Festschrift für Hermann Kellenbenz, Bd. III, Stuttgart: Klett-Cotta, S. 281-295, hier S. 293-295; ders. (1980), Die preußische Steuerreform nach dem Wiener Kongreß, in: Barbara Vogel (Hrsg.), Preußische Reformen 1807-1820 (Neue Wissenschaftliche Bibliothek. Geschichte, 96), Königstein: Athenäum u.a., S. 266-284, hier S. 281, und für die Rezeption Schremmer (1989), S. 434, und Ilja Mieck (1992), Preußen von 1807 bis 1850. Reformen, Restauration und Revolution, in: Otto Büsch (Hrsg.), Handbuch der preußischen Geschichte, Bd. II: Das 19. Jahrhundert und Große Themen der Geschichte Preußens, Berlin/New York: de Gruyter, S. 3-292, hier S. 122.

[34] Dies hat schon Schremmer (1994), S. 139, ganz richtig vermutet.

direkten Steuern zurückzuführen.[35] Die Klassensteuer erbrachte 1823 gut 4,5 Millionen Taler mehr als die vergleichbaren Personensteuern des Jahres 1818, obwohl sie die meisten Großstädte aussparte. Bei den indirekten Steuern beschränkten sich die Auswirkungen der Reformen lediglich auf Umverteilungen zwischen den einzelnen Steuerarten, insbesondere von Binnenverbrauchsteuern zu Außenzöllen.[36] Die Unmöglichkeit, die indirekten Steuern auf Stadt- bzw. Landbevölkerung zuzurechnen, erschwert die Interpretation etwas. Doch weisen die Daten deutlich darauf hin, daß vor allem die ländlichen Unterschichten, die nun die Klassensteuer entrichten mußten, die Leidtragenden der Reformen waren.

Wie tiefgreifend diese Reformen die Steuerstruktur veränderten, zeigt der regionale Vergleich. In Übersicht 2.2.2 sind die Steuern nach Regierungsbezirken gruppiert, die die ganze napoleonische Zeit über preußisch blieben, solchen, die zwischenzeitlich verlorengingen, und solchen, die 1815 neu erworben wurden.[37]

Es ist deutlich zu erkennen, daß die Reformen von 1818 bis 1822 im preußischen Kerngebiet, das in etwa durch die Achse Berlin-Stettin-Königsberg beschrieben wird, zu einer deutlichen steuerlichen Entlastung führte. Im Schnitt mußten die Zensiten dort 1823 pro Kopf etwa einen halben Taler weniger an Steuern abführen als 1818 (-12,9%). In den wiedergewonnenen Gebieten zahlten sie dagegen einen dreiviertel Taler (27,0%) mehr und in den neu gewonnenen Gebieten sogar 1,2 Taler (56,6%) mehr. Schaut man jedoch auf die absoluten Pro-Kopf-Werte, so stellt man fest, daß die Belastung durch staatliche Steuern in den wiedergewonnenen und insbesondere in den neuen Gebieten 1818 deutlich unter der in den alten Gebieten gelegen hatte.[38]

---

35 Die Bevölkerungszahlen sind entnommen: Antje Kraus (1980), Quellen zur Bevölkerungs-, Sozial- und Wirtschaftsstatistik Deutschlands 1815-1875, Bd. I: Quellen zur Bevölkerungsstatistik Deutschlands 1815-1875 (Forschungen zur deutschen Sozialgeschichte, 2/1), Boppard: Boldt, S. 226.

36 Rechnungsergebnisse für alle Steuern des Jahres 1817 konnten nicht gefunden werden, doch kamen die Steuerreformen in der Praxis erst 1819 zur Geltung. Die Ankündigung der Aufhebung der Binnenzölle im Mai 1818 hatte offenbar keinen nennenswerten Einfluß auf die Zolleinnahmen dieses Jahres. Diese stiegen vielmehr zwischen 1817 und 1818 um 3,6% auf 4.263.683 Taler; vgl. GStAB, I. HA, Rep. 126, B.VIII.2.5.

37 Die Zölle sind nicht herausgerechnet, da für 1818 die Quellen die Binnen- und Außenzölle nicht getrennt ausweisen. Im übrigen zeigt eine Kontrollrechnung, daß bei Herausrechnen aller Zölle lediglich die Ergebnisse für Berlin und allenfalls noch Magdeburg deutlich anders ausfallen. Die Gesamttendenz bleibt davon unberührt. – 1820 wurden die Regierungsbezirke Kleve und Reichenbach aufgelöst. Kleve kam zu Düsseldorf, Breslau und Liegnitz erhielten Teile von Reichenbach; vgl. Walther Hubatsch/Friedrich Wehrstedt (1978), Preußen (Grundriß zur deutschen Verwaltungsgeschichte 1815-1945, 12), Marburg: Herder-Institut, S. 21, und ebda., Karte 1.

38 Regressiert man die Veränderung der Pro-Kopf-Steuerlast in den Regierungsbezirken auf zwei Dummy-Variablen, die für die wiedergewonnenen bzw. neu hinzugekommenen Regierungsbezirke stehen, so erhält man für die Konstante den Wert -0,56, und für die beiden Dummies 1,18 und 1,76, d.h. sie stimmen fast genau mit den Durchschnittswerten in Übersicht 2.2.2 überein (drittletzte Zeile: 0,78 + 0,51 = 1,29 bzw. 1,2 + 0,51 = 1,71). Die Irrtumswahrscheinlichkeiten sind 7,9, 1,4 bzw. 0,0%; das korrigierte R2 beträgt 0,42.

Übersicht 2.2.2: Steuerbelastung in den alten, wiedergewonnenen und neuen Regierungsbezirken vor und nach den Steuerreformen von 1818-22 (Taler)

	Alte Reg.-Bez.	Wiedergew. Reg.-Bez.	Neue Reg.-Bez.	davon Westprov.	Preußen
1818					
Gesamte Steuern	14.323.293	9.562.359	8.582.514	6.739.477	32.468.166
Direkte Steuern	3.790.633	3.609.805	5.787.963	4.952.823	13.188.401
Indirekte Steuern	10.532.660	5.952.554	2.794.551	1.786.654	19.279.765
1823					
Gesamte Steuern	12.469.472	12.130.651	13.466.255	10.665.357	38.066.378
Direkte Steuern	5.360.020	6.023.624	7.287.761	5.973.260	18.671.405
Indirekte Steuern	7.109.452	6.107.027	6.178.494	4.692.097	19.394.973
Veränderung 1818/23					
Gesamte Steuern	-1.853.821	2.568.292	4.883.741	3.925.880	5.598.212
Direkte Steuern	1.569.387	2.413.819	1.499.798	1.020.437	5.483.004
Indirekte Steuern	-3.423.208	154.473	3.383.943	2.905.443	115.208
1818 pro Kopf					
Gesamte Steuern	3,96	2,89	2,12	2,20	2,96
Direkte Steuern	1,05	1,09	1,43	1,61	1,20
Indirekte Steuern	2,91	1,80	0,69	0,58	1,76
1823 pro Kopf					
Gesamte Steuern	3,45	3,67	3,32	3,48	3,47
Direkte Steuern	1,48	1,82	1,80	1,95	1,70
Indirekte Steuern	1,97	1,85	1,52	1,53	1,77
Veränderung pro Kopf					
Gesamte Steuern	-0,51	0,78	1,20	1,28	0,51
Direkte Steuern	0,43	0,73	0,37	0,33	0,50
Indirekte Steuern	-0,95	0,05	0,83	0,95	0,01

Quellen: 1818 GStAB, I. HA, Rep. 126, B.VIII.2.5, Rep. 126 II, D.17; 1823 I. HA, Rep. 126 B.VIII.2.21 und 2.22; Bevölkerungszahlen für 1819 I. HA, Rep. 92, H.12, Bl. 68.

Insofern bewirkten die Reformen von 1818 bis 1822 eine deutliche Verringerung des steuerlichen West-Ost-Gegensatzes. Die vielfältigen Klagen aus den westlichen Provinzen, daß ihre Einwohner überproportional stark besteuert würden, wie dies etwa David Hansemann 1834 so beredt vortrug, und die 1828 mit der Kontingentierung der Klassensteuer in der Rheinprovinz einen Teilerfolg erzielt hatten,[39] lassen sich von den Fakten nicht bestätigen. Vielmehr lag die Gesamtbelastung der Westprovinzen 1823 fast genau im Durchschnitt. Angesichts der deutlich höheren Wirtschaftskraft des preußischen Westens war dessen staatssteuerliche Belastung gemessen an der Leistungsfähigkeit seiner Bewohner sogar mit Sicherheit unterdurchschnittlich. Davon unberührt bleibt die berechtigte Kritik der westlichen Provinzen an der überproportionalen Belastung durch die Grundsteuer, doch wurde dies in der Summe durch die geringere Belastung durch indirekte Steuern vollständig kompensiert, wie die vorletzte Spalte in Übersicht 2.2.2 zeigt.

Dennoch muß die gewaltige Umverlagerung der Last indirekter Steuern von Ost nach West für die ärmeren Zensiten geradezu dramatisch gewirkt haben. Denn während die indirekten Steuern in der Summe kaum zunahmen, erlebten die Zensiten in den alten Gebieten eine spürbare Entlastung durch die Aufhebung der städtischen Akzise, der Landconsumtionssteuer und der Binnenzölle, die durch die Mahl- und Schlachtsteuer nicht annähernd kompensiert wurde. In den neuen Gebieten, die sich bis 1820 vorwiegend aus Grundsteuern finanziert hatten, kamen neben der Mahl- und Schlachtsteuer nun die Außenzölle hinzu, so daß sich die Pro-Kopf-Last an indirekten Steuern um mehr als das anderthalbfache erhöhte. Übersicht 2.2.3 (S. 52) und Abbildung 2.1 (S. 53) veranschaulichen diese erheblichen regionalen Veränderungen.

Über die schichtspezifischen Auswirkungen der Steuerreformen von 1818-22 lassen sich nur Vermutungen aufstellen. Unterstellt man, daß die Objektsteuern (Grundsteuer und Gewerbesteuer) eher die wohlhabenden Zensiten trafen, alle anderen – d.h. im wesentlichen Klassensteuer und indirekte Steuern – eher die ärmeren Zensiten, so ergibt sich die Steuerlastverteilung in Übersicht 2.2.4 (S. 54).[40]

---

39 Vgl. Hansemann (1846), S. 242, und Erwin v. Beckerath (1912), Die preußische Klassensteuer und die Geschichte ihrer Reform bis 1851 (Staats- und Sozialwissenschaftliche Forschungen, 163), München/Leipzig: Duncker & Humblot, S. 5-9. Vgl. auch Carl Dieterici (1875), Zur Geschichte der Steuer-Reform in Preußen von 1810 bis 1820. Archiv-Studien, Berlin: Reimer, S. 222f. – Durch die Kontingentierung wurde erreicht, daß insbesondere Härten aus der die rheinischen Grundbesitzer besonders hart treffenden Grundsteuerveranlagung durch eine teilweise Verrechnung mit der Klassensteuer vermindert werden konnten. Diese Regelung ging zu Lasten derjenigen Zensiten, deren Einkommen durch die herkömmlichen Ertragsteuern nicht oder kaum getroffen wurden.

40 Es sei hier daran erinnert, daß bis 1851 der Klassensteuerhöchstbetrag 144 Taler betrug, vgl. oben S. 25.

Übersicht 2.2.3: Direkte und indirekte Steuern in den preußischen Regierungsbezirken vor und nach den Steuerreformen von 1818-22 (Taler)

Regierungsbezirk		1818		1823	
		Direkte Steuern	Indirekte Steuern	Direkte Steuern	Indirekte Steuern
Königsberg	alt	532.314	1.870.812	767.049	998.376
Gumbinnen	alt	302.661	383.921	389.902	338.079
Danzig	alt	228.814	1.307.471	377.076	548.228
Marienwerder	alt/neu	238.302	408.095	455.076	341.295
Berlin (Stadt)	alt	128.127	2.746.547	253.549	2.359.749
Potsdam	alt/neu	469.865	1.354.634	867.649	1.223.666
Frankfurt	alt/neu	388.606	1.149.142	750.797	1.149.336
Stettin	alt	327.268	1.203.029	533.204	883.716
Köslin	alt	214.243	300.795	341.410	209.008
Stralsund	neu	110.548	126.020	138.253	263.771
Breslau	alt	778.985	1.714.909	1.741.306	1.321.168
Reichenbach	alt	640.794	544.955	0	0
Liegnitz	alt/neu	589.424	608.075	1.214.536	674.893
Oppeln	alt	637.427	460.221	956.524	451.128
Posen	neu	396.808	475.641	745.442	720.405
Bromberg	alt/neu	148.589	182.573	311.681	207.462
Merseburg	alt/neu	863.532	762.756	1.284.559	1.020.038
Magdeburg	alt/neu	911.487	1.487.279	1.139.326	1.490.337
Erfurt	neu	327.784	406.236	430.806	502.221
Münster	neu	630.110	98.259	766.411	1.030.578
Minden	neu	453.579	320.918	594.596	0
Arnsberg	neu	632.715	81.037	813.007	0
Düsseldorf	neu	598.170	172.444	1.213.438	1.542.141
Kleve	neu	390.641	150.824	0	0
Köln	neu	660.980	317.698	721.797	776.036
Koblenz	neu	532.360	196.073	649.953	536.055
Aachen	neu	618.635	249.903	654.136	460.153
Trier	neu	435.633	199.498	559.922	347.134
Preußen		13.188.401	19.279.765	18.671.405	19.394.973

Anm.: Alle Zahlen Brutto-Rechnungsergebnisse. Die Regierungsbezirke Reichenbach und Kleve wurden 1820 aufgelöst und den benachbarten Bezirken Breslau (70%) und Liegnitz (30%) bzw. Düsseldorf zugeschlagen. Zur Aufteilung von Reichenbach vgl. GStAB, I. HA, Rep. 151 III, Nr. 11403.

Quellen: 1818 GStAB, I. HA, Rep. 126, B.VIII.2.5, Rep. 126 II, D.17; 1823 I. HA, Rep. 126, B.VIII.2.21 und 2.22.

Abbildung 2.1: Veränderung der Gesamtsteuerlast pro Kopf zwischen 1818 und 1823 nach Regierungsbezirken (Taler)

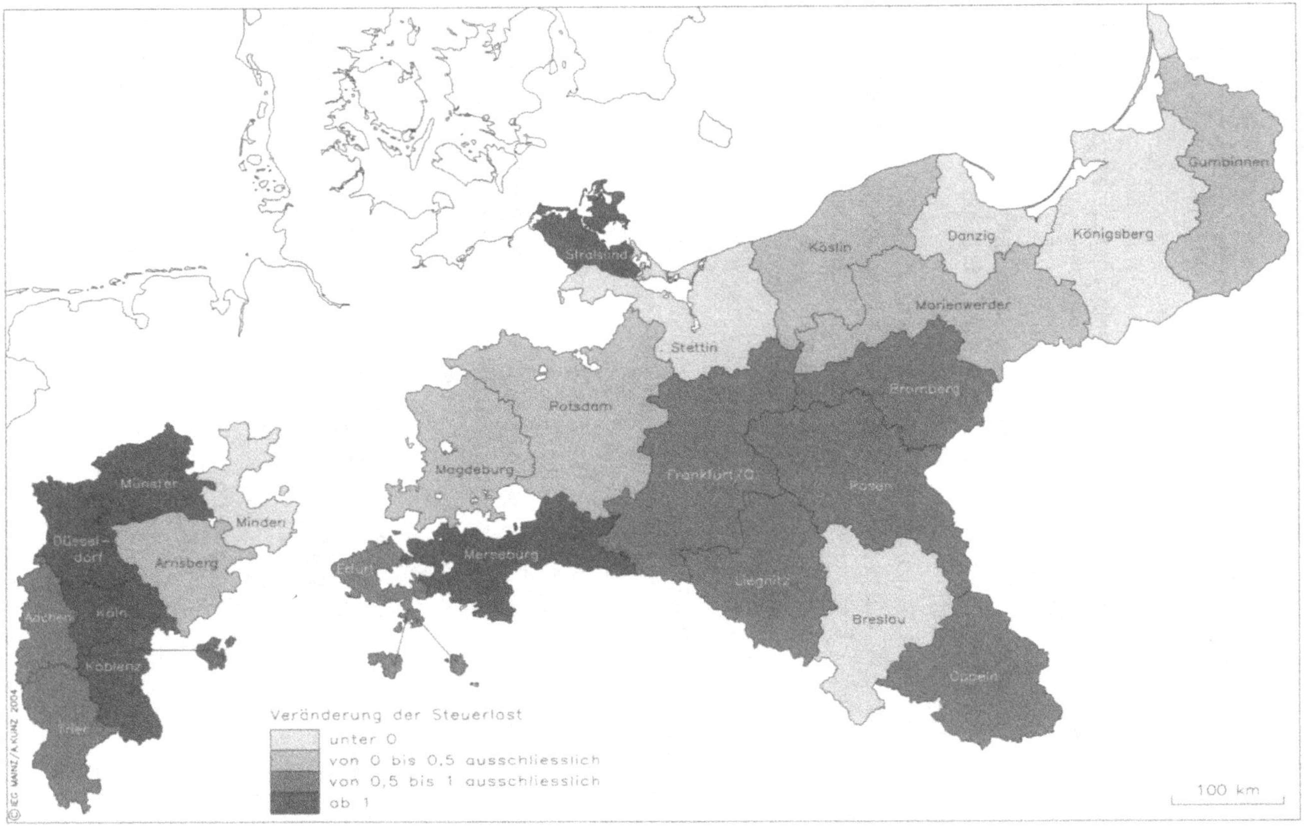

Übersicht 2.2.4: Anteil der Objektsteuern an den Gesamtsteuereinnahmen in den alten, wiedergewonnenen und neuen Regierungsbezirken vor und nach den Steuerreformen von 1818-22 (Prozent)

	Alte Reg.-Bez.	Wiedergew. Reg.-Bez.	Neue Reg.-Bez.	davon Westprovinzen	Preußen
1818	21,2	32,5	57,8	61,2	34,2
1823	26,3	30,8	37,5	39,8	31,7

Quellen: 1818 GStAB, I. HA, Rep. 126, B.VIII.2.5, Rep. 126 II, D.17; 1823 Rep. 126, B.VIII.2.21 und 2.22.

Der Anteil der Objektsteuern an den gesamten preußischen Staatssteuereinnahmen verringerte sich also zwischen 1818 und 1823 um 2,5 Prozentpunkte. In den alten Gebieten erhöhte er sich dagegen etwas, allerdings auf ein Niveau, das immer noch deutlich unter dem der anderen Landesteile lag. In den neuen Gebieten, insbesondere den Westprovinzen, verlagerte sich jedoch die Steuerlast massiv auf die ärmere Bevölkerung.

Insgesamt zeigt die Betrachtung der staatlichen Steuern, daß die Steuerreformen von 1818 bis 1822 auf der Ebene der gesamten Monarchie zu einer Umverteilung der Steuerlast von Ost nach West und von oben nach unten bewirkte. Der Blick auf die Regionen zeigt allerdings, daß zu den Gewinnern auch die Unterschichten im Osten gehörten, deren bis dahin sehr hohe Belastung durch indirekte Steuern sich kräftig verminderte. Hauptverlierer waren die Bewohner der neuen Gebiete, insbesondere die Unterschichten. Im Gesamtniveau jedoch war der wirtschaftlich stärkere Westen gegenüber dem Osten entgegen allen Klagen immer noch begünstigt.

Um sich ein vollständiges Bild von den Änderungen der Steuerlastverteilung nach den Reformen zu machen, wäre ein Blick auf die Kommunalfinanzen erforderlich. Obwohl die Jahre um 1820 in Hinsicht auf die Staatssteuern archivalisch recht gut dokumentiert sind, lassen sich kaum Angaben zu den Kommunalsteuern finden. Die Überlieferung ist so unzureichend, daß sie allenfalls erlaubt, die Untergrenze der kommunalen Besteuerung zu bestimmen. Im Juni 1814 hatte der König den Städten eine Erhöhung der städtischen Akzise auf Weizen, Roggen, Bier, Branntwein und Schlachtvieh für zunächst zwei Jahre genehmigt. 1816 erfuhr diese Bestimmung eine Verlängerung auf unbestimmte Zeit.[41] 1820 dürfte sie im Zuge der Neuregelung der Personen- und Verbrauchsbesteuerung obsolet geworden sein. Allein diese Zusatzsteuer erbrachte in den 14 betroffenen Regierungsbezirken 1815 bis 1818 Beträge von knapp unter einer Million Taler jährlich bzw. 0,16 Taler auf den Kopf der Bevölkerung.[42]

Aus zwei Aktenfaszikeln werden die kommunalen Zuschläge zu den Staatssteuern 1823 ersichtlich. Auf die Grundsteuer erhoben nur Städte in den Regierungsbezirken Düsseldorf, Koblenz und Aachen einen Zuschlag, insgesamt knapp 44.000 Taler. Auch die Klassensteuer wurde nur von wenigen Städten genutzt (Regierungsbezirke Potsdam,

---

41 Vgl. Gesetz-Sammlung für die Königlichen Preußischen Staaten (1814), No. 234, S. 65f.; ebda. (1816), No. 370, S. 206.

42 Vgl. GStAB, I. HA, Rep. 151 III, Nr. 11403; Bevölkerung nach ebda. I.HA, Rep. 92, H. 12, Bl. 68.

Frankfurt, Stettin und Köslin; 334.000 Taler). Die Verwaltung der indirekten Steuern verzeichnete dagegen kommunale Steuereinnahmen in Höhe von gut 0,8 Millionen Talern, bei denen es sehr wahrscheinlich um die kommunalen Zuschläge zur Mahl- und Schlachtsteuer ging.[43] Somit sind für 1823 kommunale Steuereinnahmen in Höhe von 1,18 Millionen Taler belegbar, bei denen es sich nur um die Zuschläge zu den staatlichen Steuern handelte. Die von den Staatssteuern unabhängigen kommunalen Steuern, die etwa alleine in Breslau 1823 über 155.000 Taler betrugen, sind in diesen Zahlen nicht enthalten.[44]

Die einzige Schätzung der gesamten Kommunalsteuern für diesen Zeitraum hat Hansemann für das Jahr 1829 vorgelegt. Gruppiert man seine – in der Literatur allerdings kritisierten – Angaben nach dem hier verwendeten Schema direkter und indirekter Steuern um, so erhält man für 1829 Staatssteuern in Höhe von 53,1 Millionen Talern und Kommunalsteuern in Höhe von 5,6 Millionen Talern.[45]

Möglicherweise ist damit die Bedeutung der Kommunalsteuern noch unterschätzt. Karl Bergius, ebenfalls Liberaler, legte 1848 Zahlen vor, denen zufolge die Pro-Kopf-Belastung durch staatliche Steuern 3,8 Taler betragen habe, was gut zu dem Ergebnis von 3,47 Talern für 1823 in Übersicht 2.2.2 paßt. Für die Städte Berlin und Breslau kam er auf Kommunalsteuern pro Kopf in Höhe von 2,9 bzw. 3,2 Taler, während diese sich für die Provinz Westfalen – also sowohl Städte als auch das Land umfassend – auf nur 0,4 Taler beliefen.[46] Offensichtlich betrug also die Belastung durch Kommunalsteuern in den Großstädten ein Vielfaches des platten Landes.

Somit unterstreicht die beschriebene kommunale Zuschlagspraxis den regressiven Charakter des preußischen Steuersystems. Die Mahl- und Schlachtsteuer sowie die Klassensteuer trafen vor allem die unteren Schichten, die Grundsteuer die oberen. Noch in den 1880er Jahren war es offensichtlich gängige Praxis in den Kommunen, die Zuschläge nicht auf die Objekt-, sondern auf die Subjektsteuern zu legen. Dies schonte die Grund-, Häuser- und Firmenbesitzer, die in vielen Stadträten tonangebend waren, zu Lasten der Bezieher unselbständiger Einkommen.[47]

---

43 Vgl. GStAB, I. HA, Rep. 126, B.VIII.2.21.

44 Vgl. Carl G. Kries (1844), Ueber die Einkommen-Steuer in Breslau. Eine historisch-kritische Abhandlung, Breslau: Aderholz, S. 20. Bei der genannten Summe handelt es sich um das Soll der Breslauer direkten Kommunalsteuern; etwaige kommunale indirekte Steuern sind also noch gar nicht enthalten.

45 Vgl. Hansemann (1834), Tab. IX. Hansemanns Angabe der gesamten preußischen Kommunalsteuern ist von denjenigen für den Regierungsbezirk Aachen hochgerechnet, dessen Zahlen ihm als einzige zugänglich waren. Vgl. zur Kritik v.a. Käding (1913), S. 132-137.

46 Karl J. Bergius (1848), Die Abgabenlast in Preußen, in: Zeitschrift des Vereins für deutsche Statistik, 2, S. 312-317, hier S. 315-317.

47 Schön (1895), S. 264, 268. Die Mahl- und Schlachtsteuer war zu diesem Zeitpunkt bereits abgeschafft und die Einkommensteuer neben die Klassensteuer getreten.

2.2.2 Die Reform der Personensteuer 1851

In der Zeit zwischen 1822 und 1851 kam es zu keiner größeren Änderung des Steuersystems – mit der wichtigen Ausnahme der Zölle, die 1834 an den Zollverein übergingen. Obwohl die Redistribution der Zölle an die Vereinsstaaten fiskalisch unvorteilhaft für Preußen war, das sich damit politische Zustimmung erkaufte, wurde für den entstehenden Steuerausfall kein Ersatz geschaffen. 1839 erließ die Regierung ein Grundsteuergesetz für die westlichen Provinzen, das wesentlich von dem in den Kerngebieten abwich. Dieses Gesetz machte von der Tatsache Gebrauch, daß die westlichen Gebiete der Monarchie viel besser katastriert waren als die östlichen.[48]

Im Herbst 1845 begannen im Auftrag des Königs Überlegungen im preußischen Finanzministerium, die vielfach angegriffene Mahl- und Schlachtsteuer abzuschaffen und die Klassensteuer zu reformieren. Ende März 1847 schlugen König und Ministerium die Abschaffung der Mahl- und Schlachtsteuer und ihren Ersatz durch eine allgemeine Einkommensteuer vor, scheiterten damit aber im gerade erstmals einberufenen Vereinigten Landtag. Die Vertreter der Kommunen wollten nicht auf die Einnahmen aus den Kommunalsteuerzuschlägen verzichten, die ihnen die staatlich erhobene Mahl- und Schlachtsteuer mühelos bescherte. Der Ersatz durch die vorgeschlagene Einkommensteuer auf Basis der Selbstdeklaration erschien ihnen unrealistisch und war ihnen auch insofern unangenehm, als diese Steuer vor allem die führenden städtischen Schichten, d.h. sie selbst belastet hätte. Im Grunde hatten also die Mitglieder beider Kammern schon aus eigenen steuerlichen Erwägungen kein Interesse an einer Änderung des status quo. Und schließlich gab es unter ihnen allgemein Unbehagen, einer von der Regierung vorgeschlagenen Steuerreform zuzustimmen, ohne daß der Landtag das volle Budgetrecht erlangte.[49] Die Revolution von 1848/49 vereinte jedoch das bürgerliche mit dem adligen Lager gegen die unteren Schichten, was den Weg für die erste preußenweite Finanzreform seit drei Jahrzehnten freimachte.[50]

Das schließlich am 1. Mai 1851 verabschiedete Gesetz war ein klassischer Kompromiß. Die Mahl- und Schlachtsteuer blieb erhalten, und die Klassensteuer wurde auf jährliche Einkommen von bis zu 1.000 Talern beschränkt. Zensiten mit einem Einkommen von über 1.000 Talern unterlagen der neugeschaffenen klassifizierten Einkommensteuer, und zwar auch dann, wenn sie in einer mahl- und schlachtsteuerpflichtigen Stadt wohnten, wofür ihnen ein Pauschalabzug eingeräumt wurde. Im Unterschied zur modernen Einkommensteuer beruhte die Einschätzung zur klassifizierten Einkommensteuer ganz wie die Klassensteuer auf einer Einschätzung nach äußeren Merkmalen. Der Steu-

---

48 Vgl. Käding (1913), S. 98-122, sowie unten, S. 60.

49 Vgl. Bleich (1847), S. 29-66, 1575-1694; o.V. (1847), Zur Geschichte und Kritik des ersten Vereinigten Landtages der preußischen Monarchie, Bd. IV, Leipzig: Wigand, S. 9-13, und ausführlich Beckerath (1912), S. 27-52.

50 Vgl. Richard H. Tilly (1966), The Political Economy of Public Finance and the Industrialization of Prussia, 1815-1866, in: Journal of Economic History, 26, S. 484-497; ferner Hans Teschemacher (1912), Die Einkommensteuer und die Revolution in Preußen. Eine finanzwissenschaftliche und allgemeingeschichtliche Studie über das preußische Einkommensteuerprojekt von 1847, Tübingen: Laupp, S. 64f.

ertarif betrug etwa 3%, doch durfte die maximale Steuerbelastung 7.200 Taler im Jahr (statt bisher 144) nicht überschreiten.[51] Die Veranlagung schonte allerdings die Zensiten weitgehend, da ihre steuerbaren Einkommen von Schätzungskommissionen festgelegt wurden, die nur geringe Ermittlungsbefugnisse erhielten.[52] Dennoch erbrachte die neue Steuer große Mehreinnahmen, ohne das Klassensteueraufkommen nennenswert zu beeinträchtigen. Insgesamt steigerte der preußische Staat die Personensteuereinnahmen von 0,47 Taler pro Kopf 1850 auf 0,62 Taler 1853 (Übersicht 2.2.5, Abbildung 2.2).

Übersicht 2.2.5: Staatliche Personensteuereinnahmen vor und nach Einführung der klassifizierten Einkommensteuer 1851 nach Regierungsbezirken (Taler)

Regierungs-bezirk	Bevölkerung 1852 (Personen)	Gewerbe-st. 1851 Rechnung	Klassenst. 1850 Veranlag.	Klassenst. 1853 Rechnung	Eink.-St. 1853 Rechnung	Mehrbetrag Personensteuern gesamt	Mehrbetrag Personensteuern pro Kopf
Königsberg	889.067	98.385	398.898	394.820	89.712	85.634	0,10
Gumbinnen	642.205	41.907	282.496	343.922	27.066	88.492	0,14
Danzig	423.928	66.959	174.571	172.851	55.488	53.768	0,13
Marienwerder	649.548	53.703	294.620	301.080	44.478	50.938	0,08
Posen	906.743	109.477	407.212	383.219	90.378	66.385	0,07
Bromberg	475.002	42.033	221.441	222.287	41.868	42.714	0,09
Stettin	590.426	95.482	310.208	317.336	109.086	116.214	0,20
Köslin	468.477	35.937	207.391	196.166	37.812	26.587	0,06
Stralsund	195.001	28.126	103.454	90.201	58.128	44.875	0,23
Breslau	1.226.995	213.268	549.906	539.294	185.052	174.440	0,14
Liegnitz	940.567	146.476	518.755	484.656	96.408	62.309	0,07
Oppeln	1.005.609	92.397	487.261	450.270	79.602	42.611	0,04
Berlin (Stadt)	437.761	195.491	0	0	530.526	530.526	1,21
Potsdam	872.402	155.735	436.595	444.217	133.338	140.960	0,16
Frankfurt	894.877	132.186	460.062	455.656	87.264	82.858	0,09
Magdeburg	714.268	152.298	387.669	436.640	175.386	224.357	0,31
Merseburg	763.683	135.534	398.004	388.597	94.392	84.985	0,11
Erfurt	350.781	61.572	194.931	189.251	40.722	35.042	0,10
Münster	429.863	54.436	260.100	238.777	45.204	23.881	0,06
Minden	471.775	56.413	250.108	238.745	43.566	32.203	0,07
Arnsberg	602.613	104.066	290.291	308.536	61.020	79.265	0,13
Koblenz	507.663	81.208	263.035	247.605	61.164	45.734	0,09
Düsseldorf	958.814	212.300	444.493	481.283	192.342	229.132	0,24
Köln	512.985	125.205	197.102	188.713	126.168	117.779	0,23
Trier	504.752	66.210	247.274	242.708	39.474	34.908	0,07
Aachen	422.282	82.472	194.518	185.090	63.990	54.562	0,13
Summe	16.923.721	2.639.276	7.980.395	7.941.916	2.609.634	2.571.155	0,15

Quellen: Steuern 1850 GStAB, I. HA, Rep. 151 II, Nr. 1634; 1851 I. HA, Rep. 77, tit. 94, Nr. 97; 1852/53 Mittheilungen des Statistischen Büreaus in Berlin (1854), S. 63, 206f.; Bevölkerung Kraus (1980), S. 228 (ohne Regierungsbezirk Sigmaringen).

51 Schremmer (1994), S. 144-149.

52 Vgl. Walter Mathiak (2001), Was von einem großen Plan blieb: die preußische klassifizirte Einkommensteuer von 1851, in: Steuer und Wirtschaft, 78, S. 324-340.

Abbildung 2.2: Veränderung der Personensteuerlast pro Kopf zwischen 1850/51 und 1853 nach Regierungsbezirken (Taler)

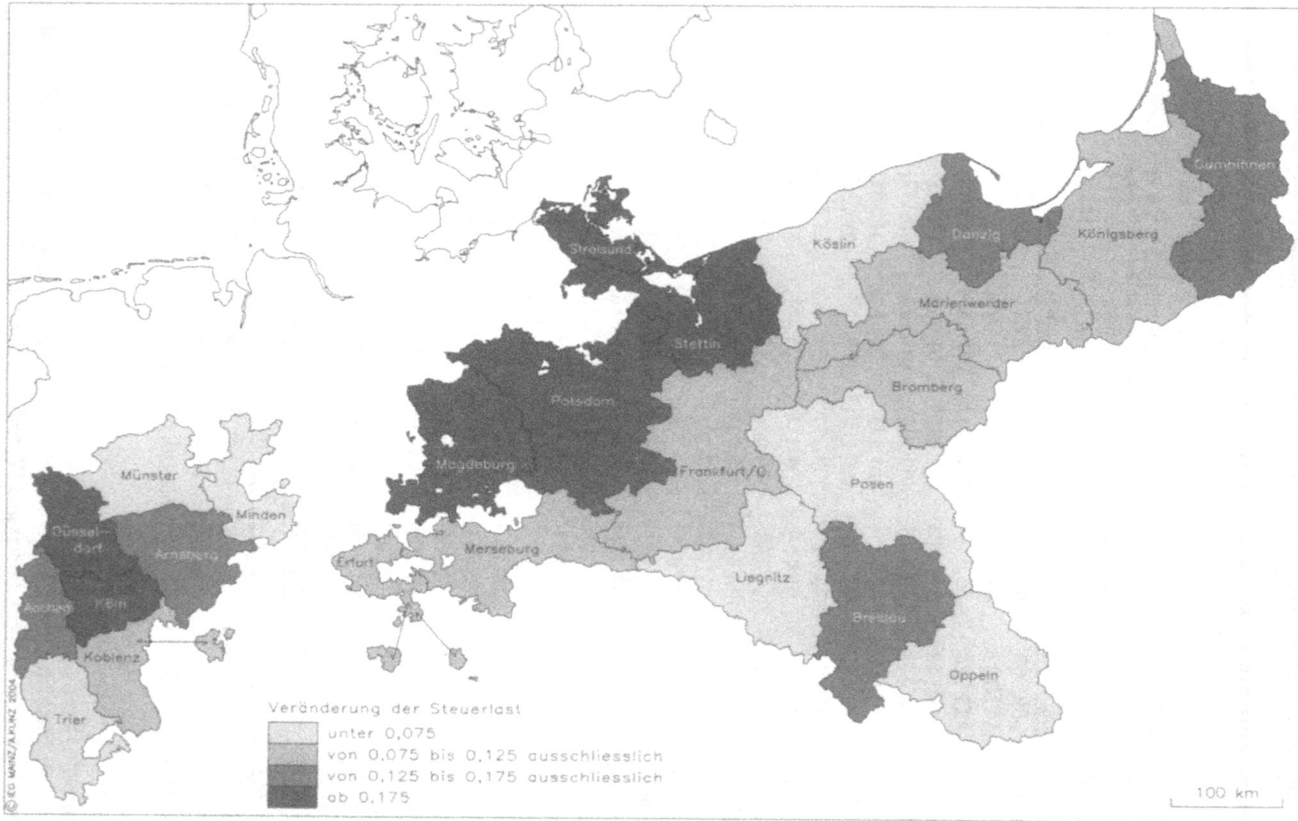

Vor der Reform erbrachte die Klassensteuer knapp acht Millionen Taler. Wie schonend die Klassensteuer bis dahin die wohlhabenderen Zensiten behandelt hatte, ist aus den fast unveränderten Klassensteuereinnahmen zwischen 1850 und 1853 und dem neu hinzugetretenen Einkommensteueraufkommen von 2,6 Millionen Taler zu sehen. Alleine das mahl- und schlachtsteuerpflichtige Berlin trug zum Mehraufkommen fast 21% bei. Die Zunahme der Steuer pro Kopf (letzte Spalte) legt die Vermutung nahe, daß vor allem Zensiten in Regierungsbezirken mit ausgeprägter Aktivität in Industrie oder Fernhandel (Häfen) von der Steueränderung betroffen waren.

Obwohl die Anwendung eines Regressionsmodells wegen der wenigen Freiheitsgrade (26 Regierungsbezirke) problematisch ist, sind die Ergebnisse so eindeutig, daß etwaige Bedenken zweitrangig erscheinen. Übersicht 2.2.6 veranschaulicht den Einfluß der Gewerbeintensität auf die Personensteuermehreinnahmen.

Übersicht 2.2.6: Einflußfaktoren auf die staatlichen Personensteuermehreinnahmen nach der Einführung der klassifizierten Einkommensteuer 1851

	Koeffizient	Koeffizient (ohne Berlin)
Bevölkerung 1852 (log.)	0,77**	0,74**
	(0,21)	(0,21)
Gewerbeintensität (Gewerbesteuer / Bevölkerung)	7,95***	8,94***
	(0,82)	(2,10)
Westprovinzen (Dummy)	-0,30*	-0,35*
	(0,14)	(0,16)
Konstante	-0,25	-0,01
	(2,80)	(2,77)
Mittelwert abhängige Variable (log.)	11,19	11,11
Beobachtungen (Regierungsbezirke)	26	25
Korrigiertes R2	0,76	0,67
Prob(F)	0,00	0,00

Anm.: OLS. Standardfehler in Klammern (nach dem Verfahren von White korrigiert).
*, **, *** signifikant auf 5%-, 1%-, 0,1%-Niveau.

Quelle: Übersicht 2.2.5.

Aufgrund der gewählten Modellierung (logarithmierte Steuermehreinnahmen, nicht pro Kopf) ist nicht verwunderlich, daß die Bevölkerungsgröße hochsignifikant zur Erklärung der Varianz beiträgt. Doch auch der Beitrag der Gewerbeintensität, hier gemessen an den Gewerbesteuereinnahmen pro Kopf, ist hochsignifikant.[53] Daß die Reform darüber hinaus die westlichen Provinzen stärker belastet hätte als die östlichen, läßt sich jedoch widerlegen, da das Vorzeichen des Koeffizienten negativ ist. Insofern läßt sich die

[53] Der Korrelationskoeffizient zwischen den Variablen Gewerbeintensität und Westprovinzen beträgt 0,11. – Als alternative Modellierung wurden die Pro-Kopf-Steuermehreinnahmen auf die Pro-Kopf-Gewerbesteuereinnahmen regressiert. Es ergeben sich dieselben Vorzeichen und ähnliche Signifikanzniveaus (Westen wird signifikant auf 5%-Niveau, korr. R2 0,80), doch hängt die Höhe der Koeffizienten wesentlich davon ab, ob man Berlin berücksichtigt oder nicht. Die im Text vorgestellte Modellierung ist dagegen robust.

These, daß die Einführung der klassifizierten Einkommensteuer vor allem die Einkommen aus Handel und Gewerbe traf, klar bestätigen. Dies war auch das Ziel der Reform gewesen. Insbesondere die agrarischen Interessen hatten eine stärkere Heranziehung der schnell wachsenden städtischen Einkommen am Steueraufkommen gefordert.

2.2.3 Die Reform der Grundsteuer 1861

Im Rahmen der preußischen Finanzreformen erwies sich die Grundsteuer, wie in anderen Staaten auch, als trägstes Element. Auch in den Jahren der grundlegenden Neugestaltung des preußischen Staatssteuersystems von 1818 bis 1822 hatte sich die Regierung nicht an eine Vereinheitlichung der über 100 lokal überkommenen Grundsteuern gewagt, womit zugleich auch eine generelle Vereinheitlichung des preußischen Steuersystems blockiert wurde.[54] Die Beibehaltung des status quo begünstigte die altpreußischen Provinzen Brandenburg, Pommern, Preußen und Posen zu Lasten derjenigen Provinzen, die bereits vor dem Anschluß an Preußen hohe Grundsteuerlasten aufwiesen: Schlesien, Sachsen, Westfalen und die Rheinprovinz. Im Grundsteuergesetz vom 21. Januar 1839 wurde das Grundsteueraufkommen der beiden westlichen Provinzen kontingentiert und nach Maßgabe des kurz vor der Fertigstellung stehenden, schon unter französischer Herrschaft begonnenen Katasters repartiert. Dadurch konnte für die westlichen Provinzen eine Vereinheitlichung der Grundsteuerbelastung erreicht werden, die freilich an der überproportional hohen Belastung im Vergleich zu den anderen Provinzen nichts änderte. Das im Gesetz von 1839 verankerte Prinzip gleicher Steuerschuld bei gleichem Steuertatbestand stand jedoch für die Grundsteuerreformbewegungen der späten 1840er und 1850er Jahre Pate. Am 24. Februar 1852 beschlossen die beiden preußischen Kammern ein Gesetz, das die Grundsteuerbefreiungen aufhob und die landesweite Vereinheitlichung der Grundsteuer einleiten sollte. Es kam jedoch ein Jahrzehnt lang nicht zur Verabschiedung der erforderlichen Ausführungsgesetze.[55]

Als im Oktober 1858 Prinzregent Wilhelm die Amtsgeschäfte seines geisteskranken Bruders König Friedrich Wilhelms IV. übernahm, entließ er das erzkonservative Kabinett und berief stattdessen liberal-konservative Politiker. Der Prinzregent hatte an tagespolitischen Fragen nur insoweit Interesse, als sie sein Lieblingsprojekt, die Heeresreform, ermöglichen sollten. Die neue liberale Regierung verknüpfte nun ihre Zustimmung zur Heeresreform mit der des Regenten zur Grundsteuerreform und erreichte ihr Ziel nach vielfältigem politischen Taktieren tatsächlich am 21. Mai 1861.[56] Das Re-

---

[54] Aufgezählt sind die einzelnen Grundsteuerarten z.B. bei Friedrich G. Schimmelfennig (1834), Die preußischen direkten Steuern, Bd. I: Historische Darstellung der Grundsteuer-Verfassungen in den Preußischen Staaten, 2. Aufl., Berlin: Logier. Vgl. dazu auch die Aufstellung der einzelnen Grundsteuerarten in GStAB, I. HA, Rep. 126II, E.1.IV, S. 2-13.

[55] Vgl. Anja Amend (1997), Von der Kunst, eine „Steuerfrage aus einer Parteifrage in eine Finanzfrage zu verwandeln". Das preußische Grundsteuergesetz vom 21. Mai 1861 als historisches Kaleidoskop (Studien zur Wirtschafts- und Sozialgeschichte, 15), St. Katharinen: Scripta Mercaturae, S. 75-86.

[56] Vgl. Pyta (1992) und Amend (1997).

formwerk war in drei Gesetzen verankert, dem Gesetz betreffend die anderweitige Regelung der Grundsteuer, dem Gesetz betreffend die Einführung einer allgemeinen Gebäudesteuer und dem Gesetz betreffend die für die Aufhebung der Grundsteuer-Befreiungen und Bevorzugungen zu gewährende Entschädigung.

Mit Bruttoeinnahmen von knapp über 10 Millionen Talern stellte die Grundsteuer auch noch 1860 den größten Einzelposten der preußischen Steuereinnahmen.[57] Die neue Grundsteuer war eine klassische Ertragsteuer des 19. Jahrhunderts, indem sich ihr Aufkommen nicht am tatsächlichen Bodenertrag, sondern einem fiktiven, aus langjährigen Mittelwerten gebildeten Durchschnittssollertrag orientierte. Der steuerpflichtige Boden wurde in sieben Kulturarten und verschiedene Bonitätsklassen eingeteilt, denen ein Klassifikationstarif zugeordnet war, aus dem sich der Steuerbetrag ergab. Aus der Summe der steuerpflichtigen Liegenschaften wurde die Grundsteuerhauptsumme der Provinz gebildet, die als Kontingent im wesentlichen fixiert war. Der jährliche Gesamtbetrag der Grundsteuer wurde auf 10 Millionen Taler festgelegt, beginnend ab dem Steuerjahr 1865. Befreit von der Grundsteuer waren staatliche Grundstücke, Domanialgrundstücke der vormals reichsunmittelbaren Fürsten und Grafen, zur öffentlichen Nutzung bestimmte öffentliche (Straßen etc.) bzw. private (Eisenbahnen, Chausseen etc.) Grundstücke und den beiden Hauptkirchen gehörende Grundstücke. Mit dieser landeseinheitlichen Regelung war knapp ein halbes Jahrhundert nach dem Wiener Kongrèß der West-Ost-Gegensatz in der preußischen Steuerverfassung aufgehoben. Die Gebäudesteuer wurde aus der Grundsteuer ausgegliedert und trat nun als eigenständige Realsteuer in Erscheinung.

Die politisch bedeutsamste Regelung des Grundsteuergesetzes war die Aufhebung der meisten Exemtionen, von denen man bis 1861 in Preußen grundsätzlich zwei Arten unterschied. Die einen befreiten bestimmte Personengruppen oder Klassen von Gegenständen qua Gesetz; die anderen bestanden aufgrund eines speziellen Titels, der grundsätzlich steuerpflichtige Personen eximierte. Unter die erste Gruppe fielen die vormals reichsunmittelbaren Fürsten und Grafen, deren Domanialgrundstücke und dazugehörigen Gebäude auch weiterhin der grundsteuerlichen Veranlagung entzogen blieben. Neu war hingegen die Steuerpflicht derjenigen Personen, die zur zweiten Gruppe zählten.[58]

Das Entschädigungsgesetz war Ausfluß eines politischen Kompromisses. Die Einbeziehung der bisher eximierten Grundherren zur Veranlagung hatte in beiden Kammern lange Diskussionen darüber hervorgerufen, ob der Verlust des Steuerprivilegs zu entschädigen sei. Die Betroffenen sahen in den Privilegien ein in ständischer Zeit erworbenes privatwirtschaftliches Recht, dessen entschädigungsloser Entzug Enteignung sei. Die Gegenseite sah in der Privilegierung einen hoheitlichen Akt, der unzeitgemäß, schon seit Jahrzehnten ungerechtfertigt und somit ohne Entschädigung zurückzunehmen sei. Um nicht das ganze Reformwerk zu gefährden, gaben die Gegner einer Entschädigung nach. Wer seine bisherige Privilegierung durch einen Privatrechtstitel be-

---

57 Im Staatshaushalt für 1860 wurden die Einnahmen aus Grundsteuern mit 10.225.337 Talern veranlagt, die aller direkten Steuern mit 26.046.892; vgl. GStAB, I. HA, Rep. 151 IA, Nr. 615, „Special-Nachweisung von den Einnahmen und Ausgaben bei der Verwaltung der direkten Steuern für das Jahr 1860“.

58 Vgl. Amend (1997), S. 48f.

gründen konnte, erhielt das Zwanzigfache der durch die Veranlagung bewirkten Mehrbelastung als Entschädigung. Wessen Grundsteuerbefreiung oder -bevorzugung dagegen lediglich auf einem allgemeinen gesetzlichen Grund beruhte, erhielt nur eine Entschädigung in Höhe des 13 1/3fachen der Mehrbelastung. Im Vergleich zu anderen deutschen Staaten war die preußische Regelung „recht großzügig".[59] Bis 1892 betrugen die Entschädigungsleistungen (umgerechnet) knapp 7,5 Millionen Taler.[60]

Übersicht 2.2.7: Grundsteuereinnahmen vor und nach der Reform von 1861 nach Regierungsbezirken (Taler)

Regierungs-bezirk	Bevölke-rung 1864 (Personen)	GrundSt 1862 Etat	GrundSt 1866 Etat	Δ GrundSt	Δ GrundSt (in %)	GrundSt 1862 pro Kopf	GrundSt 1866 pro Kopf
Königsberg	1.034.111	384.900	472.055	87.155	22,6	0,37	0,46
Gumbinnen	727.366	233.050	285.025	51.975	22,3	0,32	0,39
Danzig	502.820	176.700	225.026	48.326	27,3	0,35	0,45
Marienwerder	750.298	183.150	347.882	164.732	89,9	0,24	0,46
Posen	978.268	369.050	438.524	69.474	18,8	0,38	0,45
Bromberg	545.461	140.300	287.694	147.394	105,1	0,26	0,53
Berlin (Stadt)	632.749	177.300	6.181	-171.119	-96,5	0,28	0,01
Potsdam	980.267	413.950	585.745	171.795	41,5	0,42	0,60
Frankfurt	1.003.567	312.250	518.623	206.373	66,1	0,31	0,52
Stettin	677.641	268.500	378.158	109.658	40,8	0,40	0,56
Köslin	543.601	147.150	240.936	93.786	63,7	0,27	0,44
Stralsund	216.133	84.500	206.871	122.371	144,8	0,39	0,96
Breslau	1.345.377	1.056.250	739.768	-316.482	-30,0	0,79	0,55
Oppeln	1.192.384	528.500	469.918	-58.582	-11,1	0,44	0,39
Liegnitz	972.945	631.750	528.752	-102.998	-16,3	0,65	0,54
Magdeburg	813.348	771.650	652.041	-119.609	-15,5	0,95	0,80
Merseburg	858.399	724.600	778.333	53.733	7,4	0,84	0,91
Erfurt	372.228	242.450	212.611	-29.839	-12,3	0,65	0,57
Münster	442.472	417.200	305.356	-111.844	-26,8	0,94	0,69
Minden	483.148	357.650	280.756	-76.894	-21,5	0,74	0,58
Arnsberg	740.961	449.300	375.119	-74.181	-16,5	0,61	0,51
Köln	584.883	408.750	322.327	-86.423	-21,1	0,70	0,55
Düsseldorf	1.182.733	673.500	519.251	-154.249	-22,9	0,57	0,44
Koblenz	542.471	392.750	270.751	-121.999	-31,1	0,72	0,50
Trier	564.090	351.350	266.451	-84.899	-24,2	0,62	0,47
Aachen	472.018	324.750	286.073	-38.677	-11,9	0,69	0,61
Westprov.	5.012.776	3.375.250	2.626.084	-749.166	-22,2	0,67	0,52
alle anderen	14.146.963	6.846.000	7.374.143	528.143	7,7	0,48	0,52
Preußen	19.159.739	10.221.250	10.000.227	-221.023	-2,2	0,53	0,52

Anm.: Ohne Regierungsbez. Sigmaringen. Δ – Veränderung. Quellen: Bevölkerung (incl. Militär) und Grundsteuer 1866 Engel (1866), S. 301f.; Grundsteuer 1862 GStAB, I. HA, Rep.151 IA, Nr. 639.

59 Amend (1997), S. 162 (Zitat), 195.

60 Vgl. VHA (1892/93), Anlagenbd. II, Nr. 5, S. 433-508, hier S. 477.

Die Grundsteuerreform war allerdings keineswegs aufkommensneutral, wie in den Beratungen immer betont worden war. Zwar blieb der Gesamtbetrag der Grundsteuer mit der im Gesetz festgeschriebenen Fixierung auf 10,0 Millionen Taler kaum verändert, doch die nun ausgegliederte Gebäudesteuer erbrachte 3,4 Millionen Taler zusätzlich, so daß die Gesamtbelastung kräftig anstieg. Dennoch führte schon die Vereinheitlichung der Grundsteuer zu einer umwälzenden Neuverteilung der Steuerlast, wie sich bei Betrachtung der regionalen Ebene zeigt (Übersicht 2.2.7).[61]

Mit der Vereinheitlichung der Grundsteuer war eine fast ein halbes Jahrhundert alte Forderung insbesondere der Westprovinzen erfüllt. Die vorletzte Spalte und die unteren Zeilen von Übersicht 2.2.7 zeigen deutlich, wie groß die unterschiedliche Belastung bis 1866, als das neue Grundsteuergesetz in Kraft trat, gewesen war.

Für die Verschiebung der Grundsteuerbelastung lassen sich zwei Ursachen vorstellen. Zum einen ist naheliegend, daß sich hier die Einbeziehung der Rittergüter widerspiegelt. Ihr Anteil an der landwirtschaftlich genutzten Fläche betrug in den östlichen Provinzen etwa 39%, in der Provinz Sachsen 17% und in den Westprovinzen nur 5%.[62] Zum anderen wird die Vereinheitlichung der Veranlagung sehr viel eher in der Lage gewesen sein, Unterschiede in der Bodenproduktivität zu erfassen, als das bei den jahrhundertealten tradierten Grundsteuern der Fall gewesen war. Besonders produktive Böden wiesen vor allem die west- und mitteldeutschen Provinzen sowie die Regierungsbezirke Stralsund und Breslau auf.[63]

Das Ergebnis der Analysen in Übersicht 2.2.8 ist nicht ganz eindeutig, was auf die geringe Anzahl der Beobachtungen zurückzuführen sein kann. Die Veränderung der Grundsteuer pro Kopf wurde von der Bodenproduktivität negativ und durch die Besteuerung bislang eximierter Rittergüter positiv beeinflußt. Kontrolliert man simultan für beide Variablen (rechte Spalte) sind die Koeffizienten nicht mehr signifikant. Wahrscheinlich handelt es sich bei diesem Ergebnis um ein statistisches Artefakt, das darauf zurückzuführen ist, daß die Böden der Rittergüter im Schnitt auf weniger fruchtbarem Boden lagen.[64]

---

[61] In Übersicht 2.2.7 sind mangels anderer Daten Etatwerte wiedergegeben. Dies ist jedoch bei der Grundsteuer unproblematisch, da sie aus den sich nur extrem langsam ändernden Katasterwerten berechnet wurde und die Zahlungsfähigkeit der in aller Regel begüterten Zensiten kein Problem darstellte.

[62] Vgl. Jahrbuch für die amtliche Statistik des preußischen Staats (1863), S. 115, 123-131. Bei den Flächenangaben für die Rittergüter ist dort nicht angegeben, wie hoch der Anteil nicht bewirtschafteten Landes ist. Die im Text angegebenen Prozentzahlen sind daher vermutlich geringfügig zu hoch.

[63] Vgl. Ernst Engel (1866), Uebersicht des Sollaufkommens an directen Steuern im preussischen Staat für das Jahr 1866 und des Istaufkommens an Mahl- und Schlachtsteuer für das Jahr 1865, in: Zeitschrift des Königlich Preußischen Statistischen Bureaus, 2, S. 298-306, hier S. 301-303.

[64] Der Korrelationskoeffizient der beiden Variablen beträgt -0,5.

Übersicht 2.2.8: Einflußfaktoren auf die Veränderung der Grundsteuereinnahmen pro Kopf nach der Reform von 1861

	Koeffizient	Koeffizient	Koeffizient
Anteil Rittergüter an Nutzfläche	0,006*	-	0,004
	(0,002)		(0,003)
Bodenproduktivität	-	-0,003***	-0,002
		(0,000)	(0,001)
Konstante	-0,137***	0,135*	-0,039
	(0,036)	(0,044)	(0,097)
Mittelwert abhängige Variable	0,001	0,001	0,001
Beobachtungen (Regierungsbezirke)	26	26	26
Korrigiertes R2	0,26	0,16	0,27
Prob(F)	0,00	0,03	0,01

Anm.: OLS. Standardfehler in Klammern (nach dem Verfahren von White korrigiert).
*, *** signifikant auf 5%-, 0,1%-Niveau.

Quellen: Engel (1866), S. 301-303; Jahrbuch für die amtliche Statistik des preußischen Staats (1863), S. 115, 123-131.

Das volle Bild der Grundsteuerreform ergibt sich erst durch Berücksichtigung der nun ausgegliederten Gebäudesteuer, die namentlich in Berlin und den stärker urbanisierten Westprovinzen hohe Einnahmen erbrachte. In Übersicht 2.2.9 (S. 66) sind die Gebäudesteuer und der Gesamteffekt ausgewiesen, der sich unter Berücksichtigung der Grundsteuervereinheitlichung und der Ausgliederung der Gebäudesteuer auf die regionale Steuerbelastung ergibt.

Die Reform der Grund- und Gebäudesteuer führte zu einer überproportionalen Mehrbelastung in den östlichen Provinzen mit Ausnahme Schlesiens, das ganz wie Westfalen und das Rheinland bis dahin Leidtragender des status quo gewesen war (Abbildung 2.3, S. 65). Wie tiefgreifend die Grundsteuerreform war, zeigt sich an der Steigerung der Grund- und Gebäudesteuerlast in Berlin und einigen nordöstlichen Regierungsbezirken, wo sie um über 100% zunahm. Nach der Reform war die Belastung durch die Grund- und Gebäudesteuer wesentlich ausgeglichener, wie sich in der Pro-Kopf-Betrachtung zeigt. Der Variationskoeffizient der Pro-Kopf-Belastung verringerte sich von 0,09 1862 auf 0,04 1866.

Abbildung 2.3: Veränderung der Grund- und Gebäudesteuerlast pro Kopf zwischen 1862 und 1866 nach Regierungsbezirken (Taler)

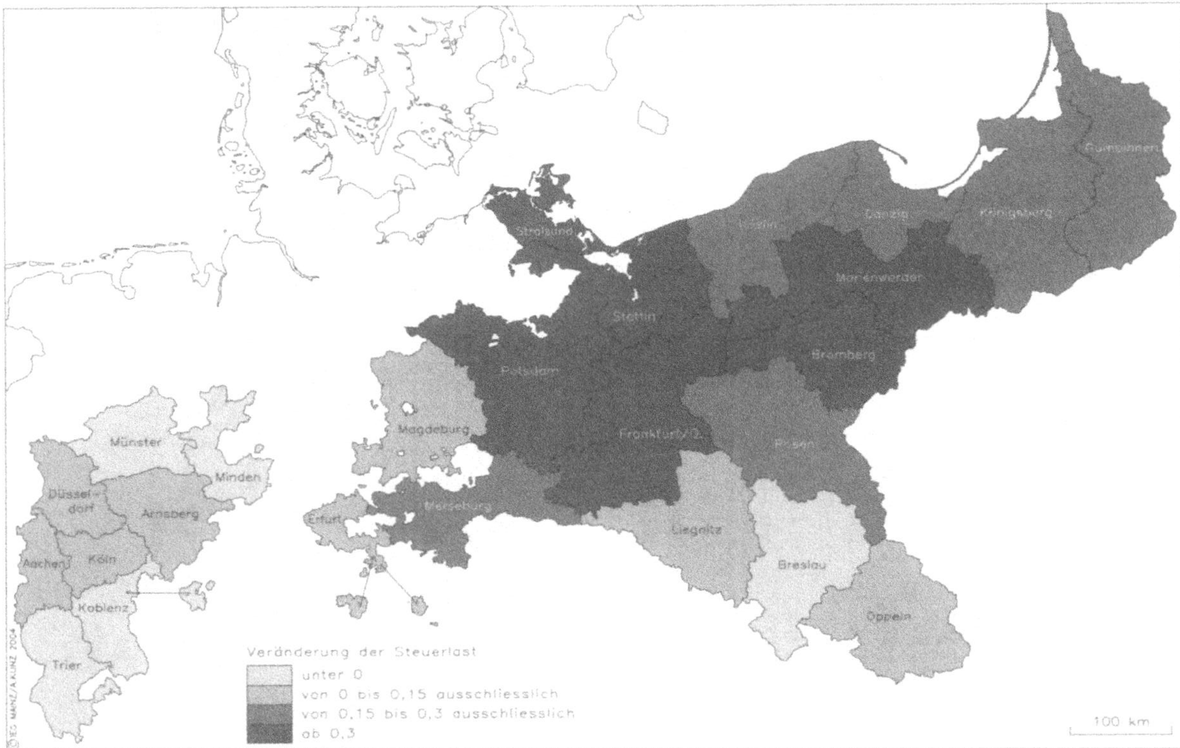

Anm.: Ohne Regierungsbezirk Sigmaringen.

Übersicht 2.2.9: Grund- und Gebäudesteuereinnahmen vor und nach der Reform von 1861 nach Regierungsbezirken (Taler)

Regierungs-bezirk	GebäudeSt 1866 Etat	Gr&GebSt 1866 Etat	ΔGr& GebSt	Δ Gr& GebSt (in %)	GrundSt 1862 pro Kopf	Gr&GebSt 1866 pro Kopf
Königsberg	135.389	607.444	222.544	57,8	0,37	0,59
Gumbinnen	70.481	355.506	122.456	52,5	0,32	0,49
Danzig	81.293	306.319	129.619	73,4	0,35	0,61
Marienwerder	75.240	423.122	239.972	131,0	0,24	0,56
Posen	107.794	546.318	177.268	48,0	0,38	0,56
Bromberg	55.588	343.282	202.982	144,7	0,26	0,63
Berlin (Stadt)	522.762	528.943	351.643	198,3	0,28	0,84
Potsdam	169.049	754.794	340.844	82,3	0,42	0,77
Frankfurt	138.502	657.125	344.875	110,4	0,31	0,65
Stettin	125.981	504.139	235.639	87,8	0,40	0,74
Köslin	46.478	287.414	140.264	95,3	0,27	0,53
Stralsund	37.352	244.223	159.723	189,0	0,39	1,13
Breslau	248.556	988.324	-67.926	-6,4	0,79	0,73
Oppeln	103.893	573.811	45.311	8,6	0,44	0,48
Liegnitz	127.464	656.216	24.466	3,9	0,65	0,67
Magdeburg	173.510	825.551	53.901	7,0	0,95	1,02
Merseburg	135.969	914.302	189.702	26,2	0,84	1,07
Erfurt	53.833	266.444	23.994	9,9	0,65	0,72
Münster	67.390	372.746	-44.454	-10,7	0,94	0,84
Minden	63.441	344.197	-13.453	-3,8	0,74	0,71
Arnsberg	130.773	505.892	56.592	12,6	0,61	0,68
Köln	159.282	481.609	72.859	17,8	0,70	0,82
Düsseldorf	303.627	822.878	149.378	22,2	0,57	0,70
Koblenz	94.486	365.237	-27.513	-7,0	0,72	0,67
Trier	77.358	343.809	-7.541	-2,1	0,62	0,61
Aachen	95.189	381.262	56.512	17,4	0,69	0,81
Westprov.	991.546	3.617.630	242.380	7,2	0,67	0,72
alle anderen	2.409.134	9.783.277	2.937.277	42,9	0,48	0,69
Preußen	3.400.680	13.400.907	3.179.657	31,1	0,53	0,70

Anm.: Ohne Regierungsbezirk Sigmaringen. Δ – Veränderung.

Quellen: Grundsteuer 1862 GStAB, I. HA, Rep.151 IA, Nr. 639; ansonsten Engel (1866), S. 301-303.

Die Gebäudesteuer lastete vor allem auf den gewerblich dominierten städtischen Ballungszentren, wie Übersicht 2.2.10 verdeutlicht. Eine einprozentige Steigerung der Gewerbesteuereinnahmen ging mit einer fast gleich hohen Steigerung der Gebäudesteuereinnahmen einher. Der Einfluß der Grundsteuereinnahmen ist dagegen gering und nicht robust in Hinblick darauf, ob man den Extremfall Berlin in die Rechnung mit hineinnimmt oder nicht.

Übersicht 2.2.10: Einflußfaktoren auf die Gebäudesteuereinnahmen nach der Reform der Grundsteuer 1861

	Koeffizient	Koeffizient (ohne Berlin)
Grundsteuereinnahmen 1866 (log.)	-0,07***	0,01
	(0,01)	(0,15)
Gewerbesteuereinnahmen 1866 (log.)	0,95***	0,90***
	(0,04)	(0,10)
Konstante	1,34*	0,90
	(0,62)	(1,02)
Mittelwert abhängige Variable (log.)	11,59	11,53
Beobachtungen (Regierungsbezirke)	26	25
Korrigiertes R2	0,96	0,94
Prob(F)	0,00	0,00

Anm.: OLS. Standardfehler in Klammern (nach dem Verfahren von White korrigiert).
*, *** signifikant auf 5%-, 0,1%-Niveau.

Quelle: Übersicht 2.2.9.

Insgesamt zeigen diese Ergebnisse, daß die materielle Bedeutung der Grundsteuerreform von 1861 in der Literatur bislang unterschätzt worden ist. Die Darstellungen von Pyta und Anja Amend betonen, daß die Regelung der Grundsteuerfrage ein prinzipielles, „originär politisches" Anliegen der Altliberalen gewesen sei, die die Steuerexemtionen der Rittergutsbesitzer beseitigen wollten. Dieses prinzipielle Anliegen hätten sie mit dem Wunsch des Prinzregenten nach einer Militärreform geschickt zu einem Junktim verbunden.[65] Das ist zweifellos richtig, doch lassen sich vor dem Hintergrund der hier vorgestellten Ergebnisse die Akzente auch anders setzen. Bei der offensichtlichen Vorliebe des Prinzregenten für militärische Fragen war eine Erhöhung der Steuerlast unvermeidbar. Die bis dahin ungewohnte Koalition mit den Liberalen erlaubte dem Monarchen, die Reform zu finanzieren, und den Liberalen, gleichzeitig ein lange verfolgtes ideelles und zugleich materielles steuerliches Ziel durchzusetzen. Durch die Neuregelung der Grundsteuer gelang es ihnen, unter Verweis auf das Ideal der steuerlichen Gleichbehandlung die Mehrbelastung fast vollständig auf die altpreußischen Provinzen und damit überwiegend die alte preußische, in ständischem Denken verhaftete gutsherrliche Elite abzuwälzen. Wie die letzten beiden Zeilen der dritten Spalte in Übersicht 2.2.9 zeigen, mußte über 92% der Mehrbelastung von den östlichen Provinzen aufgebracht werden. Der Anteil der Grund- und Gebäudesteuer am gesamten Aufkommen der direkten Staatssteuern erhöhte sich insgesamt von 38,4% auf 43,4%.[66]

---

[65] Vgl. Pyta (1992), S. 191f. (Zitat); Amend (1997), S. 125, 232.

[66] Berechnet für 1862 nach GStAB, I.HA, Rep.151 IA, Nr. 639, und für 1866 nach Engel (1866), S. 301-303.

2.2.4 Die Umgestaltung der Personensteuern und die Abschaffung der Mahl- und Schlachtsteuer 1873

Anfang der 1870er Jahre befanden sich die preußischen Staatsfinanzen in einem sehr guten Zustand. Der Sieg über Frankreich bescherte dem neugegründeten Reich in Form der französischen (Kriegs-) Reparationen einen willkommenen Geldsegen und der wirtschaftliche Aufschwung („Gründerboom") dem preußischen Finanzminister volle Kassen. Die Soziale Frage verlor dadurch jedoch nicht an Gewicht; vielmehr verstärkte der industrielle Aufschwung den Zug besitzloser Arbeitskräfte in die städtischen Ballungszentren.

In dieser finanzpolitisch günstigen Situation konnte es sich die preußische Regierung leisten, wiederum die Abschaffung der umstrittenen Mahl- und Schlachtsteuer vorzuschlagen. Sie galt als unsozial, da sie vor allem die kleinen Einkommen belastete, und war mit einem Erhebungsaufwand von gut 15% der Bruttoeinnahmen (1849) ungewöhnlich kostspielig.[67] An ihr hingen lediglich der preußische Ministerpräsident Otto v. Bismarck, der sie für die ideale Steuer hielt, und, aus den bereits angeführten Gründen, die betroffenen Städte.

Am 25. Mai 1873 kam es schließlich zum Beschluß, die Mahlsteuer Ende 1874 aufzuheben, wohingegen die bis dahin staatliche Schlachtsteuer ab 1875 von den Kommunen übernommen werden konnte. Damit war die seit 1667 bestehende, nur 1810/11 kurz unterbrochene Praxis beendet, Stadt und Land mit unterschiedlichen Staatssteuern zu belasten.[68] In den bislang mahl- und schlachtsteuerpflichtigen Städten hatten nun diejenigen Einwohner, deren Jahreseinkommen unter 1.000 Taler betrug, die Klassensteuer zu zahlen. Letztere, wie auch die klassifizierte Einkommensteuer, unterlag Modifikationen. Die Veranlagung zur Klassensteuer richtete sich nun nicht mehr nach äußerlichen Merkmalen, sondern nach dem Einkommen.[69] Zudem wurde erstmals ein steuerfreies Existenzminimum von 140 Talern (420 Mark) jährlich in der Klassensteuer eingeführt, das 1883 auf 900 Mark angehoben wurde.[70] Außerdem wurde die jährliche Solleinnahme auf 11 Millionen, ab 1875 auf 14 Millionen Taler kontingentiert (1883 durch Übergang zum Quotitätsprinzip aufgehoben). Die Einkommensteuer endete nun nicht mehr bei einem Jahreshöchstbetrag von 7.200 Talern, sondern war nach oben offen, was für Spitzenverdiener naturgemäß eine erhebliche Mehrbelastung bedeutete.

---

[67] Vgl. Tabellen und amtliche Nachrichten über den Preussischen Staat für das Jahr 1849, Bd. IV, Berlin: Hayn 1853, S. 161.

[68] Vgl. Otto Schwarz/Georg Strutz (1902), Der Staatshaushalt und die Finanzen Preussens. Unter Benutzung amtlicher Quellen, Bd. I, Berlin: Guttentag, S. 1068; Gerloff (1929), S. 9, und Schremmer (1996), S. 114. In der Gebäudesteuer lebte die Trennung von Stadt und Land noch bis zum Übergang an die Kommunen 1893 fort, da die Steuerbemessungsgrundlage in Stadt und Land unterschiedlich war; vgl. Gerloff (1929), S. 44.

[69] Dies veranlaßte offenbar Gerloff (1929), S. 9, ganz beiläufig, von der Abschaffung der Klassensteuer 1873 zu sprechen – formal abgeschafft wurde sie erst in der Gesetzgebung von 1891.

[70] Um dennoch für kommunale Zwecke veranlagt werden zu können, wurden Zensiten mit einem Einkommen unterhalb des Existenzminimums mit einem „fingierten" Klassensteuersatz von 0,5 Taler veranlagt, an dem die Kommune gegebenenfalls ihre Zuschläge bemessen konnte; vgl. Schwarz/Strutz (1902), S. 1097.

Die Änderungen der Steuereinnahmen auf Ebene der Regierungsbezirke geben Übersicht 2.2.11 und Abbildung 2.4 wieder.

Übersicht 2.2.11: Einnahmen aus der Mahl- und Schlachtsteuer und den Personensteuern 1871 und 1875 (Mark)

	1871			1875		Δ 1871/75
	Klassenst.	Eink.-St.	M&SSt	Klassenst.	Eink.-St.	pro Kopf
Königsberg	1.543.167	378.387	557.142	1.225.581	644.022	-0,60
Gumbinnen	1.215.231	113.508	95.094	714.429	200.232	-0,71
Danzig	612.807	267.438	387.924	666.231	485.424	-0,29
Marienwerder	1.154.460	246.960	141.807	879.306	375.192	-0,39
Berlin (Stadt)	0	2.814.447	3.198.312	4.397.868	6.289.182	3,78
Potsdam	1.693.014	593.325	607.230	2.107.497	1.218.978	0,14
Frankfurt	1.642.818	409.131	426.918	1.643.916	680.778	-0,20
Stettin	1.127.841	404.181	441.279	1.249.983	749.700	-0,07
Köslin	758.430	162.360	132.330	713.127	269.550	-0,15
Stralsund	376.638	214.107	76.899	354.141	285.246	-0,14
Posen	1.437.855	388.887	377.955	1.091.547	615.438	-0,52
Bromberg	787.377	201.516	141.543	611.748	313.236	-0,38
Breslau	2.087.829	1.096.773	878.472	2.403.051	2.209.662	0,26
Liegnitz	1.655.628	444.414	400.473	1.425.078	755.676	-0,35
Oppeln	1.826.352	445.839	255.333	1.616.193	886.608	-0,11
Magdeburg	1.707.051	937.860	321.432	1.800.825	1.557.882	0,35
Merseburg	1.486.152	587.745	485.664	1.651.026	1.013.904	0,04
Erfurt	711.426	227.532	0	693.684	343.404	0,15
Schleswig	2.428.743	974.484	0	2.036.142	1.190.988	-0,41
Hannover	1.772.343	584.928	0	1.580.841	833.310	-0,04
Lüneburg	1.626.327	341.916	0	1.369.479	428.328	-0,28
Osnabrück	942.231	276.345	0	818.214	355.806	-0,18
Münster	861.405	228.486	0	723.711	352.026	-0,07
Minden	970.899	234.411	0	821.961	331.218	-0,15
Arnsberg	1.532.892	467.802	0	1.869.153	769.500	0,38
Kassel	1.595.928	406.206	0	1.360.416	633.042	-0,08
Wiesbaden	1.093.968	842.265	449.802	1.569.225	1.620.522	0,93
Koblenz	950.973	237.942	173.469	954.513	391.176	-0,10
Düsseldorf	2.345.784	974.220	354.582	3.075.507	1.745.154	0,53
Köln	686.298	797.196	589.863	1.291.980	1.775.358	1,30
Trier	1.031.622	180.783	124.485	930.237	293.400	-0,27
Aachen	708.240	343.230	309.321	848.652	547.884	0,01
Staat	40.371.729	16.824.624	10.927.329	44.495.262	30.161.826	0,13

Anm.: Ohne Regierungsbezirk Sigmaringen. Regierungsbezirk Hannover incl. Hildesheim, Lüneburg incl. Stade und Osnabrück incl. Aurich. Δ – Veränderung. M&SSt – Mahl- und Schlachtsteuer.

Quellen: Bevölkerung 1871 und 1875 Statistisches Handbuch für den preußischen Staat (1898), S. 107; Steuern GStAB, I. HA, Rep. 151 II, Nrn. 1636, 1928, 2168 (Soll bzw. Rechnungsergebnisse).

Abbildung 2.4: Veränderung der Personensteuerlast pro Kopf zwischen 1871 und 1875 nach Regierungsbezirken (Mark)

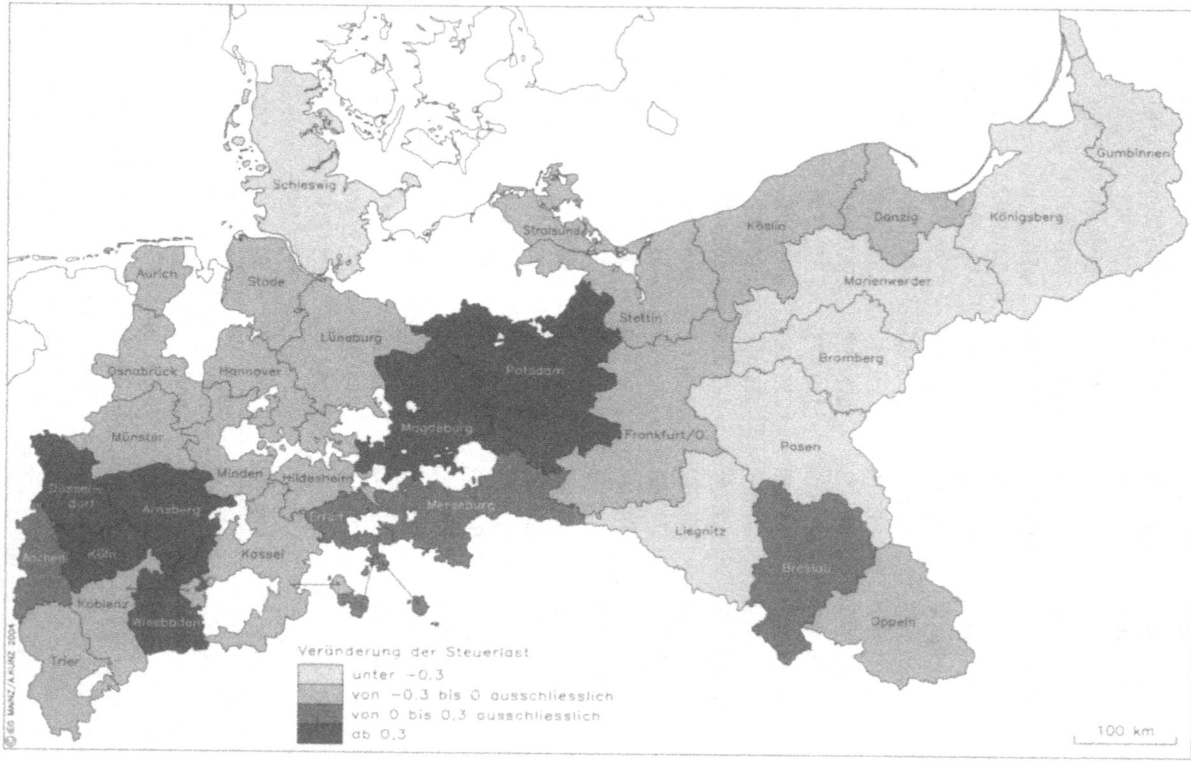

Anm.: Ohne Regierungsbezirk Sigmaringen. Werte für 1871 incl. Mahl- und Schlachtsteuer.

Im Unterschied zu den bislang diskutierten Steuerreformen veränderte die von 1873 die Steuerlast kaum. Sie nahm mit durchschnittlich 0,13 Mark pro Kopf nur um knapp 5% zu. Außerdem belastete sie die wohlhabenderen Schichten deutlich stärker als vorher; die durchschnittliche Einkommensteuerbelastung je Kopf stieg zwischen 1871 und 1875 um stolze 71%. Da die Einkommensteuer bis auf die genannte Aufhebung der Plafondierung nach oben unverändert blieb, muß diese Erhöhung ausschließlich zu Lasten der Spitzenverdiener gegangen sein. Die reformierte Klassensteuer, die nun in der ganzen Monarchie galt, veränderte sich dagegen pro Kopf gerechnet fast gar nicht (+5%), obwohl sie in den meisten größeren Städten die fiskalisch ergiebigere Mahl- und Schlachtsteuer ersetzt hatte. Diese Reform führte also zu einer eindeutigen steuerlichen Besserstellung der unteren Schichten, sowohl absolut wie auch relativ.

Mit den Daten auf Regierungsbezirksebene läßt sich anschaulich zeigen, daß die Reform ihr erklärtes Ziel erreichte, die Einkommen aus Gewerbe und Kapitalvermögen stärker zu belasten. Übersicht 2.2.12 zeigt die Ergebnisse von Regressionen, bei denen die absolute Änderung des Steuerbetrags pro Kopf (letzte Spalte von Übersicht 2.2.11) die abhängige Variable ist. Aufgrund der starken Ausweitung der Berichterstattung durch das preußische statistische Bureau im letzten Viertel des 19. Jahrhunderts stehen für diesen Zeitraum Daten zu den sektoralen Beschäftigungsanteilen zur Verfügung. Hier berücksichtigt sind die Daten der ersten Erwerbstätigenzählung von 1883.[71]

Die Ergebnisse zeigen, daß die Personensteuerreform von 1873 vor allem Einkommen im gewerblichen und insbesondere im Dienstleistungssektor traf. Eine Verschiebung der Beschäftigtenanteile eines Regierungsbezirks vom agrarischen in den gewerblichen (Dienstleistungs-) Sektor in Höhe eines Prozentpunktes ging einher mit einer Erhöhung der durchschnittlichen Steuerlast um 2,6 (9,2) Pfennig, eine Verschiebung vom gewerblichen in den Dienstleistungssektor um (9,2 – 2,6 =) 6,6 Pfennig. Das Finanzzentrum Berlin hat allerdings starken Einfluß auf das Ergebnis, wie die Modellvariante in der rechten Spalte zeigt.[72]

---

[71] Im Gegensatz zu den anderen Steuerlastanalysen mußte hier mit dem Jahr 1875 das erste Jahr, in dem die neuen Veranlagungsrichtlinien galten, herangezogen werden, da für die Jahre 1876 und 1877 keine qualitativ guten Daten im Geheimen Staatsarchiv überliefert sind. Für diese Jahre sind auf Regierungsbezirksebene lediglich Etatanschläge erhalten, die gerade bei nach dem Quotitätsprinzip erhobenen Personensteuern (etwa im Gegensatz zu den Realsteuern, die auf trägen Katasterwerten beruhen) deutlich unter den (hier verwendeten) Rechnungsergebnissen lagen. Dies ist unter anderem darauf zurückzuführen, daß man im preußischen Finanzministerium deutlich bemüht war, die Etatanschläge sehr konservativ anzusetzen, so daß sie regelmäßig von den Rechnungsergebnissen übertroffen wurden.

[72] Wie die Koeffizienten für den Dienstleistungssektor in Übersicht 2.2.12 bereits andeuten, bewirkt das Weglassen von Berlin in der Regression, daß die Koeffizienten zwischen Gewerbe und Dienstleistung nicht mehr auf einem üblichen Signifikanzniveau voneinander verschieden sind (19% Irrtumswahrscheinlichkeit). Die Vorzeichen blieben jedoch unverändert, ebenso der deutliche und signifikante Unterschied der Koeffizienten gegenüber dem des Agrarsektors.

Übersicht 2.2.12: Einflußfaktoren auf die Veränderung der Personensteuereinnahmen zwischen 1871 und 1875 infolge der Reform von 1873 (1871 incl. Mahl- und Schlachtsteuer)

	Koeffizient	Koeffizient (ohne Berlin)
Anteil Beschäftigte Gewerbe	0,026***	0,022***
	(0,005)	(0,003)
Anteil Beschäftigte Dienstleistungen	0,092**	0,042*
	(0,027)	(0,018)
Konstante	-2,399***	-1,455***
	(0,494)	(0,293)
Mittelwert abhängige Variable	0,074	-0,045
Beobachtungen (Regierungsbezirke)	32	31
Korrigiertes R2	0,74	0,55
Prob(F)	0,00	0,00

Anm.: OLS. Standardfehler in Klammern (nach dem Verfahren von White korrigiert). *, **, *** signifikant auf 5%-, 1%-, 0,1%-Niveau.

Quellen: Übersicht 2.2.11, sektorale Beschäftigung Statistisches Handbuch für den preussischen Staat (1898), S. 162f.

Letztlich ergeben sich damit für die Steuerreform von 1873 zwei eindeutige Ergebnisse. Durch den Ersatz der Mahl- und Schlachtsteuer durch die Klassensteuer, die Schaffung eines steuerfreien Existenzminimums und die Aufhebung der Steuerhöchstgrenze bewirkte sie eine deutliche Umverteilung von ganz oben nach ganz unten. Zweitens wurden dadurch vor allem die sehr großen Einkommen im gewerblichen und insbesondere im Dienstleistungssektor belastet, die bis dahin durch die Veranlagung kaum betroffen wurden. Ein besonders drastisches Einzelbeispiel mag dies veranschaulichen. So lag der Jahreshöchstbetrag aller Steuern, den die Firma Fried. Krupp zwischen 1866 und 1874/75 zahlen mußte, bei ganzen 54.674 Mark (1874/75). 1875/76, ein Jahr mit eher mäßigem Gewinn, mußte sie dagegen 419.582 Mark zahlen. In den Folgejahren blieben die Steuerzahlungen auf diesem Niveau.[73] Dies war zweifellos ein Ergebnis der Reform von 1873.

2.2.5 Die Miquelschen Steuerreformen 1891/1893

Kurz nach der Reichsgründung kam es zu einer bedeutenden Strukturveränderung der preußischen Finanzen. Durch die zwischen 1876 und 1887 vollzogene Verstaatlichung der meisten Eisenbahnlinien bekam der preußische Staat einen ausgesprochen gewinnträchtigen Sektor in die Hand. Als Monopolist konnte der preußische Staat nun seinen wachsenden Finanzbedarf vergleichsweise mühelos über eine entsprechende Eisenbahntarifpolitik und die sich daraus ergebenden Überschüsse finanzieren. Dabei kam

[73] Vgl. Schillings (1986), S. 504. Aufzeichnungen der Fa. Krupp für den Zeitraum vor 1866 sind offenbar nicht erhalten.

dem Staat zugute, daß der starke technische Fortschritt und entsprechend sinkende Kosten im Eisenbahnsektor die volkswirtschaftlichen Kosten dieser Hochpreispolitik überdeckten.

Vor diesem Hintergrund solider Staatsfinanzen kam es zu Reformbewegungen, bei denen nicht die Erhöhung des Gesamtaufkommens im Vordergrund der Diskussion stand, sondern das preußische Steuersystem den veränderten sozioökonomischen Rahmenbedingungen angepaßt werden sollte. Nach Aufhebung der Mahl- und Schlachtsteuer lastete die Klassensteuer nun auch in den bisher mahl- und schlachtsteuerpflichtigen Städten auf den unteren Bevölkerungsschichten. Mit Ausnahme der Empfänger öffentlicher Armenhilfe war praktisch kein Haushaltsvorstand von der Klassensteuer ausgenommen. Die Zwangsvollstreckungen, die oft genug fiskalisch ergebnislos blieben, waren verhaßt.[74] Immerhin war der 1873 eingeführte Freibetrag für das steuerpflichtige Jahreseinkommen 1883 auf 900 Mark erhöht worden. Wie die etwa zeitgleich eingeführte staatliche Sozialversicherung sind diese Maßnahmen im Rahmen einer sozialen Pazifizierungspolitik zu sehen, die dem Steuersystem bewußt Umverteilungsaufgaben zuwies.

Neben der Diskussion um die steuerpolitische Abfederung der Sozialen Frage kamen in den 1870er Jahren in besonderem Maße die Gegensätze zwischen der hergebrachten agrarischen und der auch durch die „Große Depression" nur kurzfristig beeinträchtigten industriellen Wirtschaftsweise zum Durchbruch. Denn während die Industrie nach einigen Jahren schwacher Konjunktur in der Gründerkrise wieder auf ihren langfristigen Wachstumspfad einschwenkte, litt die Landwirtschaft unter einer schweren strukturellen Krise infolge der Globalisierung der Agrarmärkte.[75] Vor diesem Hintergrund erschien die steuerliche Belastung der Landwirtschaft durch Realsteuern einerseits und Personensteuern andererseits ungerechtfertigt gegenüber den Gewerbeeinkommen, die von Gewerbe- und Einkommensteuer immer noch vergleichsweise gering getroffen wurden, und vor allem gegenüber den Kapitaleinkommen. Denn während die fünf Ertragsteuern – zu den klassischen Grund-, Gebäude- und Gewerbesteuern waren 1851 die Bergwerksabgabe und 1853 die Eisenbahnabgabe hinzugekommen[76] – das fundierte Einkommen belasteten, blieben Erträge aus Kapitalvermögen steuerfrei.

Die fehlende Besteuerung von Erträgen aus Kapitalvermögen war nur ein Beleg dafür, daß das System der preußischen direkten Steuern gegenüber denen anderer deutscher Staaten ins Hintertreffen geraten war. Auch die Unterteilung der Personensteuern in Klassensteuer und klassifizierte Einkommensteuer war unzeitgemäß, und die Veran-

[74] Zahlen bei Andreas Thier (2001), Die Gesetzgebungsverfassung der deutschen konstitutionellen Monarchie als bewegliches System: preußische Steuergesetzgebung 1879-1893, in: Bärbel Holtz/Hartwin Spenkuch (Hrsg.), Preußens Weg in die politische Moderne. Verfassung, Verwaltung, politische Kultur zwischen Reform und Reformblockade (Berlin-Brandenburgische Akademie der Wissenschaften, Sonderband 7), Berlin: Akademie, S. 285-320, hier S. 291.

[75] Vgl. Kevin H. O'Rourke (1997), The European Grain Invasion, 1870-1913, in: Journal of Economic History, 57, S. 775-801.

[76] Vgl. Arndt (1909), Bergwerksabgaben, in: Handwörterbuch der Staatswissenschaften, 3. Aufl., Bd. II, Jena: Fischer, S. 784-789, und Paul Krause (1909), Eisenbahnsteuer, in: ebda., Bd. III, S. 922-926.

lagungspraxis belohnte wegen der unzureichenden Ermittlungsbefugnisse Steuerhinterziehung. Die Grundsteuer war eine kontingentierte Repartitionssteuer, die Gebäudesteuer zwar eine Quotitätssteuer, doch nach Stadt und Land verschieden, und die Gewerbesteuer ebenfalls eine Repartitionssteuer mit einer nach Mittelsätzen berechneten Kontingentsumme.[77] Dieses System war in Zeiten einer schnell wachsenden, zunehmend mobilen Bevölkerung und eines im Durchschnitt hohen Pro-Kopf-Wachstums des Volkseinkommens nicht flexibel genug, um die sprunghaft ansteigenden staatlichen Aufgaben, insbesondere auf kommunaler Ebene, zu finanzieren. Auch das Kommunalsteuernotgesetz von 1885 konnte (und sollte) hier nur kurzfristig Abhilfe schaffen. Die dringend anstehende Reform der Kommunalfinanzen war unmittelbar mit der der Staatsfinanzen verbunden. Solange der Staat seine direkten Steuereinkünfte aus den Ertragsteuern bezog, wollte er die Kommunen nur eingeschränkt an dieser Quelle teilhaben lassen.

Der Siegeszug der allgemeinen Einkommensteuer hatte längst begonnen. In Preußen beobachtete man aufmerksam ihre erfolgreiche Einführung 1842 in England, 1874 in Sachsen und 1884 in Baden. Doch Bismarck, der indirekte den direkten Steuern vorzog,[78] sträubte sich hartnäckig und mit Erfolg gegen die Ausweitung der direkten Besteuerung, so daß erst nach seiner Entlassung die Steuerreformen von 1891 und 1893 unter Finanzminister Johannes Miquel verwirklicht werden konnten.

Das Einkommensteuergesetz vom 24. Juni 1891 ersetzte die Klassensteuer und die klassifizierte Einkommensteuer durch eine allgemeine Einkommensteuer. Es unterwarf erstmals alle Staatsangehörigen und zudem auch die juristischen Personen einer allgemeinen Steuerpflicht. Auch die ehemaligen Standesherren unterlagen nun der Personenbesteuerung. Für den Verlust ihrer Eximierung erhielten sie eine Entschädigung in Höhe des 13 1/2fachen ihres erstmals im Steuerjahr 1893/94 zu zahlenden Einkommensteuerbetrags.

Von großer materieller Bedeutung war die Pflicht zur Offenlegung der Geschäftsbücher gegenüber der Steuerbehörde. Insbesondere Selbständige hatten dadurch weitaus weniger Spielraum zur Steuerhinterziehung, als dies bei der klassifizierten Einkommensteuer möglich gewesen war. Der Zensit hatte die Pflicht zur Deklaration und ein Recht auf Beschwerde. Im Prinzip spielte es für die Steuerpflicht keine Rolle, aus welcher Quelle (Grundvermögen, Gewerbe, Kapitalvermögen, Lohn etc.) das Einkommen bezogen wurde, da es einem einheitlichen Steuertarif unterworfen war. Unterschiede in der effektiven Belastung der einzelnen Quellen konnten allenfalls durch Werbungskosten entstehen.[79]

---

77 Vgl. Gerloff (1929), S. 44f.

78 Vgl. Georg Brodnitz (1902), Bismarcks nationalökonomische Anschauungen (Sammlung nationalökonomischer und statistischer Abhandlungen, 31), Jena: Fischer, S. 91-93, und Rolf Grabower (1962), Bismarck und die Steuern. Zugleich ein Beitrag zur Lehre von der Tradition im Steuerwesen, in: Finanzarchiv, NF 22, S. 377-461, hier S. 382.

79 Vgl. Schremmer (1996), S. 151f.

Das Veranlagungsergebnis des Steuerjahrs 1892/93 überraschte selbst die Optimisten und ermöglichte bereits 1893 die Einführung einer die Einkommensteuer ergänzenden Vermögensteuer, „Ergänzungssteuer" genannt. Sie belastete das fundierte Vermögen mit 0,05%. Die drei klassischen Ertragsteuern, also Grund-, Gebäude- und Gewerbesteuer, gingen in Anerkennung des Äquivalenzprinzips an die Kommunen über. Allerdings bedeutete die Überweisung der Realsteuern an die Kommunen, daß Gutsbesitzer faktisch von der Realsteuerpflicht befreit wurden, denn in den Gutsbezirken vereinigten sich Gemeindehoheit und Eigentumsrecht – d.h. Steuerempfänger und -zahler – in ihrer Person.[80]

Zeitgleich mit den Personensteuern wurde auch die Gewerbesteuer am 24. Juni 1891 und kurz darauf noch einmal anläßlich der Überlassung an die Kommunen am 14. Juli 1893 reformiert. Die alte, seit 1820 bestehende und seitdem nur geringfügig geänderte Gewerbesteuer hatte Kleinbetriebe weitaus mehr belastet als Großbetriebe, hatte also regressiv gewirkt. Sie hatte die Betriebe durch Einteilung in eine Vielzahl abgestufter Klassen nach äußeren Merkmalen veranlagt. Die Höhe der neuen Steuer richtete sich dagegen in erster Linie nach dem Ertrag, in zweiter nach dem Betriebskapital. Die Betriebe wurden in vier Klassen eingeteilt. Der Steuersatz stieg von 0,6% des – vom Unternehmer selbst eingeschätzten – Ertrags in der vierten auf 1% in der ersten Klasse. Außerdem bestimmte das Gewerbesteuergesetz die Einführung einer Betriebssteuer, die zusätzlich auf Gast- und Schankwirtschaften sowie dem Kleinhandel mit Branntwein oder Spiritus lastete. Während Unternehmen der Gewerbesteuer erst ab einer gewissen Höhe des Ertrags oder des Anlagekapitals unterworfen waren, war der Staat aus fiskalischen Gründen nicht bereit, dies auch den von der Betriebssteuer betroffenen Kleinbetrieben einzuräumen.[81] Der Nettoeffekt der Miquelschen Steuerreformen war für den preußischen Steuerzahler erheblich. Übersicht 2.2.13 veranschaulicht, in welcher Größenordnung er gelegen haben muß.

---

[80] Vgl. Thier (2001), S. 311.

[81] Adolph Wagner (1894), Die Reform der direkten Staatsbesteuerung in Preussen im Jahre 1891. Zweiter Artikel: Die Gewerbesteuerreform, in: Finanz-Archiv, 11 (1894), S. 1-76, hier S. 14-30, 68-73.

Übersicht 2.2.13: Veränderung der direkten staatlichen und kommunalen Steuerlast infolge der Miquelschen Steuerreformen von 1891/93 (Mark)

	1891/92	1896/97	1899
Klassensteuer	27.035.394	-	-
Einkommensteuer	49.589.990	126.874.741	159.093.676
Ergänzungssteuer	-	31.069.100	34.148.691
Grund- & Gebäudesteuer	74.083.659	94.501.920	99.523.185
Gewerbesteuer	21.752.194	22.921.339	31.069.171
Eisenbahnabgabe, Wandergewerbesteuer	264.738	3.217.378	3.291.926
Zuschläge zu Staatssteuern und weitere direkte Steuern der Kommunen, Kreise und Provinzen	ca. 275 Mio.	212.500.000	302.224.309
Staatliche direkte Steuern	172.725.975	161.469.643	196.534.293
Kommunale direkte Steuern	ca. 275 Mio.	329.900.000	432.816.665
Gesamte direkte Steuern	ca. 450 Mio.	491.400.000	629.350.958

Anm.: Rechnungsergebnisse. Ohne Regierungsbezirk Sigmaringen. Kommunalsteuern 1891/92 geschätzt, s. Text.

Quellen: Steuern 1891/92 und 1896/97 Uebersicht von den Staats- Einnahmen und Ausgaben [...] 1891/92; bzw. [...] 1896/97, jew. S. 5; Finanzverwaltung Preußens (1897), S. 150, 153, 231; Spoerer (1998), S. 170; Steuern 1899 Statistisches Handbuch für den preußischen Staat (1903), S. 593, 601, 642f.

Während sich also die staatlichen direkten Steuern durch die Abgabe der Realsteuern an die Kommunen zunächst geringfügig verringerten, nahmen die kommunalen direkten Steuern zu. Da für letztere keine Zahlen für 1891/92 vorliegen, muß hier ein Wert geschätzt werden, für den mit den Ergebnissen für 1883/84 eine Untergrenze und mit denen für 1895/96 eine Obergrenze ausgewiesen ist.[82] Vermutlich war die Zunahme der kommunalen Steuerlast unmittelbar nach den Miquelschen Steuerreformen nicht besonders groß. Entscheidend war, daß die Kommunen nun weitgehend in eigenem Ermessen durch entsprechende Zuschläge auf die Einkommensteuer und die ihnen nun ganz zustehenden Realsteuern ihre direkten Steuereinnahmen in nur wenigen Jahren ganz erheblich und viel stärker als der Staat steigern konnten. Tatsächlich läßt sich in vielen Zeitreihen kommunaler Ausgaben kurz vor der Jahrhundertwende ein Sprung der Ausgaben feststellen.[83]

---

82 Für den Zeitraum dazwischen sind keine vollständigen Zahlen verfügbar; vgl. unten S. 108f., Übersicht 3.2.

83 Vgl. die Angaben bei Hühner (1998), S. 74-76, 302-304; Michael Reidenbach (1997), Zur kommunalen Investitionstätigkeit im Deutschen Kaiserreich 1871 bis 1918, in: Karl Heinrich Kaufhold (Hrsg.), Investitionen der Städte im 19. und 20. Jahrhundert (Städteforschung, A.42), Köln u.a.: Böhlau, S. 21-37, hier S. 32-37; Richard H. Tilly, Investitionen der Gemeinden im deutschen Kaiserreich. Ein Überblick, in: ebd., S. 39-59, hier insb. S. 41, und Horst Matzerath (1985), Urbanisierung in Preußen 1815-1914 (Schriften des Deutschen Instituts für Urbanistik, 72), Stuttgart: Kohlhammer, S. 367.

Übersicht 2.2.14: Personensteuereinnahmen vor und nach den Miquelschen Steuerreformen von 1891/93 nach Regierungsbezirken (Mark)

	1895	1891/92		1896/97		Δ PersSt	
Regierungs-bezirk	Bevölk. (Personen)	KlassenSt Soll-Einn.	klass. EkSt Soll-Einn.	EkSt Rechnung	ErgSt Rechnung	(%)	pro Kopf
Königsberg	1.204.349	613.500	851.300	2.302.258	558.935	95,33	1,13
Gumbinnen	802.340	382.800	260.100	976.372	282.602	95,83	0,75
Danzig	618.090	328.500	603.900	1.346.083	291.752	75,66	1,07
Marienwerder	876.270	372.800	415.200	1.111.636	299.078	79,02	0,68
Berlin	1.677.304	2.185.200	9.304.100	20.469.189	4.029.857	113,23	7,33
Potsdam	1.651.976	1.256.700	1.704.700	7.780.822	2.033.970	231,42	3,83
Frankfurt	1.169.719	828.000	863.100	2.671.213	843.742	107,85	1,52
Stettin	785.229	663.200	930.600	2.431.212	605.972	90,56	1,74
Köslin	574.513	338.600	311.000	892.538	302.079	83,90	0,93
Stralsund	214.405	152.000	270.100	575.588	180.639	79,16	1,50
Posen	1.173.211	522.700	710.500	1.720.834	450.939	76,11	0,76
Bromberg	655.447	316.300	346.200	1.037.685	242.529	93,24	0,89
Breslau	1.637.885	1.176.800	2.624.600	5.780.757	1.528.378	92,27	2,09
Liegnitz	1.067.243	757.200	1.034.100	2.831.019	845.486	105,24	1,73
Oppeln	1.710.181	771.300	987.400	3.140.846	708.335	118,87	1,14
Magdeburg	1.122.635	1.146.600	2.406.600	5.239.472	1.614.644	92,90	2,79
Merseburg	1.129.259	946.700	1.592.000	3.717.348	1.256.808	95,93	2,04
Erfurt	446.655	388.500	623.800	1.536.071	422.649	93,49	2,05
Schleswig	1.286.416	1.326.000	1.576.000	4.606.184	1.353.544	105,37	2,25
Hannover	584.465	532.200	798.000	2.751.413	754.402	163,56	3,47
Hildesheim	497.791	391.400	448.200	1.513.390	541.094	144,70	2,36
Lüneburg	445.937	387.000	274.900	1.230.572	432.313	151,23	2,15
Stade	353.465	285.000	294.300	867.013	295.641	100,70	1,58
Osnabrück	312.322	222.900	159.900	697.528	249.027	147,27	1,75
Aurich	228.040	216.000	305.500	729.926	223.121	82,75	1,79
Münster	594.501	420.000	484.000	1.927.500	604.559	180,10	2,57
Minden	586.130	491.300	423.600	1.646.507	536.952	138,66	2,06
Arnsberg	1.520.789	873.000	1.015.500	5.215.785	1.072.671	232,99	2,73
Kassel	850.507	758.400	826.500	2.619.208	753.788	112,82	2,04
Wiesbaden	906.295	897.000	2.601.000	7.876.717	2.111.006	185,53	6,87
Koblenz	650.558	534.000	536.500	1.849.185	584.305	127,32	2,05
Düsseldorf	2.191.359	1.672.500	2.600.000	11.094.028	2.482.208	217,76	4,03
Köln	905.510	858.000	2.155.000	5.675.859	1.453.870	136,63	4,23
Trier	768.451	459.000	374.000	1.999.960	496.095	199,65	2,08
Aachen	590.124	454.500	731.100	2.444.260	621.590	158,59	3,10
Preußen	31.855.123	23.925.200	41.443.200	120.305.978	31.064.580	131,56	2,57

Anm.: ohne Regierungsbezirk Sigmaringen; Personensteuern 1896/97 ohne juristische Personen; letzte Spalte unter Berücksichtigung des Bevölkerungswachstums zwischen 1890 und 1895; Δ – Veränderung.

Quellen: Bevölkerung Statistisches Handbuch für den preußischen Staat (1898), S. 107; Steuern 1891/92 ebda. (1893), S. 613; Steuern 1896/97 Statistik der preußischen Einkommen- und Ergänzungssteuer-Veranlagung für das Jahr 1896/97, S. 94-118.

Die stärksten Veränderungen ergaben sich durch den Ersatz der Klassen- und klassifizierten Einkommensteuer durch die allgemeine Einkommensteuer. Auch hier lassen sich erhebliche regionale Abweichungen erkennen (Übersicht 2.2.14). Während die staatliche Personensteuerlast durchschnittlich um gut 130% zunahm, waren Potsdam und die meisten westlichen Regierungsbezirke daran überproportional beteiligt.[84] Es liegt nahe, darin wiederum eine stärkere Heranziehung der Einkommen aus gewerblichem und Dienstleistungssektor zu vermuten (Übersicht 2.2.15).

Übersicht 2.2.15: Einflußfaktoren auf die Veränderung der staatlichen Personensteuereinnahmen pro Kopf zwischen 1891/92 und 1896/97 nach den Miquelschen Steuerreformen von 1891/93

	Koeffizient	Koeffizient
Beschäftigtenanteil Agrarsektor (%)	-1,71***	-1,64***
	(0,30)	(0,28)
Beschäftigtenanteil Dienstleistungssektor (%)	-2,80**	-3,32***
	(0,95)	(0,81)
West	29,24**	34,56***
	(9,19)	(7,34)
Potsdam	-	94,36***
		(5,19)
Konstante	228,47***	230,57***
	(28,66)	(27,58)
Mittelwert abhängige Variable	112,64	112,64
Beobachtungen (Regierungsbezirke)	35	35
Korrigiertes R2	0,57	0,76
Prob(F)	0,00	0,00

Anm.: OLS. Standardfehler in Klammern (nach dem Verfahren von White korrigiert). **, *** signifikant auf 1%-, 0,1%-Niveau.

Quellen: Übersicht 2.2.14; Beschäftigtenanteile Statistisches Handbuch für den preußischen Staat (1903), S. 120f.

Eine Verschiebung der Beschäftigtenstruktur eines Regierungsbezirks vom Agrar- (Dienstleistungs-) zum gewerblichen Sektor um einen Prozentpunkt ging einher mit einer Erhöhung der Personensteuerlast pro Kopf um 1,7 (2,8) Prozentpunkte, eine Verschiebung vom Dienstleistungs- zum Agrarsektor dagegen um gut einen Prozentpunkt. Demzufolge lag die Hauptlast des Mehraufkommens eindeutig beim gewerblichen Sektor, was angesichts der Intentionen des Gesetzes nicht überrascht. Nicht ganz so offensichtlich ist, weshalb gemäß der Resultate in Übersicht 2.2.15 die Belastung agrarischer Einkommen stärker anstieg als die aus Dienstleistungen. Möglicherweise gelang es dem neuen Gesetz nicht, die großen Einkommen, etwa in den Banken und im Handel, stär-

[84] Die Veränderung der regionalen Personensteuerlast zwischen 1891/92 und 1896/97 wird hier etwas überschätzt, da für Übersicht 2.2.14 auf Ebene der Regierungsbezirke für 1891/92 nur Soll-Einnahmen verfügbar sind. Die tatsächlichen Einnahmen lagen bei der Klassensteuer um etwa drei Millionen und bei der klassifizierten Einkommensteuer um über acht Millionen Mark höher; vgl. Übersicht 2.2.13, erste und zweite Zeile.

Übersicht 2.2.16: Ertragsteuereinnahmen vor und nach den Miquelschen Steuerreformen von 1891/93 nach Regierungsbezirken (Mark)

	1891/92			1896/97			Δ ErtrSt
Regierungs-bezirk	GrundSt Etat	GebäudeSt Etat	GewSt Etat	GrundSt Rechnung	GebäudeSt Rechnung	GewSt Rechnung	pro Kopf
Königsberg	1.409.300	843.300	554.700	1.481.888	1.154.673	377.824	0,11
Gumbinnen	846.900	341.600	234.800	945.990	504.286	130.360	0,16
Danzig	668.300	563.200	350.100	699.483	731.729	288.680	0,10
Marienwerder	1.030.300	411.200	283.900	1.095.251	610.691	243.358	0,18
Berlin	10.400	6.248.700	2.760.800	8.444	10.481.354	4.862.400	3,44
Potsdam	1.747.300	1.277.000	902.200	1.898.968	3.725.296	1.000.920	1,22
Frankfurt	1.547.700	781.200	662.100	1.717.682	1.171.090	539.891	0,30
Stettin	1.137.600	797.800	546.800	1.256.096	1.220.600	489.036	0,46
Köslin	717.200	286.600	199.000	744.535	401.331	155.016	0,13
Stralsund	623.400	169.800	142.100	722.385	247.530	102.504	0,51
Posen	1.295.400	681.200	458.200	1.316.443	945.849	273.832	0,00
Bromberg	842.900	364.000	234.800	895.886	570.683	203.047	0,24
Breslau	2.211.200	1.765.700	1.235.500	2.239.793	2.509.837	1.168.804	0,35
Liegnitz	1.579.700	776.900	654.900	1.579.358	1.212.498	476.268	0,19
Oppeln	1.404.700	729.100	605.700	1.421.910	1.369.501	607.464	0,25
Magdeburg	1.935.700	1.242.300	963.400	2.158.726	2.001.442	1.041.608	0,77
Merseburg	2.325.600	866.300	733.200	2.465.152	1.441.071	641.708	0,38
Erfurt	634.700	352.200	390.100	678.340	601.405	273.364	0,30
Schleswig	3.510.000	1.322.000	961.800	3.425.454	2.254.517	800.724	0,28
Hannover	688.300	677.800	401.100	719.584	1.363.931	487.868	1,04
Hildesheim	982.200	356.700	286.600	1.105.918	604.783	308.024	0,64
Lüneburg	876.800	309.100	225.600	910.029	486.983	222.660	0,27
Stade	838.000	237.300	181.000	832.966	342.180	182.436	0,13
Osnabrück	486.000	175.400	141.400	475.820	267.717	113.460	0,06
Aurich	601.800	175.000	134.300	612.939	283.195	112.494	0,25
Münster	934.600	337.800	279.600	916.601	640.874	340.276	0,30
Minden	861.300	337.900	293.000	858.349	560.671	292.687	0,21
Arnsberg	1.143.500	1.165.500	756.000	1.117.723	2.231.369	1.065.172	0,62
Kassel	1.213.600	605.600	473.600	1.375.291	1.052.788	447.144	0,59
Wiesbaden	842.000	1.430.600	803.400	887.406	2.736.378	1.237.652	1,72
Koblenz	855.600	493.000	383.600	848.254	726.441	306.916	0,16
Düsseldorf	1.560.900	2.309.000	1.657.900	1.531.967	4.407.517	2.352.054	0,98
Köln	979.000	1.340.700	782.000	957.564	2.408.427	1.019.704	1,09
Trier	813.700	458.000	361.600	847.638	722.328	306.576	0,15
Aachen	877.000	613.300	447.300	864.200	870.603	449.408	0,27
Preußen	40.032.600	30.842.800	20.482.100	41.614.033	52.861.568	22.921.339	0,64

Anm.: ohne Regierungsbezirk Sigmaringen; letzte Spalte unter Berücksichtigung des Bevölkerungswachstums zwischen 1890 und 1895. Grundsteuerdaten für 1895/96; Δ – Veränderung.

Quellen: Statistisches Handbuch für den preußischen Staat (1893), S. 613, (1898), S. 216f., (1903), S. 609, 611.

Abbildung 2.5: Veränderung der direkten Steuerlast pro Kopf zwischen 1891/92 und 1896/97 nach Regierungsbezirken (Mark)

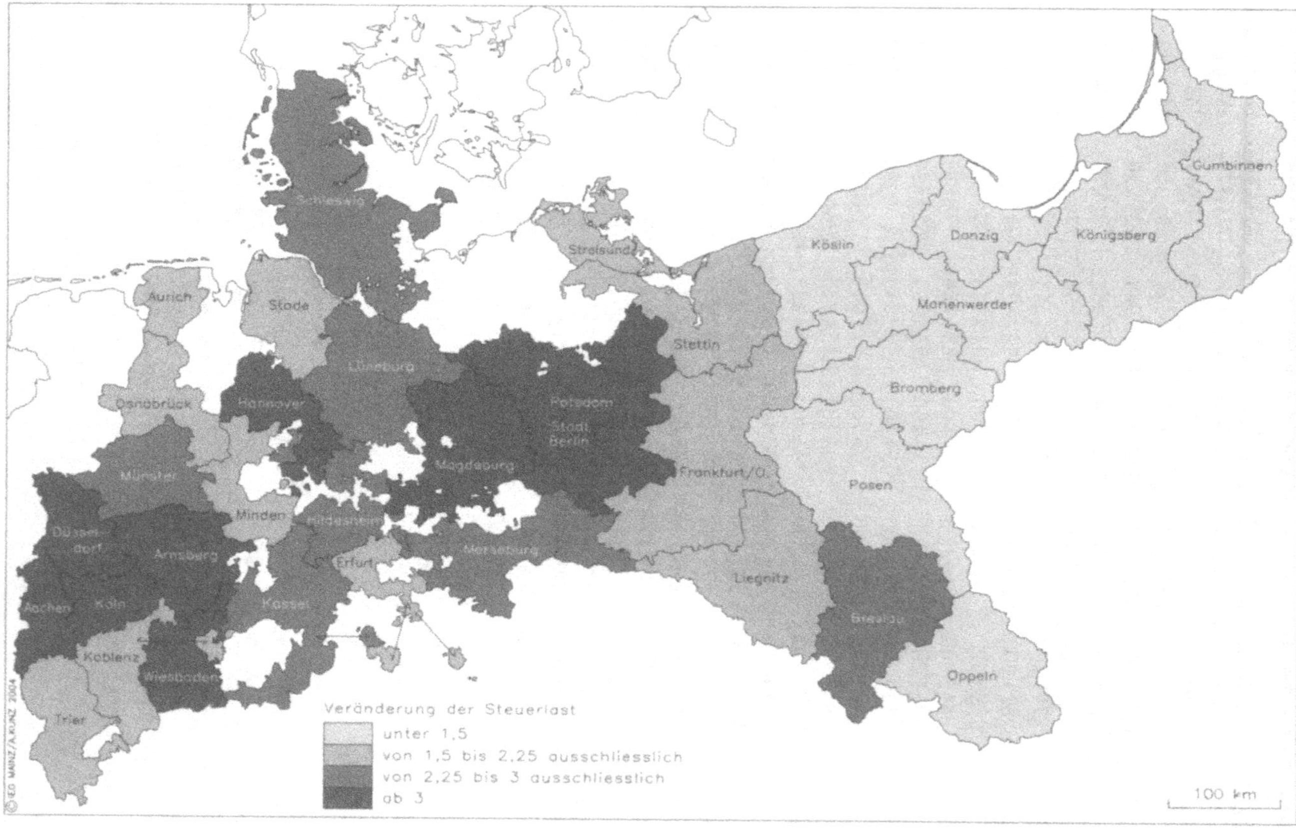

Anm.: Ohne Regierungsbezirk Sigmaringen.

ker zur Steuerleistung heranzuziehen. Denkbar ist aber auch, daß sich hier der hohe Anteil von Dienstboten niederschlägt. Auffällig ist der Anstieg im Regierungsbezirk Potsdam um das 3,3fache. Möglicherweise vermischen sich hier die Effekte des agrarischen Umlands und des Speckgürtels um Berlin.[85]

Dieselbe Analyse für alle von den Miquelschen Reformen betroffenen direkten Steuern, also mit Einschluß der nun für die Kommunen erhobenen Ertragsteuern, führt zu sehr ähnlichen Ergebnissen. Übersicht 2.2.16 (S. 79) veranschaulicht die Änderungen der Ertragsteuerlast.

Die Ertragsteuerlast nahm ebenfalls zu, wenn auch nicht annähernd so stark wie die Personensteuerlast. Die gesamte in den Übersichten 2.2.14 und 2.2.16 angegebene Steuermehrlast in Höhe von ca. 100 Millionen Mark liegt außer dem in Fußnote xx angeführten Grund etwas über der in Übersicht 2.2.13, weil dort der Rückgang der lokalen, also nicht durch Zuschläge zu Staatssteuern erhobenen direkten Kommunalsteuern berücksichtigt ist, für die auf Ebene der Regierungsbezirke keine Daten verfügbar sind. Der Zuwachs der direkten Pro-Kopf-Steuerlast lag also etwas unter dem Wert von 3,21 Mark, den die Summe der jeweils rechten unteren Zellen der Übersichten 2.2.14 und 2.2.16 suggeriert.

Auch für die gesamten direkten Steuern (vgl. Abbildung 2.5, S. 80) bietet sich eine einfache Analyse an. Übersicht 2.2.17 veranschaulicht die Ergebnisse, die allerdings nicht so eindeutig ausfallen wie die Analyse der Personensteuern in Übersicht 2.2.15.

Übersicht 2.2.17: Einflußfaktoren auf die Veränderung der staatlichen Einnahmen an direkten Steuern pro Kopf zwischen 1891/92 und 1896/97 nach den Miquelschen Steuerreformen von 1891/93

	Koeffizient	Koeffizient
Beschäftigtenanteil Agrarsektor (%)	-1,18***	-1,15***
	(0,19)	(0,18)
Beschäftigtenanteil Dienstleistungssektor (%)	-0,30	-0,57
	(0,71)	(0,66)
West	8,78	11,58*
	(5,89)	(5,07)
Potsdam	-	49,76***
		(3,53)
Konstante	104,42***	105,53***
	(21,07)	(20,68)
Mittelwert abhängige Variable	50,76	50,76
Beobachtungen (Regierungsbezirke)	35	35
Korrigiertes R2	0,61	0,74
Prob(F)	0,00	0,00

Anm.: OLS. Standardfehler in Klammern (nach dem Verfahren von White korrigiert). *, *** signifikant auf 5%-, 0,1%-Niveau.

Quellen: Übersichten 2.2.14 und 2.2.16.

[85] Beide Modellspezifikationen sind robust in Hinsicht auf Weglassen der Daten für Berlin und/oder Potsdam. Im ersten Modell rutscht jedoch bei Weglassen Berlins die Irrtumswahrscheinlichkeit für den Koeffizienten des Dienstleistungssektors auf 11%.

Wiederum ergibt sich eine deutliche relative Entlastung des Agrar- zuungunsten des Industriesektors. Für den Dienstleistungssektor ergeben sich jedoch keine signifikanten Ergebnisse mehr.

2.2.6 Ergebnisse

Die hier vorgenommenen Untersuchungen der Lastverteilungswirkungen der preußischen Steuerreformen im 19. Jahrhundert ergeben drei zentrale Resultate.

Erstens läßt sich die gängige These widerlegen, daß die Steuerreformen um 1820 die westlichen Provinzen überproportional belastet hätten. Zweifellos nahm die Belastung durch Staatssteuern im Westen stärker zu als im Osten, doch hatte diese noch 1818 im Osten pro Kopf um 80% über der im Westen gelegen. In der Tat höher belastet waren die Grundbesitzer der westlichen Provinzen, die die vergleichsweise hohen Grundsteuern aus französischer Zeit weiterzahlen mußten, während im Osten viele ihrer adligen Standesgenossen eximiert waren. Die Last der indirekten Steuern war im Westen jedoch geringer. Insgesamt gesehen und in Relation zu ihrer mutmaßlich höheren wirtschaftlichen Leistungsfähigkeit schonte der preußische Fiskus vielmehr die Zensiten der westlichen Provinzen.

Zweitens läßt sich generell sagen, daß fast jede größere Steuerreform zu einer Verschiebung der Steuerlast nach Westen und zu Lasten industriell-gewerblicher Aktivität führte. Hierin kann man, wie Andreas Thier bei seiner Beurteilung der Miquelschen Steuerreformen, einerseits den Ausdruck der politischen Dominanz altpreußischer Eliten, insbesondere der ostelbischen Großgrundbesitzer sehen. Andererseits läßt sich dieser Prozeß auch als Anpassung des Steuersystems an den rasanten wirtschaftlichen Strukturwandel im Zuge der Industrialisierung interpretieren. Die größten Zuwächse der gesamtwirtschaftlichen Wertschöpfung wurden absolut und pro Kopf tatsächlich im industrialisierten Westen erzielt. Insofern steht die Verschiebung der Steuerlast nach Westen durchaus nicht im Widerspruch zum Prinzip der steuerlichen Leistungsfähigkeit.

Es gab nur eine Reform der direkten Steuern, die dem Trend der Steuerlastverschiebung nach Westen und zur Industrie entgegenstand, die Grundsteuerreform von 1861. Sie beseitigte die Steuerbefreiungen der Rittergüter – wenn auch gegen Entschädigung – und führte zu einer überdurchschnittlichen steuerlichen Mehrbelastung in den östlichen Provinzen.

Es wäre zweifellos wünschenswert, das Verhältnis dieser Kräfte zu überprüfen. So wäre etwa zu fragen, ob die Steuerquote in industriell geprägten Regionen stärker anstieg als in den traditionellen agrarischen Regionen. Dafür sind jedoch Daten über die regionale Wertschöpfung erforderlich. Die von Walther G. Hoffmann und seinen Mitarbeitern errechneten Angaben zur gesamtwirtschaftlichen Wertschöpfung gehen immerhin bis 1850 zurück. Der Anteil Preußens ließe sich mit den auf Länderebene berechneten Volkseinkommensdaten von Hoffmann und J.Heinz Müller herausrechnen, doch für eine weitergehendere Analyse auf Ebene der Provinzen oder sogar der Regierungsbezirke fehlen verläßliche Angaben.[86]

Drittens schließlich läßt sich die These, die preußischen Steuerreformen zwischen 1815 und 1914 hätten mit Ausnahme der von 1820 die Steuerlast lediglich umverteilt, nicht jedoch wesentlich erhöht,[87] klar widerlegen.

Übersicht 2.2.18: Veränderung der Staatssteuerlast nach den wichtigsten preußischen Steuerreformen des 19. Jahrhunderts

Reform und Beschluß (Inkrafttreten)	Vergleichsgröße, -jahre	Mehrbelastung	
		Mark/Kopf	%[a]
Steuerreformen 1818-22 (1819-23)	Gesamte Steuern 1818, 1823	1,53	17,2
Personensteuerreform 1851 (1852)	Personensteuern 1850, 1853	0,46	32,2
Grundsteuerreform 1861 (1865)	Grund- & Geb.-Steuer 1862, 1866	0,51	31,1
Personensteuerreform 1873 (1875)	Personensteuern, Mahl- und Schlachtsteuer 1871, 1875	0,13	9,6
Miquelsche St.-Ref. 1891/3 (1892/4)	Personensteuern 1891, 1896	2,57[b]	116,6[b]

Anm.: [a] In Prozent der Vergleichsgröße. [b] Bei Abgabe der Realsteuern an die Kommunen.

Quellen: Übersichten 2.2.2, 2.2.5, 2.2.9, 2.2.11, 2.2.14.

Lediglich die Personensteuerreform von 1873 wies keine besondere Steigerung der Steuerlast auf, zumal diese, wie gezeigt, ausschließlich von den hohen Einkommen getragen werden mußte. Die Reformen von 1851 und 1861 erhöhten dagegen das Volumen der betroffenen Steuern um jeweils fast ein Drittel. Von außerordentlicher materieller Bedeutung war die Miquelsche Steuerreform. Die Zensiten zahlten unverändert die Realsteuern, wenn auch nun an die Kommunen, mußten aber eine Steigerung der Personensteuerlast um über das Doppelte hinnehmen.

In Hinblick auf Verteilungsfragen wäre ein Urteil an dieser Stelle verfrüht. Neben dem grundsätzlichen Problem, daß die Kommunalsteuerlast nur ansatzweise erfaßbar ist, steht zu bedenken, daß die indirekten Steuern bislang allenfalls in Form der Mahl- und Schlachtsteuer berücksichtigt worden sind. Um sich ein vollständiges Bild hinsichtlich der Verteilungswirkungen zumindest der Staatssteuern zu machen, ist die Einbeziehung der indirekten Steuern unumgänglich. Dies erfolgt weiter unten im dritten Kapitel, in dem die Gesamtsteuerbelastung in Preußen und Württemberg ermittelt und analysiert wird.

[86] Vgl. Walther G. Hoffmann/J. Heinz Müller (1959), Das deutsche Volkseinkommen 1851-1957, Tübingen: Mohr, und Walther G. Hoffmann u.a. (1965), Das Wachstum der deutschen Wirtschaft seit der Mitte des 19. Jahrhunderts, Berlin u.a.: Springer.

[87] So Schremmer (1996), S. 119.

2.3 Württemberg

Zwischen 1803 und 1810 konnte das württembergische Herrscherhaus, seit 1805 mit der Königswürde versehen, sein Territorium auf das Dreifache erweitern und die Anzahl seiner Untertanen verdoppeln. Diese enorme Ausweitung des Staates erforderte eine Reorganisation der Verwaltung und insbesondere des Finanzwesens. Das Staatsgebiet erfuhr 1810 durch die Einteilung in vier Kreise – Neckarkreis, Schwarzwaldkreis, Jagstkreis und Donaukreis – sowie 65 Oberämter (ab 1819 64) eine neue Gliederung auf der Mittelebene.

Das württembergische Steuersystem konnte zu Beginn des 19. Jahrhunderts auf eine lange Tradition der Ertragbesteuerung zurückblicken. Die Württemberger Herzöge hatten schon 1514 die Verstetigung der Schatzung, einer Kombination aus Vermögensteuer für Besitzende und Personensteuer für Besitzlose, erreicht. 1713 führte Württemberg ein System von Ertragsteuern ein, das auf einem neuen, 1744 abgeschlossenen Kataster beruhte, in dem Grundstücke und Gefälle (Feudalabgaben), Gebäude und Gewerbe verzeichnet waren. 1808, inmitten der Phase der württembergischen Gebietserweiterungen, entstand der sogenannte Landeskonkurrenzfuß für die Repartition auf die Oberämter, der aus diversen bevölkerungs- und wirtschaftsstatistischen Daten (Bevölkerung, Gebäude, Äcker, Vieh, Gewerbe) berechnet worden war. Dieser erfuhr zwar in den Jahren 1809 und 1812 Modifikationen, blieb aber im wesentlichen bis 1823 unverändert.[88]

Die Reorganisation des Finanzwesens erfolgte nach 1815 – anders als in Preußen – unter maßgeblicher Mitwirkung des Parlaments. Zwar hatte der württembergische Herrscher noch im Spätabsolutismus die ständische Steuer- und Schuldenverwaltung übernehmen, die Selbstverwaltung von Amtsbezirken und Kommunen aufheben und somit die fiskalische Kasseneinheit herstellen können. Artikel 13 der Bundesakte verpflichtete jedoch die deutschen Bundesstaaten zur Einführung einer ständischen Verfassung. Wie in anderen Staaten auch erwies sich die Frage der Budgetbewilligung als zentrales Problem der württembergischen Verfassungsdiskussion. Letztlich konnten sich die Stände weitgehend durchsetzen; die 1819 verabschiedete Verfassung wies ihnen zwar nicht das geforderte Budget-, doch immerhin das Steuerbewilligungsrecht zu. Die erste Kammer (Standesherren) konnte den Etatvorschlag nur ablehnen oder bewilligen, während die zweite Kammer (Abgeordnete) außerdem Änderungen beschließen konnte. Allerdings hatten die Kammern nicht das Recht der Gesetzesinitiative, so daß Novellierungen von Steuergesetzen nur über Petitionen bewerkstelligt werden konnten. Die Haushaltsperiode war auf drei Jahre festgelegt. 1817 war beschlossen worden, im Etat die Steuereinnahmen netto auszuweisen, d.h. nach Abzug der Erhebungs- und der meisten Verwaltungskosten. Immerhin waren die Bruttoerträge im sogenannten Detail-Budget aufzuführen.[89]

---

88 Vgl. Riecke (1879), S. 89; Wentzel (1913), S. 71, und Steitz (1976), S. 102f.

89 Vgl. Walter Steitz (1974), Budgetrecht und Haushaltsstruktur des württembergischen Hauptfinanzetats im 19. Jahrhundert, in: Zeitschrift für Württembergische Landesgeschichte, 33, S. 161-182, hier S. 162-169; ders. (1976), S. 48-53.

2.3.1 Die Vereinheitlichung des Steuersystems 1821/23

Mit dem Gesetz betreffend die Herstellung eines provisorischen Steuerkatasters vom 15. Juli 1821 ging Württemberg zu einem in der älteren finanzwissenschaftlichen Literatur so bezeichneten rationellen Ertragsteuersystem über.[90] Dieses basierte über ein halbes Jahrhundert auf provisorischen Katastern, die erst 1877 (Gebäude und Gewerbe) bzw. 1887 (Grund und Gefälle) durch neue abgelöst wurden, die auf der von 1818 bis 1849 laufenden Landesvermessung basierten. Das Grundkataster beruhte auf dem geschätzten Nettoertrag des Bodens. Dafür wurde zunächst in Abhängigkeit von der Bebauung der mengenmäßige Bruttoertrag geschätzt. Für die Umrechnung in Werte legte der Gesetzgeber Normalpreise zugrunde. Vom wertmäßigen Bruttoertrag wurden dann bestimmte, zwischen 12,5 und 75% liegende Quoten als Bebauungskosten und zudem etwaige Grundlasten abgezogen. Der verbleibende Nettoertrag wurde im Grundkataster „angeschlagen". Ebenfalls auf dem geschätzten Nettoertrag beruhte das Gewerbekataster. Die Gewerbe wurden zunächst in vier Ertragsklassen eingeteilt, die dann noch weiter nach Ortsgröße, Arbeitseinsatz (Anzahl der Beschäftigten) und Kapitaleinsatz (Betriebskapital) unterteilt wurden, so daß die Klassifikation letztlich 569 (!) Unterklassen umfaßte.[91] Eckart Schremmer hat daher die württembergische Gewerbeklassifikationstabelle als eine „rudimentäre Produktionsfunktion"[92] bezeichnet. Für das Gebäudekataster schließlich wurden die Gebäude, unabhängig davon, ob sie zu Wohnzwecken oder gewerblich genutzt wurden, zu ihrem Marktwert angesetzt.[93]

Eine wichtige Weiterentwicklung war die seit 1821 vorgenommene klare Trennung der drei Ertragsteuern, die weiterhin als Repartitionssteuern erhoben wurden. Der zunächst auf 2,4 Millionen Gulden (4,08 Millionen Mark) fixierte Gesamtbetrag wurde bis 1877 unverändert nach folgenden Schlüsseln aufgebracht: 17/24 (70,83%) durch die Grund- und Gefällsteuer, 4/24 (16,67%) durch die Gebäudesteuer und 3/24 (12,5%) durch die Gewerbesteuer. Die zu leistende Steuersumme hing nicht unmittelbar vom im Kataster angeschlagenen Wert ab, sondern davon, wie ein vorgegebener Gesamtbetrag der Ertragsteuern zunächst auf die Oberämter und von denen auf die Gemeinden umgelegt wurde. Diese legten den zu erbringenden Betrag dann nach dem erwähnten festen Schlüssel auf Grund-, Gebäude und Gewerbebesitz um. Für Gebäudebesitzer und Gewerbetreibende errechnete sich die Steuerleistung nach dem Anteil ihres Katasteranschlags am Gesamtkataster der Kommune. Für Grundbesitzer vollzog sich jedoch die Subrepartition innerhalb der Kommunen wie schon seit Jahrhunderten „nach dem örtlichen Herkommen".[94]

Da abzusehen war, daß sich die Neukatastrierung Württembergs noch lange hinziehen würde, wurde 1823 ein Provisorium erstellt, das der Repartierung der Grund-, Gebäude- und Gewerbesteuer auf die Oberämter eine neue Grundlage gab. Mit 2,4 Millio-

---

90 Vgl. Gerloff (1929), S. 12.

91 Vgl. Eduard Pfeiffer (1867), Das Steuerwesen in Württemberg und die von der Regierung beabsichtigte Steuererhöhung, Stuttgart: Kröner, S. 32.

92 Schremmer (1974), S. 682.

93 Vgl. Denkschrift (1909), S. 3f.

94 Denkschrift (1909), S. 4.

nen Gulden blieb der Gesamtbetrag für Württemberg und damit auch die Durchschnittsbelastung unverändert. Entscheidend war jedoch die veränderte Repartition auf die einzelnen Oberämter nach dem provisorischen Kataster.

Wiederum erschwert der Mangel an aussagekräftigen Daten die Analyse. Wertschöpfungsanteile der einzelnen Wirtschaftssektoren gibt es nicht, doch lassen sich Indizes aus diversen Zensusdaten konstruieren. Für das Stichjahr 1821 lassen sich neben Daten für die Bevölkerung auch solche über Bodennutzung, Viehbestand und gewerbliche Unternehmen auf Oberamtsebene finden. Abhängige Variable der Analyse in Übersicht 2.3.1 ist die Veränderung der direkten Staatssteuerlast pro Kopf infolge des Übergangs von dem 1812 modifizierten Landeskonkurrenzfuß auf das neue Katasterprovisorium 1823, das erstmalig der Veranlagung für 1823/24 zugrundegelegt wurde.[95]

Modell I untersucht, ob eine höhere agrarische oder gewerbliche Aktivität in einem Oberamt nach der Einführung der neuen Kataster auch zu höherer Besteuerung führte. Dies ist der Fall und wäre auch kaum anders zu erwarten, da die Konstruktion der Indizes ganz wesentlich von den neuen Katasterwerten abhängig ist (s. unten Anhang A.2.1, S. 199). Die Niveaus der Koeffizienten sind nicht für den Vergleich geeignet. Zwar sind beide Indizes von Modell I so normiert, daß sie die Abweichung vom auf Eins normierten Durchschnitt Württembergs wiedergeben, doch ist die Standardabweichung des Gewerbeindexes mit 0,65 deutlich größer als der des Agrarindexes. Im zweiten Modell wird ein kombinierter Index getestet. Dieser ist so konstruiert, daß er um so höher ist, je stärker das Verhältnis von Gewerbekatasterwert zu Grundkatasterwert eines Oberamts vom württembergischen Durchschnitt abweicht. Im Gegensatz zu Modell I sind die Ergebnisse ganz erheblich davon abhängig, ob man Stuttgart-Stadt in die Regression miteinbezieht. Somit ist eine gesicherte Aussage, ob die Zugrundelegung der neuen Kataster ab dem Etatjahr 1823/24 agrarische oder gewerbliche Aktivität diskriminierte, auf Grundlage der beiden hier gewählten Ansätze nicht möglich.[96]

Ein überraschendes Ergebnis ist, daß sich im ersten Modell der Schwarzwaldkreis und bei beiden Modellen der Donaukreis in Hinsicht auf die Pro-Kopf-Verteilung der Steuerlast signifikant schlechter stellten als der Neckarkreis und der Jagstkreis. Eine entsprechende Aufschlüsselung zeigt, daß die Repartition 1823 dem Donaukreis eine deutliche Mehrbelastung zugunsten der anderen drei Kreise aufbürdete.

---

95 Vgl. Württembergische Jahrbücher (1823), S. 410-413. Darin wird nicht ersichtlich, welche Etatjahre verglichen werden. Es muß sich um 1822/23 und 1823/24 handeln; vgl. Königlich-Württembergisches Staats- und Regierungs-Blatt (1822), S. 651-654; ebda. (1824), S. 20-27. Die Repartition auf die Oberämter wurde erstmals für das Jahr 1817/18 veröffentlicht; vgl. ebda. (1818), S. 17, 326. Diese ist bis auf sehr geringfügige Unterschiede identisch mit der für 1822/23 und allen dazwischenliegenden Etatjahren. Die Wortwahl in den Rescripten vom 7.8.1818 und 20.10. 1818 läßt darauf schließen, daß bis zu diesem Zeitpunkt – und ergo bis zum Etatjahr 1822/23 – unverändert der Landeskonkurrenzfuß von 1812 gegegolten haben muß; vgl. ebda. (1818), S. 453-456, 589-592; ebda. (1822), S. 650. Vgl. dazu auch v. Herzog (1822), Rückblicke auf die Würtembergische Finanz-Verwaltung in den Jahren 1816 bis 1822, in: Würtembergische Jahrbücher für vaterländische Geschichte, Geographie, Statistik und Topographie, S. 368-424.

96 Dieses Ergebnis, insbesondere auch der Vorzeichenwechsel im zweiten Modell, ergibt sich auch ohne die Regionaldummies.

Übersicht 2.3.1: Einflußfaktoren auf die Veränderung der Steuerlast durch den Übergang auf das provisorische Kataster 1823

	Modell I		Modell II	
	Koeffizient	Koeffizient (ohne Stuttgart)	Koeffizient	Koeffizient (ohne Stuttgart)
Agrarindex	0,35*	0,35*	-	-
	(0,15)	(0,15)		
Gewerbeindex	0,26***	0,23**	-	-
	(0,03)	(0,08)		
Kombinierter Index	-	-	0,04***	-0,06
			(0,00)	(0,09)
Schwarzwaldkreis (Dummy)	0,24**	0,24**	0,16*	0,14
	(0,08)	(0,09)	(0,07)	(0,07)
Jagstkreis (Dummy)	0,10	0,09	0,14	0,10
	(0,08)	(0,09)	(0,08)	(0,08)
Donaukreis (Dummy)	0,36***	0,35***	0,51***	0,46***
	(0,10)	(0,10)	(0,10)	(0,10)
Konstante	-0,70***	-0,67***	-0,23***	-0,12
	(0,14)	(0,16)	(0,05)	(0,12)
Mittelwert abhängige Variable	0,01	0,00	0,01	0,00
Beobachtungen (Oberämter)	64	63	64	63
Korrigiertes R2	0,47	0,42	0,37	0,32
Prob(F)	0,00	0,00	0,00	0,00

Anm.: OLS. Standardfehler in Klammern (nach dem Verfahren von White korrigiert).
*, **, *** signifikant auf 5%-, 1%-, 0,1%-Niveau.

Quelle: Württembergische Jahrbücher (1823), S. 403, 410-413.

Übersicht 2.3.2: Veränderung der Steuerlast durch den Übergang auf das provisorische Kataster 1823/24 nach Kreisen (Gulden)

	fl.	fl. pro Kopf
Neckarkreis	-56.528	-0,14
Schwarzwaldkreis	-19.085	-0,05
Jagstkreis	-21.648	-0,07
Donaukreis	96.187	0,28
Württemberg	0	0,00

Anm.: Der geringe Differenzbetrag zwischen der Summe der Kreise und Württemberg ist die Steuerlastveränderung der Hofdomänenkammer (1.074 fl.).

Quelle: Württembergische Jahrbücher (1823), S. 403, 410-413.

Da der größte Teil des Donaukreises erst Anfang des 19. Jahrhunderts an Württemberg gekommen war, liegt die Vermutung nahe, daß neue Gebiete generell stärker belastet wurden. Doch auch große Teile des Jagstkreises waren erst seit kurzem bei Württemberg.[97] In Übersicht 2.3.3 sind die Oberämter nach ihrer territorialen Zugehörigkeit aufgegliedert, bevor sie an Württemberg fielen.

Übersicht 2.3.3: Veränderung der Steuerlast durch den Übergang auf das provisorische Kataster 1823/24 in den von größeren Territorien hinzugewonnenen Gebieten

Oberamt	Kreis	fl.	fl. pro Kopf
Österreich			
Ehingen	Donau	9.823	0,45
Horb	Schwarzwald	172	0,01
Riedlingen	Donau	7.749	0,33
Rottenburg	Schwarzwald	1.334	0,05
Saulgau	Donau	15.530	0,80
Spaichingen	Schwarzwald	703	0,04
Tettnang *	Donau	5.366	0,30
Waldsee	Donau	21.640	1,18
Bayern			
Crailsheim	Jagst	-5.971	-0,29
Geislingen **	Donau	-4.409	-0,20
Gerabronn **	Jagst	6.126	0,24
Leutkirch **	Donau	8.477	0,44
Neresheim **	Jagst	427	0,02
Ravensburg **	Donau	12.424	0,63
Ulm**	Donau	9.163	0,31
Wangen **	Donau	4.335	0,24
Hohenlohe			
Künzelsau	Jagst	-10.587	-0,37
Öhringen	Jagst	4.765	0,18

Anm.: * 1805-1810 bei Bayern. ** nur von 1802/1806-1810 bei Bayern.

Quellen: Steuern nach Württembergische Jahrbücher (1823), S. 403, 410-413; territoriale Zugehörigkeit nach Karl V. Riecke (1879a), Die Entstehung des württembergischen Staatsgebiets, in: Württembergische Vierteljahrshefte für Landesgeschichte, 2, S. 1-22, hier S. 20f.; Das Königreich Württemberg. Eine Beschreibung nach Kreisen, Oberämtern und Gemeinden, 4 Bde., Stuttgart: Kohlhammer 1904-07.

Übersicht 2.3.3 legt zwar zunächst den Schluß nahe, daß die Belastung durch direkte Steuern in den von Österreich an Württemberg abgetretenen Gebieten vor der Vereinheitlichung von 1820 deutlich geringer gewesen war, doch auch innerhalb dieser Kreise spiegelt sich die deutlich stärkere Belastung des Donaukreises wieder.[98] Weder die Ge-

[97] Ersetzt man im Modell I von Übersicht 2.3.1 die Regionaldummies mit einer Dummyvariable, die für die neu hinzugewonnenen Oberämter steht, so ist der Koeffizient mit 0,11 nahe Null und mit einem Standardfehler von 0,08 weit von den üblichen kritischen Signifikanzniveaus entfernt. Das korrigierte R2 sinkt auf 0,34.

[98] Vgl. Eckart Schremmer (1966), Die Steuerverfassung der vormals schwäbisch-österreichischen Landstände vom Jahre 1767, in: Zeitschrift für Württembergische Landesgeschichte, 26, S. 377-393.

werbe- noch die Viehzählungen lassen eine besondere Profilierung des Donaukreises erkennen; die Koeffizienten entsprechender Indizes sind wenig aussagekräftig.

Wahrscheinlich ist die Ursache für die stärkere steuerliche Heranziehung des Donaukreises darin zu suchen, daß die neuen Grund- und Gebäudekataster die vergleichsweise hohe agrarische Produktivität der Gebiete an und südlich der Donau besser berücksichtigte, als das vorher der Fall gewesen war.[99] Noch 45 Jahre später, mit fast unverändertem Grundkataster, kamen aus diesen Oberämtern besonders viele Beschwerden über zu hohe Katasteranschläge.[100]

2.3.2 Die Katasterrevision 1873

Die Fixierung des Verhältnisses der Grund-, Gebäude- und Gewerbesteuer war Ausfluß eines statischen Denkens, das Württemberg offenbar weit entfernt von der Industrialisierung sah, die um 1820 Großbritannien schon längst, in Ansätzen jedoch auch schon Belgien und den Nachbar Schweiz erfaßt hatte. Die Anteile dieser drei Steuern am gesamten aufzubringenden Ertragsteueraufkommen blieben bis 1877 unverändert, obwohl bereits früh untrügliche Zeichen wahrgenommen wurden, daß die drei Ertragsarten unterschiedlich stark wuchsen. Schon die Revision des Gewerbesteuerkatasters 1835/36 war zum Ergebnis gekommen, daß die Anzahl der Gewerbetreibenden und der Katasteransatz gegenüber dem Vergleichsjahr 1829 kräftig zugenommen hatten. Da der insgesamt aufzubringende Anteil der Gewerbesteuer jedoch unverändert blieb, verringerte sich die jährliche staatliche Gewerbesteuerlast je Gewerbetreibenden auf einen Gulden Katasteranschlag von 1,07 auf 0,89 Gulden, mithin um 17%.[101]

Ganz ohne Einfluß blieb das unterschiedlich starke Wachstum jedoch nicht auf die Steuerrepartition. Die Gebäude- und Gewerbekataster sollten auf kommunaler Ebene fortgeschrieben werden, was dann bei der alle drei Jahre stattfindenden Repartition berücksichtigt wurde. Allerdings besaßen die Kommunen keinen Anreiz, dies korrekt auszuführen, da sich ihr Anteil innerhalb des Oberamts danach bemaß.[102]

Da zudem die Grundsteuer unverändert 71% der gesamten Ertragsteuern ausmachte, fand die gewerbliche Dynamik nur sehr gedämpft Eingang in die Anteile der einzelnen Oberämter am Gesamtaufkommen. Übersicht 2.3.4 legt außerdem den Eindruck nahe, daß die Anteile der vier Kreise konstant gehalten wurden. Nur innerhalb der Kreise ver-

---

[99] In dieses Schema fügen sich jedenfalls 13 der 15 Oberämter des Donaukreises. Münsingen zahlte nach Zugrundelegung der neuen Kataster etwas mehr Steuern, Laupertsheim etwas weniger; vgl. unten Anhang A.2.2, S. 201f.

[100] Vgl. Wilhelm Camerer [1870] Direkte Staatssteuern und Amts- und Gemeinde-Anlagen in Württemberg im Etatsjahr 1. Juli 1868-1869 unter Berücksichtigung der aus Staatseigenthum bezahlten Korporationssteuern, in: Württembergische Jahrbücher für Statistik und Landeskunde 1868, Bd. I, S. 313-372, hier S. 330-343. Von den vier Oberämtern, aus denen laut Camerer Beschwerden wegen zu hoher Einschätzung kamen, liegen drei im Donaukreis. Das vierte, Heidenheim, schließt sich geographisch an.

[101] Vgl. Württembergische Jahrbücher (1836), Nr. II, S. 62.

[102] Vgl. Riecke (1879), S. 94.

änderte sich die Repartition im Laufe dieser fünf Jahrzehnte nennenswert. Dabei zeichnet sich deutlich das schnelle Wachstum der württembergischen Industriestädte ab.

Übersicht 2.3.4: Anteile der Kreise und der Oberämter mit der stärksten Veränderung am gesamten Aufkommen an staatlichen Ertragsteuern, 1823 und 1872

	1823	1872	Veränderung in %
Gesamtaufkommen (fl.)	2.400.000	3.900.000	62,5
pro Kopf (fl.)	1,6	2,1	31,3
Anteile in %*			
Neckarkreis	27,21	27,98	2,9
Schwarzwaldkreis	21,72	21,22	-2,3
Jagstkreis	22,09	21,24	-3,8
Donaukreis	28,68	29,16	1,7
1. Stuttgart-Stadt (N)	2,30	3,90	69,6
2. Rottweil (S)	1,20	1,51	25,8
3. Heilbronn (N)	1,78	2,18	22,6
4. Geislingen (D)	1,22	1,41	15,6
5. Reutlingen (S)	1,61	1,86	15,5
6. Esslingen (N)	1,37	1,56	14,1
(...)			
59. Neuenbürg (S)	0,87	0,77	-11,6
60. Gaildorf (J)	1,25	1,10	-12,2
61. Urach (S)	1,53	1,34	-12,3
62. Backnang (N)	1,49	1,28	-14,0
63. Waldsee (D)	2,34	2,01	-14,0
64. Maulbronn (N)	1,47	1,23	-16,2

Anm.: * Ohne Anteile zentraler württembergischer Institutionen (1823 0,3%, 1872 0,4%).
D – Donaukreis, J – Jagstkreis, N – Neckarkreis, S – Schwarzwaldkreis.

Quellen: Steuern nach Württembergische Jahrbücher (1823), S. 403, 410-413, StALB, E 226/301, Bü 426, S. 480; Bevölkerung nach Kraus (1980), S. 34.

Nach den Schätzungen von Hans Loreth wuchs der gewerbliche Sektor in Württemberg ab Mitte des 19. Jahrhunderts deutlich schneller als der agrarische.[103] Dies entging den Zeitgenossen selbstverständlich nicht, und so wurde der überkommene Verteilungsschlüssel zunehmend als unfair empfunden. Im Gesetz vom 28. April 1873 wurde er daher von 17:4:3 auf 13:5,5:5,5 geändert (in Prozenten 54,2, 22,9 und 22,9). Außerdem wurde die Veranlagung von Gebäuden und Gewerbebetrieben 1877 auf die 1849 fertiggestellten neuen Kataster umgestellt, die von Grund und Boden 1887. Alle Kataster sollten laufend fortgeführt werden, was sich jedoch praktisch nur auf das Grund- und vor allem das Gewerbekataster auswirken sollte.[104] Ebenfalls 1887 ging die Regierung nach harten Debatten in der Ständeversammlung zu einem einheitlichen Steuersatz für

[103] Vgl. Hans Loreth (1974), Das Wachstum der württembergischen Wirtschaft von 1818 bis 1918, in: Jahrbücher für Statistik und Landeskunde von Baden-Württemberg, 19, S. 3-116, S. 40f.

[104] Vgl. zu den Schwierigkeiten bei der Fortschreibung des Gebäudekatasters: Denkschrift (1909), S. 12.

alle drei Objekte über. Zudem ersetzte sie das Repartitions- durch ein Quotitätssteuersystem (mit Wirkung ab 1890).

Für die Grundsteuer wurde seit 1887 aufgrund von Schätzungen Sachverständiger der durchschnittliche Reinertrag pro Hektar in einer Klassifikationstabelle festgestellt, wobei Bebauung und Bodengüte Berücksichtigung fanden. Für den Katasteranschlag der Gebäude war auch nach der Revision von 1877 der Marktwert (zum Zeitpunkt der Katastrierung) maßgeblich. Aus Gründen der Vereinheitlichung mit den anderen beiden Steuerobjekten wurde festgelegt, daß die Steuerleistung 3% des Gebäudesteueranschlags zu betragen habe. Insbesondere die Ermittlung des Steuerbetrags für Gewerbetreibende wurde weiter differenziert. Seit 1877 mußten sie in einer Steuererklärung Art des Gewerbes, Mitarbeiter und Betriebskapital angeben. Der steuerliche Nettoertrag bemaß sich wiederum nach einer stark ausdifferenzierten Klassifikationstabelle, in die die in der Steuererklärung angegebenen Werte eingingen. Daraus ermittelte das Steueramt einerseits den „persönlichen Arbeitsverdienst des Gewerbetreibenden“, also eine Art kalkulatorischen Unternehmerlohn, und den durchschnittlichen Ertrag des Betriebskapitals. Der Steuerbetrag errechnete sich dann aus diesen beiden Größen, wobei vom Unternehmerlohn ein degressiv gestaffelter Betrag abgezogen wurde. Die Fortschreibung des Grund- und des Gebäudekatasters erfolgte lediglich durch Wahrnehmung äußerer Veränderungen, also der Bonität und Kultur einerseits bzw. baulicher Veränderungen andererseits. Dadurch wurden marktliche Wertveränderungen kaum erfaßt. Nur das Gewerbekataster trug laufenden Veränderungen des Werts von Gewerbebetrieben einigermaßen Rechnung.[105]

Mit dem Gesetz vom 28. April 1873 beharrte Württemberg auf dem Ertragsteuersystem, obwohl der Siegeszug der Einkommensteuer bereits abzusehen war. Besonders antiquiert muß die Tatsache erscheinen, daß Württemberg am Repartitionssystem und an der Quotierung der drei Ertragsteuern festhielt, auch wenn sie den veränderten wirtschaftlichen Bedingungen besser angepaßt waren. Die neuen Quoten können allerdings nicht anders als Sieg gewerblicher gegen agrarische Interessen interpretiert werden.[106] Bereits 1863 hatte eine amtliche Schätzung ergeben, daß die Land- und Forstwirtschaft nur noch 49,5% der Wertschöpfung in Württemberg erbrächten, Bergbau, Gewerbe und Handel dagegen 44,7%.[107] Da die Gebäudesteuer noch 1894 nach offizieller Einschätzung das Land „relativ schwerer“[108] belastete als die Städte, ergibt sich, daß die 1873

---

[105] Vgl. Denkschrift (1909), S. 5-7.

[106] Insofern kann hier der Vermutung von Dumke (1985), S. 69, daß die Revision der Ertragsteuerschlüssel ein Sieg agrarischer Interessen gewesen sei, nicht zugestimmt werden.

[107] Rümelin (1863), Beiträge zur Ermittlung des Volksvermögens und Volkseinkommens, in: Das Königreich Württemberg. Eine Beschreibung von Land, Volk und Staat. Hrsg. v. K. Statistisch-Topographisches Bureau, Stuttgart: Nitzschke, S. 654-676, hier S. 674.

[108] E. Heitz (1894), Die Gestaltung der Bevölkerungsverhältnisse und die steuerliche Belastung der politischen Gemeinden Württembergs, in: Württembergische Jahrbücher für Statistik und Landeskunde, Nr. I, S. 249-302, hier S. 294. Wie das „relativ“ einzuschätzen ist, bleibt unklar. Die Korrelationskoeffizienten zwischen der Gebäudesteuerlast pro Kopf 1879/80 und dem Anteil der Beschäftigten 1882 betragen für den primären Sektor –0,47, für den sekundären Sektor +0,21 und für den tertiären Sektor +0,57 (jeweils auf Oberamtsebene). Die Gewerbesteuer belastete also vor al-

festgelegte neue Quote der Gewerbesteuer von nur 22,9% sehr günstig für Industrie, Handwerk und Dienstleistungen war.

Mit dem Übergang auf die revidierten Gebäude- und Gewerbekataster änderte sich 1877 die regionale Belastung durch die Ertragsteuern von einem Jahr zum anderen stärker als in den 54 Jahren zuvor (Übersicht 2.3.5).

Übersicht 2.3.5: Verteilung der württembergischen Ertragsteuern auf die Kreise in den Etatjahren 1824/25, 1875/76 und 1879/80

Etatjahr	Neckarkreis	Schwarzwaldkr.	Jagstkreis	Donaukreis
1824/25				
Alle Ertragsteuern	27,0	21,4	22,3	29,3
Grund- & Gefällsteuer	23,7	21,0	23,9	31,4
Gebäudesteuer	34,5	22,8	17,4	25,3
Gewerbesteuer	35,4	22,2	19,2	23,1
1875/76				
Alle Ertragsteuern	28,3	21,3	21,1	29,2
Grund- & Gefällsteuer	24,8	21,3	23,3	30,6
Gebäudesteuer	37,4	21,4	15,4	25,9
Gewerbesteuer	36,3	21,0	16,6	26,1
1879/80				
Alle Ertragsteuern	33,0	19,7	19,1	28,2
Grund- & Gefällsteuer	24,8	21,3	23,3	30,6
Gebäudesteuer	38,1	18,4	15,7	27,7
Gewerbesteuer	47,2	17,1	12,4	23,2

Quellen: Regierungsblatt (1824), S. 696-699, (1875), S. 385-388, (1879), S. 89-92.

Während sich die Anteile der Kreise an der Gebäudesteuer durch die Umstellung auf das revidierte Kataster in etwa so stark veränderten wie in dem halben Jahrhundert zuvor, veränderte sich die Verteilung der Gewerbesteuer deutlich stärker. Das industrielle Wachstum Württembergs konzentrierte sich vor allem in den Zentren des Neckarkreises – Stuttgart, Heilbronn, Esslingen und Cannstatt –, so daß sein Anteil an der Gewerbesteuer um fast elf Prozentpunkte anstieg. Alle anderen Kreise hatten nur jeweils ein größeres Gewerbezentrum aufzuweisen – Reutlingen, Göppingen und Ulm – und wurden daher weniger stark belastet. Auf der Ebene der Oberämter, inbesondere im Raum Stuttgart, fielen die Änderungen teilweise noch drastischer aus. So mußten etwa die Gewerbetreibenden in Stuttgart-Stadt, Stuttgart-Amt und Cannstatt durchschnittlich 100, 42 bzw. 54% mehr Gewerbesteuer zahlen. In vielen ländlichen Oberämtern reduzierte sich dagegen der durchschnittliche Gewerbesteuerbetrag um mehr als die Hälfte.

Für das Jahr 1882 liegen im Rahmen der reichsweiten Erwerbstätigenzählung erstmals auch entsprechende Daten für Württemberg vor. Sie erlauben, die Veränderungen

lem den Dienstleistungssektor und somit letztlich doch die Städte, wenn auch weniger in ihrer Funktion als Gewerbe-, denn als Dienstleistungszentren.

der Steuerbelastung pro Kopf zwischen 1875/76 und 1879/80 mit den Beschäftigtenanteilen der jeweiligen Oberämter in Beziehung zu setzen (Übersicht 2.3.6).

Übersicht 2.3.6: Einflußfaktoren auf die Veränderung der Ertragsteuerbelastung durch den Übergang auf die neuen Gebäude- und Gewerbekataster 1877

	Koeffizient	Koeffizient (ohne Stuttgart)
Anteil Beschäftigte im sekundären Sektor	0,024***	0,023***
	(0,006)	(0,005)
Anteil Beschäftigte im tertiären Sektor	0,063***	0,048***
	(0,013)	(0,013)
Konstante	-1,102***	-0,877***
	(0,226)	(0,222)
Mittelwert abhängige Variable	0,645	0,592
Beobachtungen (Oberämter)	64	63
Korrigiertes R2	0,54	0,36
Prob(F)	0,00	0,00

Anm.: OLS. Standardfehler in Klammern (nach dem Verfahren von White korrigiert).
*** signifikant auf 0,1%-Niveau.

Quellen: Bevölkerung Statistisches Handbuch für das Königreich Württemberg (1908/09), S. 16-19; Beschäftigtenanteile Statistisches Jahrbuch für das Königreich Württemberg (1885), S. 39; Steuern Regierungsblatt (1875), S. 385-388, (1879), S. 89-92.

Da die beiden unabhängigen Variablen in der gleichen Dimension ausgedrückt sind (Beschäftigtenanteil) ist ein Vergleich der Koeffizienten zulässig. Zwar hat Stuttgart-Stadt einen gewissen Einfluß auf die Höhe des Koeffizienten für die Beschäftigten im tertiären Sektor, doch die Schlußfolgerungen werden dadurch kaum tangiert. Je nachdem, ob man Stuttgart-Stadt mitberücksichtigt (oder nicht), ergibt sich, daß die Einwohner eines Oberamts, dessen Beschäftigtenstruktur einen Prozentpunkt mehr Beschäftigte im sekundären Sektor und dafür einen Prozentpunkt weniger im agrarischen Sektor aufwies, durchschnittlich 2,4 (2,3) Pfennig pro Kopf mehr Ertragsteuern zahlten. Ein Prozentpunkt mehr im Dienstleistungssektor und einer weniger im agrarischen Sektor führte dagegen zu einer Mehrbelastung von 6,3 (4,8) Pfennig und ein Prozentpunkt mehr im Dienstleistungssektor gegen einen weniger im sekundären Sektor zu einer Mehrbelastung von 3,9 (2,5) Pfennig. Die Veränderung der Steuerlast traf also in erster Linie nicht die wirtschaftliche Aktivität im gewerblichen Sektor, sondern diejenige im Dienstleistungssektor.[109]

---

[109] Der Übergang auf das neue Grundkataster 1887 wird hier nicht diskutiert, da die Veränderungen auf Oberamtsebene nur sehr geringfügig waren; vgl. die Repartitionen für 1885/86 im Statistischen Jahrbuch für das Königreich Württemberg (1885), S. 203f., und für 1887/88 im Regierungsblatt (1887), S. 99-102.

2.3.3 Der Übergang zur Einkommensteuer 1903

Württemberg führte die allgemeine Einkommensteuer noch später als Preußen ein. Ihre Vorläufer lassen sich allerdings bis mindestens ins späte 15. Jahrhundert zurückverfolgen. Schon für 1470 ist eine Abgabe überliefert, die neben Geldvermögen auch bestimmte Einkommen belastete. 1728 fand eine organisatorische Scheidung der direkten Steuern statt. Die Ertragsteuern und die Besteuerung bestimmter Einkommen blieben beim Staat, die Kapitalsteuer ging an die Kommunen über.[110]

Mit dem Abgabengesetz vom 22. Juni 1820 zog der Staat die Kapitalsteuer wieder an sich. Die neugeschaffene Kapital- und Besoldungssteuer galt als Ergänzungssteuer zu den klassischen Ertragsteuern, da sie Einkommen außerhalb der drei Quellen Boden, Gebäude und Gewerbe erfaßte. Sie entwickelte sich zur Steuer von Apanagen, Kapital, Renten, Dienst- und Berufseinkommen, die im Gesetz vom 19. September 1852 eine Neuordnung fand. Ihre beiden Hauptbestandteile, die Kapital- und Rentensteuer einerseits und die Dienst- und Berufseinkommensteuer andererseits, traten nun gleichberechtigt neben die klassischen Ertragsteuern, so daß das System der württembergischen direkten Steuern fortan auf diesen fünf Säulen beruhte.[111] Ihr Aufkommen blieb bis Anfang der 1880er Jahre unter der Hälfte derjenigen der klassischen Ertragsteuern. Sie wuchs dann jedoch stark an, und ihr Anteil erreichte Mitte der 1890er Jahre zwei Drittel.[112] Zu diesem Zeitpunkt – auch die drei klassischen Ertragsteuern waren seit 1890 Quotitätssteuern – lagen die Steuersätze der letzteren bei 3,9%, der Satz der Kapital- und Einkommensteuer bei 4,8%. Die Tatsache, daß das fundierte Einkommen nominell weniger stark belastet wurde als das unfundierte, hing damit zusammen, daß man sich durchaus im Klaren darüber war, daß insbesondere die Kapitalsteuer nur einen Bruchteil der zu versteuernden Kapitalien erfaßte, da sie auf Selbsteinschätzung beruhte und der Fiskus über wenig Kontrollmöglichkeiten verfügte.[113]

Je dynamischer sich die Wirtschaft entwickelte – auch in Württemberg zog das Wachstum in den 1880er und 1890er Jahren kräftig an[114] – desto deutlicher offenbarte sich die Schwerfälligkeit des württembergischen direkten Steuersystems. Zwar zitierte das württembergische Finanzministerium stolz zeitgenössische Finanztheoretiker, daß „unsere Kataster zurzeit wohl die vollkommensten sind, welche es giebt“[115], doch konnte es sich der Einsicht nicht verschließen, daß das Katastersystem grundsätzlich Schwierigkeiten hatte, der Wachstumsdynamik zu folgen. Das Ministerium berief sich 1895 in

---

[110] Vgl. W. Hochstetter (1866), Die Einkommensteuer in Württemberg in Vergleichung mit ähnlichen Steuern in anderen Staaten, in: Württembergische Jahrbücher für Statistik und Landeskunde, S. 236-289.

[111] Vgl. Denkschrift, betreffend die Weiterbildung der direkten Steuern in Württemberg, in: Verhandlungen der Württembergischen Zweiten Kammer (Kammer der Abgeordneten), auf dem 33. Landtag in den Jahren 1895/1899, Beil. 31, 14. Mai 1895, Stuttgart: Gutenberg, S. 275-312, hier S. 276, 282f., 286f., und Denkschrift (1909), S. 6f.

[112] Vgl. Wentzel (1913), Tab. Ib.

[113] Vgl. Denkschrift (1895), S. 280f., 284.

[114] Vgl. Loreth (1974), S. 77.

[115] Denkschrift (1895), S. 287.

seiner Begründung für die Einführung einer allgemeinen Einkommensteuer explizit auf das Wagnersche Gesetz und auf das grundsätzliche Problem, daß auf Katastern beruhende Steuern nicht genügend auf die individuelle Leistungsfähigkeit der Zensiten Rücksicht nehme.[116] Das letztgenannte Problem hatte immer mehr an Bedeutung gewonnen, da die kommunalen Zuschläge auf die Ertragsteuern die effektive Steuerlast stark hatten ansteigen lassen, was insbesondere solche Steuerzahler in Bedrängnis brachte, deren tatsächlichen Erträge hinter den im Kataster veranschlagten zurückblieben.

Die Hauptziele der Reform lassen sich somit in drei Punkten zusammenfassen. Aus fiskalischer Perspektive war eine stärkere Flexibilisierung des Systems erforderlich, um den zukünftigen Staatsbedarf decken zu können. Zweitens sollte das System dem Kriterium der steuerlichen Leistungsfähigkeit besser Genüge tun. Drittens schließlich sollte damit eine Neuordnung der Kommunalfinanzen vorbereitet werden.[117]

Nach längeren Diskussionen in den württembergischen Kammern kam am 8. August 1903 ein Reformgesetzgebungspaket zustande, das das württembergische Staatssteuersystem auf neue Grundlagen stellte. Mit Wirkung ab dem Etatjahr 1905/06 ging das Land zu einer allgemeinen Einkommensteuer über. Die vier verbleibenden Ertragsteuern – auf Grund, Gebäude, Gewerbe und Kapital – wurden zu Ergänzungssteuern herabgestuft, indem sie an Tatbeständen anknüpften, die von der Einkommensteuer nicht oder nur ungenügend erfaßt wurden. Da nach den offiziellen Verlautbarungen mit der Einführung der Einkommensteuer die Steuerlast nicht erhöht, sondern nur anders verteilt werden sollte, wurden die Steuersätze der Ertragsteuern von 3,9% (Grund-, Gebäude- und Gewerbesteuer) bzw. 4,8% (Kapital- und Rentensteuer) auf einheitlich 2% gesenkt.

Da die neue Einkommensteuer aus der Kapital-, Renten-, Dienst- und Berufseinkommensteuer hervorgegangen war und deren beiden letzte Bestandteile ersetzt hatte, mußte für die Kapital- und Rentensteuer eine Neuregelung getroffen werden. Die Reform der Kapitalsteuer, ebenfalls am 8. August 1903 verabschiedet, glich viele Bestimmungen formell der neuen Einkommensteuer an, erfaßte aber materiell die gleichen Tatbestände wie vorher, also Zinseinkünfte aus geldlichem Vermögen und Renten.

Am gleichen Tag wurde auch das Gesetz betreffend die Grund-, Gebäude- und Gewerbesteuer verabschiedet. Daß diese Steuern überhaupt noch Platz im württembergischen Steuersystem hatten, erklärt sich aus der zeitgenössischen Vorstellung, daß fundiertes Einkommen, letzlich also solches aus der Nutzung von Realkapital, höher belastet sein sollte als unfundiertes, das aus Geldvermögen und Humankapital stammte.[118] Außer der Herabsetzung des Steuersatzes auf 2% wurde beim Grundsteuerkataster eine pauschale Kürzung der Katasterwerte um 20% vorgenommen (Weinberge 40%, Wälder und Grundgefälle unverändert), um die wachsende Preisschere in Form von sinkenden Verkaufspreisen und steigenden Löhnen zu berücksichtigen, der große Teile der Landwirtschaft in den vorangegangenen Jahrzehnten ausgesetzt gewesen war. Die Bestimmungen der Gebäudesteuer erfuhren nur unwesentliche Änderungen, doch wurde fest-

---

[116] Vgl. Denkschrift (1895), S. 294-297.

[117] Vgl. Denkschrift (1909), S. 16.

[118] Vgl. Riecke (1879), S. 74.

gelegt, das Gebäudekataster, das im wesentlichen immer noch auf dem Stand der Erstellung von 1875/76 war, den geänderten Verhältnissen periodisch anzupassen. Obwohl das Gewerbekataster den Unternehmerlohn umfaßte, der nun zusätzlich von der neuen Einkommensteuer erfaßt wurde, konnten sich Regierung und Stände nicht auf dessen Streichung im Kataster einigen. Somit blieb es dabei, daß das Gewerbekataster weiterhin Ertragskomponenten auf Arbeit und Kapital enthielt. Die Katasteranschläge wurden jedoch derart heruntergestuft, daß insbesondere kleine Unternehmen stark entlastet wurden.[119] Diese Umgestaltung des Systems der direkten Steuern führte zu erheblichen Umschichtungen des Anteils der einzelnen Steuerarten (Übersicht 2.3.7).

Übersicht 2.3.7: Verteilung der direkten Steuern Württembergs vor und nach der Einführung der Einkommensteuer (Mark)

	1904/05	in %	1905/06	in %
Grund- und Gefällsteuer	3.672.873	17,2	1.543.195	6,3
Gebäudesteuer	3.384.878	15,9	1.786.945	7,3
Gewerbesteuer	4.818.626	22,6	1.779.487	7,3
Kapitalsteuer	6.466.017	30,3	2.939.369	12,0
Dienst- und Berufseinkommensteuer	2.986.555	14,0	-	
Einkommensteuer	-		16.354.942	67,0
Summe direkte Steuern	21.328.948	100,0	24.403.938	100,0

Quelle: Denkschrift (1909), S. 33f.

Da das Aufkommen der indirekten Steuern fast unverändert blieb, führte die Reform also entgegen der erklärten Absicht[120] zu einer nachhaltigen starken Erhöhung der direkten Steuerlast, die im Durchschnitt des ersten Jahres gut 15% und, wie Übersicht 2.3.8 zeigt, nach vier Jahren fast 30% pro Kopf betrug.[121]

Übersicht 2.3.8: Verteilung der direkten Steuern Württembergs vor und nach der Einführung der Einkommensteuer auf die Kreise (Mark)

	1904/05	1908/09	Steigerung in %	Steigerung pro Kopf in %
Neckarkreis	10.102.330	14.585.724	44,4	32,7
Schwarzwaldkreis	3.651.683	4.963.903	35,9	29,0
Jagstkreis	2.758.273	3.355.271	21,6	19,3
Donaukreis	4.629.940	5.951.506	28,5	22,4
Königreich (Kreise)	21.142.226	28.856.403	36,5	28,9

Quellen: Bevölkerung Statistisches Handbuch für das Königreich Württemberg (1912/13), S. 25f.; Steuern 1904/05 Denkschrift (1909), S. 184-187; Steuern 1908/09 zusätzlich Statistisches Handbuch für das Königreich Württemberg (1908/09), S. 349f.; Württembergische Jahrbücher (1909), S. 149, 151.

119 Vgl. Denkschrift (1909), S. 11-15.

120 Vgl. Denkschrift (1909), S. 10, 33f.

121 Die geringfügig niedrigere Summe für 1904/05 verglichen mit Übersicht 2.3.7 ist auf die Steuerlast zentraler württembergischer Institutionen zurückzuführen.

Eine zeitgenössische Analyse ergab, daß es vor allem die größeren, industriereichen Gemeinden waren, die nun überdurchschnittlich stark belastet wurden, wohingegen vorwiegend kleinbäuerliche und kleingewerblich strukturierte Gemeinden sogar absolut entlastet wurden. Zugleich hatte sich damit die Steuerlast vom Land in die Stadt und vom Agrar- zum Gewerbesektor verschoben.[122] Unter Berücksichtigung der Ergebnisse der Beschäftigtenzählung von 1907 läßt sich dies überprüfen (Übersicht 2.3.9).

Übersicht 2.3.9: Einflußfaktoren auf die Veränderung der direkten Staatssteuerlast durch den Übergang auf die Einkommensteuer 1905

	Koeffizient	Koeffizient (ohne Stuttgart)
Anteil Beschäftigte im sekundären Sektor	0,05***	0,05***
	(0,01)	(0,01)
Anteil Beschäftigte im tertiären Sektor	0,06*	0,03**
	(0,02)	(0,01)
Konstante	-2,14***	-1,49***
	(0,58)	(0,32)
Mittelwert abhängige Variable	-0,68	-0,59
Beobachtungen (Oberämter)	64	63
Korrigiertes R2	0,54	0,47
Prob(F)	0,00	0,00

Anm.: OLS. Standardfehler in Klammern (nach dem Verfahren von White korrigiert).
*, **, *** signifikant auf 5%-, 1%-, 0,1%-Niveau.

Quelle: Bevölkerung und Steuern wie Übersicht 2.3.8; Beschäftigtenanteile Statistisches Handbuch für das Königreich Württemberg (1908), S. 50-53.

Rechnet man Stuttgart mit ein, so ergeben sich ganz ähnliche Ergebnisse wie ein Vierteljahrhundert zuvor. Wies ein Oberamt einen Prozentpunkt mehr Beschäftigte im sekundären (tertiären) Sektor auf und einen weniger im agrarischen Sektor, so stieg die Steuerlast je Einwohner um 5 (6) Pfennig. Über den Belastungsvergleich zwischen dem sekundären und dem tertiären Sektor sagen die Ergebnisse allerdings wenig aus, da sie nicht robust in Hinblick auf die Berücksichtigung von Stuttgart sind.

2.3.4 Der Wettlauf zwischen wirtschaftlichem Strukturwandel und steuerlicher Belastung

Die vorstehenden Analysen haben gezeigt, daß das württembergische Staatssteuersystem mit noch größeren Verzögerungen dem wirtschaftlichen Strukturwandel des Landes folgte, als dies in Preußen der Fall war. Hatte die Umstellung auf die neuen Kataster 1823 noch überwiegend der Vereinheitlichung gedient, so zielten die Reformen des Steuersystems 1873 und 1903 stets auf eine Anpassung an die sich immer schneller ändernden wirtschaftlichen Rahmenbedingungen.

[122] Vgl. Denkschrift (1909), S. 25, 28, 32.

Während der gewerbliche Sektor einen zunehmend größeren Anteil an der württembergischen Wertschöpfung hatte und der Agrarsektor umgekehrt Anteile verlor, erfolgten Reformen, die eine Neuverteilung der Ertragsteuerlast zum Ziel hatten, nur zu bestimmten Zeitpunkten. Es stellt sich nun die Frage, wer in diesem Wettlauf zwischen sektoraler wirtschaftlicher Leistungsfähigkeit und Ertragbesteuerung der Gewinner war.

Angesichts der Tatsache, daß Wertschöpfungsdaten überhaupt nicht und selbst Erwerbstätigenzahlen erst seit 1882 zur Verfügung stehen, erscheint diese Frage wie im Falle Preußens unbeantwortbar. Doch die württembergische Überlieferung erlaubt eine Rekonstruktion der kommunalen Ertragsteuern auf Ebene der Oberämter. Diese lassen sich wie folgt mit Bevölkerungszahlen in Beziehung setzen. Ein unstrittiges Ergebnis der Industrialisierungsforschung ist, daß wirtschaftlich starke Regionen ein überdurchschnittliches Bevölkerungswachstum aufwiesen. Arbeitskräfte wandern dorthin, wo sie ihre Arbeitskraft effektiver einbringen und höhere Reallöhne erzielen können. Insofern korrelieren wirtschaftliche Leistungsfähigkeit und Bevölkerungswachstum. Nun ist zwar über das Ausmaß dieser Korrelation nichts Genaueres zu sagen, doch wenigstens das Vorzeichen ist bestimmbar, es ist positiv.

Dieser Umstand läßt sich folgendermaßen nutzen. Wenn man zwei Zeitpunkte nimmt und für diese das Wachstum der Bevölkerung und der Ertragsteuerlast pro Kopf vergleicht, so sollten diese, gerechnet über alle betrachteten Gebietskörperschaften, positiv korrelieren, wenn die Ertragbesteuerung an der wirtschaftlichen Leistungsfähigkeit anknüpft. Ein positives Vorzeichen der Korrelation ist zwar noch nicht hinreichend, Parallelität zwischen wirtschaftlicher Leistungsfähigkeit und Steuerlast zu unterstellen, da diejenige Relation, bei der diese beiden Größen parallel wachsen, unbekannt ist. Ein negatives Vorzeichen ist jedoch Indikator dafür, daß die Steuerlast nicht mit dem wirtschaftlichen Wachstum Schritt hält.[123] Dieser im folgenden als Steuerlastfaktor bezeichnete Korrelationskoeffizient ist in Übersicht 2.3.10 für verschiedene Zeiträume, die vor dem Übergang zur allgemeinen Einkommensteuer liegen, jeweils für die staatlichen, kommunalen und gesamten Ertragsteuern berechnet.

Für die staatlichen Steuern vermitteln die Steuerlastfaktoren das Bild eines sehr langsamen Aufholprozesses. Der Vergleich etwa zwischen 1824, kurz nachdem auf das provisorische Kataster umgestellt wurde, und 1875, kurz vor der Umstellung auf die neuen Gebäude- und Gewerbekataster und die veränderten Aufteilungsschlüssel der drei Ertragsteuerarten, zeigt, daß sich Bevölkerungswachstum und Pro-Kopf-Ertragsteuerbelastung völlig gegenläufig entwickelten (Steuerlastfaktor -0,73, ohne Stuttgart -0,82). Mit der Umstellung auf das neue Kataster 1877, das sich in den Zahlen für 1879 niederschlägt, konnte ein Großteil dieser Schieflage korrigiert werden. Der weiterhin negative Steuerlastfaktor unterstreicht jedoch das bereits weiter oben herausgearbeitete Ergebnis, daß die Reform das Gewerbe schonte. Doch das Fortschreiben der Kataster und der Übergang auf das Quotitätssystem verursachten in der Folgezeit eine stärkere steuerliche Belastung der schnell wachsenden Regionen. Die nur gering positiven Werte für den Zeitraum 1824 bis 1902 lassen allerdings nicht vermuten, daß die staatliche

---

123 Für Preußen läßt sich diese Analyse wegen fehlender Kommunalsteuerdaten nicht durchführen.

Ertragsteuerbelastung jemals das Tempo der wirtschaftlichen Entwicklung halten konnte.

Übersicht 2.3.10: Steuerlastfaktoren für verschiedene Vergleichszeiträume

Vergleichszeitraum	Staatliche Ertragst.	Kommunale Ertragst.	Gesamte Ertragst.
1822→1843	-0,20 (-0,15)	-0,22 (-0,06)	-0,34 (-0,18)
1822→1869	-0,35 (-0,24)	+0,02 (+0,27)	-0,12 (0,00)
1822→1875	-0,43 (-0,35)		
1822→1879	+0,18 (-0,01)	+0,00 (+0,26)	+0,04 (+0,10)
1822→1902	+0,37 (+0,36)	+0,04 (+0,38)	+0,16 (+0,40)
1824→1875	-0,73 (-0,82)		
1824→1879	-0,17 (-0,33)		
1824→1902	+0,13 (+0,24)		
1843→1869	-0,78 (-0,84)	+0,46 (+0,22)	+0,23 (-0,15)
1859→1869	-0,63 (-0,67)	+0,20 (+0,13)	+0,14 (-0,08)
1859→1902	+0,79 (+0,67)	+0,16 (+0,24)	+0,52 (+0,51)
1869→1902	+0,81 (+0,71)	+0,14 (+0,21)	+0,58 (+0,59)

Anm.: ohne Stuttgart-Stadt in Klammern.

Quellen: Bevölkerung Württembergische Jahrbücher (1822), S. 92, Statistisches Handbuch für das Königreich Württemberg (1908/09), S. 16-19; Steuern Königlich-Württembergisches Staats- und Regierungs-Blatt (1822), S. 651-654, Württembergische Jahrbücher (1823), S. 410, (1824), S. 32, Regierungs-Blatt für das Königreich Württemberg (1824), S. 696-699, (1875), S. 385-388, (1879), S. 89-92, (1887), S. 99-102, Statistisches Jahrbuch für das Königreich Württemberg (1885), S. 203f., Statistisches Handbuch für das Königreich Württemberg (1902/03), S. 210-213.

Das Bild sieht etwas anders aus, wenn man die kommunalen Zuschläge miteinbezieht. Allerdings wird die Analyse dadurch erschwert, daß nur für die Jahre 1822/23, 1843/44, 1859/69, 1869/70, 1879/80 und 1895/96 Werte auf Oberamtsebene zur Verfügung stehen. Der aussagekräftigste Vergleich ist daher derjenige mit 1822/23. In dem halben Jahrhundert bis zur Revision der Ertragsteuern 1873 korrigierten die Kommunalzuschläge die Trägheit des Systems. Während die Einnahmen aus staatlichen Ertragsteuern zwischen 1822/23 und 1869/70 nur um 10,2% pro Kopf anwuchsen, stiegen die aus Kommunalzuschlägen um 122,5% pro Kopf, und zwar ganz offensichtlich, wie die höheren Steuerlastfaktoren zeigen, in den Oberämtern mit überdurchschnittlichem Bevölkerungs- und Wirtschaftswachstum. Besonders stark war diese Korrektur in den Jahren zwischen 1843 und 1869, als das Wachstum der Einnahmen aus staatlichen Ertragsteuern, das mit 53,5% pro Kopf nicht viel geringer war als das der Zuschläge mit 85,1% pro Kopf, offenbar einem ganz anderen Muster folgte als das der kommunalen Zuschläge, die sich wiederum in den Wachstumszentren besonders erhöhten. Im letzten Drittel des 19. Jahrhunderts kehrte sich dieses Verhältnis jedoch um. Zwar stiegen die Einnahmen aus Kommunalzuschlägen zwischen 1869 und 1902 um 261,3% pro Kopf, die aus staatlichen Ertragsteuern dagegen nur um 74% pro Kopf.[124] Doch vollzog sich der staatliche Zuwachs offenbar in viel stärkerem Maße in den Wachstumszentren als der kom-

[124] Alle Wachstumszahlen sind aus den für Übersicht 2.3.10 verwendeten Quellen berechnet.

munale. Dies ist sicherlich der Katasterrevision und dem Übergang zum Quotitätssystem zuzuschreiben.

Für den Gesamtzeitraum von 1822 bis 1902, also bis kurz vor dem Übergang zur allgemeinen Einkommensteuer, läßt sich auch unter Miteinbeziehung der Einnahmen aus Kommunalzuschlägen deutlich feststellen, daß das Steuersystem mindestens bis zum Inkrafttreten der neuen Gebäude- und Gewerbekataster dem wirtschaftlichen Strukturwandel hinterherhinkte. Es ist Schremmer, der lediglich die staatlichen Ertragsteuern betrachtete, also zuzustimmen, wenn er in dem württembergischen Steuersystem eine Prämiierung des Gewerbes zu Lasten der Landwirtschaft sieht.[125] Für den Zeitraum nach 1879 bedarf Schremmers These allerdings einer besseren Fundierung, da die Ergebnisse in Übersicht 2.3.10 einen Aufholprozeß nahelegen.

Die Einbeziehung der bislang in dieser Analyse vernachlässigten Personensteuern wird dadurch erschwert, daß auf kommunaler Ebene kaum Angaben vorliegen. Kompatible Daten liegen für das 19. Jahrhundert nur 1822/23 vor.

Übersicht 2.3.11: Steuerlastfaktoren für die direkten Steuern im Vergleich von 1822 zu 1908

	Staat	Kommunen	Gesamt
Wachstum der direkten Steuerlast pro Kopf	+255,1%	+2.028,9%	+518,1%
Steuerlastfaktor	+0,32	+0,12	+0,22
ohne Stuttgart	+0,72	+0,48	+0,69

Anm.: Für die kommunale Wohnsteuer liegen für 1822/23 keine Daten vor.

Quellen: Bevölkerung Württembergische Jahrbücher (1822), S. 92; Statistisches Handbuch für das Königreich Württemberg (1908/09), S. 16-19; Steuern StALB, E 226, Bü. 395, S. 138, 230, 270, 366; Königlich-Württembergisches Staats- und Regierungs-Blatt (1822), S. 651-654; Württembergische Jahrbücher (1823), S. 410, (1824), S. 32, (1909), S. 149, 151; Mitteilungen des königl. Statistischen Landesamtes (1912), S. 36f.; Kapitalsteuer 1908/09 Statistisches Handbuch für das Königreich Württemberg (1910/11), S. 319; Verteilung auf Oberämter nach Denkschrift (1909), S. 184-187.

Auch die Personensteuern müssen also als Korrektiv gewirkt haben, und hier offenbar vor allem die Staatssteuern. Die Tatsache, daß alle Steuerlastfaktoren positiv, ohne Stuttgart sogar stark positiv sind, könnten dafür sprechen, daß das württembergische System der direkten Steuern gegen Ende des Betrachtungszeitraums die Prämiierung des Gewerbes eingestellt, möglicherweise sogar in ihr Gegenteil verkehrt hat. Aufgrund der dünnen Datenbasis kommt dieser Aussage jedoch eher spekulativer Charakter zu.[126]

[125] Vgl. Schremmer (1974), S. 679; ders. (1985). Dies war von Steitz (1984), S. 312, bezweifelt worden.

[126] Vgl. Wentzel (1913), Tab Ib.

2.3.5 Ergebnisse

Für Württemberg ergibt die Untersuchung der regionalen und sektoralen Steuerlastverteilung ein ähnliches Bild wie für Preußen. Nach der Vereinheitlichung 1821/23 führte jede Reform der direkten Steuern zu einer Verlagerung der Steuerlast in die überdurchschnittlich wachsenden, zunehmend durch Gewerbe und Dienstleistungen geprägten Regionen, insbesondere den Neckarkreis. Unmittelbar damit verbunden war eine Steigerung der Steuerlast pro Kopf.

Über die schichtspezifischen Auswirkungen läßt sich weniger sagen, da die hier untersuchten direkten Steuern ganz überwiegend die besitzenden Schichten trafen. Eine der Klassensteuer entsprechende Personensteuer oder eine den Konsum von Grundnahrungsmitteln verteuernde Mahl- und Schlachtsteuer kannte das parlamentarische Württemberg nicht. Dort wurden die unteren Schichten über indirekte Steuern belastet, die vorwiegend den Konsum einfacher Genußmittel verteuerten.

Aufgrund der relativ guten Überlieferung der württembergischen Kommunalfinanzen ist es im Gegensatz zu Preußen möglich, zumindest in Ansätzen nachzuzeichnen, wie sich der Wettlauf zwischen wirtschaftlichem Strukturwandel und steuerlicher Belastung gestaltete. Während die Belastung durch staatliche Ertragsteuern, auf die sich das württembergische Steuersystem lange Zeit stützte, der wirtschaftlichen Dynamik hinterhinkte, wirkten die kommunale Ertragsteuerbelastung und die Personensteuern als Korrektiv. Über die Zuschlagspolitik waren die Kommunen in dynamischen Regionen weit eher in der Lage, sich ihren Anteil an der schnell wachsenden gewerblichen Wertschöpfung zu sichern als der sich durch fixe Repartitionssummen bindende Staat. Vor allem seit der Jahrhundertmitte verringerte sich dadurch die Prämiierung gewerblicher Aktivität durch das württembergische Steuersystem. Dies unterstreicht einmal mehr die bislang unterschätzte Bedeutung der Kommunalsteuern.

3. Die Entwicklung der Gesamtsteuerlast

> „Im Ganzen ist der Bereich der Staatsthätigkeit immer ausgedehnter geworden, je mehr sich die Staatsidee entwickelte, eine je höhere Stufe der Civilisation und Cultur ein Volk erreichte, je mehr neue Anforderungen in Folge dessen an den Staat gestellt wurden. Damit ist dann aber auch die Größe des Staatsbedarfes fortwährend gewachsen, und zwar relativ meist noch stärker als der Bereich der Staatsthätigkeit [...]. Die Erscheinung hat den Charakter und die Bedeutung eines ‚Gesetzes' im Leben des Staates: der Staatsbedarf ist bei fortschreitenden Völkern in regelmäßiger Vermehrung begriffen."
>
> Adolph Wagner (1863) [1]

3.1 Problemstellung

Jede Diskussion der Entwicklung der Gesamtsteuerlast im Deutschland des 19. und 20. Jahrhunderts ist untrennbar mit Adolph Wagners „Gesetz der wachsenden Staatstätigkeit" verbunden. Erstmals 1863 formuliert, behauptete Wagner, daß mit steigendem Wohlstand einer Gesellschaft der Anteil der Staatstätigkeit überproportional zunehme.[2]

---

1 Wagner (1863), S. 4.

2 Vgl. Wagner (1863), S. 2-5; besonders explizit formuliert in: ders./Franz Oppenheimer (1911), Staat in nationalökonomischer Hinsicht, in: Handwörterbuch der Staatswissenschaften, 3. Aufl., Bd. VII, Jena: Fischer, S. 757-779, hier S. 774. Wagner berief sich übrigens 1863 auf Karl Umpfenbach (1859), Lehrbuch der Finanzwissenschaft, Bd. I, Erlangen: Enke, S. 25: „Das Gesetz der Größe des Staatsbedarfs ist ein regelmäßiges Fortschreiten mit dem Fortschreiten der menschlichen Gemeinwesen. Jede höhere Stufe kennt Zielpunkte und verfügt über Mittel zu ihrer Befriedigung, die das Maß dessen, was man bei der vorangehenden Stufe findet, weit übersteigen [...]." Dieser wiederum zitierte Hoffmann (1840), S. 2, bei dem sich jedoch weder dort noch anderswo ein Hinweis auf einen gesetzmäßigen Zusammenhang ergibt. – Das Wagnersche Gesetz wird auch heute noch in der Finanzwissenschaft diskutiert; vgl. Richard A. Musgrave/Peggy B. Musgrave (1989), Public Finance in Theory and Practice, 5. Aufl., New York u.a.: McGraw-Hill, S. 114-

Nach Wagner nimmt also die Staatsquote – der Anteil der öffentlichen Ausgaben am Sozialprodukt – säkular zu. Mit ihr eng gekoppelt ist die Steuerquote, wobei allerdings zu berücksichtigen ist, daß gerade im 19. Jahrhundert ein beträchtlicher Teil der öffentlichen Einnahmen aus den Überschüssen öffentlicher Betriebe (Domänen, Forsten, Post, Eisenbahn) erzielt wurde, während die Staatsverschuldung nur in den Jahren nach 1815 und dann erst wieder kurz vor dem Ersten Weltkrieg bedeutend war.[3]

Empirisch untermauern konnte Wagner seine These nicht.[4] Zwar waren die Zeitgenossen in der Lage nachzuweisen, daß die Pro-Kopf-Ausgaben des Staates und entsprechend die Pro-Kopf-Steuerlast durch staatliche Steuern im Laufe des 19. Jahrhunderts angewachsen waren, doch wie die Entwicklung der gesamten öffentlichen Ausgaben oder Einnahmen aussah und ob ihre Wachstumsraten auch die des Sozialprodukts übertrafen, wie Wagner behauptete, war mangels Daten der Kommunalfinanzen und der volkswirtschaftlichen Gesamtrechnung nicht zu beurteilen.

Dies änderte sich, als Walther G. Hoffmann und seine Mitarbeiter jeweils für den Zeitraum ab 1850 Schätzungen des Volkseinkommens in Deutschland und den größeren Bundesstaaten vorlegten. Wie in Abschnitt 1.3 bereits diskutiert, kamen Andic und Veverka einerseits sowie Weitzel und Recktenwald andererseits zu konträren Resultaten. Während erstere Wagners Beobachtung bestätigten, schloß Recktenwald aus Weitzels Ergebnissen, daß die Staatsquote von 1815 bis 1881 relativ stark abgenommen habe und dann bis zum Ersten Weltkrieg geringfügig weiter gesunken sei. Für die Zeit vor 1872 – Weitzel rechnete die preußische Staatsquote bis 1640 zurück[5] – verwundert nicht, daß Weitzel und mit ihm Recktenwald zu einer fallenden Staatsquote kamen, weil sie bis dahin die stark ansteigenden Kommunalfinanzen unberücksichtigt ließen. Die Steuerquote, die Recktenwald bis 1872 zurückberechnet hat, stieg nach seinen Angaben von 6% 1871 auf 8% 1891 und verharrte anschließend bis 1913 auf diesem Niveau. Recktenwalds Berechnungen für die Staats- und Steuerquote haben ihren Weg in die einschlägigen Standardwerke gefunden und sind heute herrschende Meinung.[6]

Sowohl Andic und Veverka als auch Weitzel hatten die relativ spärlichen Angaben zu den Kommunalfinanzen ab den 1870er Jahren bei der Berechnung ihrer Quoten be-

---

129; Bernd Hayo (1996), Testing Wagner's Law for Germany: An Excercise in Applied Time Series Analysis, in: Jahrbücher für Nationalökonomie und Statistik, 215, S. 328-343.

3 Vgl. zur Staatsverschuldung Preußens: Schremmer (1994), S. 163.

4 Wegen des schlechten Zustands der Finanzstatistik hielt Wagner dies auch nicht für möglich; vgl. Adolph Wagner (1893), Grundlegung der politischen Ökonomie, 3. Aufl., Bd. I.2, Leipzig: Duncker & Humblot, S. 892; ders. (1908), Zur Kritik der Berechnungen über die finanziellen, namentlich die Steuerbelastungen der Bevölkerungen sowie über die Vergleichungen zwischen den diesbezüglichen Daten in den verschiedenen Staaten, in: Denkschriftenband zur Begründung des Entwurfs eines Gesetzes betreffend Änderungen im Finanzwesen. Hrsg. v. Reichsschatzamt, Bd. III, Berlin: Reichsdruckerei, S. 114-132. In der zweiten Auflage seines Lehrbuchs hatte Wagner noch viele statistische Angaben über die Staatstätigkeit angeführt, vgl. Adolph Wagner (1879), Allgemeine oder theoretische Volkswirthschaftslehre (Lehrbuch der politischen Oekonomie, 1), 2. Aufl., Bd. I, Leipzig/Heidelberg: Winter, S. 308-310.

5 Vgl. Weitzel (1967), Anh. N, Tab. 1a.

6 Vgl. Recktenwald (1977), S. 717-722, 733, und Vahlens Großes Wirtschaftslexikon (1994), 2. Aufl., Bd. I, München: Beck/dtv, S. 567.

rücksichtigt.[7] Worauf ihre gegensätzlichen Ergebnisse beruhen, die sich auf das Reich als Ganzes bezogen, bleibt unklar. Auch der Widerspruch zwischen Recktenwalds Ergebnissen für die Staatsquote einerseits und die Steuerquote andererseits blieb undiskutiert. Es erscheint daher sinnvoll, eine entsprechende Berechnung auf der Einnahmenseite für Preußen und Württemberg vorzunehmen, zumal dann Probleme der Hochrechnung auf das Reich entfallen.

Zugleich ermöglicht es eine Zusammenstellung der Gesamtsteuerlast, eine Schieflage des vorigen Kapitels zu korrigieren. In der Auseinandersetzung mit den Thesen der neueren finanzhistorischen Forschung, wonach sich im 19. Jahrhundert ein Trend zunehmender steuerlicher Gerechtigkeit erkennen lasse, wurden im vorigen Kapitel nur die direkten Steuern betrachtet, denen sowohl im zeitgenössischen Schrifttum als auch in der historischen Forschung mit Abstand der meiste Raum gewidmet wurde.[8] Die Reformen direkter Steuern wurden in den Parlamenten und in Streitschriften eifrig diskutiert. Die indirekten Steuern fanden dort dagegen nur geringen Widerhall – abgesehen von der umstrittenen Mahl- und Schlachtsteuer, die ein Substitut für die Klassensteuer war. Dies dürfte auf den unterschiedlichen Betroffenheitsgrad zurückzuführen sein. Wer im Parlament saß oder über die Bildung und Muße verfügte, eine Streitschrift für oder gegen eine Steuer zu verfassen, war wohlhabend. Wohlhabende Zensiten schätzen indirekte Steuern, wenn sie nicht gerade den Konsum von Luxusgütern betreffen, da ihre Belastungswirkung regressiv ist. Entscheidend für die Steuerlast des im 19. Jahrhundert politisch aktiven Zensiten waren die direkten Steuern. Wie aber sieht die Beurteilung der Verteilungswirkungen aus, wenn man neben den direkten auch die indirekten Steuern betrachtet?

In diesem Zusammenhang ist eine prominente zeitgenössische Stimme zu nennen, die die Entwicklung der steuerlichen Verteilungswirkungen vor dem Ersten Weltkrieg skeptischer beurteilte als viele Vertreter der finanzhistorischen Forschung heute. Niemand anders als Wilhelm Gerloff, der seit der Jahrhundertwende durch eine Vielzahl empirischer finanzwissenschaftlicher Untersuchungen hervorgetreten war und nach Adolph Wagners Tod diesen als Doyen der deutschen Finanzwissenschaft ablöste, urteilte schon 1907 und dann noch einmal 1929 im Rückblick, daß die deutschen Steuersysteme vor dem Ersten Weltkrieg wegen der anhaltend hohen indirekten Steuern aus sozialer Sicht dringend grundlegender Reformen bedurften, die jedoch bis zum Ersten Weltkrieg nicht stattfanden.[9] Dieser Hinweis wird neben der eng mit dem Wagnerschen Gesetz zusammenhängenden Steuerquote im Folgenden zu prüfen sein.

Dabei ist allerdings zu fragen, ob man unter indirekten Steuern lediglich diejenigen Abgaben verstehen soll, die als solche bezeichnet wurden. Schon Adolph Wagner sah in überhöhten Preisen kommunaler Gaswerke „eine verhüllte Verbrauchsteuer".[10] Öko-

---

7 Vgl. Andic/Veverka (1964), S. 226-232, und Weitzel (1967), Anhang J.

8 Verhältnismäßig breiten Raum nehmen die indirekten Steuern dagegen bei Witzleben (1985) und Siegert (2001) ein, die die erste Hälfte des 19. Jahrhunderts untersuchen.

9 Vgl. Gerloff (1907), S. 71f., und ders. (1929), S. 34f. Ähnlich Hans Teschemacher (1915), Reichsfinanzreform und Innere Reichspolitik 1906-1913. Ein geschichtliches Vorspiel zu den Ideen von 1914, Berlin: Springer, S. 6f.

10 Wagner (1894), S. 37. Vgl. auch Lindahl (1919), S. 158, und Mathias/O'Brien (1976), S. 602.

nomisch gesehen wirkte auch die fiskalisch motivierte Verteuerung des Eisenbahnverkehrs wie eine Umsatzsteuer.[11]

In der historischen Literatur wird die zunehmende Bedeutung öffentlicher Unternehmen für die preußischen Staatsfinanzen durchaus gesehen und häufig sogar quantitativ überschätzt.[12] Die preußischen Etats wiesen seit 1849 die Einnahmen und Ausgaben nach dem Bruttoprinzip aus. Deshalb sind darin auch die Umsätze und Kosten der öffentlichen Unternehmen („Betriebsverwaltungen“: Domänen, Forsten, Montan, Verkehr) enthalten, die somit eine Verlängerung der staatlichen Etats bewirkten. Um eine Vorstellung vom Anteil der öffentlichen Unternehmen an der Finanzierung der originären staatlichen Aufgaben zu erhalten, müssen jedoch ihre Umsätze bzw. Kosten als Durchlaufposten betrachtet werden. Entscheidend ist aus Sicht des Zensiten lediglich der Saldo.[13] Erzielen die öffentlichen Unternehmen überdurchschnittliche Gewinne, so lassen sich diese als Verbrauchsteuern interpretieren. Eine entsprechende Berechnung – die also die Umsätze und Kosten saldiert – ergibt etwa für die frühen 1890er Jahre einen Finanzierungsbeitrag der Eisenbahnen an den preußischen Gesamtbudgets von 30% anstatt wie andernorts angegeben von 45%.[14] Wenn auch der Beitrag der preußischen Staatssteuern an den derart berechneten Gesamteinnahmen mit 25% immer noch unter dem der Eisenbahnen liegt, so erscheint es doch übertrieben, in Analogie zu Schumpeter von einem Übergang vom Steuerstaat zum Eisenbahnstaat zu sprechen,[15] denn die vom Reich an Preußen rücküberwiesenen Steuern machten fast noch einmal weitere 25% aus.[16]

Im folgenden wird also versucht, die steuerliche Gesamtbelastung in Preußen und Württemberg zu rekonstruieren, ergänzt durch die Überschüsse öffentlicher Unternehmen, die man als „indirekte indirekte Steuern“ bezeichnen könnte.

---

11 Vgl. Fremdling (1980), S. 38.

12 So z.B. Schremmer (1994), S. 120.

13 Ähnlich schon Fremdling (1980), S. 31, der dann aber doch die Umsätze der Staatsbetriebe brutto miteinbezieht. – Genau genommen müssen bei öffentlichen Unternehmen mit Überschüssen die Kosten (incl. Verzinsung des eingesetzten Kapitals), bei solchen mit Verlusten die Umsätze abgezogen werden, da die Differenz dem Staatshaushalt zugute kommt. bzw. von ihm getragen wird. Außerdem müßte noch ein kalkulatorischer Unternehmergewinn berücksichtigt werden. Da dies für das Argument unerheblich ist, ist hier darauf verzichtet worden.

14 So etwa bei Schremmer (1996), S. 169, und Thier (1999), S. 796, die die Kosten nicht vom Umsatz abziehen.

15 So Andreas Thier (2000), Steuergesetzgebung und Staatsfinanzen in Preußen 1871-1893, in: Gerhard Lingelbach (Hrsg.), Staatsfinanzen, Staatsverschuldung, Staatsbankrotte in der europäischen Staaten- und Rechtsgeschichte, Köln u.a.: Böhlau, S. 311-333, hier S. 316.

16 Berechnet nach Statistisches Handbuch für den preußischen Staat (1903), S. 570-573. Staatlicher Etat 1890 ohne Durchlaufposten: Gesamteinnahmen 1,747 Mrd. M (Sp. 90), abzgl. Ausgaben der Betriebsverwaltungen 0,76 Mrd. M (Sp. 21), ergibt 0,987 Mrd. M. Anteile daran: Eisenbahnüberschüsse 0,298 Mrd. M (Sp. 14), 30,2%; andere Betriebsüberschüsse 0,09 Mrd. M (Sp. 23 abzgl. Sp. 14), 8,9%, preußische Staatssteuern (brutto), 0,25 Mrd. M (Sp. 24, 27), 25,3%, überwiesene Reichssteuern 0,229 Mrd. M (Sp. 37), 23,2%. Der Finanzierungsanteil der Steuern und der Überschüsse staatlicher Unternehmen betrug also zusammengenommen etwa 88% des um Durchlaufposten bereinigten staatlichen Etats. Der Rest setzt sich hauptsächlich aus Gebühren zusammen.

3.2 Die Gesamtsteuerlast im Überblick

Eine Vorstellung von den gesamtdeutschen Größenordnungen der Steuerlast vermittelt die folgende Übersicht. Im Ersten Weltkrieg erstellte Wilhelm Gerloff in einem Gutachten für das Reichsschatzamt erstmals eine vollständige Übersicht der Gesamtsteuerlast in Deutschland. 15 Jahre später kam eine Untersuchung des Statistischen Reichsamtes, die wahrscheinlich etwas zuverlässiger ist,[17] zu ähnlichen Ergebnissen.

Übersicht 3.1: Steuereinnahmen und Pro-Kopf-Belastung im Deutschen Reich nach Gebietskörperschaften 1913

	Gerloff			Statistisches Reichsamt		
	Steuerbetrag (Mio. M)	pro Kopf (M)	Anteil (%)	Steuerbetrag (Mio. M)	pro Kopf (M)	Anteil (%)
Reich	2.128,3	31,8	44,4	1.779,7	26,6	39,2
Bundesstaaten	1.122,3	16,8	23,4	1.067,5	15,9	23,5
Kommunen	1.543,4	23,0	32,2	1.689,1	25,2	37,2
Deutschland	4.837,6[a]	72,2	100,0	4.536,3	67,7	100,0

Anm.: Bundesstaaten incl. Hansestädte; Kommunen incl. Kommunalverbände; [a] Additionsfehler in Quelle.

Quellen: Gerloff (1916), S. 50-55; Statistisches Reichsamt (1930), S. 226f., 234f., hier auf Gebiet von 1913 zurückberechnet, vgl. Spoerer (1998), S. 166f.

Deutlich tritt hier die Bedeutung der kommunalen Steuerlast hervor, die nach beiden Berechnungen weit über der der staatlichen Steuern lag, nach der des Statistischen Reichsamts sogar fast auf der Höhe der Reichssteuerlast.

In den beiden Übersichten auf den folgenden Seiten wird die Steuerlast in Preußen und Württemberg rekonstruiert, wobei stets auch die Steuern der Kommunen und Kommunalverbände miteinbezogen sind, deren quantative Bedeutung die vorhergehenden Abschnitte angedeutet haben. Die Auswahl der Stichjahre richtet sich nach der Verfügbarkeit von Daten der Kommunalfinanzstatistik.

---

[17] Vgl. Spoerer (1998), S. 165-167. Für diese Beurteilung sprechen auch die unten vorgestellten Ergebnisse; vgl. die Gesamtsteuerlast pro Kopf und die Anteile der einzelnen Gebietskörperschaften am preußischen bzw. württembergischen Gesamtsteueraufkommen 1913 in den Übersichten 3.2 und 3.3.

Übersicht 3.2: Gesamtsteuerlast in Preußen 1857 bis 1913 (Millionen Mark)

	Betriebs-übersch. (i)	Direkte Steuern (ii)	Indirekte Steuern (iii)	Gesamte Steuern (iv)	(iii) / (iv) (v)	(i + iii) / (i + iv) (vi)	Quellen (vii)
1857							
(a) Zollverein	0,0	0,0	51,5	51,5	1,00	1,00	C
(b) Staat	35,3	75,6	71,4	147,0	0,49	0,59	A
(c) Kommunalverb.			- in (d) enthalten -				
(d) Kommunen	0,0	34,8	10,1	44,8	0,22	0,22	D
Preußen (a+b+c+d)	35,3	110,4	133,0	243,3	0,55	0,60	
pro Kopf (in M)	2,0	6,3	7,6	13,9			
1869							
(a) Zollverein	0,0	0,0	141,0	141,0	1,00	1,00	C
(b) Staat	104,2	128,2	62,0	190,2	0,33	0,56	B
(c) Kommunalverb.	0,0	11,3	0,0	11,3	0,00	0,00	E
(d) Kommunen	0,0	58,1	16,8	74,9	0,22	0,22	D
Preußen (a+b+c+d)	104,2	197,6	219,7	417,3	0,53	0,62	
pro Kopf (in M)	4,3	8,1	9,0	17,1			
1876							
(a) Reich	5,0	0,0	198,1	198,1	1,00	1,00	C
(b) Staat	127,5	150,0	45,8	195,9	0,23	0,54	A
(c) Kommunalverb.	0,0	22,8	0,0	22,8	0,00	0,00	E
(d) Kommunen	0,0	135,9	3,4	139,3	0,02	0,02	D
Preußen (a+b+c+d)	132,5	308,7	247,4	556,1	0,44	0,55	
pro Kopf (in M)	5,1	11,9	9,5	21,3			
1883							
(a) Reich	14,8	0,0	226,0	226,0	1,00	1,00	C
(b) Staat	206,0	147,5	52,0	199,5	0,26	0,64	B, H
(c) Kommunalverb.	0,0	25,9	0,0	25,9	0,00	0,00	F
(d) Kommunen	0,0	190,7	4,7	195,4	0,02	0,02	G
Preußen (a+b+c+d)	220,8	364,1	282,7	646,8	0,44	0,58	
pro Kopf (in M)	7,5	13,0	10,1	23,2			
1895							
(a) Reich	21,0	0,0	447,8	447,8	1,00	1,00	C
(b) Staat	525,2	158,9	69,9	228,8	0,31	0,79	A, H
(c) Kommunalverb.	0,0	60,3	0,4	60,7	0,01	0,01	J
(d) Kommunen	0,0	244,8	23,1	267,9	0,09	0,09	J
Preußen (a+b+c+d)	546,2	464,0	541,2	1.005,2	0,54	0,70	
pro Kopf (in M)	17,1	14,6	17,0	31,6			

Anm.: Fortsetzung nächste Seite.

Übersicht 3.2: Gesamtsteuerlast in Preußen 1857 bis 1913 (Millionen Mark) (Forts.)

	Betriebs-übersch. (i)	Direkte Steuern (ii)	Indirekte Steuern (iii)	Gesamte Steuern (iv)	(iii) / (iv) (v)	(i + iii) / (i + iv) (vi)	Quel-len (vii)
1902							
(a) Reich	33,5	0,0	559,4	559,4	1,00	1,00	C
(b) Staat	631,3	227,8	92,6	320,4	0,29	0,76	B
(c) Kommunalverb.	0,0	89,7	1,2	90,9	0,01	0,01	J
(d) Kommunen	0,0	416,8	43,7	460,5	0,09	0,09	J
Preußen (a+b+c+d)	664,8	734,3	696,8	1.431,1	0,49	0,65	
pro Kopf (in M)	18,8	20,8	19,7	40,4			
1911							
(a) Reich	70,1	27,8	1.049,3	1.077,1	0,97	0,98	C
(b) Staat	520,0	417,1	128,9	546,0	0,24	0,61	B
(c) Kommunalverb.	0,0	147,1	22,2	169,3	0,13	0,13	J
(d) Kommunen	0,0	815,9	77,6	893,5	0,09	0,09	J
Preußen (a+b+c+d)	590,1	1.407,9	1.278,0	2.685,9	0,48	0,57	
pro Kopf (in M)	14,6	34,8	31,6	66,4			
1913							
(a) Reich	74,4	29,3	1.046,3	1.075,5	0,97	0,97	C
(b) Staat	590,0	457,5	123,4	580,9	0,21	0,61	I
(c) Kommunalverb.	0,0	165,3	23,0	188,3	0,12	0,12	J
(d) Kommunen	0,0	929,4	79,1	1.008,5	0,08	0,08	J
Preußen (a+b+c+d)	664,4	1.581,5	1.271,7	2.853,2	0,45	0,55	
pro Kopf (in M)	16,0	38,1	30,6	68,7			

Anm.: (iv) = (ii) + (iii). Vgl. zu Details unten Anhang A.3, S. 203.

Quellen: Bevölkerung Statistisches Jahrbuch für das Deutsche Reich (1881), S. 2, (1885), S. 3, (1917), S. 2; Statistisches Handbuch für den preussischen Staat (1903), S. 81; Hoffmann/Müller (1959), S. 87; Steuern (A) VHA, Allgemeine Rechnung über den Staatshaushalt (1857, 1876); (B) Übersicht von den Staatseinnahmen (1869, 1883/84, 1895/96, 1902, 1911); (C) Statistisches Jahrbuch für das Deutsche Reich (1881), S. 167-169, 176, (1885), S. 186-198, (1898), S. 170-177, (1904), S. 218-220, (1917), S. 91, 95; (D) Herrfurth (1878), S. 11, 14, 18; (E) Ludwig Herrfurth/Conrad Studt (1880) Finanzstatistik der Kreise des preußischen Staates für das Jahr 1877/78. Unter Benutzung amtlicher Quellen bearbeitet (Zeitschrift des königl. Preussischen statistischen Bureaus, Erg.-H. 7), Berlin: Königliches Statistisches Bureau, S. 169; (F) Ludwig Herrfurth (1882), Statistik der Kreisabgaben im Jahre 1880/81. Unter Benutzung amtlicher Quellen, in: Beiträge zur Statistik der Gemeindeabgaben in Preussen (Zeitschrift des königlich preussischen statistischen Bureaus, Erg,-H. 9), Berlin: Königliches Statistisches Bureau, S. 135; (G) Herrfurth/Tzschoppe (1884), S. 190, 251, 261; (H) Finanzverwaltung Preußens (1900), S. 86; (I) Statistisches Jahrbuch für den preußischen Staat (1915), S. 318; (J) Spoerer (1998), S. 170.

Die verhältnismäßig gute Datenlage für die wichtigsten württembergischen Kommunalsteuern (Amtsschaden und Gemeindeschaden) erlaubt, einen wesentlich längeren Zeitraum zu betrachten.

Übersicht 3.3: Gesamtsteuerlast in Württemberg 1819 bis 1913 (Millionen Mark)

	Betriebs-übersch. (i)	Direkte Steuern (ii)	Indirekte Steuern (iii)	Gesamte Steuern (iv)	(iii) / (iv) (v)	(i + iii) / (i + iv) (vi)	Quellen (vii)
1819/20							
(a) Staat	7,0	5,1	4,6	9,8	0,47	0,69	H
(b) Kommunalverb.	0,0	1,3	0,0	1,3	0,00	0,00	A
(c) Kommunen	0,0	1,2	0,0	1,2	0,00	0,00	A
Württ. (a+b+c)	7,0	7,6	4,6	12,3	0,38	0,60	
pro Kopf (in M)	5,0	5,4	3,3	8,7			
1831/32							
(a) Staat	7,8	4,9	4,7	9,6	0,49	0,72	H
(b) Kommunalverb.	0,0	0,7	0,0	0,7	0,00	0,00	G
(c) Kommunen	0,0	1,3	0,0	1,3	0,00	0,00	A
Württ. (a+b+c)	7,8	6,9	4,7	11,7	0,41	0,64	
pro Kopf (in M)	4,9	4,4	3,0	7,3			
1843/44							
(a) Zollverein	0,0	0,0	4,5	4,5	1,00	1,00	B
(b) Staat	10,0	3,9	2,6	6,4	0,40	0,77	C
(c) Kommunalverb.	0,0	0,8	0,0	0,8	0,00	0,00	A
(d) Kommunen	0,0	2,2	0,0	2,2	0,00	0,00	A
Württ. (a+b+c+d)	10,0	6,8	7,1	13,9	0,51	0,71	
pro Kopf (in M)	6,0	4,1	4,2	8,3			
1860/61							
(a) Zollverein	0,0	0,0	4,8	4,8	1,00	1,00	D
(b) Staat	14,9	6,4	4,3	10,6	0,40	0,75	C
(c) Kommunalverb.	0,0	1,0	0,0	1,0	0,00	0,00	A
(d) Kommunen	0,0	3,5	0,0	3,5	0,00	0,00	A
Württ. (a+b+c+d)	14,9	10,8	9,0	19,9	0,45	0,69	
pro Kopf (in M)	8,7	6,3	5,3	11,6			
1869/70							
(a) Zollverein	0,0	0,0	7,0	7,0	1,00	1,00	D
(b) Staat	13,8	7,7	7,7	15,4	0,50	0,74	C
(c) Kommunalverb.	0,0	1,0	0,0	1,0	0,00	0,00	A
(d) Kommunen	0,0	4,9	0,0	4,9	0,00	0,00	A
Württ. (a+b+c+d)	13,8	13,7	14,7	28,4	0,52	0,68	
pro Kopf (in M)	7,7	7,6	8,2	15,8			

Anm.: Fortsetzung nächste Seite.

Übersicht 3.3: Gesamtsteuerlast in Württemberg 1822 bis 1913 (Millionen Mark) (1. Fortsetzung)

	Betriebs-übersch. (i)	Direkte Steuern (ii)	Indirekte Steuern (iii)	Gesamte Steuern (iv)	(iii) / (iv) (v)	(i + iii) / (i + iv) (vi)	Quel-len (vii)
1879/80							
(a) Reich	0,8	0,0	10,2	10,2	1,00	1,00	D
(b) Staat	20,4	13,0	8,6	21,6	0,40	0,69	C
(c) Kommunalverb.	0,0	2,0	0,0	2,0	0,00	0,00	A
(d) Kommunen	0,0	10,5	0,8	11,3	0,07	0,07	E, G
Württ. (a+b+c+d)	21,1	25,5	19,6	45,1	0,43	0,61	
pro Kopf (in M)	10,8	13,0	10,0	23,1			
1890/91							
(a) Reich	1,0	0,0	26,2	26,2	1,00	1,00	D
(b) Staat	23,2	13,4	14,1	27,5	0,51	0,74	E
(c) Kommunalverb.	0,0	2,2	0,0	2,2	0,00	0,00	E
(d) Kommunen	0,0	15,0	2,0	17,0	0,12	0,12	E
Württ. (a+b+c+d)	24,2	30,6	42,3	72,8	0,58	0,69	
pro Kopf (in M)	11,9	15,0	20,8	35,8			
1895/96							
(a) Reich	1,4	0,0	27,8	27,8	1,00	1,00	D
(b) Staat	27,6	16,3	14,8	31,1	0,48	0,72	E
(c) Kommunalverb.	0,0	3,7	0,0	3,7	0,00	0,00	G
(d) Kommunen	0,0	21,3	2,2	23,5	0,09	0,09	G
Württ. (a+b+c+d)	28,9	41,3	44,8	86,1	0,52	0,64	
pro Kopf (in M)	13,9	19,9	21,6	41,5			
1908							
(a) Reich	3,1	1,1	39,1	40,2	0,97	0,97	D
(b) Staat	14,8	28,2	14,1	42,4	0,33	0,51	F
(c) Kommunalverb.	0,0	6,6	0,0	6,6	0,00	0,00	F
(d) Kommunen	0,0	36,2	4,1	40,2	0,10	0,10	F
Württ. (a+b+c+d)	17,9	72,1	57,3	129,4	0,44	0,51	
pro Kopf (in M)	7,6	30,4	24,2	54,6			
1911							
(a) Reich	4,2	1,7	57,8	59,5	0,97	0,97	D
(b) Staat	22,7	34,0	20,7	54,7	0,38	0,56	F
(c) Kommunalverb.	0,0	7,3	0,0	7,3	0,00	0,00	F
(d) Kommunen	0,0	43,3	4,2	47,5	0,09	0,09	F
Württ. (a+b+c+d)	27,0	86,3	82,7	169,0	0,49	0,56	
pro Kopf (in M)	11,0	35,2	33,7	68,9			

Anm.: Fortsetzung nächste Seite.

Übersicht 3.3: Gesamtsteuerlast in Württemberg 1822 bis 1913 (Millionen Mark) (2. Fortsetzung)

	Betriebs-übersch. (i)	Direkte Steuern (ii)	Indirekte Steuern (iii)	Gesamte Steuern (iv)	(iii) / (iv) (v)	(i + iii) / (i + iv) (vi)	Quellen (vii)
1913							
(a) Reich	4,5	1,8	56,9	58,7	0,97	0,97	D
(b) Staat	21,5	37,4	19,6	56,9	0,34	0,52	F
(c) Kommunalverb.	0,0	7,8	0,0	7,8	0,00	0,00	F
(d) Kommunen	0,0	48,5	4,0	52,5	0,08	0,08	F
Württ. (a+b+c+d)	25,9	95,4	80,6	176,0	0,46	0,53	
pro Kopf (in M)	10,4	38,1	32,2	70,3	0,0	0,0	

Anm.: (iv) = (ii) + (iii). Vgl. zu Details unten Anhang A.3, S. 203.

Quellen: Bevölkerung Statistisches Jahrbuch für das Deutsche Reich (1885), S. 3; Statistisches Handbuch für (das Königreich) Württemberg (1912/13), S. 15, (1914-21), S. 13; Kraus (1980), S. 34; Steuern (A) Württembergische Jahrbücher (1824), S. 147, (1834), S. 73, (1883), S. 200f.; (B) Statistische Übersichten der Waaren und Zollerträge für das Jahr 1843, S. 188f.; (C) VWKA (1845), 1. Beil.-Bd., Beil. A, S. V, (1862-64), 1. Beil.-Bd., 2. Abt., S. 1531, (1870-72), 2. Beil.-Bd., 1. Abt., S. 229-262, (1883), 2. Beil.-Bd., 1. Abt., S. 20; (D) Statistisches Jahrbuch für das Deutsche Reich (1885), S. 186, (1893), S. 161, (1898), S. 170-177, (1904), S. 218-220, (1917), S. 91, 95; (E) Statistisches Jahrbuch für das Königreich Württemberg (1892), S. 165, 171, (1895), S. 240 (1896), S. 202, 204, 208f., (1897), S. 227, 236f.; (F) Statistisches Handbuch für (das Königreich) Württemberg (1912/13), S. 271-273, 282, 292-297, (1914-21), S. 196-198, 206, 210-219; (G) Trüdinger (1908), S. 75, 77, 79; (H) Wentzel (1913), Tab. Ib.

Im folgenden werden drei Aspekte dieser Entwicklung eingehender diskutiert: die Abgabenlast pro Kopf und im Verhältnis zum Volkseinkommen, die Anteile der drei Gebietskörperschaften Zollverein (bzw. Reich), Staat und Kommunen einschließlich Kommunalverbände und der Anteil der indirekten Steuern an der Gesamtsteuerlast.

3.3 Pro-Kopf-Belastung und Steuerquote

In Abbildung 3.1 werden für Preußen und Württemberg die aggregierten Steuern aller Gebietskörperschaften einschließlich der anteiligen Reichssteuern durch die Bevölkerungszahl dividiert. Die Gesamtsteuerlast ist logarithmisch abgetragen, da hier vor allem die Wachstumstrends von Interesse sind.

Die beiden gestrichelten Graphen veranschaulichen den säkularen Anstieg der württembergischen Gesamtsteuerlast, der kurz vor der Jahrhundertmitte beginnt, sich in der Gründerkrise fortsetzt und sogar etwas intensiviert, dann leicht abflacht und kurz vor dem Ersten Weltkrieg ziemlich steil ansteigt. Für Preußen ergibt sich ein ähnliches Bild. Der Anstieg der Gesamtsteuerlast vor dem Ersten Weltkrieg lag hier jedoch etwas früher: kurz vor oder um die Jahrhundertwende, vermutlich in Folge der Miquelschen Steuerreformen.

Abbildung 3.1: Pro-Kopf-Gesamtsteuerlast in Preußen und Württemberg 1819-1913 (Mark pro Jahr)

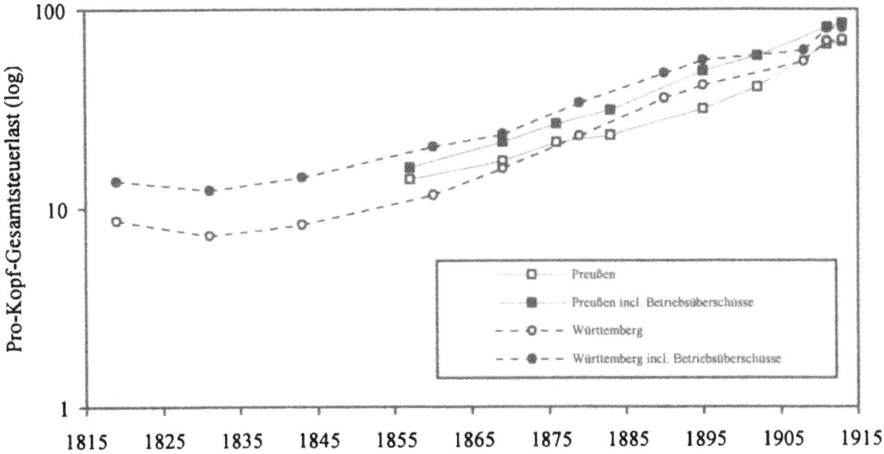

Anm.: Kommunalsteuern incl. Steuern der Kommunalverbände.
Quellen: Übersichten 3.2 und 3.3.

Deutlich zu erkennen ist die Bedeutung der Überschüsse staatlicher Betriebe, die in Württemberg nach der Jahrhundertmitte an Bedeutung verliert, in Preußen jedoch gerade dann ansteigt, als sich der Anstieg der Steuereinnahmen etwas verringert. Diese Entwicklung, in der sich vor allem die hohen Gewinne der preußischen Staatsbahnen widerspiegeln, steht in Einklang mit der These Rainer Fremdlings, daß diese die unter Bismarck lange hinausgezögerte Reform der preußischen Staatsfinanzen ersetzten.[18]

Ein Teil dieser Dynamik ist der Preisentwicklung zuzuschreiben, wie Abbildung 3.2 veranschaulicht. Die Verwendung eines Index der Lebenshaltungskosten zur Deflationierung von Steuereinnahmen ist hier konzeptionell unproblematisch, da die Perspektive der Zensiten eingenommen wird, für die Steuerzahlungen Kaufkraftverlust bedeuten. Die Datenlage für die Preisentwicklung ist allerdings unbefriedigend. Die wenigen von der wirtschaftshistorischen Forschung für das 19. Jahrhundert konstruierten Preisindizes weichen zum Teil stark voneinander ab – und damit die darauf basierenden Daten der volkswirtschaftlichen Gesamtrechnung überhaupt.[19] Im folgenden wurde der Preisindex

[18] Vgl. Fremdling (1980), S. 31, 37f.

[19] Vgl. Rainer Fremdling (1995), German National Accounts for the 19th and 20th Century, in: Scandinavian Economic History Review, 43, S. 77-100, hier S. 78-84, und Albrecht Ritschl/Mark

Abbildung 3.2: Pro-Kopf-Gesamtsteuerlast in Preußen und Württemberg 1857-1913 (Mark pro Jahr, Preise von 1913)

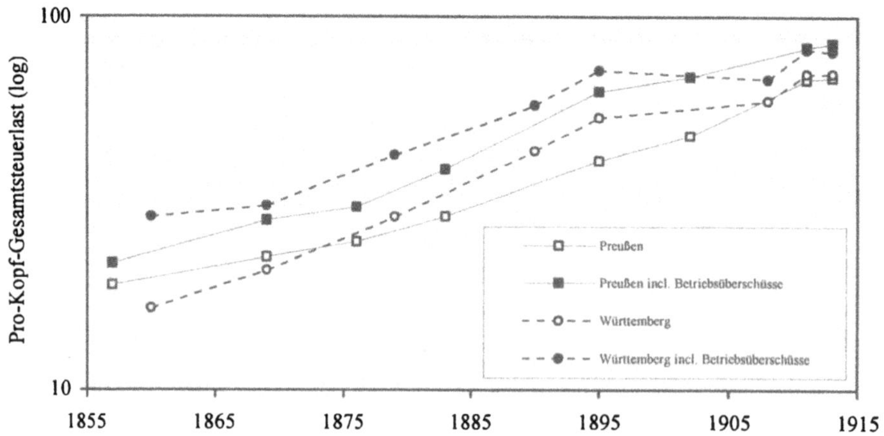

Anm.: Kommunalsteuern incl. Steuern der Kommunalverbände.
Quellen: Übersichten 3.2 und 3.3

des privaten Verbrauchs von Walther G. Hoffmann und seinen Mitarbeitern zugrundegelegt.[20] Dieser ist für ganz Deutschland bis 1850 zurückberechnet, nimmt also auf etwaige regionale Besonderheiten keine Rücksicht. Analysen der Preiskonvergenz lassen vermuten, daß zumindest für den Zeitraum vor der Reichsgründung die Annahme eines einheitlichen Preisniveaus in Preußen und Württemberg nicht unproblematisch ist.[21] Wie sich in Abbildung 3.2 zeigt, erfährt die Interpretation allerdings durch die Deflationierung keine nennenswerte Änderung.

Spoerer (1997), Das Bruttosozialprodukt in Deutschland nach den amtlichen Volkseinkommens- und Sozialproduktsstatistiken 1901-1995, in: Jahrbuch für Wirtschaftsgeschichte, Nr. 2, S. 27-54.

20 Berechnet nach Hoffmann u.a. (1965), S. 698-701. Alternative Indizes, die bis 1850 zurückreichen, finden sich bei Adolf Jacobs/Hans Richter (1935), Die Großhandelspreise in Deutschland von 1792 bis 1934 (Sonderhefte des Instituts für Konjunkturforschung, 37), Berlin: Hanseatische Verlagsanstalt; Hoffmann/Müller (1959), S. 14, und Rainer Gömmel (1979), Realeinkommen in Deutschland. Ein internationaler Vergleich (1810-1914) (Vorträge zur Wirtschaftsgeschichte, 4), Nürnberg: Selbstverlag, S. 27-29. Die Daten von Jacobs und Richter beziehen sich jedoch nicht auf den privaten Verbrauch, der aus Sicht des Zensiten relevanten Größe. Der Index von Gömmel basiert für die Jahre vor 1871 lediglich auf (stark von Hoffmann abweichenden) Nürnberger Daten. Danach stimmt er weitgehend mit den Zahlen Hoffmanns überein.

21 Vgl. z.B. die Getreidepreisreihen bei Jacobs/Richter (1935), S. 52-55, und v.a. Rainer Fremdling/ Gerd Hohorst (1979), Marktintegration der preußischen Wirtschaft des 19. Jahrhunderts. Skizze eines Forschungsansatzes zur Fluktuation der Roggenpreise zwischen 1821 und 1865, in: Rainer Fremdling/Richard H. Tilly (Hrsg.), Industrialisierung und Raum. Studien zur regionalen Differen-

Ökonomisch aussagekräftiger als die Steuerlast pro Kopf ist der Quotient aus Steuerlast und Sozialprodukt, also die Steuerquote, die hoch mit der von Wagner untersuchten Staatsquote korreliert. Für die Ebene der deutschen Bundesstaaten haben Walther G. Hoffmann und J. Heinz Müller Schätzungen des Volkseinkommens vorgelegt. Da diese im wesentlichen auf Einkommensteuerstatistiken beruhen, beginnen die württembergischen Daten erst 1904. Hans Loreth hat für Württemberg die Schätzungen von Hoffmann und Müller geringfügig korrigiert und weitere bis zurück in das Jahr 1841 vorgelegt.[22]

Die preußische Entwicklung weist zwei Phasen auf, in denen die Steuerquote besonders schnell anstieg (Abbildung 3.3). In den 1870er Jahren schlug die ab 1875 wirksame Ausweitung der Einkommenbesteuerung zu Buche. Die auf die Miquelschen Steuerreformen folgenden Jahre zeichneten sich ebenfalls durch schnelles Wachstum, unterbrochen nur durch die Krise von 1901/02 aus. Daß die Steuerquote dennoch so stark ansteigen konnte, ist Beleg für die enorme Aufkommenselastizität der Einkommensteuer. In den relativ wachstumsschwachen 1880er Jahren dagegen waren es vor allem die Betriebsüberschüsse, insbesondere der Eisenbahnen, die die Steuerquote (incl. Betriebsüberschüsse) deutlich ansteigen ließ.

Abbildung 3.3: Steuerquoten in Preußen und Württemberg 1843-1913 (Prozent)

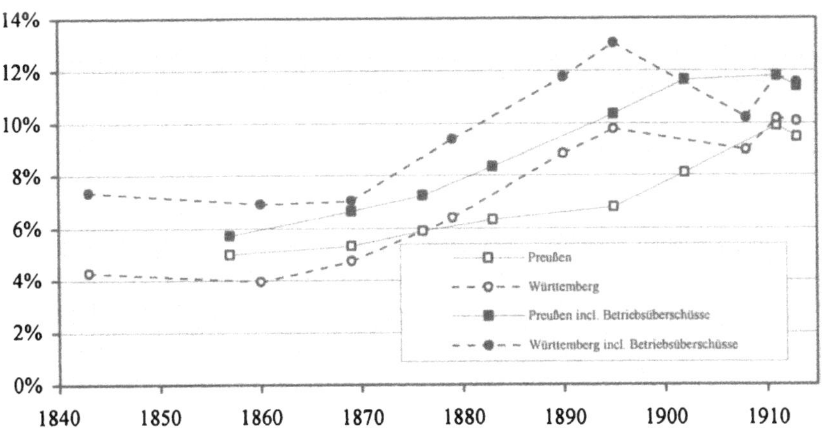

Anm.: Kommunalsteuern incl. Steuern der Kommunalverbände.

Quellen: Übersichten 3.2 und 3.3.

zierung im Deutschland des 19. Jahrhunderts (Historisch-Sozialwissenschaftliche Forschungen, 7), Stuttgart: Klett-Cotta, S. 56-101, hier S. 79.

22 Vgl. Loreth (1974), S. 76. Um die Lorethschen Schätzungen für einzelne Stichjahre mit den hier herangezogenen Stichjahren in Übereinstimmung zu bringen, wurden erstere unter Annahme konstanter Wachstumsraten interpoliert.

Selbst wenn man konzediert, daß die Zuverlässigkeit der Zahlen von Hoffmann und Müller um so unsicherer wird, je weiter man ins 19. Jahrhundert zurückgeht, so läßt sich die hier errechnete Verdoppelung der preußischen Steuerquote von 5% in den 1860er Jahren auf fast 10% kurz vor Beginn des Ersten Weltkriegs mit der These Recktenwalds, daß die deutsche Staatsquote in diesem Zeitraum gefallen sei, nicht in Einklang bringen. Dies wird unterstrichen, wenn man die Betriebsüberschüsse miteinbezieht. Da Steuern und Betriebsüberschüsse fast 90% des um Durchlaufposten bereinigten preußischen Etats betrugen,[23] ist der Quotient ihrer Summe mit dem Volkseinkommen fast identisch mit der Staatsquote. Diese Quote steigt von knapp 6% auf fast 12%.

Die württembergische Entwicklung verläuft in der großen Linie parallel zur preußischen. Auch hier läßt sich ein schneller Anstieg der Steuerquote in den 1870er Jahren verorten, die 1913 wie in Preußen fast 10% erreicht. Auffällig ist der auch in den anderen Abbildungen sichtbar abweichende Verlauf der württembergischen Steuerquote um die Jahrhundertwende, also vor Einführung der allgemeinen Einkommensteuer. Dieser könnte zwar teilweise auf Unsicherheiten der Volkseinkommensberechnung zurückzuführen sein, ist jedoch offenbar mehr als ein statistisches Artefakt, wie die Pro-Kopf-Last in Übersicht 3.1 zeigt. Auch dort ist eine deutliche Verlangsamung um die Jahrhundertwende festzustellen.

3.4 Die Anteile der Gebietskörperschaften

Was mag hinter der Dynamik der Steuerquote ab etwa 1870 stehen? Dies veranschaulicht für Preußen Abbildung 3.4, in der die gesamten dort erhobenen Steuern auf die drei Gebietskörperschaften Zollverein (bzw. Reich), Staat und Kommunen (einschließlich Kommunalverbände) aufgegliedert sind.

Die größten Anteilszuwächse konnten die Kommunen auf sich ziehen. Zwischen etwa 1870 und 1900 verdoppelte sich der Anteil der Kommunalsteuern an der gesamten preußischen Steuerlast von 20% auf über 40%. Während der starke Anstieg der Kommunalsteuern kurz vor der Jahrhundertwende auf das neue Kommunalabgabengesetz zurückzuführen sein dürfte, sind die Gründe für den steilen Anstieg in der ersten Hälfte der 1870er Jahre nicht ganz klar. Möglicherweise spiegelt sich hier wider, daß die größeren Kommunen wegen des Ersatzes der Mahl- und Schlachtsteuer, die lediglich mit Kommunalzuschlägen bis zu 50% belastet werden durfte, durch die Klassensteuer, die eine solche Beschränkung nicht kannte, die städtischen Zensiten stärker belasteten.

Auch das Reich konnte seinen Anteil zunächst stetig ausbauen. Für den Zeitraum bis ca. 1870 spielt dabei die Übernahme bestimmter Verbrauchsteuern (Zucker 1844, Salz 1868, Tabak 1869; Bier und Branntwein 1870) von Preußen und anderen Staaten durch den Zollverein eine Rolle. Der Übergang zur Schutzzollpolitik nach 1879 bewirkte dann eine weitere Steigerung des Anteils. Die Anteilsgewinne der Kommunen und des

---

[23] Vgl. oben S. xx, Fn. xx.

Reichs gingen notwendigerweise zu Lasten der Staatssteuern. Ihre Bedeutung ging von über 60% um 1860 steil auf knapp 20% 1913 zurück.

Abbildung 3.4: Anteile der Gebietskörperschaften am Gesamtsteueraufkommen in Preußen 1857-1913 (Prozent)

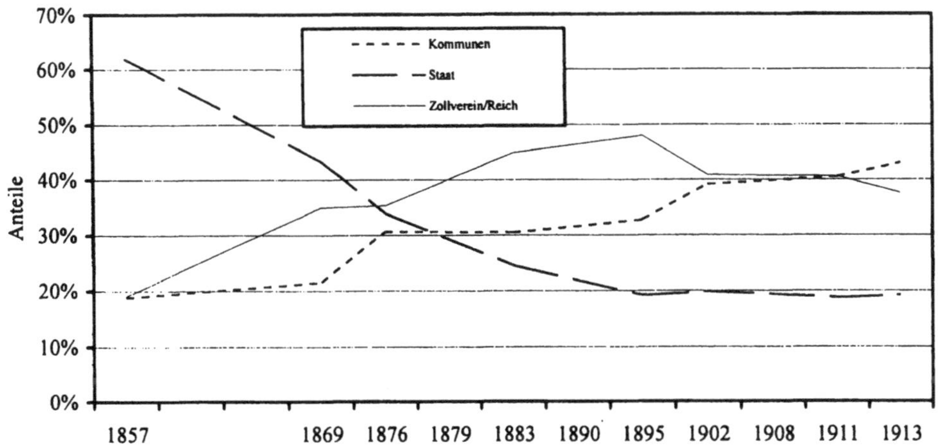

Anm.: Kommunalsteuern incl. Steuern der Kommunalverbände.
Quelle: Übersicht 3.2.

Etwa um die Jahrhundertwende stabilisierten sich die Anteile der drei Gebietskörperschaften. Infolge der Miquelschen Steuerreformen konnte der preußische Staat seinen seit Beginn des Betrachtungszeitraums fallenden Anteil halten, während die von Kommunen und Reich fast auf gleicher Höhe lagen. Der Rückgang der Zolleinnahmen 1913 bewirkte schließlich einen leichten, auch absoluten Rückgang der Reichssteuern gegenüber 1911 (vgl. Übersicht 3.2).

Für Württemberg läßt sich eine etwas andere Entwicklung konstatieren. Aufgrund der besseren Datenlage der Kommunalfinanzstatistik geht der Blick hier zurück bis 1819 (Abbildung 3.5). Zwischen den 1830er und den frühen 1870er Jahren läßt sich ähnlich wie in Preußen ein langsamer relativer Anstieg der Kommunalsteuern beobachten, der sich dann bis kurz vor den Ersten Weltkrieg beschleunigte. 1908 machten die Kommunalsteuern fast die Hälfte der Steuerlast in Württemberg aus und übertrafen damit erstmals die staatlichen Steuern. Der weitaus geringere Anteil der Reichssteuern in Württemberg ist darauf zurückzuführen, daß Württemberg – wie auch Baden und Bayern – aufgrund von Sondervereinbarungen die Bier- und Branntweinsteuern nicht an den Zollverein bzw. das Reich abgetreten hatte.[24]

Abbildung 3.5: Anteile der Gebietskörperschaften am Gesamtsteueraufkommen in Württemberg 1819-1913 (Prozent)

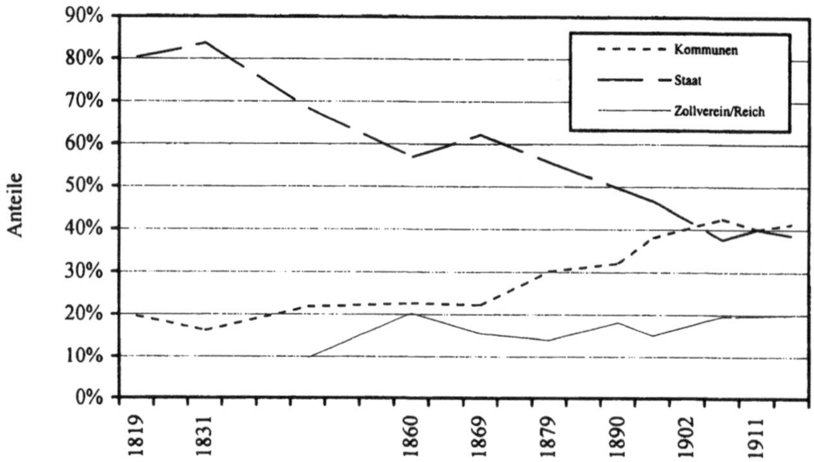

Anm.: Kommunalsteuern incl. Steuern der Kommunalverbände.
Quelle: Übersicht 3.3.

3.5 Die Anteile der Steuerarten

In Hinblick auf die These, daß die Besteuerung im deutschen Modernisierungsprozeß zu einer zunehmenden Umverteilung von oben nach unten geführt habe, ist der Anteil der indirekten Steuern an der Gesamtsteuerlast aufschlußreich. Indirekte Steuern, besonders solche auf den Verbrauch, belasten Zensiten der unteren Schichten im Verhältnis zu ihrer wirtschaftlichen Leistungsfähigkeit weitaus stärker als die der oberen. Die linke Spalte in Übersicht 3.4 weist nach, wie sich die in Preußen erhobenen indirekten Reichssteuern 1911 zusammensetzten. Die indirekten Steuern des preußischen Staats, seiner Kommunalverbände und der Kommunen machten zusammen lediglich 174 Millionen Mark aus und betrafen im Gegensatz zu den meisten Reichssteuern nur in gerin-

[24] Vgl. Statistisches Jahrbuch für das Deutsche Reich (1881), S. 174-179, (1917), S. 2. Die württembergische Malzsteuer war die mit Abstand bedeutendste indirekte Staatssteuer und die Biersteuer die bedeutendste indirekte Kommunalsteuer; vgl. Statistisches Handbuch für das Königreich Württemberg (1912/13), S. 284-292, (1914-21), S. 208-211.

gem Umfang den Konsum lebensnotwendiger Produkte bzw. einfacher Genußmittel. Die Reichszölle betrafen wie die anderen indirekten Reichssteuern ganz überwiegend den Massenkonsum. In der rechten Spalte von Übersicht 3.4 sind die 15 quantitativ wichtigsten Zollpositionen aufgeführt.[25]

Übersicht 3.4: In Preußen für das Reich 1911 erhobene indirekte Steuern (Millionen Mark) und die 15 wichtigsten Zollpositionen des Reichs 1911 (Prozent)

Steuer (Preußen)	Ertrag[a]	Zölle (Reich)	Anteil
Zölle	416,8	Getreide	32,4
Branntweinsteuer	170,1	Kaffee, Kaffeeersatz	12,5
Stempelsteuern	130,5	Tabakblätter, unbearbeitet	11,8
Zuckersteuer	119,5	Petroleum	8,9
Brausteuer, Übergangsabgabe v. Bier	97,4	Wein	3,4
Salzsteuer	37,2	Bau-, Nutzholz	2,3
Zündwarensteuer	11,7	Südfrüchte	1,4
Zigarettensteuer	11,3	Tabakerzeugnisse	1,4
Abgabe vom Kalisalzabsatz	10,9	Schmalz	1,4
Leuchtmittelsteuer	10,6	Butter, Margarine	1,3
Schaumweinsteuer	6,4	Kakao, roh	1,2
Tabaksteuer	3,9	Pferde	1,0
Spielkartenstempel	1,3	Eisenwaren ohne Roh- u. Brucheisen	0,9
Essigsäureverbrauchsabgabe	0,5	Baumwollenwaren	0,9
Summe	1.208,1	Reis	0,8

Anm.: [a] Bruttoertrag abzüglich Rückvergütungen.

Quellen: Übersicht von den Staats-Einnahmen und -Ausgaben (1911), S. 76-82; Statistisches Jahrbuch für das Deutsche Reich (1912), S. 348.

Während Zucker und Salz unverzichtbare Lebensmittel waren, stellte der Genuß von Bier, Branntwein und Rauchwaren den Luxus des kleinen Mannes dar. Die Zölle verteuerten zusätzlich das inländische Angebot an Lebensmitteln und Textilien. Lediglich die Stempelsteuern des Reichs und Preußens belasteten Transaktionen, die vornehmlich von wohlhabenderen Zensiten vorgenommen wurden. Aus genau diesen Gründen hatte Gerloff 1929 rückblickend die zunehmende Belastung der unteren Schichten durch indirekte Steuern vor dem Ersten Weltkrieg beklagt. Schon aus den Ergebnissen seiner detaillierten Studie von 1907 über die Verbrauchsbelastung mittlerer und kleiner Einkommen hatte er dringenden Reformbedarf abgeleitet.[26]

---

[25] Die Summe der in der linken Spalte aufgeführten indirekten Steuern weicht von der in Übersicht 3.2 etwas ab, weil hier die tatsächlich in Preußen erhobenen indirekten Steuern berücksichtigt sind. In Übersicht 3.2 dagegen sind die anteiligen indirekten Steuern Preußens aufgeführt. Der Unterschied liegt in den indirekten Steuern, die durch Weiterverkauf in andere deutsche Bundesstaaten auf die dortigen Konsumenten weitergewälzt wurden. Die Zahl in Übersicht 3.2 (1.049,3 Mio. M), spiegelt also die mutmaßlich in Preußen zu tragende Steuerlast besser wieder.

[26] Vgl. Gerloff (1907), S. 62-72.

Die Entwicklung des Anteils der indirekten Steuern an der gesamten Steuerlast ist in Abbildung 3.6 veranschaulicht. Wiederum sind in den dunklen Symbolen die „indirekten indirekten Steuern" (Überschüsse öffentlicher Unternehmen) mitberücksichtigt.

Abbildung 3.6: Die Anteile der indirekten Steuern am Gesamtsteueraufkommens in Preußen und Württemberg 1819-1913 (in Prozent)

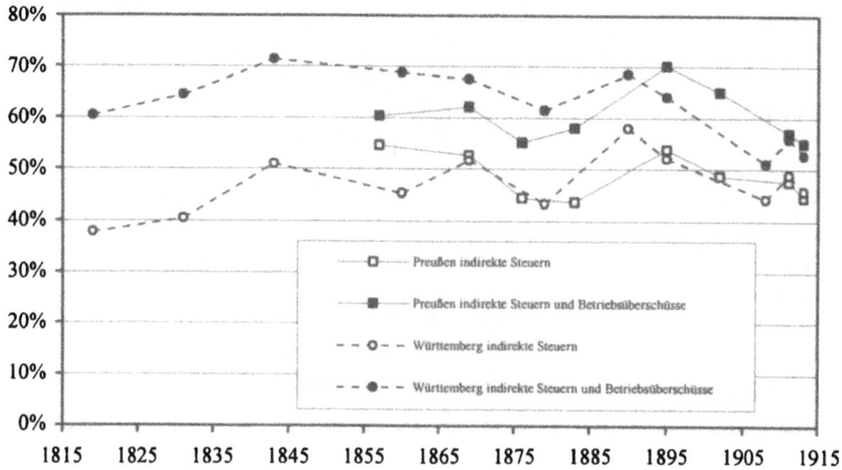

Anm.: Kommunalsteuern incl. Steuern der Kommunalverbände.
Quellen: Übersichten 3.2 und 3.3.

Insgesamt läßt sich für Preußen ein nur sehr langsames Sinken des Anteils der indirekten Steuern von 55% 1857 auf 45% 1913 feststellen. Eine zwischenzeitliche Unterbrechung dieses Trends sorgte um die Jahrhundertwende zu einem erneuten Anstieg. Übersicht 3.2 verdeutlicht, daß für diese Entwicklung überwiegend die Reichssteuern verantwortlich zu machen sind.

Der Graph für Württemberg verläuft ab 1869 auffällig parallel zum preußischen. Hier steigt der Anteil der indirekten Steuern in der ersten Jahrhunderthälfte von unter 40% zunächst auf knapp über 50%, hält sich von den 1840er bis in die 1880er Jahre um 50%, erreicht 1890 58%, um dann bis 1913 langsam auf 46% abzufallen.

Der Vergleich mit weiteren Zahlen für das 20. Jahrhundert in Übersicht 3.5 zeigt, daß der hohe Anteil indirekter Steuern, wie er Ende des 19. Jahrhunderts in Preußen und Württemberg vorherrschte, in Deutschland nie wieder erreicht wurde.

Übersicht 3.5: Anteil der indirekten Steuern am Gesamtsteueraufkommen (Prozent)

	Deutschland		1925
1913	46	Deutschland	45
1925	45	Frankreich	52
1960[a]	46	Großbritannien	33
2000	45	Vereinigte Staaten	25

Anm.: [a] Westdeutschland.

Quellen: 1913 Übersicht 3.1, Aufteilung nach Statistisches Reichsamt (1930), S. 6; 1925 ebda., S. 36, dass. (1929) Die Staatseinnahmen aus Steuern und Zöllen im Deutschen Reich und im Auslande (Belgien, Frankreich, Großbritannien, Italien, Österreich, Vereinigte Staaten von Amerika) in den Jahren 1925, 1926, 1927 und 1928 (Einzelschriften zur Statistik des Deutschen Reichs, 9), Berlin: Hobbing, S. 91-95; 1961, 2000 Statistisches Jahrbuch für die Bundesrepublik Deutschland (1962), S. 446, (2001), S. 532.

Bezieht man darüber hinaus die Überschüsse öffentlicher Unternehmen mit ein, die den Charakter einer versteckten Verbrauchsteuer aufweisen, so wird die Regressivität der Struktur der öffentlichen Einnahmen vor dem Ersten Weltkrieg noch deutlicher. Sowohl in Preußen als auch in Württemberg erreichten die indirekten Steuern und Betriebsüberschüsse zeitweise 70% aller Steuern einschließlich Betriebsüberschüssen. Berücksichtigt man, daß Steuern und Betriebsüberschüsse in Preußen 1890 etwa 88% der gesamten öffentlichen Einnahmen ausmachten,[27] so wird klar, daß das preußische Steuersystem die wohlhabenderen Zensiten immer noch weitgehend verschonte.

Die Entwicklung in Württemberg und Preußen stellt um die Jahrhundertwende graphisch ein umgekehrtes U dar. Dieser Verlauf des Anteils der indirekten Steuern am gesamten Steueraufkommen entspricht dem schon von Harley Hinrichs festgestellten idealtypischen Muster einer sich entwickelnden Wirtschaft. Hinrichs hatte diese Entwicklung der Steuerstruktur sowohl in sich entwickelnden Ländern nach dem Zweiten Weltkrieg als auch in den sich im 19. Jahrhundert industrialisierenden Ländern festgestellt. Ihm zufolge ist sie Ausdruck des Bestrebens der politisch dominanten Schichten, die Finanzierung der im Zuge des Wachstumsprozesses erforderlichen staatlichen Ausgaben durch (regressive) indirekte Steuern in überproportionalem Maße auf die unteren Schichten abzuwälzen. Erst im weiteren Verlauf des Modernisierungsprozesses ließe sich der Anstieg der direkten Steuern nicht mehr verhindern.[28] Die Entwicklung in Preußen und Württemberg paßt zwar in dieses Schema, doch steht dem entgegen, daß die direkten Steuern die wohlhabenden Zensiten zunehmend stärker belasteten. Es standen sich also im letzten Viertel des 19. Jahrhunderts einerseits ein zeitweise zunehmender Anteil der regressiv wirkenden indirekten Steuern und andererseits zunehmend progressivere direkte Steuern gegenüber.

---

27 Vgl. oben S. 106, Fn. 16.

28 Vgl. Harley Hinrichs (1966), A General Theory of Tax Structure Change during Economic Development, Cambridge/Mass.: The Law School of Harvard University, S. 83-109. Vgl. dazu auch Dumke (1985), S. 68.

3.6 Ergebnisse

Die finanzhistorische Forschung hat nach dem Zweiten Weltkrieg bezweifelt, daß das von Wagner formulierte „Gesetz" überproportional steigender Staatsaktivität zu seiner Zeit überhaupt zutraf. In jüngster Zeit hat sie zudem ein recht optimistisches Bild der Steuerpolitik gezeichnet, indem sie die Entwicklung in Richtung auf mehr Steuergerechtigkeit betont hat.

In diesem Kapitel sind Ergebnisse präsentiert worden, die im wesentlichen auf der Rekonstruktion der Kommunalfinanzen beruhen. Komplette Kommunalfinanzstatistiken legten Württemberg erst für das Jahr 1908 und Preußen für 1911 vor. Doch lassen sich aus früheren Erhebungen die preußischen Kommunalfinanzen bis 1857 zurückverfolgen und die württembergischen, die bis 1877 im wesentlichen auf Kommunalzuschlägen zu direkten Staatssteuern beruhten, bis 1819. Des weiteren sind die für das Reich vereinnahmten Zölle und Steuern den sie tragenden Staaten zugerechnet worden.

Die so gewonnenen Steuerdaten erlauben es, die Anteile der Gebietskörperschaften am Gesamtsteueraufkommen zu bestimmen. Wenig überraschend ist der steigende Anteil der dem Zollverein bzw. dem Reich zufließenden Steuern, der in Preußen von 20% (1857) zeitweilig auf 45% (1895) stieg, um sich dann 1913 bei 38% einzupendeln. In Württemberg, das wichtige Verbrauchsteuern nicht an den Zollverein bzw. das Reich abtrat, blieb der Anteil der Reichssteuern unter 20%. Beeindruckend ist der stetige Anstieg der Kommunalsteuern in beiden Staaten. Von der Jahrhundertmitte bis zum Ersten Weltkrieg stieg er von etwa 20% auf 34% in Württemberg und sogar 42% in Preußen.

Die Differenzierung nach Steuerarten läßt die verteilungspolitischen Wirkungen der Steuerpolitik des 19. Jahrhunderts in keinem besonders günstigen Licht erscheinen. Vor allem der Ausbau der Verbrauchsteuern, die das Reich von den Bundesstaaten übernahm, ließen den Anteil der indirekten Steuern an den gesamten preußischen und württembergischen Steuereinnahmen im letzten Viertel des 19. Jahrhunderts noch einmal kräftig ansteigen. Erst nach der Jahrhundertwende legte der Anteil der direkten Steuern zu. In Anlehnung an den politökonomischen Erklärungsansatz von Hinrichs läßt sich vermuten, daß die Haltung der Bundesstaaten und insbesondere Preußens, dem Reich die Erhebung direkter Steuern zu verweigern, neben dem Fiskalegoismus der Bundesstaaten weitere, sehr konkrete verteilungspolitische Motive hatte. Während das Dreiklassenwahlrecht in Preußen den alten und neuen gesellschaftlichen Eliten überproportionale Macht einräumte, hätten die Machtverhältnisse im Reichstag dazu führen können, die direkte (und progressive) Besteuerung auszuweiten. Dem politisch weniger konservativen Reichstag die indirekten Steuern zu überlassen, in die keine Progression eingebaut werden konnte, mußte dagegen als das kleinere Übel erscheinen.

Die These, daß im Gegensatz zur Wahrnehmung Wagners die Staatsquote bis 1881 stark und bis 1913 immer noch schwach gefallen sei, läßt sich klar widerlegen. Die Gesamtsteuereinnahmen stiegen in Preußen und Württemberg nicht nur pro Kopf (auch preisbereinigt), sondern auch im Verhältnis zum Volkseinkommen überproportional, *grosso modo* von etwa 5% von der Mitte des 19. Jahrhunderts auf etwa 10% kurz vor dem Ersten Weltkrieg. Da die Steuern einen immer größeren Anteil der gesamten Staatseinnahmen abdeckten, ist davon auszugehen, daß sich diese Entwicklung, möglicherweise etwas gedämpft, auf die gesamten öffentlichen Ausgaben übertragen läßt. Wie kritisch auch immer man Wagners teleologisches „Gesetz“ von der finanzwissenschaftlichen Seite sehen mag, als historische Beschreibung der wachsenden Staatstätigkeit mindestens in der zweiten Hälfte des 19. Jahrhunderts trifft es zu.

4. Die Inzidenz indirekter Steuern

„Les Droits sur les Marchandises sont ceux que les peuples sentent le moins, parce qu'on ne leur fait pas une demande formelle. Ils peuvent être si sagement menagés que le Peuple ignorera presque qu'il les paye. Pour cela il est d'une grande conséquence que ce soit celui qui vend la marchandise qui paye le droit. Il sait bien qu'il ne le paye pas pour lui; & l'acheteur, qui dans le fond le paye, le confond avec le prix."

Montesquieu (1749) [1]

4.1 Problemstellung

Die Frage nach der tatsächlichen Belastungswirkung von Steuern ist keineswegs ein Problem, das erst im 20. Jahrhundert diskutiert wurde, und sie ist schon gar nicht eine rein akademische. Die Erhebung indirekter Steuern war lange Zeit die einzige Möglichkeit, auch Schichten mit wenig Besitz zum Steueraufkommen heranzuziehen. Obwohl die Steuer aus erhebungstechnischen Gründen von den Produzenten bzw. Verkäufern abgeführt werden mußte – eben „indirekt"[2] –, waren der kleine Mann und die kleine Frau auf der Straße keineswegs so naiv, wie Montesquieu behauptete. Sie wußten vielmehr sehr wohl, daß sie letztlich mindestens einen Großteil der Steuerlast tragen würden. Die Einführung oder Erhöhung von Steuern auf Güter des täglichen Verbrauchs waren daher unter den ärmeren Schichten besonders verhaßt und führten oft zu Unruhen, wie schon Jean Bodin 1577 festgehalten hatte.[3]

---

1 Zit. nach späterer Auflage: Montesquieu (1753), S. 339f.

2 Vgl. zur Problematik des Begriffes oben S. 13, Fn. 8.

3 Vgl. Jean Bodin (1583 [1577]), Les six livres de la Republique, Paris: Du Puis, Bd. VI, S. 887, und für spätere Beispiele: Peter Bierbrauer (1980), Bäuerliche Revolten im Alten Reich. Ein For-

Genauer ausgedrückt: Die kleinen Leute auf der Straße glaubten zu wissen, daß sie die Steuer trugen. Denn darüber, wieviel von der Last einer Steuer tatsächlich vor- oder rückgewälzt wird, war man sich weder damals einig, noch ist man es trotz der erheblichen theoretischen Fortschritte in der Steuerwirkungslehre heute. Es ist daher nicht verwunderlich, daß auch die Wirtschafts- bzw. Finanzgeschichte die Frage der Steuerinzidenz fast vollständig ausgeklammert hat. Selbst in Detailstudien zur Belastungswirkung von Steuern wird diese Frage heruntergespielt bzw. nicht verstanden[4] oder mit Verweis auf die schlechte Datenlage nicht weiter verfolgt.[5] Im deutschen Sprachraum gibt es keine diesbezüglichen Studien, obwohl sie etwa von Rolf Dumke und Eckart Schremmer schon seit längerem eingefordert worden sind.[6]

In der historischen Forschung des angelsächsischen Sprachraums ist dies nicht besser. Es entspann sich lediglich 1978 eine kleine Kontroverse zwischen Peter Mathias und Patrick O'Brien auf der einen Seite und Donald McCloskey auf der anderen, die die Verlegenheit der Forschung deutlich widerspiegelt. Mathias und O'Brien hatten die Verteilungswirkungen des englischen und des französischen Steuersystems im 18. Jahrhundert verglichen und dabei unterstellt, die direkten Steuern seien nicht überwälzt, die indirekten Steuern dagegen überwälzt worden. Diese Annahmen kritisierte McCloskey, mußte sich jedoch in der Replik entgegenhalten lassen, es gäbe nun einmal mangels Daten keine Möglichkeit, genauere Aussagen über die Inzidenz treffen zu können. Wer die unterstellte Inzidenz anzweifele, trage den „burden of proof".[7] Von dieser Debatte abgesehen, finden sich für den Zeitraum vor 1945 lediglich zwei jüngere US-amerikanische Studien zum Thema Steuerinzidenz. In einer Miszelle stellt Jonathan Pritchett Überlegungen an, inwieweit die Vermögensteuer in North Carolina Anfang des 20. Jahrhunderts von den überwiegend weißen Landbesitzern auf ihre schwarzen Pächter abgewälzt worden sein könnte, ohne dies jedoch empirisch zu untersuchen. Konkreter ist eine Studie des Ökonomen James Poterba, der anhand von Preisdaten des Textileinzelhandels in 13 US-Großstädten zum Ergebnis kommt, daß zwischen 1925 und

---

schungsbericht, in: Peter Blickle u.a., Aufruhr und Empörung? Studien zum bäuerlichen Widerstand im Alten Reich, München: Beck, S. 1-68, hier S. 52f.; Willi A. Boelcke (1972), „Die sanftmütige Accise". Zur Bedeutung und Problematik der „indirekten Verbrauchsbesteuerung" in der Finanzwirtschaft der deutschen Territorialstaaten während der frühen Neuzeit, in: Jahrbuch für die Geschichte Mittel- und Ostdeutschlands, 21, S. 93-139, hier S. 125; Achilles (1991), S. 34; Andreas Schwennicke (1996), „Ohne Steuer kein Staat". Zur Entwicklung und politischen Funktion des Steuerrechts in den Territorien des Heiligen Römischen Reichs (1500-1800) (Ius Commune, 90), Frankfurt a.M.: Klostermann, S. 79-84, 159-167, 300-315, 351-353, und Werner Rösener (1997), Einführung in die Agrargeschichte, Darmstadt: Primus, S. 161.

4 Vgl. etwa Wagner (1980), S. 210-212.

5 Vgl. Steitz (1976), S. 204-212.

6 Vgl. Dumke (1985), S. 67. So beklagt etwa Schremmer (1994), S. 125, daß es keine „größere[n] mikroökonomischen Untersuchungen" zur Belastungswirkung der preußischen indirekten Steuern gebe. Schon Beckerath (1912), S. 24f., bedauerte, daß angesichts der öffentlichen Kritik, die die preußische Mahl- und Schlachtsteuer immer wieder auf sich gezogen habe, niemand ihre Inzidenz „abschließend" – wohl Hinweis und Kritik auf den von ihm immerhin zur Kenntnis genommenen Laspeyres, s.u. – untersucht habe.

7 Mathias/O'Brien (1978), S. 211.

1939 die bundesstaatlichen Umsatzsteuern nur zu knapp zwei Dritteln auf die Kunden überwälzt werden konnten.[8]

Die Wirtschaftsgeschichte hat sich der Frage der Steuerinzidenz sicherlich auch deshalb so selten angenommen, weil aus der empirischen Wirtschaftsforschung in dieser Frage wenig Impulse kommen. Trotz aller Fortschritte in der Theorie, der Verfügbarkeit von Daten und der Methoden, sie auszuwerten, bleibt die empirische Inzidenz bis auf den heutigen Tag eine weitgehend offene Größe.[9] Immerhin ist insofern ein deutlicher Fortschritt erzielt worden, als die theoretische Analyse heute eine stringentere Argumentation erfordert als im 19. Jahrhundert und somit einige der abenteuerlicheren Theorien nur noch die Dogmengeschichte beschäftigen.

Von der Vielzahl der Überwälzungslehren des 19. Jahrhunderts werden im folgenden Abschnitt nur einige wenige vorgestellt, wobei das Augenmerk auf den indirekten Steuern liegen wird. Für diese Einschränkung lassen sich ein inhaltlicher und ein pragmatischer Grund anführen. Zum einen waren die indirekten Steuern wegen ihrer vermuteten verteilungspolitischen Wirkung schon im 19. Jahrhundert sehr umstritten. Insbesondere die Mahl- und Schlachtsteuer, die der preußische Staat von 1820 bis 1874 in den meisten größeren Städten anstelle der Klassensteuer erhob, bewegte die Gemüter. Die zeitlichen Schwerpunkte der Diskussion lagen in den 1840er Jahren, als der Pauperismus und schließlich die letzte große Hungerkrise in Deutschland die fiskalische Verteuerung der Grundnahrungsmittel in besonders schlechtem Licht erscheinen ließen, und in den 1860er Jahren, als die Mahl- und Schlachtsteuer ein Angriffsziel sozialrevolutionärer und finanzreformerischer Vorhaben darstellte.[10] Zum anderen ist für diesen Steuertyp das Datenmaterial besonders geeignet, um Abschätzungen der Belastungswirkung zuzulassen.

In der zeitgenössischen Diskussion spielten empirische Analysen kaum eine Rolle; zu mager war das Datenmaterial und zu schwach entwickelt das statistische Instrumentarium. In der Regel begnügten sich die Autoren mit dem Vergleich der Einzelhandelspreise in Städten mit und ohne Steuer.[11] Angesichts der vielen anderen Faktoren, die die

---

8 Jonathan B. Pritchett (1989), The Burden of Negro Schooling: Tax Incidence and Racial Redistribution in Postbellum North Carolina, in: Journal of Economic History, 39, S. 966-973; James M. Poterba (1996), Retail Price Reactions to Changes in State and Local Sales Taxes, in: National Tax Journal, 49, S. 165-176.

9 Vgl. etwa Don Fullerton/Diane L. Rogers (1991), Lifetime versus Annual Perspectives on Tax Incidence, in: National Tax Journal, 44, S. 277-287; Fullerton/Metcalf (2002), S. 1817-1823, und zu den Schwierigkeiten der Inzidenzmessung: B.K. Atrostic/James R. Nunns (1990), Measuring Tax Burden: A Historical Perspective, in: Ernest R. Berndt/Jack E. Triplett (Hrsg.), Fifty Years of Economic Measurement: The Jubilee of the Conference on Research in Income and Wealth (NBER Studies in Income and Wealth, 54), Chicago: University of Chicago Press, S. 343-408.

10 Vgl. die Literaturnachweise bei Carl Kletke (1876), Literatur über das Finanzwesen des preußischen Staats, 3. Aufl., Berlin: Heymann, S. 267-272. Eine pointierte Nachzeichnung der Debatte findet sich bei Otto Wolff (1864), Die Mahl- und Schlachtsteuer, in: Vierteljahrschrift für Volkswirtschaft, Politik und Kulturgeschichte, 2, S. 168-196.

11 Vgl. etwa Hansemann (1846). Nach Angaben von [A. Ucke] (1847), Die Mahl- und Schlachtsteuer im Vergleich zu der Klassensteuer, Halle: Schwetschke, S. 20f., und Carl G. Kries (1849), Über die Mahl- und Schlacht-Steuer, die Einkommen- und Klassen-Steuer in Preußen, in: Archiv der

Endpreise beeinflussen, mußten diese Vergleiche eklektisch ausfallen und entbehrten daher argumentativer Durchschlagskraft.

Eine bemerkenswerte Ausnahme gab es jedoch: die Analysen des in Gießen lehrenden Nationalökonomen Etienne Laspeyres, der möglicherweise weltweit der erste Forscher war, der umfassende Analysen der Inzidenz einer Verbrauchsteuer vorlegte, eben der preußischen Mahl- und Schlachtsteuer. Laspeyres' Untersuchungen führten zu dem paradoxen Ergebnis, daß die Produzenten den Mahlsteuerbetrag zu mehr als 100% auf den Preis überwälzten, was er mit dem ökonomischen Kenntnisstand seiner Zeit nicht erklären zu können glaubte. Wohl auch wegen dieser fehlenden theoretischen Erklärung sind seine bemerkenswerten Beiträge von den Zeitgenossen kaum rezipiert und auch heute von der dogmenhistorischen Forschung nicht gewürdigt worden. Der dritte Abschnitt rekapituliert die wesentlichen Ergebnisse seiner 1877 und 1901 erschienenen Abhandlungen.

Seit dem Zweiten Weltkrieg haben empirische Untersuchungen wiederholt zu den zunächst überraschenden Ergebnissen geführt, die schon Laspeyres ein Dreivierteljahrhundert zuvor verwundert hatten, und die man nun als *Overshifting* bezeichnet. Insbesondere aus dem Bereich der *Industrial Organization* sind seitdem erste theoretische Erklärungsansätze für *Overshifting* entstanden. Diese Ansätze werden im vierten Abschnitt vorgestellt.

Der Schwerpunkt dieses Kapitels liegt im fünften Abschnitt, in dem die Inzidenz der preußischen Mahl- und Schlachtsteuer 1874 und der württembergischen Schlachtsteuer 1906 untersucht wird. Im Falle Preußens stellt sich wiederum das Laspeyres-Paradox ein, das nunmehr unter Zuhilfenahme der neueren theoretischen Ansätze untersucht und erklärt wird.

Der sechste und letzte Abschnitt faßt die Ergebnisse dieses Kapitels zusammen.

4.2 Steuerinzidenz in der zeitgenössischen Diskussion

In der Diskussion um die Inzidenz indirekter Steuern entstanden im 19. Jahrhundert kaum eigenständige Ansätze in Deutschland, die längeren Bestand hatten. Vielmehr kreisten die Erörterungen immer wieder um Theorien, die in Großbritannien und Frank-

politischen Oekonomie und Polizeiwissenschaft, N.F 8, S. 179-224, 277-324, hier S. 191, muß 1824 eine amtliche Studie erstellt worden sein, in der für 82 Städte der Rheinprovinz, von denen in 13 die Mahl- und Schlachtsteuer zur Erhebung kam, die Preise der von ihr betroffenen Nahrungsmittel untersucht wurden. In den einschlägigen Bibliographien finden sich jedoch keinerlei Hinweise auf eine Publikation; vgl. Kletke (1876); Katalog der Bibliothek des Königl. Statistischen Bureaus zu Berlin (1874, 1879), 2 Bde., Berlin: Verlag des königlichen statistischen Bureaus, und Katalog der Bibliothek des Königl. Sächs. Statistischen Bureaus (1890), Dresden: Heinrich. Auch intensive Recherchen im Geheimen Staatsarchiv, Anfragen an die Landesarchive Düsseldorf und Koblenz und 15 Stadtarchive der ehemaligen Rheinprovinz sowie eine Anfrage in der Internet-Diskussionsgruppe H-Soz-Kult brachten keine weiterführenden Hinweise.

reich entwickelt worden waren, vornehmlich von Adam Smith, Nicholas Canard und David Ricardo.

Die gewissermaßen bequemste Theorie der Inzidenz einer Steuer war und ist die von Nicholas Canard, der 1801 die Wirkung einer jedweden Steuer analog einem System kommunizierender Röhren beschrieb. Eine von wem auch immer formal abzuführende Steuer würde durch den wirtschaftlichen Verkehr so lange weitergewälzt, bis der Gesamteffekt vernachlässigbar sei, zumal der Staat mit den durch Steuereinnahmen finanzierten Ausgaben wiederum Nachfrage generiere, die auf gleiche Art durch die gesamte Wirtschaft diffundiere. Lediglich die Anpassungsprozesse nach Einführung einer neuen Steuer belasteten die Ökonomie, und daher gelte „que tout vieil impôt est bon, et tout nouvel impôt est mauvais". Canards Diffusionstheorie fand zwar in der Wissenschaft wenig explizite Anhänger, doch zeigen viele Äußerungen deutscher Finanzwissenschaftler bis hin zu Adolph Wagner Affinitäten zu dieser Auffassung, zumal sie ihren Fürsprecher der Notwendigkeit einer genaueren Inzidenzanalyse enthob. Auch in der Politik fand sie viele Anhänger; ihr prominentester war wohl Bismarck.[12]

Von größerem Einfluß auf die theoretische Diskussion waren die britischen Klassiker. Adam Smith ging ganz selbstverständlich davon aus, daß eine Produktionssteuer auf *necessaries*, insbesondere also auch auf Grundnahrungsmittel, im Preis voll überwälzt würde. Allerdings würden die Arbeiter sowohl in der Landwirtschaft als auch im Gewerbe einen Lohnausgleich verlangen und letztlich auch erhalten, da sonst das Arbeitsangebot zurückgehe. Gewerbliche Produzenten gäben dies im Preis ihrer Produkte weiter, landwirtschaftliche Produzenten zahlten ihren Grundbesitzern eine geringere Rente. Hinsichtlich einer Steuer auf Güter des nicht lebensnotwendigen Bedarfs äußerte sich Smith nicht präzise dazu, ob eine volle Überwälzung stattfinden würde. Jedenfalls erhöhe sie nicht die Löhne. Letztlich würden also die Produzenten der besteuerten Produkte in Landwirtschaft und Gewerbe voll kompensiert und ebenso die Arbeiter, insoweit die besteuerten Güter lebensnotwendig seien. Die Last der Steuer bleibe bei den Grundbesitzern und den Konsumenten nicht lebensnotwendiger Güter liegen.[13]

David Ricardo ging explizit von einer vollen Überwälzung einer Produktionssteuer aus, da die Produzenten sonst in einer anderen Branche höhere Gewinne erzielen könnten. Wie Smith folgerte er, daß die Arbeiter einen vollen Lohnausgleich bekämen, insoweit es sich um lebensnotwendige Produkte handele, da ihr Lebensstandard andernfalls unter das Subsistenzniveau sänke und damit auch das Arbeitsangebot zurückginge. Somit bliebe die Last bei den Konsumenten hängen und, indirekt über die Lohnerhö-

---

[12] Vgl. Nicolas F. Canard (1801), Principes d'économie politique, Paris: Buisson, S. 153-171, 178, 191-197 (Zitat); Brodnitz (1902), S. 91f.; Adolph Wagner (1904), Die finanzielle Mitbeteiligung der Gemeinden an kulturellen Staatseinrichtungen und die Entwickelung der Gemeindeeinnahmen. Mit besonderem Bezug auf preussische Verhältnisse, Jena: Fischer, S. 33f., und Grabower (1962), S. 382.

[13] Vgl. Adam Smith (1776), An Inquiry into the Nature and Causes of the Wealth of Nations, London: Strahan & Cadell, Bd. II, S. 482-487.

hung, bei den Produzenten aller Branchen, die bei Ricardo – anders als bei Smith – die Kostenerhöhung nicht auf die Grundbesitzer rückwälzen können.[14]

Die deutschen Autoren, so gerne sie sich auch meist auf Smith und Ricardo beriefen, mochten den englischen Klassikern insofern nicht vollständig folgen, als sie deren Optimismus in Hinsicht auf kompensierende Lohnerhöhungen nicht teilten. Auch sie gingen davon aus, daß eine Steuer auf Grundnahrungsmittel auf die Konsumenten überwälzt werde – wobei sich häufig Einschränkungen finden, die in heutiger Diktion die Angebots- und Nachfrageelastizitäten andeuten –, doch den Optimismus, daß die Löhne der Ärmsten voll kompensierend steigen würden, teilten viele mit Verweis auf die leidvollen Erfahrungen gerade der 1840er Jahre nicht. Theoretisch untermauert wurde diese Kritik mit dem Verweis auf die langsame Anpassungsgeschwindigkeit ökonomischer und vor allem demographischer Prozesse sowie mit der These, daß das Arbeitsangebot bei sinkenden Reallöhnen zur Aufrechterhaltung des Lebensstandards invers reagieren könne und somit ausgeweitet würde. Außerdem lägen viele Löhne über dem Existenzminimum und könnten daher sehr wohl von einer Steuer getroffen werden.[15]

Unter den vielen Meinungsäußerungen zeitgenössischer Autoren zur Wirkung von indirekten Steuern war wegen ihrer Begleitumstände die von Ferdinand Lassalle die spektakulärste. Der Sozialist Lassalle wurde im November 1863 während einer Rede verhaftet und des Hochverrats beschuldigt. Die Anklage stützte sich dabei auch auf seine Ausführungen über die Regressivität indirekter Steuern, die die Staatsanwaltschaft als sachlich falsch ansah und als Volksverhetzung interpretierte. In seiner Verteidigungsschrift führte Lassalle seine Gedanken weiter aus, indem er auf die geringe Einkommenselastizität der Lebensmittelnachfrage verwies. Er ging dabei von vollständiger Überwälzung aus und zählte zudem die Grund- und Gewerbesteuern ebenfalls zu den indirekten Steuern, da auch sie auf den Konsumenten und somit vorzugsweise die unteren Klassen abgewälzt würden. In seinem Plädoyer berief er sich, wenn auch recht eklektisch, unter anderem auf Bodin, Jean-Baptiste Say, Smith und sogar Ricardo.[16]

Trotz Unterschieden in Einzelfragen gab Lassalle in Hinsicht auf die Wirkung indirekter Steuern durchaus die herrschende Meinung unter den deutschen Nationalökonomen und Praktikern wieder: Verbrauchsteuern würden voll überwälzt, belasteten in aller Regel ärmere Haushalte stärker als wohlhabendere und wirkten daher regressiv.[17] Allenfalls für die Besteuerung von Luxusgütern träfe dies nicht zu. Außerdem, und dieses Argument findet sich in fast jeder Argumentation speziell gegen die preußische Mahl-

---

[14] Vgl. David Ricardo (1817), On the Principles of Political Economy and Taxation, London: Murray, S. 194-200.

[15] Vgl. etwa Kries (1849), S. 192f., und als Überblick Scheer (1988), S. 141-151.

[16] Vgl. Ferdinand Lassalle (1863), Die indirecte Steuer und die Lage der arbeitenden Klassen. Eine Vertheidigungsrede vor dem K. Kammergericht zu Berlin gegen die Anklage die besitzlosen Klassen zum Haß und zur Verachtung gegen die besitzenden öffentlich angereizt zu haben, Zürich: Meyer & Zeller, S. 6-8, 14, 22, 35, 40; Josef Kaizl (1882), Die Lehre von der Überwälzung der Steuern, Leipzig: Duncker & Humblot, S. 51f., und Iring Fetscher (1982), Lassalle, Ferdinand, in: Neue Deutsche Biographie, Bd. XIII, Berlin: Duncker & Humblot, S. 661-669.

[17] Vgl. Scheer (1988), S. 105-169, hier insb. S. 124f., 135-151, und ferner Kaizl (1882).

und Schlachtsteuer, verleiteten die Erhebungs- und Kontrollmodalitäten die städtische Bevölkerung zur Defraudation, d.h. Steuerhinterziehung.[18]

4.3 Die preußische Mahl- und Schlachtsteuer und Laspeyres' Paradox

Wenn die Nationalökonomen des 19. Jahrhunderts über Steuerinzidenz diskutierten, so gingen sie in der Regel deduktiv und mit Rückgriff auf Erfahrungswissen, nicht jedoch auf empirische Untersuchungen vor. Neben der allgemeinen akademischen Debatte entzündete sich insbesondere an der preußischen Mahl- und Schlachtsteuer eine lebhafte politische Diskussion über deren konkrete Verteilungswirkungen, die in den akademischen Diskurs zurückwirkte.

4.3.1 Die Rolle der Mahl- und Schlachtsteuer im preußischen Steuersystem

Preußen zählte zwar wegen des Gewinns der wohlhabenden westdeutschen Territorien letztlich zu den Gewinnern der napoleonischen Kriege, hatte sich jedoch enorm verschuldet. Eine Bestandsaufnahme Anfang der 1820er Jahre ergab, daß sich der Schuldenstand des Staates auf 232 Millionen Taler belief. Die korrekte Rückzahlung der Staatsschuld wurde als Ehrensache dargestellt. Eine nüchterne Betrachtung der Interessenlage macht freilich klar, daß es genau die in der preußischen Politik tonangebenden Kräfte waren, die zugleich die größten Gläubiger des Landes waren: die adligen Großgrundbesitzer.[19]

Aus diesem Imperativ der Schuldenkonsolidierung erwuchs der preußischen Finanzpolitik das Problem, nicht nur Finanzmittel für die laufenden Ausgaben aufbringen zu müssen, sondern zudem auch noch für die Schuldentilgung. In der gewaltigen Umstrukturierung des Steuerwesens, die 1808 mit dem mißglückten Versuch der Etablierung einer Einkommensteuer nach englischem Vorbild begonnen hatte und 1822 mit der Umgestaltung der Stempelsteuern ihren vorläufigen Abschluß fand, hatte die Ergiebigkeit des Systems absolute Priorität. Andere Ziele hatten demgegenüber zurückzustehen, insbesondere auch die Forderung nach steuerlicher Gleichbehandlung oder gar Umverteilung.

Tatsächlich wies das um 1820 geschaffene preußische Steuersystem mehrere Charakteristika auf, die massive Verstöße gegen das Postulat der steuerlichen Gleichbehandlung bedeuteten, und an denen neben dem kaum veränderten Grundsteuersystem die 1820 eingeführte Mahl- und Schlachtsteuer ihren besonderen Anteil hatte. Sie bot daher den Kritikern des preußischen Steuersystems die größte Angriffsfläche, wie selbst

---

18 Vgl. etwa: Die Mahl- und Schlachtsteuer in Vergleich zu der Klassensteuer mit Rücksicht auf die verheissene Erleichterung der Ersteren (1847), 2. Aufl., Halle: Schwetschke, S. 29.

19 Vgl. Schissler (1982), S. 372.

der König 1847 zugeben mußte.[20] Erstens hatte der preußische Staat mit der Abschaffung der Binnenzölle von 1818 gerade erst einen vielgelobten Schritt zur Belebung des Handels getan, den er nun mit der Einführung der Mahl- und Schlachtsteuer konterkarierte, denn die Zugänge der diese Steuer erhebenden Städte mußten weiterhin von entsprechendem Personal kontrolliert werden. Damit hatte man den Vorsatz von 1810/11, den überkommenen fiskalischen Unterschied von Stadt und Land aufzuheben, endgültig aufgegeben.[21] Gemessen am Anspruch, ein modernes und rationales Steuersystem zu errichten, blieb die Mahl- und Schlachtsteuer daher ein antiquierter Fremdkörper.

Zweitens galt die Mahl- und Schlachtsteuer als unsozial, belastete sie doch Gegenstände des täglichen Bedarfs, die durch steuerlich unbelastete Lebensmittel zu ersetzen gerade den ärmeren Stadtbewohnern schwerfiel. Denn während wohlhabendere Haushalte von besteuertem Großviehfleisch auf Geflügel, Wildbret oder Fisch ausweichen konnten, stand ärmeren allenfalls der Konsumverzicht offen, um der Schlachtsteuer zu entgehen.[22] Da die Mahlsteuer Weizenmehl wesentlich stärker als andere Getreideprodukte belastete, konnte man einen Teil der Steuer durch Ausweichen etwa auf Roggenmehl umgehen. Unterhalb des Roggenmehls standen als Massengrundnahrungsmittel nur noch die steuerlich unbelasteten Kartoffeln zur Verfügung, die als Arme-Leute-Essen galten, nicht in allen Regionen Preußens angebaut wurden und schlechte Transport- und Lagereigenschaften aufwiesen.[23] Unter der (impliziten) Annahme voller Überwälzung rechnete der Breslauer Nationalökonom Carl Kries 1849 vor, daß sein vierköpfiger Haushalt, in dem vor allem die beiden Dienstmädchen Brot aßen, etwa vier Taler Mahlsteuer im Jahr entrichtete, der gegenüber wohnende zehnköpfige Tagelöhnerhaus-

---

20 Vgl. die Rede Friedrich-Wilhelms vor dem ersten vereinigten Landtag 1847, in: Bleich (Hrsg.) (1847), Bd. I, S. 29f.

21 Vgl. Hoffmann (1840), S. 315-320, und v. Reden (1856), S. 82-87.

22 Vgl. Hans-Werner Hahn (1987), Zunftproteste gegen den modernen Steuerstaat: Die Wetzlarer Auseinandersetzungen um die preußische Mahl- und Schlachtsteuer 1820-1840, in: Nassauische Annalen, 98, S. 173-198, hier S. 187. – Einige mahl- und schlachtsteuerpflichtige Städte in Schlesien (Breslau, Brieg, Glogau und Schweidnitz), erhoben auch Wildbretsteuern; vgl. VHA, Bd. 234 (1872), S. 999-1017. Ihre Bedeutung war jedoch sehr gering: 1869 betrugen die Kommunalzuschläge zur Mahl- und Schlachtsteuer 2,8 Mio. Taler, die Erträge aus Wildbret- und Geflügelsteuern jedoch nur 0,04 Mio. Taler; vgl. Ludwig Herrfurth (1878), Beiträge zur Statistik der Gemeindeabgaben in Preussen. Unter Benutzung amtlicher Quellen bearbeitet, in: Zeitschrift des Königlich Preussischen Statistischen Bureaus, 18, S. 1-60, hier S. 27. Hinweise auf die Besteuerung von Fischverzehr ließen sich weder dort noch anderswo in der Literatur auffinden.

23 Vgl. Günther Franz (1960), Die Geschichte des deutschen Landwarenhandels, in: ders./Wilhelm Abel/Gisbert Cascorbi, Der deutsche Landwarenhandel, Hannover: Strothe, S. 13-110, hier S. 101; Hans-Jürgen Teuteberg (1981), Wie ernährten sich Arbeiter im Kaiserreich?, in: Werner Conze/ Ulrich Engelhardt (Hrsg.), Arbeiterexistenz im 19. Jahrhundert. Lebensstandard und Lebensgestaltung deutscher Arbeiter und Handwerker (Industrielle Welt, 33), Stuttgart: Klett-Cotta, S. 57-73, hier S. 62-64; Dieter Burgholz (1987), Privater Lebensmittelverbrauch und kommunale Lebensmittelvorsorge während der Urbanisierung Preußens, in: Hans-Jürgen Teuteberg (Hrsg.), Durchbruch zum modernen Massenkonsum. Lebensmittelmärkte und Lebensmittelqualität im Städtewachstum des Industriezeitalters (Studien zur Geschichte des Alltags, 8), Münster: Coppenrath, S. 91-126, hier S. 100-102.

halt, für den Brot das Grundnahrungsmittel war, jedoch neun Taler.[24] Zudem lag die Steuerlast pro Kopf in den mahl- und schlachtsteuerpflichtigen Städten etwa dreimal höher als in den klassensteuerpflichtigen Gebieten.[25] Ein so hoher Abstand kann auch nicht mit dem höheren Durchschnittseinkommen in den Städten erklärt werden; vielmehr war er schon bei Schaffung der Steuer beabsichtigt gewesen, womit Preußen das Prinzip gleiche Steuerlast bei gleichem Steuertatbestand bewußt der fiskalischen Ergiebigkeit geopfert hatte. Der maßgebliche Initiator der preußischen Steuerreform von 1820, Johann G. Hoffmann, hatte dies bei den Beratungen auch ziemlich offen ausgesprochen.[26]

Schließlich führte die Mahl- und Schlachtsteuer drittens für Teile der Bevölkerung zu einer doppelten Besteuerung. Da sie steuertechnisch beim Mahl- bzw. Schlachtvorgang ansetzte, legten die Behörden um die mahl- und schlachtsteuerpflichtige Stadt eine innere Steuerlinie fest, etwa entlang noch vorhandener Befestigungsmauern, eigens für die Steuer errichteter neuer Mauern oder eines Flusses.[27] Da die meisten Städte mittlerweile über die mittelalterlichen Stadtmauern hinaus gewachsen bzw. dort Vorstädte entstanden waren, legte man um die innere Steuerlinie noch eine äußere im Abstand von einer halben Meile (ca. 3,8 Kilometer). Die zwischen den Linien wohnenden Menschen waren einer Doppelbesteuerung unterworfen, da sie nicht nur die Klassensteuer zahlten, sondern über die Brot- und Fleischpreise zusätzlich auch die ebenfalls dort erhobene Mahl- und Schlachtsteuer trugen. Dies war ein weiterer gravierender Verstoß gegen einfachste Prinzipien der steuerlichen Gleichbehandlung. Die Beschränkung der Klassensteuer auf die geringeren Einkommen und die Veranlagung zur klassifizierten Einkommensteuer auf höhere Einkommen ab 1852 brachte die Doppelbesteuerung nun auch noch in die innere Linie der mahl- und schlachtsteuerpflichtigen Städte, da die Einkommensteuer flächendeckend galt. Immerhin wurde dafür bei der Berechnung der Einkommensteuerlast ein Pauschalabzug in Anrechnung gebracht.

Einer der wenigen dezidierten Fürsprecher der Mahl- und Schlachtsteuer war Bismarck, der sie für die „leichteste und beste" aller Steuern hielt, ihre 1873 beschlossene Abschaffung mehrfach als Fehler bezeichnete und sich 1882 sogar für ihre Wiedereinführung aussprach. Bismarck schätzte generell die indirekten Steuern, weil sie kontinuierlich und unmerklich erhoben würden und daher den Staat bei der Erhebung nicht so deutlich in Erscheinung treten ließen wie bei der Erhebung der direkten Steuern mit ih-

---

24 Vgl. Kries (1849), S. 190-193; Karl v. Sparre (1844), Die Preussische Classensteuer und Mahl- und Schlachtsteuer aus dem Gesichtspuncte eines Praktikers. Eine Parallele, als Entgegnung auf den Verwandlungs-Vorschlag des Herrn von Bülow-Cummerow. Nebst Vorschlägen zur Beseitigung der Mängel beider Steuerarten, oder zu einer stellvertretenden Classen-Consumtionssteuer, Giessen: Ricker, S. 29, und Eduard Pfeiffer (1866), Die Staatseinahmen. Geschichte, Kritik und Statistik derselben, Bd. II, Stuttgart: Kröner, S. 370.

25 Vgl. Siegert (2001), S. 159.

26 Vgl. die Promemoria von Hoffmann aus dem Jahre 1820, abgedruckt in: Dieterici (1875), S. 291, und die Darstellung von Rolf Grabower (1932), Preußens Steuern vor und nach den Befreiungskriegen, Berlin: Liebmann, S. 531-533.

27 Vgl. Matzerath (1985), S. 62.

ren oft unerfreulichen Begleiterscheinungen.[28] Es ist sehr wahrscheinlich sein Einfluß gewesen, der dazu führte, daß Preußen als letzter größerer Staat so lange an der Mahlsteuer festhielt.

4.3.2 Die Erhebungspraxis der Mahl- und Schlachtsteuer

Generell sollte die Mahl- und Schlachtsteuer in den größeren preußischen Städten zur Erhebung kommen, da man dort Schwierigkeiten bei der Eintreibung einer direkten Steuer von den Unterschichten befürchtete. Ursprünglich galt sie in 132 Städten. In Städten, in denen aus siedlungstopographischen Gründen die Überwachung einer geschlossenen Steuerlinie schwierig war, kam statt ihrer die Klassensteuer zur Erhebung.[29]

Der Mahlsteuer unterlagen alle heimischen Getreidearten, Körner und Hülsenfrüchte, wenn sie innerhalb der äußeren Steuerlinie in Mühlen zu Mehl, Schrot, Graupe, Grütze oder Grieß verarbeitet wurden. Der Steuersatz für einen preußischen Zentner Weizen (51,448 kg) lag seit der Währungsumstellung von 1821 bei 20 Silbergroschen (Sgr.), der der anderen Getreideprodukte bei fünf Sgr. Für fertig ausgemahlenes Mehl mußte bei der Einfuhr in die Stadt ein um ein Drittel höherer Betrag entrichtet werden, also 26 2/3 Sgr. für Weizenmehl bzw. 6 2/3 Sgr. für Roggenmehl. Die Schlachtsteuer betrug einheitlich einen Taler (= 30 Sgr.) je Zentner Gewicht von Rindern, Schafen, Ziegen und Schweinen sowie deren Jungtieren. Der Fleischer hatte die Wahl zwischen der Versteuerung nach Gewicht oder pauschal pro Tier.[30] Letzteres erwies sich als etwas günstiger und setzte sich weitgehend durch. Fertige Fleischprodukte unterlagen bei der Einfuhr am Tor einem um ein Drittel höheren Steuersatz.[31] Sowohl beim Vermahlen

---

28 Vgl. Brodnitz (1902), S. 78-114 (Zitat S. 100), und Grabower (1962), S. 382, 418f., 425.

29 Die Einwohner folgender größerer Städte (1821 mehr als 5.000 Einwohner), zahlten nicht die Mahl- und Schlachtsteuer, sondern die Klassensteuer: Elberfeld (1821 22.997 Einwohner), Barmen (19.566), Krefeld (15.163), Eupen (9.565), Remscheid (8.365), Eisleben (6.532), Neuss (6.495), Suhl (5.977), Hückeswagen (5.766), Mülheim/Ruhr (5.692), Iserlohn (5.675), Schönebeck (5.669), Düren (5.301), Lennep (5.199); vgl. Alexander A. Mützell (1825), Neues topographisch-statistisch-geographisches Wörterbuch des preussischen Staats, Bd. VI, Halle: Kümmel, S. 1-111. Die ursprünglichen 132 Mahl- und Schlachtsteuerstädte sind aufgeführt in: Friedrich G. Schimmelfennig (1837), Die preussischen indirekten Steuern oder die auf Produktion, Fabrikation und Konsumtion ruhenden Abgaben im Innern der preussischen Staaten. Eine systematisch geordnete Zusammenstellung der darauf Bezug habenden Gesetze und Verordnungen bis zum Schlusse des Jahres 1835, Bd. I, Potsdam: Riegel, S. 193f.

30 Seit 1827 konnten sich Schlachter auch durch Zahlung einer fixierten Pauschalsumme von der Steuer befreien lassen; vgl. Schimmelfennig (1837), S. 198. Davon scheint jedoch wenig Gebrauch gemacht worden zu sein, jedenfalls wird diese Regelung in der Literatur der Steuerpraktiker später sehr selten erwähnt.

31 Der Gesetzestext ist u.a. abgedruckt bei: Ernst Engel (1868), Die Ergebnisse der Classensteuer, der classificirten Einkommensteuer und der Mahl- und Schlachtsteuer im Preussischen Staate, in: Zeitschrift des Königlich Preussischen Statistischen Bureaus, 8, S. 25-84, hier S. 32f. – Die Steuersätze blieben über den gesamten Zeitraum der Gültigkeit des Gesetzes unverändert. Auf dem Höhe-

als auch beim Schlachten ging man also von einem Ausschuß von etwa einem Viertel aus.[32] Zusätzlich zur staatlichen Mahl- und Schlachtsteuer erhoben die meisten Städte noch einen Kommunalzuschlag, dessen Durchschnitt sich im Laufe der Jahrzehnte immer stärker an die maximal zulässige Grenze von 50% annäherte. Der Kommunalzuschlag wurde nur in der inneren Steuerlinie erhoben.

Die Erhebung der Steuer erforderte einen engmaschigen Überwachungsapparat, um die Einfuhr von Mehl und Fleisch in die Stadt bzw. deren Produktion innerhalb der Stadt zu kontrollieren. Die Haltung von beweglichen Mühlen und Getreidestampfen war innerhalb der äußeren Steuerlinie verboten, die Errichtung von Mühlen genehmigungspflichtig und die Nutzung von Schlacht- und Lagerhäusern anzeigepflichtig. Mahl- und schlachtsteuerpflichtige Waren durften nur auf bestimmten Straßen von außerhalb in die äußere Steuerlinie gebracht werden. Das staatliche Kontrollpersonal bestand meistens aus ehemaligen Unteroffizieren, deren Salär ziemlich kärglich war. In den ersten anderthalb Jahrzehnten des Bestehens der Mahl- und Schlachtsteuer konnten sie es mit sogenannten Denunziantenanteilen aufbessern, die ihnen bei Überführung eines Defraudanten im Verhältnis zum Wert des Schmuggelguts gutgeschrieben wurden. Wegen Mißständen wurde diese Praxis 1838 beendet.

Wer Getreide in die äußere Steuerlinie einführte, wurde am Kontrollpunkt (in der inneren Linie meist ein Stadttor) registriert und mußte auf vorgeschriebenen Wegen zum Steueramt fahren. Dort gab er Getreideart, Gewicht, Anzahl der Säcke, die Namen und Wohnort des Steuerpflichtigen tragen mußten, gewünschte Verarbeitung und Mühle an und zahlte die entsprechende Steuer. Bis zum Ende des darauffolgenden Tages mußte er sich dann mit dem ausgehändigten Steuerschein zur Mühlenwaage begeben, wo Qualität und Quantität des Mahlguts mit den Angaben auf dem Steuerschein verglichen wurden. Erst dann konnte die Vermahlung erfolgen, nach der das fertige Gemahl wiederum gewogen werden mußte. Wer sein Getreide nicht selbst vermahlen lassen wollte, verkaufte es auf dem Markt an die Bäcker, die dann dieselbe Prozedur im Steueramt bzw. auf der Mühlenwaage vornehmen mußten. Die Konsumenten konnten wegen des Verbots von Handmühlen etc. allenfalls fertiges (und besteuertes) Mehl kaufen, wenn sie ihr Brot selbst backen wollten. Dies war jedoch in den größeren Städten nicht mehr üblich und geschah auch in mittleren und kleineren Städten eher selten.[33]

---

punkt der Hungerkrise von 1847 wurde ein Teil der Steuer zeitweise ausgesetzt, und in den Jahren 1854-1856 und 1859-1862 wurde ein Zuschlag erhoben; vgl. A. Reinick (1863/64), Die Resultate der Mahl- und Schlachtsteuer in der Periode von 1838 bis mit 1861. Eine finanz-statistische Abhandlung, in: ebda., 3, S. 217-235, 4, S. 160-167, hier S. 160f.; Engel (1868), S. 80-84, und Laspeyres (1901), S. 60-62.

32 Vgl. zum Abfall beim Vermahlen Sparre (1844), S. 52, und H. Maron (1863), Die Mahl- und Schlachtsteuer, Berlin: Selbstverlag, S. 23.

33 Vgl. Hoffmann (1840), S. 335. Das hier beschriebene Mahlsteuerverfahren war wohl das gängigste; vgl. für andere Varianten der Steuerentrichtung und -kontrolle Schimmelfennig (1837), S. 190-237.

Mehl wurde wegen seiner schlechten Haltbarkeit nicht in großem Stil transportiert.[34] Aufgrund qualitativer Verbesserungen nahm der Anteil des in die Stadt importierten Mehls jedoch im Zeitablauf zu. Die Steuerbeamten in den Packhöfen und Mehlwaageanstalten untersuchten durch Wiegen das Gewicht und durch Proben die Qualität des Mehls. Letzteres war wegen der um das vierfache höheren steuerlichen Belastung des Weizenmehls im Vergleich zum Roggenmehl nötig.[35]

Für Fleischer waren die Kontrollen deutlich weniger aufwendig. Sie hatten ein Schlachtrevisions- und Versteuerungsbuch zu führen, in dem die Torkontrolle bei der Einfuhr von Vieh den Zugang vermerkte. Bevor sie ein Tier schlachteten, mußten sie dem Steueramt Viehart und Zeitpunkt mitteilen, die Steuer entrichten und den Abgang im Buch vermerken lassen.[36]

Die ausgesprochen große Unpopularität der Mahl- und Schlachtsteuer bei der städtischen Bevölkerung beruhte vor allem auf den umständlichen Visitationen der Torkontrolle, die jeden Einwohner als potentiellen Defraudanten ansah, und dem Gefühl, über höhere Mehl-, Brot- und Fleischpreise deutlich höher besteuert zu werden als die der Klassensteuer unterworfene Bevölkerung auf dem Land.

Wer nun die Steuerlast tatsächlich effektiv trug, war nicht klar, wie sich etwa in einer Formulierung eines Breslauer Stadtrats aus dem Jahre 1863 widerspiegelt:

> „Ob die Mahl- und Schlachtsteuer die nothwendigsten Lebensmittel vertheuert und ob diese im Preise herabgehen, wenn sie aufgehoben wird, wie vielfach behauptet und bestritten wird, dürfte sehr schwer festzustellen sein, da wohl schwerlich irgendwo so genaue Listen geführt sind, um unter Berücksichtigung aller Verhältnisse, Steigerung der Fleisch- und Getreidepreise oder Herabgehen derselben aus anderen Ursachen, vermehrter Verkehr oder Verminderung desselben und dergl. bestimmt behaupten zu können, die Preise der Lebensmittel würden nach Aufhebung der Steuer um so weniger sich vermindern, als die Steuer selbst von den einzelnen zum Verbrauch kommenden Quantitäten zu gering ist, um das Pfund Brod z.B. um diesen Betrag größer darstellen zu können."[37]

---

34 Vgl. F. S[chemioneck] (1863), Die Mahl- und Schlachtsteuer in Berlin, Berlin: Selbstverlag, S. 12f. Dies änderte sich erst ab den 1870er Jahren; vgl. Franz (1960), S. 99. Vgl. zur Haltbarkeit: Hans-Jürgen Teuteberg/Peter Lesniczak (2001), Alte ländliche Festtagsmahlzeiten in der Phase sich intensivierender Verbürgerlichung 1880-1930, in: Rheinisch-Westfälische Zeitschrift für Volkskunde, 46, S. 319-353, hier S. 325.

35 Vgl. S.A. Jaenicke (1872), Die Schlacht- und Mahlsteuer in Preußen. Beleuchtet vom volkswirthschaftlichen Standpunkt der heutigen Zeit, Berlin: Kortkampf, S. 20f.

36 Soweit nicht anders vermerkt, basiert die Beschreibung der Veranlagung auf der detaillierten Darstellung von Eduard Werner (1927), Gründung, Organisation und Wirksamkeit des Steuerdirektorats in Schlesien von 1827 bis 1848 unter besonderer Berücksichtigung der Mahl- und Schlachtsteuer in Breslau, Diss. Breslau, Breslau: Nischkowsky. Im Gegensatz zu anderen Dissertationen aus dieser Zeit beruht diese Darstellung auf breiter archivalischer Aktengrundlage. Bis zur Abschaffung der Mahl- und Schlachtsteuer gab es kaum Veränderungen; vgl. die unten diskutierten Artikel von Laspeyres (1877, 1901) und Siegert (2001), S. 159-162.

37 Becker (1863), Bericht über die Frage: ob die Abschaffung der Mahl- und Schlachtsteuer und ihr Ersatz durch die Klassensteuer zu empfehlen, in: Deutsche Gemeinde-Zeitung, 2, S. 529f.

Schon in der Bezeichnung „indirekte" Steuer kam die herrschende Meinung zum Ausdruck. Formal waren die Kunden der Müller – also meist Bäcker, manchmal auch Mehlhändler – und Fleischer die Steuerzahler, Steuerdestinatar waren jedoch die Endverbraucher, deren sich im Brot- und Fleischverbrauch äußernde Kaufkraft indirekt besteuert werden sollte. In ihren Belastungsvergleichen von Städten mit bzw. ohne Mahl- und Schlachtsteuer gingen zeitgenössische Autoren wie David Hansemann oder Ernst v. Bülow-Cummerow davon aus, daß die Steuer an die Konsumenten vorgewälzt werden konnte – von Rücküberwälzung auf die Getreide- und Viehproduzenten war selten die Rede.[38] Bäcker und Fleischer dagegen klagten, daß die Steuer bei ihnen hängen bleiben würde; eine Position, die etwa John Prince-Smith, ein aus Großbritannien eingewanderter Publizist, in einer theoretischen Analyse der Belastungswirkungen teilweise stützte.[39]

4.3.3 Die Ergebnisse der Inzidenzanalyse von Laspeyres

Weder Praktiker noch Theoretiker konnten also Einigung darüber erzielen, wer nun eigentlich die Mahl- und Schlachtsteuer trug. Wenn sie es auch anders ausdrückten, so war einigen von ihnen durchaus klar, daß für die Frage der Überwälzung die Preiselastizität des Angebots und der Nachfrage eine entscheidende Rolle spielten.[40] Letztlich konnte nur eine empirische Analyse Klarheit bringen. An dieses methodisch schwierige und politisch heikle Unterfangen wagte sich erst kurz nach Abschaffung der Steuer Etienne Laspeyres, der der Frage mittels einer groß angelegten Untersuchung auf den Grund gehen wollte, die ihn über ein Vierteljahrhundert und viele seiner Studenten sicherlich bis zum Überdruß beschäftigen sollte.

Etienne Laspeyres wurde 1834 in Halle a.d. Saale geboren und studierte das Fach Rechts- und Kameralwissenschaften, in dem er sich 1860 bei Wilhelm Roscher in Hei-

---

38 Vgl. Ernst G. v. Bülow-Cummerow (1844), Politische und finanzielle Abhandlungen, Bd. II: Die Mahl- und Schlachtsteuer, Berlin: Veit, S. 144-147, 183-186; John Prince-Smith (1845), Ueber die Frage: Wer trägt die Mahl- und Schlachtsteuer, Elbing: Levin, hier zit. nach Wiederabdruck in ders. (1879), Gesammelte Schriften, Bd. II, Berlin: Herbig, S. 273-289, und Hansemann (1846), S. 13. Der konservative Bülow-Cummerow vertrat die Interessen der adligen Gutsbesitzerschicht, aus der er stammte, während Prince-Smith und Hansemann zu den Liberalen zählten. In der Ablehnung der Mahl- und Schlachtsteuer waren sie sich jedoch einig.

39 Vgl. Sparre (1844), S. V, 26, und Prince-Smith (1879 [1845]), S. 287. Sparre stand diesen Klagen jedoch kritisch gegenüber.

40 Nach Bülow-Cummerow (1844), S. 144, etwa ließ „... sich ziemlich bestimmt folgern, daß eine auf die Consumtion gelegte Steuer immer diejenigen trifft, die sich in Verlegenheit befinden...". Ähnlich, semantisch allerdings ins Positive gewendet, schrieb etwa der württembergische Direktor des Statistisch-topographischen Bureaus, Riecke (1879), S. 99: „Die Ueberwälzung der Steuer von dem einen auf den anderen übt ihre Wirkung, die Steuerlast wird durch den Verkehr schließlich auf diejenigen Schultern geleitet, welche sie zu tragen vermögen." Vgl. speziell zur theoretischen Inzidenz der Mahl- und Schlachtsteuer: Pfeiffer (1866), Bd. II, S. 77-98, 181f. Vgl. auch Adolf Held (1868), Zur Lehre von der Überwälzung der Steuern, in: Zeitschrift für die gesammte Staatswissenschaft, 24, S. 421-495, hier S. 466.

delberg habilitierte. Nach Stationen in Basel, Riga, Dorpat und Karlsruhe lehrte er von 1874 bis zu seiner Emeritierung 1900 Nationalökonomie in Gießen, wo er 1913 starb. Laspeyres' wissenschaftliches Werk war im Gegensatz zu den meisten seiner nationalökonomischen Kollegen stark von empirischer Forschung geprägt. Die von ihm 1871 in den *Jahrbüchern für Nationalökonomie und Statistik* entwickelte und mittlerweile nach ihm benannte Preisindexformel ist noch heute Ausgangspunkt der Preisstatistik. Nach 1882 publizierte er kaum noch. Sein letztes großes Projekt war die Untersuchung der Preisbewegungen, über die er 1901 zwei größere Aufsätze vorlegte.[41]

Einer der beiden behandelte die Mahl- und Schlachtsteuer und basierte auf Voruntersuchungen, die Laspeyres inmitten seiner wissenschaftlich produktivsten Phase 1877 unter dem Titel „Statistische Untersuchungen über den Einfluss einer Steueraufhebung auf die Preise der bisher besteuerten Produkte" in der österreichischen *Statistischen Monatschrift* veröffentlicht hatte. Die preußischen Kammern hatten 1873 angesichts der guten Kassenlage endlich die Mahl- und Schlachtsteuer mit Wirkung zum 1. Januar 1875 aufgehoben. Während die Mahlsteuer ganz fortfiel, konnte die Schlachtsteuer von den Städten in eigener Regie für kommunale Zwecke weiter erhoben werden, wovon jedoch nur wenige Gebrauch machten. Laspeyres ging der Frage nach, „ob Fleisch und Mehl resp. Brod in denjenigen Städten, in denen die Mahl- und Schlachtsteuer mit dem 1. Jänner 1875 fortfiel, um den Betrag der bisherigen Steuer billiger geworden"[42] seien. Zunächst rekapitulierte er kurz die Theorie. Die Erhebung einer Verbrauchsteuer[43] bewirke, daß der Preis des besteuerten Produkts steige und die Nachfrage zurückgehe, wodurch Grenzanbieter aus dem Markt schieden. Er ging also implizit von einer steigenden, nicht vollkommen elastischen Angebotskurve aus und folgerte daher ganz richtig, daß es keineswegs ausgemacht sei, daß die Produzenten den vollen Betrag auf die Konsumenten überwälzen könnten. Zudem, und damit den partialanalytischen Rahmen verlassend, wies er auf Einkommenseffekte hin, die sich negativ auf die Nachfrage nach anderen Bedarfsgütern auswirkten und um so gravierender seien, je unelastischer die Nachfrage nach dem besteuerten Gut sei. Eine große Rolle spielten in seinen Überlegungen schließlich Preisanpassungsprozesse.

Laspeyres' methodischer Ansatz bestand in dem Vergleich der Preisveränderungen zwischen mahl- und schlachtsteuerpflichtigen Städten einerseits und klassensteuerpflichtigen Städten andererseits. Er machte sich dabei die Tatsache zunutze, daß das preußische statistische Bureau kurz zuvor die Preisberichterstattung auf Einzelhandelsgüter ausgeweitet hatte, insbesondere auch auf die bislang nicht berücksichtigten Mehl- und Fleischpreise. Diese publizierte die *Zeitschrift des königlich preußischen statistischen Bureaus* ab dem Berichtsmonat Januar 1873 für nicht weniger als 157 preußische

41 Vgl. Meitzel (1910), Laspeyres, Etienne, in: Handwörterbuch der Staatswissenschaften, 3. Aufl., Bd. VI, Jena: Fischer, S. 405f.; ders. (1925), Laspeyres, Etienne, in: Handwörterbuch der Staatswissenschaften, 4. Aufl., Bd. VI, Jena: Fischer, S. 248; Richard Maul [1930] Laspeyres als statistisch-nationalökonomischer Forscher, Diss. Frankfurt a.M., Rockenhausen: Blaufus, S. 10f., und Horst Rinne (1982), Laspeyres, Etienne, in: Neue Deutsche Biographie, Bd. XIII, Berlin: Duncker & Humblot, S. 660f.

42 Laspeyres (1877), S. 497.

43 Genau genommen war die Mahl- und Schlachtsteuer eine Produktionssteuer.

Städte.[44] Dieses ausgezeichnete Material erlaubt eine Querschnittsanalyse, in der die Preise in den mahl- und schlachtsteuerpflichtigen Städten mit denen in den klassensteuerpflichtigen verglichen werden können.[45] Laspeyres ging jedoch eigenartigerweise und ohne Begründung einen anderen, sehr viel arbeitsintensiveren Weg. Er unternahm eine Panel-Analyse, indem er die Preisveränderungen zwischen Dezember 1874 und Januar 1875 bzw. den Durchschnittswerten der Jahre 1874 und 1875 bzw. der Jahre 1873/74 und 1875/76 verglich. Dafür wählte er 19 schlesische Städte und eine benachbarte brandenburgische Stadt aus, von denen zehn bis Ende 1874 die Mahl- und Schlachtsteuer erhoben und deren Ämter ihm auf Anfrage die jeweiligen lokalen Kommunalzuschläge zur Mahl- und Schlachtsteuer mitgeteilt hatten. Diese mittelte er und erhielt 30,5% für die Mahlsteuer und 28,3% für die Schlachtsteuer. Ferner wählte er sechs besteuerte Produkte aus (vier Fleisch- und zwei Mehlsorten) sowie acht unbesteuerte (Getreidesorten). Somit hatte er für 20 Städte die Monatspreise von 14 Gütern für Januar 1873 bis Dezember 1876, mithin 13.440 Monatspreise. Die Daten aus Nichtsteuerstädten und für nicht besteuerte Produkte dienten dazu, den Einfluß konjunktureller Preisschwankungen auszuschalten. Laspeyres' Aufsatz ist geradezu beispielhaft ausführlich, indem er auf methodische Probleme eingeht und Sensitivitätsberechnungen anstellt. Übersicht 4.1 faßt seine wesentlichen Ergebnisse zusammen.

Übersicht 4.1: Unterschiede in der Preisbewegung 20 südostpreußischer Städte nach Aufhebung der Mahl- und Schlachtsteuer 1873-76 (Pfennig pro Kilogramm)

	Steuerbetrag	Preisveränderung			Überwälzung
		Dez. 1874 auf Jan. 1875	1874 auf 1875	1873/74 auf 1875/76	1875/6 vs. 1873/4 (in %)
Roggenmehl	1,4	-2,4	-3,0	-2,9	207
Weizenmehl	5,5	-5,2	-6,9	-6,7	122
Kalbfleisch	10,3	-10,8	-6,0	-7,0	68
Hammelfleisch	10,3	-10,6	-7,8	-5,6	54
Rindfleisch	10,3	-15,0	-9,9	-9,2	89
Schweinefleisch	10,3	-13,8	-10,3	-8,0	78

Anm.: Für Mehl sind zehn Steuerstädte mit zehn Nichtsteuerstädten verglichen, für Fleisch neun Steuer- mit zehn Nichtsteuerstädten (Breslau behielt die Schlachtsteuer bei). Die Überwälzung ist in Prozent des Steuerbetrags ausgedrückt.

Quelle: Laspeyres (1877), S. 511f., 549f.

In der ersten Spalte stehen die Steuerbeträge (einschließlich den durchschnittlichen Kommunalzuschlägen), wie sie 1874 umgerechnet auf Pfennig bestanden, und in den drei darauffolgenden Spalten für jeweils unterschiedliche Vergleichszeiträume der Betrag, um den der Produktpreis in Steuerstädten nach der Steueraufhebung stärker fiel als in Nichtsteuerstädten. Roggenmehl beispielsweise, ein typisches Unterschichtenpro-

[44] Vgl. Zeitschrift des königlich preußischen statistischen Bureaus. Hrsg. v. Königliches Statistisches Bureau, Berlin: Königliches Statistisches Bureau, 13 (1873), S. 181-256, 14 (1874), S. 401-442, usw.

[45] Erstere werden im Folgenden vereinfacht Steuer-, letztere Nichtsteuerstädte genannt.

dukt, hätte sich bei vollständiger Überwälzung zwischen Dezember 1874 und Januar 1875 um 1,4 Pfennige in den (ehemaligen) Steuerstädten mehr verbilligen müssen als in den Nichtsteuerstädten. Tatsächlich stellte Laspeyres jedoch eine Preisveränderung des nicht mehr besteuerten Roggenmehls fest, die in den Steuerstädten um 2,4 Pfennig stärker ausfiel als in den Nichtsteuerstädten. Dieses Ergebnis erschien Laspeyres nicht plausibel, implizierte es doch, daß der Steuerbetrag vorher um mehr als 100% überwälzt worden sei.[46] Er diskutierte, ob es ein kurzzeitiges Überschießen der Preisreduktion gegeben habe. Doch ein Blick auf die anderen beiden Vergleichszeiträume zeigt, daß Laspeyres in der Jahresbetrachtung für die beiden Mehlsorten stets höhere Werte feststellte, als die eigentliche Steuer betragen hatte. Beim Fleisch zeigte sich dagegen, daß die Überwälzung den Fleischern offenbar nicht in vollem Umfang gelungen war; bei keiner Sorte erreicht die Überwälzung im Jahres- oder Zweijahresvergleich 100% (letzte Spalte; Ausnahme Schweinefleisch im Einjahresvergleich). Demnach wären also die Bäcker in der Lage gewesen, die Mahlsteuer zu Preiserhöhungen zu nutzen; die Fleischer dagegen hätten es nicht einmal vermocht, die vorgeschossene Steuer von den Kunden zurückzuholen.

Angesichts der Tatsache, daß man für die Überwälzung immer Werte zwischen 0 und 100% angenommen hatte, erschienen Laspeyres' Ergebnisse für die Mahlsteuer paradox. Verständlicherweise hatte er einige Schwierigkeiten, seine Resultate zu interpretieren. In seiner Schlußbemerkung sprach er drei mögliche kausale Faktoren und einen statistischen an. Möglicherweise, so Laspeyres, existierten in kleineren Städten wegen der geringeren Anzahl von Produzenten ausdrückliche oder stillschweigende Preisabsprachen. Zweitens überlegte er, ob der Wohlstand der Einwohner einen Einfluß auf die Preisbildung habe. Als letzten denkbaren Kausalfaktor erwähnte er die Rolle von Konsumvereinen, die möglicherwiese der Nachfrageseite mehr Nachdruck gegenüber der Angebotsseite verliehen. Keines der drei Argumente wirkt jedoch besonders durchdacht, denn es wäre ja zu zeigen gewesen, daß diese wettbewerbs- und preisbeeinflussenden Faktoren in Steuerstädten anders wirkten als in Nichtsteuerstädten und für Mehl anders als für Fleisch, zumal nach Aufhebung der Steuer alle preislichen Differenzen in den beiden Städtegruppen verschwunden waren. Schließlich, so schloß Laspeyres, sei denkbar, daß „sich mancher Zweifel, der sich uns noch aufdrängte", lösen ließe, würde man die Stichprobe von zweimal zehn auf zweimal 60 Städte ausweiten. Genau das tat Laspeyres fast ein Vierteljahrhundert später in seinem zweiten Artikel.

Zunächst seien jedoch drei Punkte erwähnt, die Laspeyres offenbar nicht auffielen, für die weitere Untersuchung aber von Bedeutung sind. Erstens ließ er in der Interpretation einen Aspekt unberücksichtigt, obwohl er den Zeitgenossen zufolge eine nicht unerhebliche Rolle gespielt haben muß: den Schmuggel.[47] Wie groß auch immer seine Ausmaße gewesen sein mögen, so ist doch klar, daß sich seine unbestrittene Existenz drückend auf den Preis ausgewirkt haben müßte. Dies gilt jedoch vor allem für Mehl, von dem Laspeyres selbst beiläufig erwähnte, daß es einfacher zu schmuggeln sei als

46 Dies hatte, jedoch ohne Beleg, schon behauptet: Handelskammer zu Köln (1864), Jahres-Bericht der Handelskammer zu Köln 1863, Köln: DuMont-Schauberg, S. 42.

47 Vgl. für einen – nicht unbedingt überzeugenden – Versuch der Quantifizierung: Bülow-Cummerow (1844), S. 190f.

Fleisch. Dies läßt Laspeyres' Ergebnisse für die Mahlsteuer jedoch noch paradoxer erscheinen.

Zweitens erwähnte Laspeyres ebenfalls beiläufig an zwei Stellen, daß die Möglichkeit, das eingeführte Vieh pro Stück anstatt nach Gewicht versteuern zu lassen, den Händlern bzw. Fleischern eine Möglichkeit einräumte, die Steuerlast pro Gewichtseinheit zu verringern, indem sie besonders schweres Vieh einführten.[48] In diesem Falle lag die Steuer pro Gewichtseinheit effektiv unter dem von Laspeyres berechneten Steuerbetrag von 10,3 Pfennig pro Kilo.

Drittens erscheinen Laspeyres' Ergebnisse in sich nicht völlig unplausibel. Die besteuerten Produkte sind in Übersicht 4.1 absteigend nach ihrem Preis sortiert. Von den beiden Mehlsorten war Weizenmehl dasjenige für wohlhabendere Konsumenten, und von den Fleischsorten war Schweinefleisch in Schlesien das teuerste. Wenn es heute im Rahmen der partialanalytischen Inzidenztheorie eine allgemein akzeptierte Eigenschaft der Steuerüberwälzung gibt, so ist es die, daß ihr Ausmaß von den Preiselastizitäten des Angebots und der Nachfrage abhängt.[49] Unter den üblichen Standardannahmen wird die Last der Produktionssteuer um so mehr vom Produzenten auf den Konsumenten überwälzt, je elastischer das Angebot und je unelastischer die Nachfrage ist. Sieht man einmal von den absoluten Werten ab, so erscheint das Ergebnis, daß eine Steuer auf Roggenmehl am stärksten und eine solche auf Fleisch am wenigsten auf den Konsumenten überwälzt werden konnte, durchaus plausibel. Während die Relationen von Roggenmehl, Weizenmehl und Fleisch als Ganzes in diesem Sinne konsistent erscheinen, läßt sich dieses Muster innerhalb der Fleischsorten nicht feststellen (Übersicht 4.1).[50]

Die Rezeption von Laspeyres' Aufsatz fiel sehr verhalten aus. Selbst in den einschlägigen Monographien von Georg v. Falck und Josef Kaizl sowie den Kapiteln über Steuerinzidenz in den zeitgenössischen finanzwissenschaftlichen Lehrbüchern finden sich keine Verweise auf seinen Aufsatz von 1877.[51] Ohne ihn zu zitieren, übernahm ei-

---

48 Dies war auch der Fall und wird von den meisten Autoren erwähnt; vgl. etwa Bülow-Cummerow (1844), S. 154; Maron (1863), S. 30, und Statistisches Amt der Stadt Aachen (1911), S. 7f.

49 Vgl. den folgenden Abschnitt.

50 Der Fleischkonsum der Unterschichten bestand in erster Linie aus Schweinefleisch, gefolgt vom Rindfleisch; vgl. Pfeiffer (1866), Bd. II, S. 377; Hans-Jürgen Teuteberg (1994), Die historische Entwicklung des Fleischkonsums in Deutschland neu bewertet, in: Reinhold Kluthe (Hrsg.), Fleisch in der Ernährung, Stuttgart/New York: Thieme, S. 1-13, hier S. 4f., und ders. (1998), Der Fleisch- und Wurstverzehr der Deutschen in historischer Betrachtung, in: Ernährungsforschung, S. 1-28, hier S. 8-15. Kalbfleisch galt als sehr hochwertig. Weshalb sich dies grundsätzlich nicht in den publizierten Fleischpreisen des 19. Jahrhunderts widerspiegelt (vgl. etwa auch unten bei der württembergischen Schlachtsteuer), konnte nicht geklärt werden. Vermutlich beziehen sich die Preisnotierungen auf bessere oder durchschnittliche Qualitäten, während die Unterschichten die preiswerteste Ware kauften, die nicht in die offizielle Preisberechnung einging.

51 Vgl. Georg v. Falck (1882), Kritischer Überblick auf die Entwickelung der Lehre von der Steuerüberwälzung seit Ad. Smith, Diss. Dorpat: Schnakenburg, S. Vf.; Kaizl (1882); Albert E. Schäffle (1880), Die Grundsätze der Steuerpolitik und die schwebenden Finanzfragen Deutschlands und Österreichs, Tübingen: Laupp, S. 173-192. Eine Ausnahme ist der Artikel von Willibald Mildschuh (1926), Steuerwirkungen, in: Handbuch der Finanzwissenschaft, 1. Aufl., Bd. I, Tübingen:

nige Jahre später Georg Schanz in einer Untersuchung der Überwälzung des Malzaufschlags in Bayern Laspeyres' methodischen Ansatz. Schanz kam jedoch nicht annähernd zu so klaren Ergebnissen wie Laspeyres, was er vor allem auf die Schwierigkeit zurückführte, Unterschiede in der Bierqualität zu erfassen.[52]

Laspeyres scheint die geringe Resonanz eher angespornt zu haben. Er, dessen späte Publikationen überwiegend um die Erklärung von Preisbewegungen kreisten, beschäftigte offenbar ca. 50 Semester lang Studenten in Statistikübungen mit dem Errechnen von Preisdurchschnitten.[53] 1901 veröffentlichte das angesehene *Finanz-Archiv* einen 237seitigen Aufsatz von ihm über „Statist. Untersuchungen der Steuerüberwälzung", in dem er wiederum die preußische Mahl- und Schlachtsteuer untersuchte, nun jedoch auf Grundlage von Millionen von Monatspreisen: 40 Warenpreise 1821-75 für 136 Städte. Der publizierte erste Teil seiner Untersuchung widmete sich wie der Artikel von 1877 der Inzidenz zum Zeitpunkt der Aufhebung der Mahl- und Schlachtsteuer. Geplant waren zwei weitere Teile, die die Inzidenz der Mahl- und Schlachtsteuer zum Zeitpunkt ihres Bestehens und zum Zeitpunkt ihrer Einführung untersuchen sollten, ohne daß der Autor erklärte, welche weiteren Erkenntnisse er sich davon versprach. Laspeyres erlitt jedoch 1901 einen leichten Schlaganfall und hat vermutlich deswegen die geplanten weiteren Teile nicht mehr veröffentlichen können.[54]

In der Einleitung motivierte Laspeyres seine so ausführliche Analyse einer Steuer, die seit einem Vierteljahrhundert nicht mehr zur Erhebung kam, mit dem Verweis auf das generelle Interesse an der Wirkung von Vieh- und Kornzöllen auf die Verbraucherpreise und an der Wirkung eines Kostenschocks auf die Produktpreise. Wiederum hielt es Laspeyres nicht für ausreichend, aus der Differenz der Preise zwischen Steuerstädten und Nichtsteuerstädten die Inzidenz zu errechnen. Vielmehr baute er in noch viel größerem Umfang als zuvor flankierende Sensitivitätsberechnungen ein, indem er auch die Preisbewegungen in anderen Jahren und für 14 nicht besteuerte Güter untersuchte.

Für die Berechnung der durchschnittlichen Steuersätze ging Laspeyres einen anderen Weg als 1877. Damals hatte er für die Schlachtsteuer den offiziellen Satz von 1 1/3 Taler pro Zentner Fleisch angesetzt, was umgerechnet genau 8 Pfennig pro Kilo ergab (ohne Kommunalzuschlag). Wie beschrieben, hatte er schon damals Zweifel geäußert, ob wegen der Wahlmöglichkeit, das Vieh nach Stück zu besteuern, dieser Betrag tatsächlich erreicht wurde. Nun errechnete er aus unveröffentlichten, ihm vom preußischen statistischen Bureau zur Verfügung gestellten Angaben der einzelnen Steuerdirektionen über die versteuerte Fleischmenge und den vereinnahmten Steuerbetrag den

Mohr (Siebeck), S. 490-505, hier S. 490, 504. Auch Mildschuh beschäftigte sich jedoch nicht inhaltlich mit Laspeyres' Ergebnissen.

52 Vgl. Georg Schanz (1882), Zur Frage der Ueberwälzung indirekter Verbrauchssteuern auf Grund des bayerischen Malzaufschlags, in: Jahrbuch für Gesetzgebung, Verwaltung und Volkswirtschaft im Deutschen Reich, NF 6, S. 563-603. Kritisch über den Sinn des empirischen Ansatzes von Laspeyres und Schanz äußerte sich etwa Emil Struck 1882 in einer Rezension der Bücher von Falck und Kaizl im Jahrbuch für Gesetzgebung, Verwaltung und Volkswirtschaft im Deutschen Reich, NF 6, S. 1397-1400, hier S. 1397.

53 Vgl. zur Rolle der Studenten Laspeyres (1901), S. 49; ders. (1877), S. 555.

54 Vgl. Maul (1930), S. 11, 76.

effektiven Steuersatz, der offenbar auch die Kommunalsteuerzuschläge beinhaltete. Für 1874 lagen ihm keine Unterlagen vor; für 1871 bis 1873 ergaben sich Werte von 8,86, 8,96 und 9,14 Pfennig pro Kilo Fleisch.[55] Für 1874 setzte er 9 Pfennig pro Kilo Fleisch an. Dieser lag unter dem im Artikel von 1877 angesetzten Wert von 10,28 Pfennig (jeweils einschließlich Kommunalsteuerzuschläge). Die Differenz liegt in der effektiven Verbilligung, die die Versteuerung pro Stück bewirkte, was auch die höheren Kommunalzuschläge des zweiten Samples nur zum Teil kompensierten. Außerdem hatte Laspeyres in seiner früheren Berechnung nicht den Übergang vom alten preußischen Zentner zum geringfügig leichteren Zollzentner ab dem 1. Juli 1858 berücksichtigt.

Die Berechnung des effektiven durchschnittlichen Mahlsteuersatzes erwies sich als bedeutend komplizierter, da das Gesetz höher besteuerten Weizen von niedriger besteuerten anderen Getreidearten unterschied. Im Gegensatz dazu machte die Schlachtsteuer keinen Unterschied zwischen den Vieharten. Das Problem war nun, daß der Ausweis des besteuerten Gemahls nicht nach Weizen und den anderen Getreidearten differenzierte. Unter Ausnutzung weiterer vom preußischen statistischen Bureau zur Verfügung gestellten Informationen kam Laspeyres schließlich auf Steuersätze von 6,67 Pfennig pro Kilo für Weizenmehl und 1,67 Pfennig pro Kilo Mehl für andere Getreidesorten (jeweils einschließlich Kommunalzuschlag). Diese Sätze liegen um 21% über denen, die er 1877 errechnet hatte. Abgesehen von dem geringfügigen Fehler, der durch die Nichtberücksichtigung der Umstellung des Gewichtsmaßes entstand, ist der Großteil der Differenz auf die geringeren Kommunalsteuerzuschläge zurückzuführen, die sein schlesisches Sample in der früheren Studie aufwies.

Sein weiteres Vorgehen entsprach im wesentlichen dem seines früheren Artikels. Methodisch sehr sorgfältig und extrem ausführlich exerzierte er nun seine Berechnungen für die zehn besteuerten und 14 unbesteuerten Produkte vor. Wiederum untersuchte er verschiedene Vergleichszeiträume, um etwaige kurzfristige Anpassungsverzögerungen oder Überreaktionen aufzuspüren. Darüber hinaus, und das war neu, fragte er, ob seine Beobachtung, daß die Preise der besteuerten, nicht aber die der unbesteuerten Produkte in den Steuerstädten nach Aufhebung der Schlachtsteuer deutlich stärker fielen als in den Nichtsteuerstädten, auf regionale Unterschiede, namentlich das große West-Ost-Gefälle Preußens, zurückzuführen sei. Im Grunde untersuchte er also, ob er einer Scheinkorrelation aufgesessen war, kam aber zu einem negativen Ergebnis. Schließlich fragte er noch, ob ein anderes Gewichtungsschema bei der Berechnung der Durchschnittspreise das Ergebnis verändern würde. Auch dies tangierte seine Hauptergebnisse nicht, die in Übersicht 4.2 zusammengefaßt sind.

Spalte (i) gibt den von Laspeyres errechneten effektiven Durchschnittssteuersatz einschließlich der durchschnittlichen Kommunalzuschläge wieder. Bei voller Überwälzung der Mahl- bzw. Schlachtsteuer müßte der Preis in den (ehemaligen) Steuerstädten nach

[55] Hier nachgerechnet und daher geringfügig abweichend von Laspeyres' Angaben. – In der Einleitung machte Laspeyres (1901), S. 49, einen Hinweis, daß seine Berechnungen „viele Fehler" enthielten, er aber diese und die Folgefehler angesichts der ungeheuren Datenfülle nicht mehr korrigieren wolle. Alle hier vorgestellten eigenen Berechnungen beruhen, wenn immer möglich, auf den Ursprungsdaten. Nach diesen Berechnungen liegen die Unstimmigkeiten bei Laspeyres in einem sehr niedrigen Bereich.

der Aufhebung der Steuer um diesen Betrag mehr gesunken sein als in den Nichtsteuerstädten.[56] In den Spalten (ii) und (v) steht, wie hoch der Anteil der Steuer am (Brutto-) Warenpreis im Dezember bzw. Jahresdurchschnitt 1874 war. Wie man in Spalte (v) sieht, lag die Belastung schon damals etwa auf der Höhe des heutigen Niveaus der Mehrwertsteuer auf Lebensmittel. Stärker betroffen war das Weizenmehl, das mit fast 15% belastet war.[57] In den Spalten (iii) und (vi) steht die tatsächliche Preisreduktion nach Aufhebung der Steuer, die etwa beim Roggenmehl beim Übergang von Dezember 1874 zu Januar 1875 2,77 Pfennig pro Kilo betrug und im Jahresdurchschnitt 3,1 Pfennig pro Kilo. In den Spalten (iv) und (viii) schließlich steht die Überwälzung, die sich durch Division des tatsächlichen Preisrückgangs durch den Steuerbetrag ergibt.

Übersicht 4.2: Unterschiede in der Preisbewegung 136 preußischer Städte nach Aufhebung der Mahl- und Schlachtsteuer 1874/75

		Dez. 1874 auf Jan. 1875			Jahresdurchschnitt 1874 auf 1875			
	Steuerbetrag Pf/kg (i)	Steuer in % des Preises 1874 (ii)	Preisveränderung Pf/kg (iii)	Überwälzung in % (iii)/(i)= (iv)	Steuer in % des Preises 1874 (v)	Preisveränderung Pf/kg (vi)	Preisveränderung in % (vii)	Überwälzung in % (vi)/(i) = (viii)
Roggenmehl	1,67	5,0	-2,77	166	4,6	-3,10	-7,6	186
Weizenmehl	6,67	14,2	-7,21	108	12,7	-8,00	-12,8	120
Gerstengrütze	2,85	5,8	-2,91	102	5,6	-5,20	-10,4	182
Gerstengraupe	2,85	4,8	-3,49	122	4,7	-3,70	-5,9	130
Buchweizengrütze	2,85	4,8	-2,83	99	4,7	-3,40	-5,6	119
Kalbfleisch	9,00	9,4	-11,27	125	9,7	-8,10	-8,0	90
Hammelfleisch	9,00	8,4	-7,82	87	7,9	-4,70	-4,0	52
Ochsenfleisch	9,00	7,7	-11,38	126	7,4	-7,30	-6,0	81
Schweinefleisch	9,00	7,0	-12,64	140	6,8	-8,30	-6,3	92
Schmalz	9,00	4,6	-5,85	65	4,8	-6,00	-3,3	67
Kartoffeln	0,00	-	+0,11	-	-	-0,30	-2,4	-
Butter	0,00	-	-19,68	-	-	+0,10	+0,1	-
9 weitere Lebensmittel	0,00	-	[-0,3;0,2]	-	-	[-0,8;0,3]	[-4,1;2,4]	-

Anm.: Die Prozentangaben sind neu berechnet und weichen zuweilen geringfügig von Laspeyres' ab.
Quelle: Laspeyres (1901), S. 232, 280.

Laspeyres' Ergebnisse stimmen trotz des erheblich größeren Samples und der leicht veränderten Berechnung des Steueranteils im Grundsatz fast vollkommen mit denen seines

56 Um die Darstellung nicht unnötig zu komplizieren, wird im folgenden von „Preisen" und „Preisbewegungen" gesprochen. Natürlich handelt es sich immer um die Differenzen der Preise bzw. Preisveränderungen zwischen Steuer- und Nichtsteuerstädten.

57 Da in der Tabelle der Steueranteil am Bruttopreis aufgeführt ist, müssen zur Berechnung der steuerlichen Belastung die Werte in Spalte (v), mit dem Nettopreis, also 100 minus dem Steueranteil, dividiert werden, z.B. beim Weizenmehl 12,7% / (100% – 12,7%), = 14,5%.

früheren Aufsatzes überein. Wiederum ergibt sich, daß die Preise der beiden von der Mahlsteuer betroffenen Mehlprodukte um mehr als den Steuerbetrag zurückgingen und sich die Überwälzung somit auf über 100% belief. Bei den Fleischprodukten liegen dagegen die Überwälzungswerte im Jahresdurchschnittsvergleich wiederum einheitlich unter 100%, d.h. es war den Fleischern nicht gelungen, die Steuer vollständig auf die Konsumenten zu überwälzen. Interessant ist auch die Preisbewegung in der dynamischen Betrachtung, die auch schon den 1877 publizierten Werten zu entnehmen ist (Übersicht 4.1, S. 139). Während sich die Preise der Getreideprodukte durchweg als kurzfristig träge erwiesen, kam es bei drei der fünf Fleischprodukten zu einem zeitweiligen Überschießen der Preisbewegung nach unten.

Von den elf nicht besteuerten Lebensmitteln, deren Preisbewegung Laspeyres ebenfalls untersuchte, sind Kartoffeln und Butter relativ enge Substitute zu Mehl und Fleisch bzw. Schmalz. Der Kartoffelpreis sank im Jahresdurchschnitt etwas, was angesichts der Verbilligung des Substitutprodukts nicht verwundert. Der Butterpreis sank im Januar 1875 besonders stark, blieb jedoch im Jahresdurchschnitt fast unverändert. Die Preisbewegung bei den anderen unversteuerten Lebensmitteln war weder im Monats- noch im Jahresvergleich auffällig. Hier lagen die Preisbewegungen zum Zeitpunkt der Steueraufhebung lediglich zwischen -0,3% und +0,2% und im Jahresdurchschnitt etwas höher.

In der Rückschau erscheint Laspeyres' Artikel von 1901 weniger originell als der von 1877, den er übrigens noch nicht einmal in einer Fußnote erwähnte, obwohl sich doch dessen wesentliche Ergebnisse alle bestätigt hatten. Zwar war die Datenbasis weitaus größer und seine Berechnung der Durchschnittssteuersätze etwas präziser, doch wirken die vielen Sensitivitätsberechnungen, die Laspeyres mit den unbesteuerten Artikeln anstellte, in dieser Ausführlichkeit ziemlich befremdlich. Etwas enttäuschend ist, daß er sich im zweiten Artikel jeglichen Versuchs entsagte, seine ungewöhnlichen Ergebnisse ökonomisch zu interpretieren. Obwohl sein quantitativer Forschungsansatz sicherlich nicht in den *mainstream* der Historischen Schule der deutschen Nationalökonomie paßte, so stand er im Grunde doch geradezu paradigmatisch für das, was bald darauf als *measurement without theory* Kritik auf sich ziehen sollte.[58]

Laspeyres' zweiter Aufsatz fand dennoch etwas mehr Beachtung als sein erster, da sich die Finanzwissenschaft zunehmend mit Fragen der Inzidenz, gerade auch indirekter Steuern, beschäftigte. Doch die Rezeption war von Skepsis geprägt.[59] Zu fremdartig

---

[58] Vgl. Tjalling C. Koopmans (1947), Measurement without Theory, in: Review of Economic Statistics, 29, S. 161-172.

[59] Vgl. etwa Georg Hellwig (1903), Geschichte und Kritik des Oktrois im Grossherzogtum Hessen, in: Finanz-Archiv, 20, S. 71-233, hier S. 180; Hans Schmelzle (1904), Der Mehl- und Fleischaufschlag in Bayern, in: Blätter für administrative Praxis, 54, S. 49-78, hier S. 68-72; Wilhelm Kohl (1910), Die Aufhebung der Mahl- und Schlachtsteuer in den ehemals kurhessischen Gemeinden, Weida i.Th.: Thomas & Hubert, S. 124-127, hingegen zustimmend Gerloff (1907), S. 55. Außerdem bedienten sich die Mitglieder der Zolltarifkommission des Reichstags 1902 seines Ergebnisses, daß eine Steuer (bzw. ein Zoll) auf Mehl- und Fleischprodukte überhaupt überwälzt würde; vgl. Sammlung sämmtlicher Drucksachen des Reichstages, 10. Legislaturperiode, II. Session 1900/03, Bd. X, Nr. 704, S. 63-74. Abseits der finanzwissenschaftlichen Fachdiskussion fand Laspey-

wirkte sein quantitativer und atheoretischer Ansatz, und zu unplausibel erschienen die Resultate. Es erschien noch vorstellbar, daß die Schlachtsteuer nicht völlig auf die Konsumenten abgewälzt worden sein sollte, doch daß die Mahlsteuer zu mehr als 100%, im Falle von Roggenmehl sogar zu fast 200% überwälzt worden sein sollte, erschien paradox. Soweit ersichtlich, setzte sich kein einziger deutscher Finanzwissenschaftler theoretisch mit der Erklärung dieses Phänomens auseinander.

Dabei hätte ein Blick in ein Buch, das bei seinem Erscheinen der Forschung um Jahrzehnte voraus gewesen war und erst um die Wende zum 20. Jahrhundert ernsthaft rezipiert wurde, also gerade, als Laspeyres seinen zweiten Artikel publizierte, einen Erklärungsansatz bieten können. In seiner Diskussion der Wirkung einer Mengensteuer auf ein Monopolprodukt hatte Augustin Cournot bereits 1838 theoretisch abgeleitet, daß sich der Endpreis der Ware verteuern würde und daß „le renchérissement pourra être, selon les circonstances, moindre ou plus grand que i", der Mengensteuersatz. Damit hatte er Marktunvollkommenheiten als Ursache für, wie es später genannt werden sollte, *Overshifting* ins Spiel gebracht. Es sollte über 150 Jahre dauern, bis dieses Ergebnis Cournots wiederentdeckt wurde.[60]

4.4 *Overshifting* in der ökonomischen Theorie

Das 20. Jahrhundert war in Hinblick auf Praxis und Politik der Besteuerung durch zwei säkulare Trends geprägt. Zum einen war dies der bis in die 1980er Jahre steigende Anteil der Steuerlast an den Bruttoeinkommen und zum anderen die zunehmende Bedeutung von Verteilungsfragen. Steuerprobleme gewannen daher in der politischen Diskus-

---

res' Artikel nicht einmal Eingang in die wesentlichen Hand(wörter)- und Lehrbücher. Dort wird er in einigen Literaturverzeichnissen erwähnt, ohne daß jedoch im Text darauf Bezug genommen würde; vgl. z.B. Karl Th. v. Eheberg (1911), Steuern, in: Handwörterbuch der Staatswissenschaften, 3. Aufl., Bd. VII, Jena: Fischer, S. 945-1002, hier S. 984; ders. (1920), Finanzwissenschaft, 14./15. Aufl., Leipzig/Erlangen: Diechert, S. 216. In den späteren Auflagen wird Laspeyres nicht mehr erwähnt; vgl. Fritz K. Mann (1928), Überwälzung der Steuer, in: Handwörterbuch der Staatswissenschaften, 4. Aufl., Jena: Fischer, S. 336-362, und Otto v. Mehring (1959), Steuerüberwälzung, in: Handwörterbuch der Sozialwissenschaften, Bd. X, Stuttgart u.a.: Fischer u.a., S. 175-182. Das Handbuch der Finanzwissenschaft zitiert Laspeyres noch in der ersten Auflage; vgl. Mildschuh (1926), S. 490, 504, nicht jedoch in der zweiten; vgl. Carsten Welinder (1956), Steuerüberwälzung und Steuerwirkungen, in: Handbuch der Finanzwissenschaft, 2. Aufl., Bd. II, Tübingen: Mohr (Siebeck), S. 335-356.

60 Vgl. Augustin Cournot (1838), Recherches sur les principes mathématiques de la théorie des richesses, Paris: Hachette, S. 77 (Zitat ebda.). Cournot in dieser Hinsicht wiederentdeckt haben Sofia Delipalla/Michael Keen (1992), The Comparison Between Ad Valorem and Specific Taxation Under Imperfect Competition, in: Journal of Public Economics, 49, S. 351-368, hier S. 356. Im übrigen findet sich *Overshifting* bereits bei Adam Smith, der annahm, daß die Produzenten die Steuer mit einem Gewinnaufschlag auf die Konsumenten überwälzen würden. Im Falle von Luxusgütern erwartete Smith sogar einen „considerable over-charge", ohne dies jedoch, wie Cournot, theoretisch zu begründen; vgl. Smith (1776), Bd. II, S. 484, 487 (Zitat).

sion an Gewicht. Insbesondere in den Vereinigten Staaten begannen Ökonomen damit, die Inzidenz einzelner Steuerarten zu messen. Dabei kamen seit der Studie von John Due im Jahre 1954 immer wieder überraschende Ergebnisse heraus, daß nämlich in einigen Fällen die Inzidenz einer indirekten Steuer mehr als 100% zu betragen schien, so etwa auch 1963 in William Niskanens Dissertation über die Nachfrage nach alkoholischen Getränken.[61]

Mit der herkömmlichen Theorie waren diese Ergebnisse nicht vereinbar. Grundsätzlich gilt für die Überwälzbarkeit der Steuerlast, daß sie von den relativen Ausweichmöglichkeiten der Betroffenen abhängt. Im Falle linearer Angebots- und Nachfragekurven bemißt sich das Maß für die Verteilung der Steuerlast bei einer Mengensteuer auf

$$(1) \qquad dp / dt = \varepsilon / (\varepsilon - \eta),$$

wobei ε die Preiselastizität des Angebots, η die Preiselastizität der Nachfrage und p der Bruttopreis einschließlich Mengensteuersatz t ist. Für Wertsteuern ändert sich die Formel entsprechend auf

$$(2) \qquad dp / d(\tau * p) = \varepsilon / (\varepsilon - \eta),$$

wobei τ den Wertsteuersatz darstellt. Sind also beispielsweise die Nachfrage- und Angebotselastizitäten (in Absolutbeträgen) gleich groß, so nimmt im Falle einer Mengensteuer das Lastverteilungsmaß (1) den Wert 0,5 an, d.h. die Veränderung des Bruttopreises p ist nur halb so groß wie die Veränderung des Steuersatzes t. Die Steuerlast wird also hälftig getragen, unabhängig davon, welche Seite den Steuerbetrag formell abzuführen hat. In dem Maße, wie der Absolutbetrag der Nachfrage- die Angebotselastizität übersteigt, verschiebt sich die Inzidenz immer mehr auf die Anbieter.[62]

Im Falle einer steigenden Angebotskurve können also die Produzenten die Steuer nur teilweise auf die Konsumenten überwälzen, wenn deren Nachfrage nicht vollkommen preisunelastisch ist. In der langfristigen Betrachtung, hierin Ricardo folgend, wird oft eine horizontale, also perfekt elastische Angebotskurve unterstellt, die eine vollständige Überwälzung zur Folge hat. Im Rahmen der üblichen Annahmen kann jedoch die Überwälzung nur zwischen 0 und 100% liegen.[63]

Da sich die irritierenden empirischen Ergebnisse wiederholten, suchten Ökonomen bald nach Erklärungen für *Overshifting*. Den ersten Ansatz entwickelte Yoram Barzel 1976 im *Journal of Political Economy*. Er unterschied in seiner Analyse Mengen- und Wertsteuern und wies darauf hin, daß eine Mengensteuer häufig nicht alle Charakteristika eines Gutes gleichermaßen treffe, so daß sich bei Steuererhebung die relativen Ko-

---

61 Vgl. John F. Due (1954), The Effect of the 1954 Reduction in Federal Excise Taxes upon the List Prices of Electrical Appliances. A Case Study, in: National Tax Journal, 7, S. 222-226; William A. Niskanen (1963), The Demand for Alcoholic Beverages, Ph.D. dissertation, University of Chicago, S. 54f., und für einen Überblick über weitere frühere Studien Poterba (1996), S. 165f.

62 Vgl. Stefan Homburg (2000), Allgemeine Steuerlehre, 2. Aufl., München: Vahlen, S. 104-114. Die Nachfrageelastizität η ist bei normalen Gütern negativ; daher wird der Nenner in (1) und (2) mit (absolut) steigendem η größer.

63 Vgl. Timothy J. Besley/Harvey S. Rosen (1999), Sales Tax and Prices: An Empirical Analysis, in: National Tax Journal, 52, S. 157-178, hier S. 158.

sten der einzelnen Produktcharakteristika verschöben und daher die besteuerten Charakteristika durch andere teilweise substituiert werden könnten. Unter Umständen führe dies zu einer Erhöhung der Produktqualität (was vor Erhebung der Steuer suboptimal gewesen wäre), die naturgemäß zu einer entsprechenden Verteuerung führe, die über dem Steuerbetrag liegen könne. Eine Wertsteuer treffe dagegen per se alle Produktcharakteristika, für die die Konsumenten Zahlungsbereitschaft ausdrückten, so daß für die Substitution von besteuerten durch unbesteuerte Produktcharakteristika kein Spielraum existiere. Anhand der unterschiedlichen Steuersätze verschiedener US-Bundesstaaten auf Zigaretten versuchte er zu belegen, daß sie in Staaten mit Mengensteuer etwas teurer waren, als der Steuerbetrag bei voller Überwälzung vermuten ließe, und in dem Bundesstaat mit Wertsteuer geringfügig niedriger.[64] Barzels Aufsatz wird als frühester Erklärungsansatz für *Overshifting* angesehen. Gleichwohl gilt es zu beachten, daß seine Erklärung eigentlich darauf hinausläuft, daß die Steuererhebung eine Verschiebung der Nachfrage zu einem – wenn auch nur geringfügig – anderen Produkt bewirkt. Sein empirischer Test bezog sich dagegen auf ein homogenes Produkt.

Ein überzeugenderer Erklärungsansatz entstand einige Jahre später. Die Finanzwissenschaft hatte sich insbesondere seit Harbergers bahnbrechenden Analysen dem Modell des allgemeinen Gleichgewichts zugewandt und dabei als vernachlässigbar angesehen, daß es auf der Annahme vollkommenen Wettbewerbs beruht. Unter dem Einfluß der Mitte der 1980er Jahre boomenden *Industrial Organization*-Literatur rückte jedoch die Problematik dieser Annahme wieder stärker in das Bewußtsein der Ökonomen. In einem vielzitierten Papier, das unveröffentlicht blieb, zeigte Jesús Seade, daß in oligopolistischen Märkten unter realistischen Bedingungen eine Mengensteuer zu *Overshifting* führen könne. Seade erklärte dies folgendermaßen. Zunächst rekapitulierte er, daß im Monopolfall aus der Bedingung erster Ordnung (Grenzkostenregel)

$$(3) \qquad p = c' / (1 - 1/\eta),$$

wobei c‘ für die Grenzkosten steht, und einer angenommenen (absoluten) Nachfrageelastizität $\eta>1$ folgt, daß ein Kostenschock, also z.B. eine Mengensteuer (c‘ wird zu c‘ + t) den Preis überproportional erhöht:

$$(4) \qquad dp/dt = 1 / (1 - 1/\eta) > 1$$

Dieser Fall läßt sich auf ein Oligopol mit konjekturaler Variation übertragen. Wenn die Oligopolisten ihr Marktverhalten nicht abstimmen können, so hat der Kostenschock den Charakter eines öffentlichen Gutes. Alle anderen Oligopolisten würden von einem Preisanstieg profitieren, der dadurch erfolgte, daß ein Oligopolist wegen eines Kostenschocks seinen Output zurückführe, doch dieser eine würde sich schlechter stellen. Werden nun alle Oligopolisten durch eine Mengensteuer gleichermaßen betroffen, so kann dieser „increase in costs [...] be seen as imposing upon the producers some of the

64 Vgl. Yoram Barzel (1976), An Alternative Approach to the Analysis of Taxation, in: Journal of Political Economy, 84, S. 1177-1197. Sein ökonometrischer Ansatz stieß auf Kritik; vgl. Terry R. Johnson (1978), Additional Evidence on the Effects of Alternative Taxes on Cigarette Prices, in: ebda., 86, S. 325-328, und Michael T. Sumner/Robert Ward (1981), Tax Changes and Cigarette Prices, in: ebda., 89, S. 1261-1265.

collusion they themselves had been unable to achieve". Als entscheidenden Parameter identifizierte Seade die Elastizität der Nachfragekurve, also eine Bedingung zweiter Ordnung: „Roughly speaking, it is clear that the more inelastic demand is, the greater the public-good benefit to the firms of having outside events induce them to cut output and raise prices."[65]

Damit war die analytische Grundlage gelegt, *Overshifting* zu erklären, ohne eine Veränderung der Produktqualität als Erklärung bemühen zu müssen. Nachfolgende Erweiterungen der Theorie betrafen unter anderem die Frage des Marktzutritts. Timothy Besley zeigte, daß *Overshifting* unter den oben genannten Umständen eher erfolgt, wenn Marktzutritt erlaubt ist.[66]

Obwohl *Overshifting* also unter bestimmten Annahmen, die entweder die Produktqualität oder die Wettbewerbsintensität betreffen, theoretisch erklärbar ist, sind empirische Belege nach wie vor rar. Als besonders ergiebiges Testfeld hat sich der Markt für Zigaretten erwiesen, wo mittlerweile nun sogar umgekehrt die Theorie des *Overshifting* genutzt wird, um das Ausmaß der Wettbewerbsintensität zu messen.[67] Kürzlich haben Timothy Besley und Harvey Rosen eine breit angelegte empirische Studie vorgelegt, in der *Overshifting* für eine Reihe von Einzelhandelsgütern des täglichen Bedarfs untersucht wird. Wie Laspeyres machen sie sich lokale Unterschiede in der Besteuerung zunutze, um die Inzidenz zu bestimmen, und kommen für die untersuchten 155 US-amerikanischen Städte zum Ergebnis, daß bei acht von zwölf analysierten Produkten in den 1980er Jahren *Overshifting* stattfand, darunter bei so elementaren Lebensmitteln wie Brot und Milch. Ohne dies empirisch testen zu können, führen sie als mögliche Erklärung Ergebnisse aus der *Industrial Organization*-Literatur an, die den Verdacht nahelegen, daß der Einzelhandel in den US-Großstädten nicht vollständig kompetitiv ist.[68]

---

65 Vgl. Jesús Seade (1985), Profitable Cost Increases and the Shifting of Taxation: Equilibrium Responses of Markets in Oligopoly (University of Warwick, Discussion Paper no. 260), Warwick, S. 6. Vgl. auch Nicholas H. Stern (1987), The Effects of Taxation, Price Control and Government Contracts in Oligopoly and Monopolistic Competition, in: Journal of Public Economics, 32, S. 133-158, hier S. 140f., 154. Unvollkommenen Wettbewerb hatte auch schon als Ursache für *Overshifting* vermutet: Nancy D. Sidhu (1971), The Effects of Changes in Sales Tax Rates on Retail Prices, in: Proceedings of the Sixty-Fourth Annual Conference on Taxation, Columbus: National Tax Association u.a., S. 720-732. – Vgl. für eine andere Formulierung des Seadeschen Arguments: Fullerton/Metcalf (2002), S. 1825f.

66 Vgl. Timothy Besley (1989), Commodity Taxation and Imperfect Competition. A Note on the Effects of Entry, in: Journal of Public Economics, 40, S. 359-367.

67 Vgl. Sofia Delipalla/Owen O'Donnell (2001), Estimating Tax Incidence, Market Power and Market Conduct: The European Cigarette Industry, in: International Journal of Industrial Organization, 19, S. 885-908.

68 Vgl. Besley/Rosen (1999), S. 157-167.

4.5 Empirische Überprüfung

Diese neuere Diskussion des *Overshifting* in der ökonomischen Theorie und Empirie der letzten 25 Jahre zeigt, daß Laspeyres' Ergebnisse keineswegs unplausibel waren, und liefert eine Reihe von Anregungen, seine Fragestellung noch einmal aufzugreifen. Dabei stehen zwei Fragen im Vordergrund: Lassen sich seine Ergebnisse – *Overshifting* bei Mehl, *Undershifting* bei Fleisch – auch bei Verwendung multivariater statistischer Verfahren reproduzieren? Und wie ließe sich der etwaige Befund eines *Overshifting* erklären? Zusätzlich zur preußischen Mahl- und Schlachtsteuer wird außerdem die württembergische Schlachtsteuer untersucht.

4.5.1 Die preußische Mahl- und Schlachtsteuer 1874

Zu untersuchen ist zunächst die Frage, ob die preußische Mahl- und Schlachtsteuer von den sie abführenden Bäckern und Fleischern auf die Kunden vor- oder die Lieferanten rückgewälzt werden konnte. Die beiden entscheidenden Größen sind die Preise der besteuerten Produkte und der Steuersatz. Um den Einfluß der Steuer auf die Preise möglichst präzise zu fassen, ist es nötig, weitere Einflußfaktoren auf die Preise in die Regressionsgleichungen miteinzubeziehen, z.B. Preise von Vorprodukten, Löhne und weitere regionale Angebotsfaktoren.

Ausgangspunkt der Analyse sind erstens die vom preußischen statistischen Bureau ab dem Berichtsjahr 1873 veröffentlichten monatlich erhobenen Einzelhandelspreise für Mehl und Fleisch in 157 preußischen Städten.[69] Im Unterschied zu Laspeyres werden im folgenden nicht die Preisänderungen von 1874 auf 1875 untersucht, sondern einfach die Preisdifferenzen zwischen Steuerstädten und Nicht-Steuerstädten. Um eine weitestgehende Vergleichbarkeit mit Laspeyres' Ergebnissen zu gewährleisten, erscheint es sinnvoll, die Preise des Jahres 1874 zugrundezulegen. Da es sich bei den betrachteten Produkten nicht um langlebige Güter handelt, sind Konsumverschiebungseffekte wegen der Ende Mai 1873 beschlossenen Aufhebung der Steuer zum 1.1.1875 unwahrscheinlich. Zur Sicherheit sind hier dennoch nur die Preise für das erste Halbjahr 1874 zugrundegelegt worden.

Zweitens sind Informationen über die Steuer erforderlich. Um möglichst viel Information auszunutzen, ist im folgenden nicht der durchschnittliche Steuersatz zugrundegelegt, wie dies Laspeyres tat, sondern der tatsächliche Steuersatz, der wegen des unterschiedlich hohen Kommunalzuschlags (0 bis 50%) je nach Stadt variierte. Das preußi-

[69] Vgl. Zeitschrift des königlich statistischen preußischen Bureaus (1874), S. 401-442. Vor 1873 umfaßte die Preisberichterstattung deutlich weniger Produkte, insbesondere keine Mehlpreise vgl. ebda. (1873), S. 181-184. Die (wenigen) im Geheimen Staatsarchiv Berlin überlieferten Akten legen die Vermutung nahe, daß die Preisberichterstattung für andere Produkte vor 1873 ausgesprochen uneinheitlich und möglicherweise auch unzuverlässig war; vgl. etwa GStAB, I. HA, Rep. 77, Tit. 94, Nr. 23, Bd. 3: „Marktpreise des Getreides, der Hülsenfrüchte, des Fleisches, Branntweins und Rauhfutters in den vorzüglichsten Städten der Preußischen Staaten 1820-1831".

sche statistische Bureau machte nur einmal Angaben zu den Kommunalsteuerzuschlägen, und zwar für das Jahr 1867.[70] Aus einer anderen Statistik für das Jahr 1870 läßt sich ableiten, daß sich bis dahin die Zuschläge allenfalls minimal geändert haben können.[71] Angesichts des geringen Ansehens der Mahl- und Schlachtsteuer, deren Ende 1870 abzusehen war, und der verhältnismäßig guten Kassenlage zu dieser Zeit ist mit einiger Sicherheit davon auszugehen, daß bis 1874 kaum noch nennenswerte Veränderungen der Kommunalzuschläge erfolgten. Übersicht 4.3 faßt die durchschnittlichen Preise und Steuerbeträge zusammen. Die vorletzte Zeile veranschaulicht, um wieviel Pfennig pro Kilo Mehl bzw. Fleisch in den Steuerstädten in der ersten Jahreshälfte 1874 bei voller Überwälzung *ceteris paribus* teurer gewesen sein müßte als in den Nichtsteuerstädten.

Übersicht 4.3: Durchschnittliche Preise und Steuerbeträge für Mehl und Fleisch in den mahl- und schlachtsteuerpflichtigen Städten Preußens (Januar bis Juni 1874, Pfennig pro Kilogramm)

	Roggenmehl	Weizenmehl	Schweinefleisch
Bruttoeinzelhandelspreis	38,52	55,42	133,73
Staatssteuer	1,37	5,49	6,71
Durchschnittliche Gesamtsteuer	1,87	7,48	9,14
Anteil der Steuer am Bruttopreis	4,9%	13,5%	6,8%

Anm.: Gesamtsteuerbetrag einschließlich Kommunalzuschläge. Für die Berechnung s. unten Anhang A.4., S. 207-209.

Um die Wirkung der Steuer auf die Endpreise möglichst genau zu isolieren, sollten drittens andere Einflußfaktoren berücksichtigt werden, insoweit dafür Datenmaterial vorliegt. Bekanntlich wies Preußen eine ausgesprochen heterogene regionale Struktur auf.[72] Trotz der zunehmenden Integration der Gütermärkte war das West-Ost-Gefälle auch in den 1870er Jahren sehr ausgeprägt, was sich auf die Kostenstruktur der Bäcker

[70] Vgl. Emil Blenck (1871), Beiträge zur preussischen Staats- und Communal-Finanzstatistik, in: Zeitschrift des königlich preußischen statistischen Bureaus, 11, S. 145-162, hier S. 161.

[71] Vgl. „Zusammenstellung der Beträge der nach Aufhebung der Mahl- und Schlachtsteuer in den bisher mahl- und schlachtsteuerpflichtigen Städten zu erhebenden directen Steuern", in: VHA, Bd. 234 (1872), S. 999-1017, und „Uebersicht der (überschlägig berechneten), Ergebnisse der Mahl- und Schlachtsteuer-Aufhebung für den Gemeinde-Haushalt der betheiligten Städte (mit Ausschluß derjenigen 28 Städte, für welche schon die Gesetz-Vorlage von 1869 die Aufhebung der Steuer vorschlug)", in: ebda., S. 1025-1035.

[72] Vgl. Knut Borchardt (1982 [1966]), Regionale Wachstumsdifferenzierung in Deutschland im 19. Jahrhundert unter besonderer Berücksichtigung des West-Ost-Gefälles, in: ders., Wachstum, Krisen, Handlungsspielräume der Wirtschaftspolitik. Studien zur Wirtschaftsgeschichte des 19. und 20. Jahrhunderts (Kritische Studien zur Geschichtswissenschaft, 50), Göttingen: Vandenhoeck & Ruprecht, S. 42-59, und Helmut Hesse (1971), Die Entwicklung der regionalen Einkommensdifferenzen im Wachstumsprozeß der deutschen Wirtschaft vor 1913, in: Wolfram Fischer (Hrsg.), Beiträge zu Wirtschaftswachstum und Wirtschaftsstruktur im 16. und 19. Jahrhundert (Schriften des Vereins für Socialpolitik, NF 63), Berlin: Duncker & Humblot, S. 261-279.

und Fleischer ausgewirkt haben könnte. Für Mehl sind die Preise der Vorprodukte, also Roggen und Weizen, ebenfalls der preußischen Preisstatistik für die 157 untersuchten Städte entnehmbar.[73] Die Preise für Vieh wurden allerdings nicht aufgezeichnet. Doch lassen sich aus den Bevölkerungs- und Viehzählungen regionale Angebotsfaktoren bestimmen (Schweine pro Kopf der Bevölkerung).[74]

Die Datenlage ist auch für andere Kostenkomponenten dürftig. Von einiger Bedeutung waren in den arbeitsintensiven Gewerben der Bäcker und Fleischer die Löhne.[75] Die erste allgemeine Lohnstatistik für Preußen entstand allerdings erst im Rahmen der reichsweiten Erhebung von 1892.[76] Es existiert jedoch eine Erhebung der Tagelohnsätze in den preußischen Staatsforsten, die 1879 vom Ministerium für Landwirtschaft, Domänen und Forsten durchgeführt wurde und für die die Oberförster aufgefordert wurden, auch Durchschnittslöhne für zurückliegende Zeiträume anzugeben, u.a. für 1870-74. Zwar machte man sich im Ministerium wenig Illusionen über die Qualität einzelner Daten, doch gab es damals wie auch heute keinen Anhaltspunkt, daß die oft nur unwillig gemachten Angaben für die zweite Jahrhunderthälfte in eine bestimmte Richtung verzerrt seien.[77] Tatsächlich weisen die Lohndaten innerhalb der Regierungsbezirke eine geringe Varianz auf, wohingegen sich das West-Ost-Gefälle im Vergleich der Regierungsbezirke deutlich erkennen läßt. Diese preußische Lohnstatistik, die bis 1800-09 zurückreicht, ist daher eine wertvolle Quelle für regionale Lohndifferenzen. Ihr konzeptioneller Vorteil ist, daß sie lokale Löhne für ungelernte und somit gut vergleichbare Arbeit wiedergibt. Ihr Nachteil liegt in der mangelnden unmittelbaren Kompatibilität zu den mahl- und schlachtsteuerpflichtigen Städten, da die Löhne nach Oberförstereien, also in der Regel Dörfern oder sogar nur Flecken bis hin zu einzelnen Forsthäusern ausgewiesen wurden. Diese können jedoch durch geographische Lokalisierung nahegelegenen Städten zugeordnet werden. In bestimmten Provinzen, vor allem in Westfalen und der Rheinprovinz, machten nur wenige Oberförster brauchbare Angaben, so daß insgesamt für den Regressionsansatz I Löhne für nur 128 Städte verfügbar sind. Um den vol-

---

73 Vgl. zum starken Zusammenhang zwischen Getreide- und Brotpreisen: E. Hirschberg (1893), Beiträge zur Statistik der Brodpreise im Deutschen Reich, Berlin: Heine, S. 50, und Schott (1902).

74 Vgl. Definitive Ergebnisse der Viehzählung im preussischen Staate (Preussische Statistik, 31), Bd. IV, Berlin: Verlag des königlichen statistischen Bureaus 1876, S. 5-27.

75 Vgl. Karl G. Metzler (1887), Statistische Untersuchungen über den Einfluss der Getreidepreise auf die Brotpreise und dieser auf die Löhne (Staatswissenschaftliche Studien, 1.5), Jena: Fischer, S. 3.

76 Vgl. Wolfgang Gerß (1977), Lohnstatistik in Deutschland. Methodische, rechtliche und organisatorische Grundlagen seit der Mitte des 19. Jahrhunderts (Volkswirtschaftliche Schriften, 268), Berlin: Duncker & Humblot, S. 17-24, und Rüdiger Hohls (1992), Arbeit und Verdienst. Entwicklung und Struktur der Arbeitseinkommen im Deutschen Reich und in der Bundesrepublik (1885-1985), Diss. FU Berlin, S. 24-31, 38.

77 Vgl. Udo Eggert (1883), Die Bewegung der Holzpreise und Tagelohn-Sätze in den preussischen Staatsforsten von 1800 bis 1870, in: Zeitschrift des Königlich Preußischen Statistischen Bureaus, 23, S. 1-44. – Für die erste Hälfte des 19. Jahrhunderts sind erhebliche Zweifel an der Richtigkeit des Trends der Daten geäußert worden; vgl. Anna Neumann (1911), Die Bewegung der Löhne der ländlichen „freien“ Arbeiter im Zusammenhang mit der gesamtwirtschaftlichen Entwicklung im Königreich Preußen gegenwärtigen Umfangs vom Ausgang des 18. Jahrhunderts bis 1850 (Landwirtschaftliche Jahrbücher, Erg.-Bd. 40.3), Berlin: Parey, S. 270-272.

len Preisdatensatz (157 Städte) zu nutzen, werden in einem alternativen Regressionsansatz II anstelle der Löhne die regionalen Spezifika durch Provinzdummies aufgefangen.

Während sich die zeitgenössischen Autoren immer mit der Vorwälzung von indirekten Steuern beschäftigten, thematisierten nur wenige eine mögliche Rückwälzung. Zu ihnen gehörte Adolf Held, der 1868 mutmaßte, daß sich die Mahl- und Schlachtsteuer einer Stadt negativ auf die Getreide- und Viehproduzenten des Umlandes auswirken müßte, weil diese wegen der Transportkosten ihr Angebot nicht beliebig auf andere Märkte umlenken könnten.[78] Für Roggen und Weizen läßt sich dies aufgrund der verhältnismäßig guten Datenlage untersuchen; Viehpreise sind jedoch nicht in der erforderlichen Breite überliefert. Übersicht 4.4 faßt die Resultate der Rückwälzungsanalyse zusammen.

Übersicht 4.4: Einflußfaktoren auf die Weizen- und Roggenpreise in preußischen Städten (Januar bis Juni 1874)

	Roggen		Weizen	
	Modell I	Modell II	Modell I	Modell II
Steuer	-0,23	0,02	-0,06	0,00
[Pf/kg]	(0,14)	(0,11)	(0,04)	(0,04)
Löhne (log)	+1,15	-	+1,40*	-
[M/Tag]	(0,60)		(0,64)	
Anzahl Provinzdummies sign. auf 5%-Niveau	-	6	-	8
Konstante	20,97***	22,21***	26,07***	28,31***
	(0,25)	(0,27)	(0,28)	(0,30)
Preisdurchschnitt [Pf/kg]	21,05	21,15	26,20	26,43
Beobachtungen (Städte)	116	143	114	140
Korrigiertes R2	0,06	0,43	0,07	0,42
Prob(F)	0,01	0,00	0,01	0,00

Anm.: OLS. Standardfehler in Klammern. Modell II enthält zehn Dummyvariablen für die elf preußischen Provinzen. *, *** signifikant auf 5%-, 0,1%-Niveau.

Quellen: s. Text und unten Anhang A.4, S. 207-214.

Da die Preis- und Steuerdaten mit ihren Niveaus in die Regression eingehen, lassen sich ihre Koeffizienten einfach interpretieren.[79] Erwartungsgemäß haben die Löhne in Modell I einen positiven und (schwach) signifikanten Einfluß auf die Weizen- und Roggenpreise; entsprechend fangen die Provinzdummies in Modell II einen Teil der Preisvariation auf. Während der Einfluß der Steuer auf den Roggenpreis bei Modell I numerisch nicht völlig unbedeutend ist – eine Steuererhöhung um einen Pfennig korreliert mit einem Rückgang des Roggenpreises um 0,23 Pfennig – ist er bei Modell II und auf den Weizenpreis völlig unbedeutend. Zudem ist er in jedem Falle weit von den üblichen Signifikanzniveaus entfernt. Die Rückwälzungsanalyse kommt also zu dem klaren Er-

[78] Vgl. Held (1868), S. 466.

[79] Im Gegensatz zu den Preisen ist die Verteilung der Löhne rechtsschief, so daß sie logarithmiert in die Regression eingehen.

gebnis, daß die Mahlsteuer allenfalls sehr geringfügig auf den Roggenmarkt und auf keinen Fall auf den Weizenmarkt zurückwirkte. Dieses Ergebnis steht in Einklang mit der Tatsache, daß beide Getreidearten, insbesondere der höherwertige Weizen, wichtige internationale Handelsgüter waren und ihre Preise daher 1874 kaum noch von lokalen Nachfragefaktoren abhingen.

Nun ist die primär interessierende Vorwälzung zu untersuchen. Übersicht 4.5 gibt die Ergebnisse von Regressionen verschiedener Einflußfaktoren auf die Mehl- und Fleischpreise in den größeren preußischen Städten wieder.[80]

Übersicht 4.5: Einflußfaktoren auf die Mehl- und Fleischpreise in 157 preußischen Städten (Januar bis Juni 1874)

	Roggenmehl		Weizenmehl		Schweinefleisch	
	I	II	I	II	I	II
Steuer	1,67***	1,48***	1,20***	1,15***	0,49	0,65**
[Pf/kg]	(0,44)	(0,43)	(0,15)	(0,13)	[0,25]	(0,23)
Roggen bzw. Weizen-	1,11***	1,29***	1,72***	1,15***	-	-
preis [Pf/kg]	(0,29)	(0,34)	(0,33)	(0,33)		
Schweinedichte	-	-	-	-	-23,42**	-26,06**
[Stück/Einw.]					[8,37]	(8,46)
Löhne (log)	4,80*	-	5,19*	-	15,4**	-
[M/Tag]	(1,83)		(2,26)		[4,73]	
Anzahl Provinzdum-mies sign. auf 5%-Niv.	-	3	-	1	-	9
Konstante	10,62	10,14	0,53	15,21	130***	149***
	(6,05)	(7,58)	(8,56)	(9,37)	[2,77]	(2,76)
Preisdurchschn. [Pf/kg]	36,59	36,27	50,79	50,14	131,76	133,25
Beobachtungen (Städte)	112	138	111	137	126	156
Korr. R2	0,21	0,29	0,43	0,54	0,13	0,41
Prob(F)	0,00	0,00	0,00	0,00	0,00	0,00

Anm.: OLS. Standardfehler in Klammern (ggf. korrigiert nach White in eckigen Klammern). Modell II enthält zehn Dummyvariablen für die elf preußischen Provinzen. *, **, *** signifikant auf 5%-, 1%-, 0,1%-Niveau.

Quellen: s. Text und unten Anhang A.4, S. 207-214.

Wie der Vergleich der Überwälzungswerte in den Übersichten 4.1 und 4.2 (oben S. 139 und S. 144) mit den Koeffizienten der Steuervariable in Übersicht 4.5 zeigt, ändert der Übergang von der bivariaten Analyse à la Laspeyres zur multivariaten und vom Preisvergleich der Jahre 1874/75 zur reinen Querschnittsanalyse der ersten Jahreshälfte 1874 an seinen wesentlichen Ergebnissen nichts. Die Bäcker konnten offenbar die Steuer auf Weizen- und insbesondere Roggenmehl zu mehr als 100% an ihre Kunden vorwälzen. Die Fleischer sahen sich hingegen dazu nicht in der Lage; vielmehr trugen sie einen

80 Vgl. für ähnliche Ansätze Poterba (1996); Maura P. Doyle (1997), The Effects of Interest Rates and Taxes on New Car Prices (Federal Reserve Board, Finance and Economics WP 38), Washington D.C., S. 7, und Besley/Rosen (1999).

Teil der Steuerlast selbst.[81] Die Frage, die schon Laspeyres in seinem ersten Aufsatz von 1877 beschäftigte, bleibt jedoch offen: Was mag das *Overshifting* der Mahlsteuer und das *Undershifting* der Schlachtsteuer in den mahl- und schlachtsteuerpflichtigen Städten Preußens erklären?

Ohne auf die Ergebnisse der neueren finanzwissenschaftlichen Forschung zurückgreifen zu müssen, drängt sich schon bei der Lektüre zeitgenössischer Streitschriften für und gegen die Mahl- und Schlachtsteuer ein möglicher Erklärungsansatz auf: der vielbeklagte Schmuggel. Wie die letzte Zeile in Übersicht 4.3 veranschaulicht, war die relative steuerliche Belastung des Weizens mit Abstand am höchsten. Selbst absolut, pro Kilogramm Schmuggelware gerechnet, lag der eingesparte Steuerbetrag bei Weizen kaum unter dem des viel schwieriger zu verbergenden Fleischs. Es bestand daher ein stärkerer Anreiz, Weizenmehl in die mahl- und schlachtsteuerpflichtigen Städte zu schmuggeln als Fleisch oder gar Roggenmehl. Tatsächlich betonte der preußische Generalsteuerdirektor Kühne 1847 im preußischen Landtag, daß „unter hundert Defrauden auch nicht eine [ist], wo Roggenmehl eingeführt wäre, alle haben Weizenmehl eingeführt."[82] Der Schmuggel kann also erklären, weshalb die Überwälzung bei Weizenmehl deutlich geringer ausfiel als bei Roggenmehl.

Seine quantitative Bedeutung sollte allerdings nicht überschätzt werden. Schon in der ersten Hälfte der 1850er Jahre kam der Großteil des nach Berlin eingeführten Getreides nicht mehr auf dem Landweg durch die Stadttore, sondern auf dem Wasserweg und über die Eisenbahn in die Stadt.[83] Insofern wird die Bedeutung des Schmuggels einerseits im Zeitablauf und andererseits mit der Größe der Stadt abgenommen haben.[84]

Zusätzlich zum Schmuggel kam die legale Konkurrenz der sogenannten Landbäcker und -fleischer hinzu. Zwar unterlagen alle Gewerbetreibenden, die Back- und Fleischwaren im äußeren Steuerbezirk herstellten oder als Ortsansässige damit handelten, der Mahl- und Schlachtsteuer, nicht jedoch fliegende Händler, die daher zu niedrigeren Preisen anbieten konnten.[85] Die Einwohner des äußeren Bezirks konnten ihren Bedarf daher bei ihnen decken und ebenso die des inneren Bezirks, soweit die von den Käufern in die innere Linie eingeführten Mengen nicht die (sehr geringen) Freigrenzen überschritten. Allerdings scheinen die hohen Transportkosten die kostengünstigere Produktion für die meisten ländlichen Produzenten überkompensiert zu haben, denn diese Konkurrenz wird in der zeitgenössischen Literatur nicht oft erwähnt. Insgesamt werden sowohl der Schmuggel als auch die Konkurrenz außerhalb der Steuerlinie keine besondere

---

81 In anderen Modellspezifikationen wurde der Einfluß der Bevölkerungsgröße getestet. In keinem Fall ließ sich ein nennenswerter Einfluß auf die Preise erkennen.

82 Bleich (1847), S. 1605 (Rechtschreibung angepaßt). Ähnlich Sparre (1844), S. 28.

83 Vgl. Carl F.W. Dieterici (1855), Statistische Nachrichten über das seit den letzten 3 1/2 Jahren fortgehende Steigen der Preise von Getreide, Brod und Fleisch im Preuß. Staate und in der Hauptstadt Berlin besonders, so wie über die Verhältnisse der Anschaffung, des Einkaufs und des Verkaufs jener Nahrungsmittel in Berlin, in: Mittheilungen des statistischen Bureau's in Berlin, VII, S. 257-276, hier S. 262.

84 Vgl. zu letzterem Punkt die Zahlenangaben in: Manuscript [über die Mahl- und Schlachtsteuer] [1848], Berlin: Brandes & Schultze, S. 17.

85 Vgl. Schimmelfennig (1840), Bd. II, S. 62.

Bedeutung gehabt haben. Tendenziell müssen jedoch beide Effekte auf die Preise gedrückt haben.

Es bleibt daher die Frage, warum die Bäcker dennoch in der Lage waren, die Preise so hoch zu setzen. Im vorhergehenden Abschnitt wurden zwei Erklärungsansätze angeführt: Produktqualität und unvollkommener Wettbewerb. In der zeitgenössischen Literatur finden sich tatsächlich sehr viele Aussagen, denen zufolge das Fleisch in den Steuerstädten eine überdurchschnittliche Qualität aufwies, da sich der Steuersatz nach der Menge bemaß und nicht nach dem Wert (und somit der Qualität).[86] Dies ist genau das Argument im oben referierten theoretischen Ansatz von Barzel. Die Mengensteuer führte zur Substitution des ursprünglichen Produkts durch ein qualitativ besseres. Doch auf dem Gebiet der Schlachtsteuer kam es eben nicht zu *Over-*, sondern zu *Undershifting*, was die Schere in der Überwälzung zwischen der Mahlsteuer einerseits und der Schlachtsteuer andererseits noch vergrößert. Denn für Mehl und Backwaren referieren die zeitgenössischen Autoren keine überdurchschnittliche Qualität in den Steuerstädten. Mit anderen Worten: Die Fleischer verkauften in den Steuerstädten besseres Fleisch, ohne auch nur den vollen Steuerbetrag auf ihre Kunden abwälzen zu können, während die Bäcker normale Qualität zu Preisen verkauften, die ihnen mehr als den vollen Steuerbetrag abzuwälzen erlaubten.

Kann der andere in der theoretischen Literatur angesprochene Punkt – oligopolistische Wettbewerbsbeschränkungen – zur Erklärung beitragen? Gemäß dem auf Seades Beitrag basierenden Modell kann *Overshifting* bei Vorliegen der folgenden drei Bedingungen auftreten: oligopolistische Marktstruktur, keine Kollusion und (preis)unelastische Nachfrage. Letzteres ist im Falle von Getreidemehl zweifellos der Fall. Kollusion erscheint unwahrscheinlich. In der zeitgenössischen Literatur finden sich zwar vereinzelt Hinweise auf das Fortbestehen von Preistaxen und anderen wettbewerbsbehindernden Absprachen, jedoch nur in kleineren Städten. Sparre, der aus der Praxis kam, erwähnte durch die Mahl- und Schlachtsteuer hervorgerufene Wettbewerbsbeschränkungen, ohne diese jedoch zu konkretisieren.[87] Letztlich haben diese Hinweise, die alle aus der Zeit vor 1850 stammen, eher sporadischen und anekdotischen Charakter. Insgesamt gesehen fällt es schwer sich vorzustellen, daß sich in den preußischen Großstädten eine oft dreistellige Anzahl von Bäckern mit oder ohne Absprache auf ein überhöhtes

---

[86] Vgl. Ucke (1847), S. 21; Karl J. Bergius (1853), Die Grundsteuer und die Mahl- und Schlachtsteuer, Breslau: Korn, S. 77; Maron (1863), S. 30; Handelskammer zu Köln (1864), S. 42, und VHA (1872), Bd. 235, S. 1022, ferner Hahn (1987), S. 181.

[87] Vgl. J. Wilhelm Neumann (1837), Über Gewerbe-Freiheit und deren Gränzen im Staate. Ein staatswissenschaftlicher Versuch, Berlin/Posen/Bromberg: Mittler, S. 25f.; Sparre (1844), S. 24, und Ucke (1847), S. 53. Preistaxen, die noch Anfang des 19. Jahrhunderts in beiden Gewerben eine Rolle spielten, waren in der zweiten Jahrhunderthälfte nicht mehr üblich. In Preußen wurden sie 1810 untersagt, Brottaxen 1845 allerdings unter Ministerialvorbehalt wieder zugelassen. In der deutschen (später Reichs-), Gewerbeordnung von 1869 wurden Taxen mit wenigen Ausnahmen grundsätzlich untersagt; vgl. G. Meyer/Edgar Loening (1909), Die Gewerbegesetzgebung in Deutschland, in: Handwörterbuch der Staatswissenschaften, 3. Aufl., Bd. IV, Jena: Fischer, S. 897-923, hier S. 897-902, 918f., und Kurt v. Rohrscheidt (1910), Preistaxen, in: Handwörterbuch der Staatswissenschaften, 3. Aufl., Bd. VI, Jena: Fischer, S. 1186-1193, hier S. 1188-1190.

Preisniveau hätte einigen können. Berlin mit seinen 378.000 Einwohnern (1849) hatte 298 Bäckereien, Breslau (111.000 Einwohner) 136.[88] Für Berlin ist belegt, daß die Bäcker Mitte der 1850er Jahre an keine Preistaxen gebunden waren und sie ihre Preise vielmehr in freier Konkurrenz festsetzten.[89] Doch auch wenn die Möglichkeiten bindender Preisabsprachen gering gewesen sein mag, so können durchaus lokale Oligopole vorgelegen haben. Bülow-Cummerow verwies darauf, daß die Konsumenten selbst in größeren Städten stets nur zwei bis drei Bäcker in der Nähe ihrer Wohnung hätten.[90]

Wenn oligopolistische, nicht durch Kollusion hervorgerufene Wettbewerbsbeschränkungen eine Rolle für die Preisunterschiede zwischen Steuer- und Nichtsteuerstädten spielten, so müssen sie auf die Institution der Mahl- und Schlachtsteuer zurückzuführen sein, zumal ja die Preisunterschiede zwischen ehemaligen Steuer- und Nichtsteuerstädten von 1874 auf 1875 verschwanden. Prinzipiell unterlag die Gründung von Bäckereien und Fleischereien seit der Einführung der Gewerbefreiheit 1810 keinerlei Behinderungen von seiten der Behörden, so daß im Gegensatz zur Zeit vor den Reformen freier Marktzutritt herrschte.[91] Interessanterweise waren jedoch der Gewerbefreiheit der Müller und Bäcker, nicht jedoch der der Fleischer, im Mahl- und Schlachtsteuergesetz von 1820 Schranken gesetzt. §16d unterwarf sowohl Mühlen als auch Bäckereien einer behördlichen Genehmigungspflicht, wohingegen Fleischereien lediglich anzeigepflichtig waren.[92] Es ist daher vorstellbar, daß die Behörden bei der Genehmigung von Bäckerbetrieben Zurückhaltung übten, um eine Art Bestandsschutz zu gewährleisten, dabei aber zu restriktiv waren – z.B. wegen des in dieser Stärke nicht antizipierten Bevölkerungswachstums der Städte – und somit den einzelnen Bäckern gewollt oder ungewollt lokale Marktmacht ermöglichten. Dies ist auch insofern nicht unplausibel, als die Bäcker zu den wohlhabenderen und einflußreicheren Handwerkern zählten.[93]

Die Möglichkeiten, diese Hypothese zu testen, sind allerdings gering. Die dem Jahr 1874 zeitlich nächstgelegenen Daten über Bäcker (und Fleischer) auf Ebene der Städte entstammen der Gewerbezählung vom 1. Dezember 1875 – also elf Monate nach Aufhebung der Steuer. Wenn es in mahl- und schlachtsteuerpflichtigen Städten konzessi-

---

88 Vgl. Tabellen und amtliche Nachrichten über den Preussischen Staat für das Jahr 1849, Bd. I (1851), Bd. V (1854).

89 Vgl. Dieterici (1855), S. 267, ferner Schemioneck (1863), S. 17.

90 Vgl. Bülow-Cummerow (1844), S. 189.

91 Vgl. zur Konkurrenz unter den Fleischern: Arthur Rothe (1902), Das deutsche Fleischergewerbe (Sammlung nationalökonomischer und statistischer Abhandlungen, 32), Jena: Fischer, S. 30-39, und allgemein zur Gewerbefreiheit und ihren Einschränkungen: Neumann (1837), S. 288; Karl Heinrich Kaufhold (1975), Die Auswirkungen der Einschränkung der Gewerbefreiheit in Preußen durch die Verordnung vom 9. Februar 1849 auf das Handwerk, in: Fritz Blaich u.a. (Hrsg.), Vom Kleingewerbe zur Großindustrie. Quantitativ-regionale und politisch-rechtliche Aspekte zur Erforschung der Wirtschafts- und Gesellschaftsstruktur im 19. Jahrhundert (Schriften des Vereins für Socialpolitik, NF 83), Berlin: Duncker & Humblot, S. 165-188, und Barbara Vogel (1983), Allgemeine Gewerbefreiheit. Die Reformpolitik des preußischen Staatskanzlers Hardenberg (1810-1820) (Kritische Studien zur Geschichtswissenschaft, 57), Göttingen: Vandenhoeck & Ruprecht, insb. S. 198-201.

92 Vgl. Schimmelfennig (1837), S. 201.

93 Vgl. Vogel (1983), S. 198f.

onsbedingte Wettbewerbsbeschränkungen auf dem Markt für Backwaren gegeben hätte, die den Bäckern ein überhöhtes Preisniveau erlaubt hätten, so wären sicherlich nach Aufhebung der Steuer Marktzutritte erfolgt. Denkbar wäre immerhin, daß sich nach elf Monaten noch Reste der unter dem Regime der Mahl- und Schlachtsteuer entstandenen Marktstruktur hielten. Die verfügbaren Daten aus der Gewerbezählung erlauben für 41 preußische Städte die Erfassung der Anzahl der Getreidemühlen, Bäckereien und Fleischereien sowie ihrer Mitarbeiter.[94] Die einzige Möglichkeit, etwaige Remanenz verzerrter Marktstrukturen zu testen, ist somit, die Betriebsdichte (Anzahl der Betriebe pro Bevölkerung) und die Betriebsgröße (Beschäftigte je Betrieb) in ehemaligen Steuer- und Nichtsteuerstädten zu vergleichen (Übersicht 4.6).

Übersicht 4.6: Einflußfaktoren auf die Betriebsdichte und -größe der Bäckereien und Fleischereien in 40 preußischen Städten 1875

	Betrieb pro 1.000 Einw.		Personal pro Betrieb	
	Bäckereien	Fleischereien	Bäckereien	Fleischereien
Steuer (0/1)	-0,50**	-0,03	0,43	0,06
	(0,16)	(0,14)	(0,22)	(0,09)
Einwohner (log)	-0,19*	-0,21**	0,46***	0,09
	(0,08)	(0,08)	(0,12)	(0,05)
Konstante	4,29***	4,01***	-2,44	1,08*
	(0,83)	(0,77)	(1,28)	(0,49)
Mittelwert [Kopf]	1,93	1,70	2,83	2,09
Beobachtungen (Städte)	40	38	40	38
korr. R2	0,27	0,11	0,30	0,01
Prob(F)	0,00	0,05	0,00	0,29

Anm.: OLS. Standardfehler in Klammern (nach dem Verfahren von White korrigiert).
*, **, *** signifikant auf 5%-, 1%-, 0,1%-Niveau.

Quellen: Die definitiven Ergebnisse der Gewerbezählung vom 1. December 1875 im preussischen Staate, Teil 1 (1878), S. 48, 289-413, und Teil 2 (1880), S. 462-466, 470-472.

Trotz der geringen Fallzahl führen Regressionen dieser beiden Größen auf eine Dummy-Variable, die anzeigt, ob eine Stadt bis zum Vorjahr die Mahl- und Schlachtsteuer erhoben hatte, und auf die Bevölkerungsgröße zu Resultaten, die mit der Hypothese wettbewerbsbeschränkender Konzessionierungspraxis in Einklang stehen. Für die Dichte und Größe der Fleischerbetriebe kommt diesem sehr einfachen Modell keine Erklärungskraft zu, da die Koeffizienten der Variable für Steuererhebung nahe Null und in-

[94] Vgl. Die definitiven Ergebnisse der Gewerbezählung vom 1. December 1875 im preussischen Staate, Teil 1: Die Gewerbebetriebe in den einzelnen Verwaltungsbezirken, Kreisen und grösseren Städten des preussischen Staates (Preussische Statistik, 40.1), Berlin: Verlag des Königlichen Statistischen Bureaus 1878, S. 48, 289-413, und Die definitiven Ergebnisse der Gewerbezählung vom 1. December 1875, Teil 2: Die Sitze der Industrie oder die Verbreitung der einzelnen Klassen und Ordnungen der Gewerbebetriebe über die Bezirke und Kreise des preussischen Staates (Preussische Statistik, 41), Berlin: Verlag des Königlichen Statistischen Bureaus 1880, S. 462-466, 470-472. Dort sind insgesamt Daten für 50 Städte ausgewiesen, doch waren davon neun erst 1866 zu Preußen gekommen.

signifikant sind. Dagegen ergeben sich für die Bäckereien interessante Resultate. Noch elf Monate nach Aufhebung der Mahl- und Schlachtsteuer war die Anzahl der Bäckereien in ehemaligen Steuerstädten deutlich und signifikant geringer als in Nichtsteuerstädten; entsprechend war in diesen Betrieben im Schnitt fast eine halbe Person mehr beschäftigt.[95]

Ein Problem besteht allerdings in der Tatsache, daß östlich von Magdeburg alle erfaßten Städte bis 1874 die Mahl- und Schlachtsteuer erhoben hatten. Führt man eine Dummy-Variable für die westlichen Provinzen Preußens ein, so verringern sich die Absolutwerte der Koeffizienten der Dummy-Variablen für die Steuer, so daß sie insignifikant werden. Insofern besteht die Möglichkeit, daß eine Scheinkorrelation vorliegt. Zum Beispiel könnte der Anteil an selbstgebackenem Brot in den Haushalten der ostdeutschen Städte größer als im Westen und daher eine geringere Anzahl von Bäckereien je Stadt nötig gewesen sein.

Dies ist jedoch unwahrscheinlich. Der letzte Gewerbezensus vor Aufhebung der Mahl- und Schlachtsteuer, dessen Ergebnisse auf der Ebene einzelner Städte ausgewiesen wurde, war der von 1849. Für dieses Jahr existieren umfangreiche Übersichten, die für jede preußische Stadt für die Mühlen-, Bäcker- und Fleischerbetriebe jeweils die Anzahl der Meister und deren Gehilfen wiedergeben. Zusammen mit den Angaben über die Bevölkerung erlaubt dies, die Anzahl der Mühlen-, Bäcker- bzw. Fleischerbetriebe pro 1.000 Einwohner und die durchschnittliche Betriebsgröße zu bestimmen (Übersicht 4.7).[96]

Die mit 138 Städten deutlich höhere Fallzahl erlaubt es, die Dummy-Variablen Steuer und Westen simultan zu testen. Tatsächlich gab es in westlichen Städten mehr und kleinere Bäckereien je Einwohner, doch bleibt das Ergebnis erhalten, daß in Steuerstädten signifikant und deutlich weniger Bäckerbetriebe je Einwohner existierten. Insofern entkräftet dies das Argument, daß in Übersicht 4.6 eine Scheinkorrelation vorliegen könne.

Allerdings wirft Übersicht 4.7 ein neues Problem auf. 1849 existierten offenbar nicht nur signifikant weniger Bäckerbetriebe in den Steuerstädten (wie 1875), sondern auch weniger Fleischereien (im Gegensatz zu 1875). Außerdem waren die Fleischereien in Steuerstädten signifikant größer als in Nichtsteuerstädten, nicht jedoch die Bäckereien. Somit kann man den Befund nicht gerade als eindeutig bezeichnen. Es gibt im Jahr 1875 Anhaltspunkte für Marktstrukturverzerrungen bei den Bäckereien, nicht jedoch bei den Fleischereien, im Jahr 1849 dagegen für beide Gewerbe. Angesichts der Tatsache, daß das Bevölkerungswachstum in den preußischen Städten gerade im dritten Viertel des 19. Jahrhunderts eine besonders starke Dynamik entwickelte, läßt sich zwar die Mutmaßung einer zu vorsichtigen Konzessionierungspraxis aufrechterhalten, doch ist sie mangels städtscher gewerbestatistischer Daten für den Zeitraum 1850-1874 empirisch nicht zweifelsfrei zu erhärten.

---

95 Der Koeffizient (0,43) hat eine Irrtumswahrscheinlichkeit von 5,5%. – Für Mühlen sind die Ergebnisse nicht aussagekräftig; die Fallzahl beträgt nur 19.

96 Die Koeffizienten der Dummy-Variablen für die Steuer sind bei den Mühlen sowohl in Hinsicht auf die Betriebsdichte als auch auf die Betriebsgröße insignifikant.

Übersicht 4.7: Einflußfaktoren auf die Betriebsdichte und -größe der Bäckereien und Fleischereien in 138 preußischen Städten 1849

	Betrieb pro 1.000 Einw.		Personal pro Betrieb	
	Bäckereien	Fleischereien	Bäckereien	Fleischereien
Steuer (0/1)	-0,42**	-0,60***	0,08	0,21**
	(0,15)	(0,14)	[0,09]	(0,07)
Einwohner (log)	-1,52***	-0,93***	1,12***	0,32**
	(0,21)	(0,20)	[0,13]	(0,11)
Westen (0/1)	1,39***	0,39*	-0,53***	-0,26**
	(0,19)	(0,18)	[0,10]	(0,10)
Konstante	8,73***	6,30***	-2,17***	0,51
	(0,83)	(0,79)	[0,49]	(0,41)
Mittelwert [Kopf]	2,63	2,28	2,29	1,87
Beobachtungen (Städte)	138	138	138	138
korr. R2	0,46	0,29	0,40	0,17
Prob(F)	0,00	0,00	0,00	0,00

Anm.: OLS. Standardfehler in Klammern (ggf. korrigiert nach White in eckigen Klammern).
*, **, *** signifikant auf 5%-, 1%-, 0,1%-Niveau.

Quellen: Tabellen und amtliche Nachrichten über den Preussischen Staat für das Jahr 1849, Bd. I (1851), S. 276, Bd. IV (1853), S. 152-162, Bd. V (1854), S. 1-821.

Immerhin ist den Übersichten 4.6 und 4.7 deutlich zu entnehmen, daß die Existenz der Mahl- und Schlachtsteuer einen signifikanten Einfluß auf die Struktur der Märkte für Back- und zumindest zeitweise für Fleischwaren hatte, ohne daß jedoch Anhaltspunkte dafür vorliegen, daß die festgestellte Konzentration wettbewerbsbehindernd war. Dem Verwaltungspraktiker Sparre zufolge bewirkten die Vorfinanzierung der Steuer durch die Bäcker und eine vorgeschriebene Mindestmahlmenge eine Tendenz zu größeren Bäckereibetrieben[97], was sich ja zumindest für 1875 statistisch nachweisen läßt (Übersicht 4.6). Dieser Hinweis lenkt den Blick auf eine bislang vernachlässigte Komponente der Steuer: die mit ihrer Erhebung und Kontrolle verbundenen direkten und indirekten Kosten.

Die Erhebungspraxis der Mahl- und Schlachtsteuer belastete in der Tat sowohl die staatlichen Organe als auch die Zensiten in ungewöhnlich hoher Weise. Die meisten zeitgenössischen Autoren verwiesen immer wieder auf den ungewöhnlich hohen Anteil der Erhebungskosten im Verhältnis zu den Bruttoeinnahmen. Für das Jahr 1868 zum Beispiel errechnete das Finanzministerium für diejenigen 28 Städte, für die zu diesem Zeitpunkt eine Aufhebung der Mahl- und Schlachtsteuer diskutiert wurde, einen Anteil der Erhebungskosten an den staatlichen Mahl- und Schlachtsteuereinnahmen von 23,4% – in zwei schlesischen Städten betrug er gar über 40%.[98]

In diesen Kosten ist ein wesentlicher Faktor gar nicht enthalten, da er den Zensiten aufgebürdet wurde. So hatten die Mühlen die staatlichen Aufsichtsbeamten selbst zu be-

97 Vgl. Sparre (1844), S. 24.

98 Berechnet nach VHA, Bd. 225 (1870), S. 665-671.

zahlen.[99] Zudem verursachten die vielen Vorschriften, insbesondere auf dem Gebiet der Mahlsteuer, ganz erhebliche weitere Zusatzkosten, die voll zu Lasten der Müller oder Bäcker gingen. Zeitgenössische Kritiker führten vor allem die Folgen der langen Wartezeiten vor Hebestellen und Mühlen an, die viel Kapital banden und sogar zum Verderb der Ware führen konnten. Ein weiterer Punkt waren durch die Steuererhebung induzierte Umwegfahrten. So konnte es lohnend sein, Getreideprodukte aus der Stadt über den halbmeiligen steuerpflichtigen Bezirk hinauszufahren, nur um dann außerhalb der äußeren Steuerlinie umzudrehen und in den halbmeiligen Bezirk zurückzukehren. Oder es lohnte sich für den Konsumenten, der innerhalb der äußeren Steuerlinie Potsdams wohnte, das Mehl aus Berlin zu beziehen, da er von Berlin aus gesehen außerhalb der (Berliner) Steuerlinie wohnte, nicht aber von Potsdam. Außerdem verhinderten die vielen Kontrollen erstens die Errichtung größerer und leistungsfähigerer Mühlen und zweitens den Aufbau eines umfangreicheren Mehlhandels.[100] Nach Wolff, einem ebenso scharfen wie scharfsinnigen Kritiker der Mahl- und Schlachtsteuer, war letzteres sogar der Ausgangspunkt für das Wiederaufflammen der Kritik Anfang der 1860er Jahre.[101] Ein anonymer Autor stellte für Berlin eine Schätzung der Mehrkosten an. Er rechnete vor,

> „daß die Mehrkosten, welche durch die Zoll-Kontrolle dem Importeur von Roggenmehl nach Berlin zur Last fallen, sich fast eben so hoch belaufen, als die Steuer selbst – diese mithin fast verdoppelt wird.“[102]

Wenn diese Äußerungen auch allenfalls anekdotische Evidenz aufweisen, so gehen sie doch in der Summe alle in dieselbe Richtung. Somit verbleiben zwei Kandidaten, mit denen sich das *Overshifting* der Mahlsteuer erklären ließe: Wettbewerbsbehinderungen, mutmaßlich infolge der Konzessionierungspraxis, und Kosten. Diese beiden Komponenten schließen sich nicht aus. Um die Relevanz dieser beiden Faktoren abschätzen zu können, wären Informationen über die Gewinne der Bäcker und Fleischer hilfreich. Die Gewerbesteuer war in ganz Preußen einheitlich und wäre insofern prinzipiell geeignet, Anhaltspunkte über etwaige Wohlstandsunterschiede der Bäcker und Fleischer in Steuer- bzw. Nichtsteuerstädten zu geben. Jedoch wurden die einschlägigen Ergebnisse nicht auf städtischer Ebene veröffentlicht.

Es gibt jedoch eine indirekte Möglichkeit, den Einfluß der Mahl- und Schlachtsteuer auf die Gewinnsituation der Bäcker und Fleischer zu testen: ihre Äußerungen zur Steuer. Denn hätte ihnen eine steuerbedingte restriktive Konzessionierungspraxis lokale

---

[99] Schemonieck (1863), S. 6, 16.

[100] Vgl. v.a. Sparre (1844), S. 25-27; Ucke (1847), S. 15-20; J. Neumann (1849), Bemerkungen für die Aufhebung der Mahl- und Schlacht-Steuer und Einführung einer Einkommen-Steuer, Berlin: Hofmann, S. 11; Maron (1863), S. 9-28; Schemioneck (1863), S. 6-16; Handelskammer zu Köln (1864), S. 41; Wolff (1864), S. 196; Pfeiffer (1866), Bd. II, S. 369, und Jaenicke (1872), S. 14f., 31f. Bei Jaenicke, einem Dampfmühlenunternehmer aus Potsdam, finden sich viele weitere Beispiele für Umwegfahrten zur Steuervermeidung. Marons Zahlenangaben zufolge soll sich beispielsweise Weizen- und Roggenmehl um 40% durch die Mahlsteuer verteuert haben. Allerdings belegt er seine quantitativen Angaben nicht.

[101] Vgl. Wolff (1864), S. 196, sowie Handelskammer zu Köln (1864), S. 42.

[102] Schemioneck (1863), S. 12. Mit Zoll ist hier die Mahl- und Schlachtsteuer gemeint.

Marktmacht ermöglicht, so hätten sie sicherlich Argumente gefunden, mit denen sie die Beibehaltung der Steuer hätten befürworten können. In der üppigen Literatur über das Für und Wider der Mahl- und Schlachtsteuer läßt sich jedoch kein einziger Hinweis finden, daß sich Bäcker oder Fleischer jemals für ihre Beibehaltung ausgesprochen hätten. Vielmehr gehörten die Bäcker und Fleischer stets zu den erklärten Gegnern der Mahl- und Schlachtsteuer.[103] Diese Beobachtung ist ein deutliches Indiz dafür, daß sie nicht von ihrer Erhebung profitierten. Es verbleibt daher *ex negativo* nur das Kostenargument. Die Mahl- und Schlachtsteuer muß die Fleischer und sehr wahrscheinlich in noch größerem Maße die Bäcker durch die Steuererhebung und -kontrolle mit so hohen Zusatzkosten belastet haben, daß sie sie auch über höhere Preise nicht vollständig an ihre Kunden weitergeben konnten. Dies erklärt auch die überdurchschnittliche Betriebsgröße in den Steuerstädten. Nicht Wettbewerbsverzerrung war ihre Ursache, sondern die steuerinduzierten Mehrkosten.

Damit liegt im Falle der preußischen Mahl- und Schlachtsteuer ein anderer Fall vor, als heute auf der Schnittstelle von Finanzwissenschaft und *Industrial Organization* diskutiert wird. Auch dort bürdet die Steuer Unternehmen Kosten auf. Diese stehen jedoch in oligopolistischer Konkurrenz und können die Preise gemeinsam erhöhen. Obwohl die Mahl- und Schlachtsteuer offensichtlich Einfluß auf die Marktstruktur hatte, scheint keine wettbewerbsverzerrende Situation entstanden zu sein. Die Steuer hatte also nicht im Sinne von Seade den Charakter eines öffentlichen Gutes, das es den oligopolistischen Produzenten erlaubte, die Preise über den Steuerbetrag hinaus zu erhöhen, sondern sie verursachte den in Konkurrenz stehenden Bäckern und Fleischern mehr Kosten, als sie auf der Erlösseite über Preiserhöhungen auf dem durch Schmuggel und die Konkurrenz von Landbäckern und -fleischern gekennzeichneten Markt durchsetzen konnten.

Dies läßt sich in einem einfachen wohlfahrtsökonomischen Diagramm veranschaulichen. Die Steuer bewirkte nicht nur eine Verschiebung der Angebotskurve nach oben um den Steuersatz t ($S_0 \rightarrow S_1$, Abbildung 4.1), sondern zumindest für Mahlprodukte zusätzlich eine weitere um die steuerinduzierten Mehrkosten Δc ($S_1 \rightarrow S_2$). Laspeyres ging in Einklang mit den üblichen Annahmen der Theorie von der Preis-Mengen-Kombination (p_1; x_1) aus und konnte sich daher nicht erklären, weshalb die vermeintliche Preisdifferenz p_1 - p_0 vor und nach Wegfall der Steuer (bzw. in der hier vorgenommenen Analyse zwischen Steuer- und Nichtsteuerstädten) größer als der Steuerbetrag t

[103] Vgl. Denkschrift über die Mahlsteuer und ihre nachtheiligen Folgen für die weniger bemittelten Volksklassen, sowie insbesondere für das Bäckergewerbe. Hrsg. v. Vorstande der Bäcker-Corporation in Köln, Köln: Bachem 1869, ferner Sparre (1844), S. 26f.; Bleich (1847), S. 1622; Schemioneck (1863), S. 3, und Westhoff (1863), Die Klassensteuer in der Stadt Hirschberg im Vergleich zur früheren Mahl- und Schlachtsteuer, in: Deutsche Gemeinde-Zeitung, 2, S. 530-532, hier S. 531. Ähnlich äußerte sich der Abgeordnete Camphausen; vgl. Bergius (1853), S. 77f. Teschemacher (1912), S. 26f., zählte die Bäcker und Fleischer zu den „Hauptträgern der Bewegung gegen die Mahl- und Schlachtsteuer." Nur selten und meist vor 1850 wurde behauptet, die Bäcker und Metzger profitierten von der Steuer; vgl. etwa „Denkschrift über die Aufhebung der Mahl-und Schlachtsteuer in Düsseldorf, und deren Ersetzung durch die Klassensteuer" vom 29.12.1833 (Entwurf), Stadtarchiv Düsseldorf, 0-1-2-1165, und Sparre (1844), S. V, 26.

war. Tatsächlich beobachtete er jedoch (p_2; x_2). Die tatsächliche Preisdifferenz p_2 - p_0 ist in der Tat größer als der Steuerbetrag t. Die besonders negative Wohlfahrtswirkung der Steuer veranschaulicht der Effizienzverlust L_1+L_2, der deutlich größer ausfällt als im Normalfall ohne nennenswerte steuerinduzierte Zusatzkosten (L_1).

Abbildung 4.1: Die Wirkung der Mahlsteuer auf den Mehlpreis

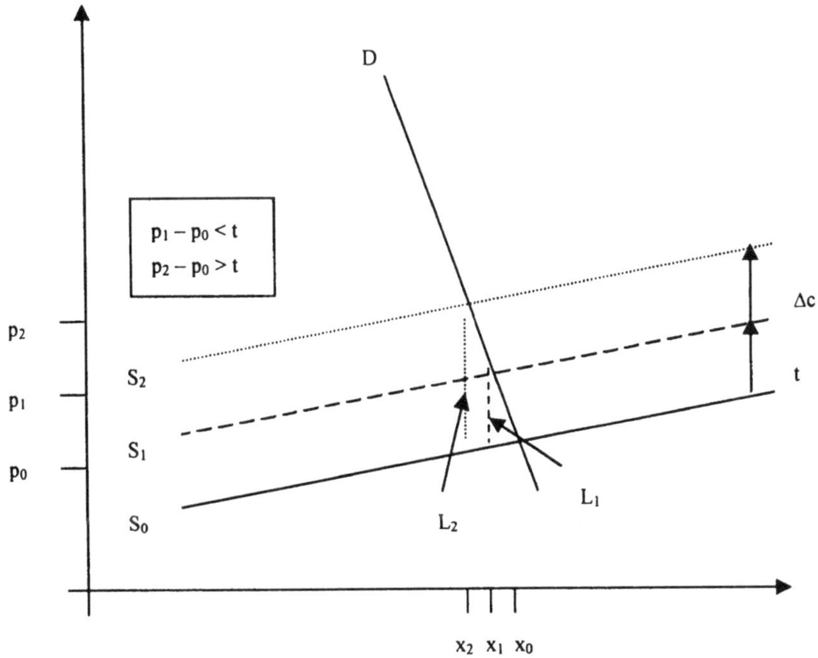

4.5.2 Die württembergische Fleischsteuer 1906

Da nach Abschaffung der preußischen Mahlsteuer 1875 die Fleisch- und Schlachtsteuern die letzten spezifischen Abgaben auf Grundnahrungsmittel in Deutschland waren, interessierten sich viele Autoren für ihre Belastungswirkung. So äußerte sich Adolph Wagner 1904 zur Fleisch- bzw. Schlachtsteuer: „Hier wie in anderen Fällen wird die Überwälzung einer solchen Steuer gerade in erhöhtem Preise [...] auf den Konsumenten für gar zu sicher angenommen. Die Steuer kann leicht auf einen Anderen fallen [...].“[104]

Als 1910 wegen einer Bestimmung im Reichszolltarif-Gesetz die kommunalen Schlachtsteuern reichsweit aufgehoben werden mußten, nutzte dies das statistische Amt der Stadt Aachen, um deren Einfluß auf die Fleischpreise zu messen. Es kam zum Er-

[104] Wagner (1904), S. 33.

gebnis, daß sich eine anhaltende Preissenkung nicht nachweisen ließe.[105] Allerdings bediente es sich nicht so sorgfältiger Analysetechniken, wie sie Laspeyres vorgeführt hatte. Insbesondere verglich es die Preisentwicklung nicht mit der von Nachbarstädten, die diese Abgabe nicht erhoben hatten.

Auch in Württemberg erhoben die Kommunen bis 1909 eine kommunale Fleischsteuer. Sie finanzierten sich zwar überwiegend aus Zuschlägen zu den direkten Staatssteuern, doch hatte ihnen der Staat 1877 das Recht eingeräumt, Verbrauchsteuern auf Bier, Fleisch, Gas und seit 1903 auch auf Elektrizität zu erheben.[106] Die Besteuerung von Gas und Elektrizität traf vor allem die wohlhabenderen Bürger, und die Biersteuer ließ sich mit erzieherischen Motiven begründen. Allenfalls die Fleischsteuer, so der württembergische Finanzrat Otto Trüdinger 1908 ein Jahr vor ihrer Abschaffung, belaste ein notwendiges Nahrungsmittel. „Freilich", so Trüdinger, „ist noch sehr fraglich, ob die Fleischsteuer auch tatsächlich auf den Konsumenten überwälzt oder aber, ob sie nicht ganz oder teilweise vom Produzenten, vom Viehhändler oder vom Metzger getragen wird. Dies genau festzustellen, wird kaum jemals gelingen."[107] In seiner Abhandlung teilte Trüdinger die Fleischpreise württembergischer Städte mit, die veranschaulichen sollten, daß „ein unbedingter Beweis für die preissteigernde Wirkung der Fleischverbrauchsabgabe sich nicht erbringen läßt".[108]

Eine genauere Analyse der württembergischen Fleischpreise erhärtet jedoch die entsprechenden Ergebnisse Laspeyres' und die Vermutung Wagners. Trüdingers Tabelle umfaßte 34 württembergische Städte, deren Einwohnerzahl, die Preise für – in aufsteigender Reihenfolge des Preises – Rind-, Ochsen-, Kalb- und Schweinefleisch und den Steuersatz in den 12 Steuerstädten. Dieser Steuersatz war für alle vier Fleischsorten identisch und variierte je nach Steuerstadt zwischen zwei und sechs Pfennig pro Kilo. Die Preise der vier Produkte lagen im Durchschnitt aller Städte bei 1,50, 1,58, 1,64 und 1,65 Mark je Kilo. Setzt man den Preis in Beziehung zum Steuersatz und zur (logarithmierten) Einwohnerzahl, so erhält man die in Übersicht 4.8 zusammengefaßten Ergebnisse.

Wie die Schätzergebnisse in den ersten Spalten zeigen, läßt sich für die vier Fleischsorten in der Einzelbetrachtung lediglich sagen, daß die Preise außer bei Rindfleisch mit der Größe der Stadt signifikant zunahmen. Die Koeffizienten für die Steuer sind nach konventionellen Kriterien in keinem Falle statistisch signifikant. Ganz offensichtlich ist die Fallzahl zu gering, um genauere Aussagen treffen zu können. Faßt man die beiden billigeren Fleischsorten zusammen, so läßt sich mehr über die Wirkung der Steuer sagen: Sie wurde zu gut zwei Dritteln überwälzt. Werden alle vier Fleischsorten zusammengefaßt, so erhält man eine klare Aussage: Die Fleischer konnten im Schnitt nur

---

105 Vgl. Statistisches Amt der Stadt Aachen (1911), S. 17, und Ernst Scholz (1908), Das heutige Gemeindebesteuerungssystem in Preußen. Unter besonderer Berücksichtigung des Westens der Monarchie, in: ebda., S. 279-318, hier S. 305. Vgl. zur Aufhebung der Schlachtsteuern: Karl Bräuer (1925), Mahl- und Schlachtsteuer, in: Handwörterbuch der Staatswissenschaften, 4. Aufl., Bd. VI, Jena: Fischer, S. 472-475.

106 Vgl. Denkschrift (1909), S. 38, 42.

107 Trüdinger (1908), S. 96f.

108 Trüdinger (1908), S. 97.

etwa die Hälfte der Steuerlast an die Konsumenten vorwälzen.[109] Ob damit ein Teil der Steuerlast bei ihnen verblieb, muß jedoch offen bleiben. Wie im preußischen Falle scheitert eine Analyse der Rückwälzung auf die Viehhändler bzw. -produzenten aus Mangel an Daten.

Übersicht 4.8: Einflußfaktoren auf Fleischpreise in Württemberg 1906

	Rind	Ochse	Kalb	Schwein	Rind und Ochse	alle Fleischsorten
Steuer	0,81	0,60	0,00	0,52	0,71*	0,48*
[Pf/kg]	[0,41]	[0,34]	[0,43]	[0,42]	[0,27]	(0,21)
Einwohner	0,43	2,21**	3,05**	2,88*	1,30*	2,14***
[logs]	[0,99]	[0,61]	[1,04]	[1,32]	[0,60]	(0,62)
Dummies für						
Ochse					7,93***	7,92***
[Pf/kg]					[1,30]	(1,34)
Kalb						14,00***
[Pf/kg]						(1,29)
Schwein						15,21***
[Pf/kg]						(1,29)
Konstante	144,7***	136,1***	135,2***	137,3***	136,6***	129,0***
[Pf/kg]	[9,33]	[5,74]	[10,07]	[12,23]	[5,77]	(5,86)
Ø-Preis [Pf/kg]	150,00	158,10	164,00	165,21	153,73	159,37
Beobachtungen	34	29	34	34	63	131
korr. R2	0,05	0,21	0,10	0,20	0,42	0,60
Prob(F)	0,17	0,02	0,07	0,01	0,00	0,00

Anm.: OLS. Standardfehler in Klammern (ggf. korrigiert nach White in eckigen Klammern).
*, **, *** signifikant auf 5%-, 1%-, 0,1%-Niveau.

Quelle: Trüdinger (1908), S. 98.

Im Gegensatz zu den von Laspeyres ausgewerteten preußischen Daten aus den Jahren 1874/75 (vgl. Übersichten 4.1 und 4.2, oben S. 139 und S. 144) läßt sich an den württembergischen für 1906 erkennen, daß die Überwälzung offenbar um so eher gelang, je billiger die Fleischsorte war. Es liegt nahe zu vermuten, daß sich hier unterschiedlich hohe Preiselastizitäten des Konsums der einzelnen Fleischarten widerspiegeln.

[109] Aufgrund der Dimensionierung der Preis- und Steuervariablen in Niveauwerten lassen sich die Dummyvariablen einfach interpretieren. Sie sind Verschiebungsparameter und geben die durchschnittlichen Preisdifferenzen zwischen den einzelnen Sorten wieder.

4.6 Ergebnisse

Basierend auf den Vorarbeiten von Etienne Laspeyres lassen sich unter Zuhilfenahme inferenzstatistischer Methoden und weiterer Daten der zeitgenössischen Statistik folgende Aussagen über die Inzidenz von Mahl- und Schlachtsteuern ableiten.

Die Inzidenz der Schlachtsteuer lag in Preußen (1874) und in Württemberg (1906) deutlich unter 100%, d.h. die die Steuer abführenden Fleischer waren nicht in der Lage, sie vollständig auf ihre Kunden vorzuwälzen. Dies überrascht insofern nicht besonders, als die Nachfrage nach Fleisch verhältnismäßig elastisch gewesen sein dürfte, da die Konsumenten einerseits Konsumverzicht leisten und andererseits auf unbesteuerte Substitute wie Wildbret, Geflügel, Fisch und Gemüse ausweichen konnten. Die Ergebnisse für die württembergische Schlachtsteuer 1906 legen zudem nahe, daß die Überwälzung beim billigeren Rind- und Ochsenfleisch eher gelang als beim teureren Kalbs- oder Schweinefleisch. Wer sich teures Fleisch leisten konnte, war eher in der Lage, auf andere Lebensmittel auszuweichen, als Konsumenten der billigeren Fleischsorten. Verschärfend kam für die Fleischer in einer von einer Schlachtsteuer betroffenen Stadt hinzu, daß sie aufgrund der Besteuerung nach Gewicht gezwungen waren, möglichst hochwertiges Fleisch einzuführen, so daß das Fleisch in Steuerstädten qualitativ hochwertiger war als in Nichtsteuerstädten. Die Koeffizienten überschätzen daher sogar noch das Ausmaß der Vorwälzung. Gesicherte Aussagen über die gesamte Inzidenzwirkung auf die Fleischer sind nicht möglich, da für eine Analyse etwaiger Rückwälzungswirkungen die erforderlichen Daten für Viehpreise weder im preußischen noch im württembergischen Fall verfügbar sind.

Für die preußische Mahlsteuer läßt sich dagegen feststellen, daß sie nicht auf die Getreidelieferanten rückgewälzt werden konnte, was angesichts der relativ guten Transport- und Lagerfähigkeit des auch international gehandelten Getreides plausibel ist. Die Kunden dagegen waren mit Preisen konfrontiert, die insbesondere im Falle von Roggen deutlich über dem eigentlichen Steuerbetrag lagen (*Overshifting*). Die beiden in der modernen Literatur angebotenen Erklärungsansätze – Qualität und Marktunvollkommenheiten – können nur zur Klärung von Teilaspekten beitragen. In der Literatur finden sich zwar viele Hinweise auf bessere Qualität des Fleisches in den Steuerstädten, nicht jedoch des Brots. Auch läßt sich zwar eine signifikant andere Marktstruktur in den Steuerstädten nachweisen, jedoch nicht nur für Bäckereien, sondern zumindest zeitweise auch für Fleischereien. Somit verbleiben als letzter Erklärungsansatz die auch schon von den Zeitgenossen beklagten enormen Zusatzkosten, die vor allem den Bäckern bei der Steuererhebung entstanden. Für die Bäcker läßt sich zwar nicht direkt feststellen, ob sie diese Zusatzkosten an die Kunden überwälzen konnten, doch lassen ihre unisono geführten Klagen über die Steuer vermuten, daß dies nicht vollständig gelang. Der große Unterschied in den Überwälzungswerten für Roggen- und Weizenmehl kann zum Teil auf den Schmuggel zurückzuführen sein, der sich ausschließlich auf Weizenmehl konzentrierte, und schließt nicht aus, daß die Bäcker wenigstens beim Roggenmehl, das als Unterschichtenprodukt weniger elastisch nachgefragt wurde, auf ihre Kosten kamen.

Die Fleischproduzenten und wahrscheinlich auch die Bäcker trugen also zu Lasten ihres Gewinns einen Teil der Steuer. Doch warum reagierte das Angebot darauf nicht in der langen Frist – immerhin existierte die Mahl- und Schlachtsteuer in Preußen über ein halbes Jahrhundert? Die Vorstellung eines langfristig vollkommen elastischen Angebots, die schon Ricardo hegte, erscheint für das Preußen des 19. Jahrhunderts unrealistisch. Bei einer Dichte von jeweils etwa 2,5 Bäcker- und Fleischerbetrieben auf 1.000 städtische Einwohner 1849 (vgl. Übersicht 4.7, S. 160) läßt sich vorstellen, daß es für einen Bäcker oder Fleischer aus einer steuerpflichtigen Stadt schwierig gewesen wäre, den etablierten Betrieb aufzugeben und in einer nicht steuerpflichtigen Stadt zu reüssieren. Der Wechsel in einen anderen Beruf dürfte einem fertig ausgebildeten, sich trotz Gewerbefreiheit einem „Stand“ zugehörig fühlenden Bäcker oder Fleischer schwer gefallen sein. Ricardos Argument mag für die sehr lange Frist zutreffen, doch unterschätzt es für den Zeitraum darunter das, was heute als *asset specificity* von Humankapital bezeichnet wird.[110]

Stärker noch als die Produzenten trafen die Steuer und ihre Zusatzkosten jedoch die Konsumenten. Wegen der besonderen Belastung des Preises für Roggenmehl waren die Verteilungswirkungen der Mahlsteuer noch regressiver, als selbst der Sozialist Ferdinand Lassalle behauptet hatte. Für den preußischen Staat war die Mahl- und Schlachtsteuer unter den größeren Steuerarten wegen ihrer hohen Erhebungs- und Kontrollkosten die teuerste überhaupt. Es fragt sich daher, wer überhaupt ein Interesse an der Beibehaltung dieser Steuer haben konnte. In der zeitgenössischen Literatur wird immer wieder das kommunale Interesse betont. Die mahl- und schlachtsteuerpflichtigen Städte belegten die staatliche Mahl- und Schlachtsteuer einfach mit Zuschlägen bis zu 50%, von denen ihnen der staatliche Fiskus lediglich einen geringen Anteil als Aufwandsentschädigung abzog.[111] Zudem überwies ihnen der Fiskus seit 1848 ein Drittel des staatlichen Mahlsteueraufkommens.[112] Die Städte kamen somit ohne jeglichen Aufwand an erhebliche Steuereinnahmen.

Doch es war nicht nur Bequemlichkeit, die viele Stadträte zu energischen Befürwortern der Mahl- und Schlachtsteuer werden ließ; schließlich hätten diese Einnahmen auch durch andere Steuern erzielt werden können. Andere indirekte Steuern – wären sie denn erlaubt gewesen – hätten nicht nur den Aufbau eines eigenen Verwaltungsapparates erforderlich gemacht und den Handel in den betroffenen Städten noch stärker belastet, als es die umständlichen Torvisitationen durch die staatlichen Steuerbeamten ohnehin schon taten. Allen Beteiligten war klar, daß die kommunalen Einnahmen aus der Mahl- und Schlachtsteuer nur durch solche aus direkten Steuern hätten ersetzt werden können, was zu einer höheren steuerlichen Belastung der städtischen Mittel- und Oberschichten geführt hätte. Vor allem letztere dominierten in den Stadträten und hatten auch Einfluß im preußischen Herrenhaus, das 1851 und 1869 die vom Abgeordnetenhaus vorgeschlagene Abschaffung der Mahl- und Schlachtsteuer ablehnte. Sowohl als

---

[110] Vgl. S.R.H. Jones (1997), Transaction Costs and the Theory of the Firm: The Scope and Limitations of the New Institutional Approach, in: Business History, 39, Nr. 4, S. 9-25, hier S. 15f., und Hartmut Berghoff (1999), Transaktionskosten: Generalschlüssel zum Verständnis langfristiger Unternehmensentwicklung? Zum Verhältnis von Neuer Institutionenökonomie und moderner Unternehmensgeschichte, in: Jahrbuch für Wirtschaftsgeschichte, Nr. 2, S. 159-176, hier S. 163f.

[111] Vgl. Schimmelfennig (1840), S. 50.

[112] Vgl. Reinick (1863), S. 163.

städtische wie auch als staatliche Zensiten hatten sie ein klares Interesse, einen möglichst hohen Anteil der Gesamtsteuerlast auf die unteren Schichten abzuwälzen.[113] Letztlich ist also im Festhalten der oberen Schichten an der ineffizienten Mahl- und Schlachtsteuer eine Art *Rent-seeking*-Verhalten zu sehen.

Steuervermeidungsstrategien wohlhabender Zensiten konnten jedoch auch individuelle und wesentlich subtilere Formen annehmen. Die für sie im Vergleich zur Klassensteuer geringe Belastung durch die Mahl- und Schlachtsteuer bis zur flächendeckenden Einführung der klassifizierten Einkommensteuer 1851 führte dazu, daß etliche Großgrundbesitzer die Befreiung von der Klassensteuer erreichten, indem sie ihren Wohnsitz für mindestens sechs Monate in eine mahl- und schlachtsteuerpflichtige Stadt verlegten. Sie verringerten also ihre Steuerpflicht durch Migration. Dies ist ein in der historischen Forschung noch kaum untersuchtes Gebiet, das Gegenstand des folgenden Kapitels ist.

[113] Vgl. Schemioneck (1863), S. 5; Denkschrift über die Mahlsteuer (1869), S. 1, 7, und als Detailstudie Hahn (1987).

5. Steuerinduzierte Migration und Steuerwettbewerb

„Man verliert sich hier offenbar in hehre Projekte und bedenkt nicht, wie mächtig die Unzufriedenheit der reichsten Grundbesitzer und Fabrikunternehmer [...] ist; [...] wie gefährlicher endlich ist, den Kapitalen eine Richtung zur Auswanderung in Gegenden zu geben, wo der Genuß derselben mäßiger besteuert wird. Der Deutsche findet sein Vaterland auch außer dem preußischen Staate wieder, und die Wanderungen aus einem deutschen Bundesstaat in den anderen sind viel leichter, als Auswanderungen von England nach Frankreich oder Deutschland."

Johann G. Hoffmann (1820) [1]

„Der deutsche Steuerzahler wird künftig keine Sorge mehr haben, auszurechnen, ob er mit Steuern billiger wegkommt, wenn er in Berlin, Grunewald, Coburg oder am Bodensee wohnt."

Matthias Erzberger (1919) [2]

5.1 Problemstellung

Im Zusammenhang mit der Globalisierung und der wirtschaftlichen Integration Europas wird seit den 1950er Jahren darüber diskutiert, ob eine internationale oder wenigstens EU-weite Harmonisierung der nationalen Steuersysteme notwendig ist. Eines der Hauptargumente lautet, die mit dem technischen Fortschritt und der zunehmenden politischen Integration verbundene Verringerung der Transaktionskosten mache es für die Zensiten zunehmend attraktiver, ihren Wohnsitz oder ihr Vermögen in Jurisdiktionen mit niedrigerer Steuerlast zu verlagern. Dabei geht es in erster Linie um die Besteuerung besonders mobiler Produktionsfaktoren, insbesondere hochqualifizierter Arbeitskräfte und Kapital. Um die drohende Abwanderung von Human- und Geld-, mittelfristig auch Realkapital zu verhindern, so das Argument, müßten die Jurisdiktionen die steuerliche Belastung dieser Faktoren senken. Ohne internationale Kooperation fände

1 GStAB, I. HA, Rep. 151 II, Nr. 1608, Bl. 23f., Hoffmann an Finanz-Ministerium, 13. November 1820. Rechtschreibung angepaßt.

2 Zit. n. Alex Möller (1971), Reichsfinanzminister Matthias Erzberger und sein Reformwerk (Blickpunkt Finanzen, 7), Bonn: Stollfuss, S. 39.

ein ruinöser Steuerwettbewerb der Jurisdiktionen und letztlich ein *race to the bottom* statt, an dessen Ende eine zu niedrige Steuerquote in allokativer Hinsicht zu erheblichen Ineffizienzen führe, weil zu wenig öffentliche Güter bereitgestellt würden, und in distributiver Hinsicht kein finanzpolitischer Spielraum mehr für Umverteilung existiere. Vertreter dieser These bleiben auch dann bei ihrer pessimistischen Sichtweise, wenn die Ausgabenseite öffentlicher Etats mitberücksichtigt wird, mithin nicht nur Steuer-, sondern Fiskalwettbewerb untersucht wird. Bei vielen steuerfinanzierten Leistungen handele es sich um öffentliche Güter, so daß der Nettonutzen für wohlhabende Faktorbesitzer nur unter ganz spezifischen, eher unrealistischen Annahmen positiv sei.[3]

Doch Fiskal- und Steuerwettbewerb werden auch positiv eingeschätzt. Die Optimisten heben in Analogie zum Markt die positive Rolle des Wettbewerbs als Entdeckungs- und Sanktionsverfahren unter konkurrierenden Jurisdiktionen hervor. Politischer Wettbewerb wirke dem auswuchernden Staat, versinnbildlicht im Hobbesschen Leviathan, wirksam entgegen. Durch die Befolgung des Subsidiaritätsprinzips würden politische Entscheidungen dezentralisiert und politischem Wettbewerb auf möglichst tiefer Ebene ausgesetzt, was eine größere Nähe der Politik zu den Präferenzen der Bürger erlaube und damit positive Effekte auf die politische Stabilität des (Wirtschafts-) Systems zur Folge habe.[4]

Diese beiden Sichtweisen schließen sich nicht prinzipiell aus. Letztlich ist es eine empirische Frage, welchen Argumenten man mehr Gewicht einräumen sollte. Entsprechende Untersuchungen sind allerdings mit erheblichen methodischen Schwierigkeiten konfrontiert und ergeben kein eindeutiges Bild. Selbst für den Zeitraum nach dem Zweiten Weltkrieg, der in der entwickelten Welt einerseits durch historisch einmalig geringe Transaktionskosten, andererseits durch hohe Steuerbelastung gekennzeichnet ist, scheint die fiskalinduzierte Mobilität von Arbeit und sogar Kapital (allerdings mit der wichtigen Ausnahme multinationaler Konzerne) weitaus geringer zu sein, als in den meisten theoretischen Modellen vorausgesetzt wird. Dennoch deuten einige Ergebnisse daraufhin, daß fiskalischer Wettbewerb tendenziell stattfindet und effizienzsteigernd wirkt, die positiven also die negativen allokativen Effekte überwiegen. Allerdings scheint sich fiskalischer Wettbewerb selbst heute noch eher innerhalb der Gebietskörperschaften föderal verfaßter Staaten abzuspielen als auf internationaler Ebene. Für die gut untersuchte Schweiz kommt Lars Feld zum Ergebnis, daß eher Steuer- als Transfer-, und das heißt letztlich Fiskalwettbewerb stattfindet.[5] Die politisch hochbrisante Frage

---

3 Vgl. Wallace E. Oates (1972), Fiscal Federalism, New York: Harcourt Brace Jovanovich, S. 143; Hans-Werner Sinn (1990), Tax Harmonization and Tax Competition in Europe, in: European Economic Review, 34, S. 489-504, und ders. (1997).

4 Vgl. Wallace E. Oates (1999), An Essay on Fiscal Federalism, in: Journal of Economic Literature, 37, S. 1120-1149, hier S. 1134-1141, und John D. Wilson (1999), Theories of Tax Competition, in: National Tax Journal, 52, S. 269-304.

5 Vgl. Thiess Büttner (1999), Nationaler und regionaler Steuerwettbewerb: Problematik und empirische Relevanz, in: Gerold Krause-Junk (Hrsg.), Fiskalischer Föderalismus in Europa (Beihefte der Konjunkturpolitik, 49), Berlin: Duncker & Humblot, S. 111-142, hier insb. S. 136f. Viele eindrucksvolle empirische Studien entstammen aus dem Umkreis Schweizer Finanzwissenschaftler um Bruno S. Frey, Gebhard Kirchgässner, Werner Pommerehne und anderen; vgl. jetzt v.a. Lars P.

nach den Chancen für Umverteilung ist erst in wenigen Studien untersucht worden; ihr Gesamtbild ist uneinheitlich.[6]

Interessanterweise bemühen die Optimisten zuweilen die Ergebnisse wirtschaftshistorischer Arbeiten, insbesondere derjenigen von Eric Jones und Douglass North. Beide sehen in intensivem Wettbewerb vieler konkurrierender staatlicher Einheiten einen wichtigen Faktor für den wirtschaftlichen und politischen Aufstieg Westeuropas. Bei genauerem Hinsehen machen aber weder Jones noch North konkrete Angaben über historischen Fiskal- oder Steuerwettbewerb – sieht man von seiner krudesten Form ab, der konstitutionellen Garantie von Eigentumsrechten als Schutzversprechen gegen willkürliche Enteignung durch konfiskatorische Steuern.[7] Tatsächlich aus historischer Perspektive untersucht worden sind Steuer- bzw. Fiskalwettbewerb bislang noch (fast) nicht.

An dieser Stelle laufen also offene Fragen aus der Finanzwissenschaft und der Wirtschaftsgeschichte zusammen. Auch wenn die Begriffe „Fiskalwettbewerb" und „Steuerwettbewerb" neu sind – sie haben noch nicht einmal Eingang in die einschlägigen wirtschafts- oder politikwissenschaftlichen Handwörterbücher gefunden[8] –, so läßt sich vermuten, daß der damit umschriebene Sachverhalt so alt ist, wie es konkurrierende Jurisdiktionen mit Finanzhoheit gibt, zumal er Staatswissenschaftlern des späten 18. Jahrhunderts wie Justus Möser und Adam Smith bereits geläufig war.[9] Insoweit erscheint es reizvoll zu untersuchen, ab wann, wo und in welchem Umfang sich Fiskalwettbewerb in den hier untersuchten Staaten Preußen und Württemberg bereits vor dem Ersten Weltkrieg nachweisen läßt. Bei Vorliegen von Fiskalwettbewerb kann die Theorie mögli-

---

Feld (2000), Steuerwettbewerb und seine Auswirkungen auf Allokation und Distribution. Ein Überblick und eine empirische Analyse für die Schweiz (Beiträge zur Finanzwissenschaft, 10), Tübingen: Mohr (Siebeck), hier insb. S. 352f.

6 Guenther G. Schulze/Heinrich W. Ursprung (1999), Globalisierung contra Nationalstaat: Ein Überblick über die empirische Evidenz, in: Andreas Busch/Thomas Plümper (Hrsg.), Nationaler Staat und internationale Wirtschaft: Anmerkungen zum Thema Globalisierung, Baden-Baden: Nomos, S. 41-89, hier insb. S. 82-85, halten nach ausführlicher Diskussion der vorliegenden ökonometrischen Studien die These, daß Umverteilung wegen des Wettbewerbsdrucks schwieriger werde, für bislang unbelegt. Feld (2000), S. 153-158, 354, findet in den Ergebnissen anderer Forscher schwache Evidenz für eine Verringerung verteilungspolitischer Spielräume, verwirft die Umverteilungsthese jedoch in seiner Untersuchung für die Schweiz.

7 Vgl. Eric L. Jones (1991), Das Wunder Europa. Umwelt, Wirtschaft und Geopolitik in der Geschichte Europas und Asiens (Die Einheit der Gesellschaftswissenschaften, 72), Tübingen: Mohr (Siebeck) (engl. Orig. 1981), S. 119, 154, 188, 213, und Douglass C. North (1988), Theorie des institutionellen Wandels (Die Einheit der Gesellschaftswissenschaften, 56), Tübingen: Mohr (Siebeck) (amerik. Orig. 1981), S. 119, 126f., 145-147.

8 Allenfalls findet sich eine Andeutung im älteren Begriff der „Bürgermeisterkonkurrenz"; vgl. Karl-Heinrich Hansmeyer (1981), Öffentliche Haushalte und regionale Entwicklungen (Schriftenreihe des Landkreistages Nordrhein-Westfalen, 2), Köln u.a.: Deutscher Gemeindeverlag u.a., S. 8, 37.

9 Vgl. die Zitate von Möser und Smith bei Oliver Volckart (1997), Einleitung: Obrigkeitlicher Wettbewerb als Faktor der Wirtschaftsentwicklung, in: ders. (Hrsg.), Frühneuzeitliche Obrigkeiten im Wettbewerb. Institutioneller und wirtschaftlicher Wandel zwischen dem 16. und 18. Jahrhundert (Contributiones Jenenses, 5), Baden-Baden: Nomos, S. 11-30, hier S. 11.

cherweise Licht in bislang nur ungenügend erklärte wirtschafts- und finanzhistorische Prozesse bringen. Bei Nichtvorliegen kann die Analyse historischer Situationen eventuell dazu beitragen, Theoriedefizite aufzudecken, etwa indem die empirische Bedeutung bislang unterschätzter Faktoren aufgezeigt wird.

Steuerwettbewerb findet unter (meist) auf gleicher Ebene angesiedelten Gebietskörperschaften statt, die mittels von ihnen bestimmbarer Parameter der Besteuerung versuchen, mobile Faktoren wie etwa Kapital zu halten oder anzuziehen. Es gibt mehrere Motive dafür: erstens Wachstumsziele, da die Attraktion von Kapital Beschäftigungszuwachs nach sich zieht, und, damit verbunden, zweitens fiskalische Motive, wenn die Steuermehreinnahmen durch den Faktorimport die Mindereinnahmen durch die Steuersenkung übersteigen (Laffer-Kurven-Effekt). Der Besitzer mobiler Faktoren ist demnach *ceteris paribus* mit einem *trade-off* konfrontiert. Einerseits trägt er die einmaligen Kosten des Wechsels von der höher besteuernden Jurisdiktion in die niedriger besteuernde, andererseits erwartet er einen Steuervorteil. Neben der Jurisdiktion und dem Besitzer der Faktoren gibt es aber noch zwei weitere Gruppen, die mittelbar betroffen sind: alle anderen Steuerzahler, sowohl in der attrahierenden als auch in der von der Abwanderung betroffenen Region. Denn der Abzug potenter Steuerzahler in eine konkurrierende Jurisdiktion zieht im Abwanderungsgebiet entweder eine Verringerung der öffentlichen Leistungen nach sich, und/oder eine Erhöhung der Steuerlast, wohingegen das Zuwanderungsgebiet besser dasteht. Von der Erhöhung der Steuerlast sind vor allem wenig qualifizierte Arbeitskräfte und die Besitzer des immobilen Faktors Boden betroffen, da die Steuerlast im Bodenpreis kapitalisiert ist.[10]

Fiskalwettbewerb bezieht außer Steuern als Wettbewerbsparameter auch die Bereitstellung öffentlicher und öffentlich produzierter privater Güter sowie Transferleistungen in die Analyse mit ein. Denn für den Besitzer von Human-, Geld- oder Realkapital ist die Steuerlast nicht der einzige fiskalische Parameter in seinem Standortkalkül; vielmehr wird er auch berücksichtigen, was ihm die Jurisdiktion im Gegenzug für seine Steuerzahlung zur Verfügung stellt, etwa Infrastrukturleistungen. Letztlich kommt es für ihn auf den Nettoeffekt seiner Steuerzahlung und seines Nutzens aus den damit finanzierten öffentlichen Leistungen an. Diesen vergleicht er mit dem, den er in anderen Jurisdiktionen erzielen kann, und mit den mit der Migration verbundenen nichtfiskalischen Nutzen und Kosten (institutionelle Arbitrage). Fiskalwettbewerb ist also der Oberbegriff, der Steuerwettbewerb stets miteinschließt.[11]

Fiskalwettbewerb ist erst nach dem Zweiten Weltkrieg theoretisch analysiert worden. Unter dem Eindruck schnell steigender Staats- und Steuerquoten begannen Ökonomen und Finanzpolitiker, sich zunächst mit fiskalinduzierter Migration und bald auch

---

[10] Vgl. zur Kapitalisierung der Steuerlast Homburg (2000), S. 117-119. Obwohl schon von Adam Smith formuliert, war das unter den Zeitgenossen des 19. Jahrhunderts nicht unumstritten; vgl. etwa v. Helferich (1873), Die Reform der direkten Steuern in Bayern, in: Zeitschrift für die gesammte Staatswissenschaft, 29, S. 305-349, 541-602, hier S. 570, und Kaizl (1882), S. 85-89.

[11] Wenn also im Folgenden von fiskalinduzierter Migration oder Fiskalwettbewerb die Rede ist, so ist steuerinduzierte Migration bzw. Steuerwettbewerb stets miteingeschlossen. Im ersten Fall ist die Ausgabenseite der öffentlichen Finanzen mitberücksichtigt, im zweiten Fall wird auf die hier primär interessierende Einnahmenseite fokussiert.

mit Fiskalwettbewerb zu befassen, wobei der intellektuelle Startschuß 1956 mit einem Artikel von Charles Tiebout zu verorten ist.[12] In der Politik war die Diskussion hingegen schon in Gange. Über ein Gutachten des Finanzwissenschaftlers Fritz Neumark aus dem Jahre 1953 fand die Forderung nach Steuerharmonisierung Eingang in den europäischen Einigungsprozeß, wenngleich Steuerwettbewerb noch nicht als Argment diente. 1967 empfahl der EG-Ministerrat eine Angleichung der Umsatzsteuersysteme.[13] Zugleich beschleunigte sich in den 1960er Jahren der Aufstieg multinationaler Unternehmen, vornehmlich aus den Vereinigten Staaten. Diese Konzerne erkannten bald die Chance, ihre Gesamtsteuerlast zu verringern, indem sie über konzerninterne Verrechnungspreise die Wertschöpfung so weit wie möglich in Niedrigsteuerländer verlagerten. Dies nutzten in den 1990er Jahren kleine EU-Staaten wie Irland und Belgien, die über entsprechende Steuervergünstigungen große Steuerzahler sozusagen importierten. Die empirischen Arbeiten, die in den letzten Jahren zur Untersuchung dieser Entwicklungen entstanden sind, nutzen Daten aus Zeiträumen, die selten bis vor 1960 und in keinem Falle bis zum Zweiten Weltkrieg zurückreichen.[14]

Die wirtschaftshistorische Forschung hat sich, zumindest im deutsch- und englischsprachigen Bereich, fiskalinduzierter Migration und Fiskalwettbewerb nur in wenigen Fällen und überblicksartig noch gar nicht gewidmet. So ist beispielsweise die Frage, wann Fiskalwettbewerb erstmals als Phänomen wahrgenommen und ernsthaft diskutiert worden ist, noch nicht untersucht worden.[15] Gerade aus der hier eingenommenen Perspektive des Zensiten ist das Thema jedoch von Interesse. War es möglicherweise schon im 19. Jahrhundert wohlhabenden Zensiten möglich, sich der gegen Ende des Untersuchungszeitraums immer stärker zunehmenden steuerlichen Belastung zumindest teilweise durch Migration in niedrig steuernde Jurisdiktionen zu entziehen? Und hatte fiskalinduzierte Migration Rückwirkungen auf die fiskalpolitischen Entscheidungen der Jurisdiktionen?

Wegen des völligen Fehlens einschlägiger Forschungsergebnisse wird hier auch ein kursorischer Blick hinter das Jahr 1815 zurück geworfen, um dann freilich festzustellen, daß steuerinduzierte Migration und Steuerwettbewerb erst im 19. Jahrhundert zu einem

---

[12] Charles M. Tiebout (1956), A Pure Theory of Local Expenditures, in: Journal of Political Economy, 64, S. 416-424.

[13] Vgl. Fritz Neumark [1954], Die budgetären und steuerlichen Aspekte einer wirtschaftlichen Integration. Generalbericht, in: Aspects financiers et fiscaux de l'intégration économique internationale, La Haye: Van Stockum, S. 21-53, hier S. 40-45; Hugh Thurston (Hrsg.) (1963), The EEC Reports on Tax Harmonization: the Report of the Fiscal and Financial Committee and the Reports of the Sub-Groups A, B and C, Amsterdam: International Bureau of Fiscal Documentation, und ferner: Hans Pitlik (1998), Steuerwettbewerb oder Steuerharmonisierung in der WWU?, in: Rolf Caesar (Hrsg.), Die Europäische Wirtschafts- und Währungsunion: regionale und globale Herausforderungen, Bonn: Europa-Union-Verlag, S. 169-193, hier S. 172f.

[14] Vgl. die Zusammenstellungen bei Schulze/Ursprung (1999), S. 70-73, 78-81, und Feld (2000), S. 99-101, 105-107, 113-119.

[15] Auch institutioneller Wettbewerb ist bislang aus historischer Sicht kaum untersucht worden; vgl. Volckart (1997); ders. (2002), Wettbewerb und Wettbewerbsbeschränkung im vormodernen Deutschland, 1000-1800 (Die Einheit der Gesellschaftwissenschaften, 122), Tübingen: Mohr (Siebeck).

ernsthaft diskutierten Problem wurden. Es wird sich dabei herausstellen, daß auch im europäischen Vergleich neben der Schweiz gerade die deutschen Bundesstaaten und insbesondere Preußen interessante Studienobjekte für dieses Thema sind.

Wie bereits erwähnt, läßt sich Fiskalwettbewerb selbst heute noch überwiegend auf innerstaatlicher Ebene feststellen, sieht man von den multinationalen Unternehmen ab. Wegen der stärkeren Bedeutung der Transaktionskosten muß dies um so mehr für die Vergangenheit zutreffen. Notwendige Bedingung für Fiskalwettbewerb ist, daß nahe beieinanderliegende Jurisdiktionen erhebliche Spielräume in der Gestaltung ihrer Leistungen und der dafür erforderlichen Steuern besitzen. Je größer die fiskalischen Gestaltungsspielräume zwischen den Jurisdiktionen und je kleiner ihr Geltungsbereich, desto eher ist anzunehmen, daß Abwanderungsdrohungen der Zensiten ernst genommen wurden. Dies ist der Fall entweder in zersplitterten Territorien, wie etwa großen Teilen des Deutschen bzw. Norddeutschen Bundes bis 1871, oder in Staaten mit ausgeprägt föderaler Struktur wie der Schweiz, dem Deutschen Reich zwischen 1871 und 1919 sowie den Vereinigten Staaten. Letztere und vor allem die Schweiz sind in der heutigen Finanzwissenschaft die klassischen Testfelder von Untersuchungen zum Fiskalwettbewerb.[16]

In Deutschland hatten die Kommunen und Bundesstaaten bis zur Erzbergerschen Finanzreform von 1919 eine weitaus ausgeprägtere Finanzautonomie als gleichgeordnete Gebietskörperschaften in anderen europäischen Staaten (mit Ausnahme der Schweiz), so daß eine ausländische Beobachterin mit Bezug auf Deutschland sogar von „local financial anarchy“[17] sprach. Während die unteren Gebietskörperschaften auch in Dänemark, den Niederlanden und mit Einschränkungen Österreich noch verhältnismäßig viel Spielraum hatten, erhielten sie in zentral strukturierten Staaten wie z.B. Belgien, England und Frankreich einen großen Teil ihrer Mittel vom Zentralstaat, so daß ihre steuerliche Gestaltungsfreiheit stark eingeschränkt war.[18] Übersicht 5.1 verdeutlicht die Größenordnungen.

---

16 Die relative Größe spielt im Steuerwettbewerb eine Rolle: je kleiner eine Jurisdiktion ist, desto glaubhafter ist eine steuerinduzierte Abwanderungsdrohung und desto eher verringert der Staat die Besteuerung der mobilen Faktoren; vgl. Artikel von Sam Bucovetsky und J.D. Wilson in: Regional Science and Urban Economics, 21 (1991).

17 Mabel Newcomer (1937), Central and Local Finance in Germany and England, New York: Columbia Univ. Press, S. 30.

18 Dabei wird unterstellt, daß mit dem Anteil der nachgeordneten Gebietskörperschaften an den Gesamtsteuereinnahmen auch die fiskalische Autonomie – und somit Potential für Fiskalwettbewerb – ansteigt. Dies ist sicherlich plausibel, jedoch lassen sich zumindest gedanklich Extremfälle vorstellen, in denen etwa Kommunen selbst bei geringem Spielraum mittels eines Parameters deutliche Unterschiede des fiskalischen Nutzen-Kosten-Verhältnisses für bestimmte Zensiten gestalten können. Dafür sind mir jedoch in der finanzhistorischen Literatur keine Beispiele bekannt. – Vgl. als Überblick über die Staats- und Kommunalbesteuerung im Ausland: Denkschriftenband (1908), Bd. II, und Handwörterbuch der Kommunalwissenschaften, Jena: Fischer 1918-1927, Bd. I, S. 34-38 (USA), 625-642, Bd. II., S. 5 (England), 5, 67-73 (Frankreich), Bd. III, S. 437-442 (Österreich), 764-768 (Schweiz), Erg.-Bd. I, S. 584-613; Herrfurth/Strutz (1910). William H. Dawson (1914), Municipal Life and Government in Germany, London u.a.: Longmans, S. 365, behauptete sogar in Bezug auf die deutschen Kommunen: „Their independence in matters of taxation [...] is

Übersicht 5.1: Anteil der dem Zentralstaat nachgeordneten Ebenen an den Gesamtsteuereinnahmen

Staat	Fiskaljahr	Anteil in %
Schweiz	1900	65,3
Vereinigte Staaten	1902	62,8
Deutschland	1907	56,6
Preußen	1911	59,9
Württemberg	1911	64,8
Großbritannien	1904/05	40,2
Italien	1906/07	29,5
Frankreich	1902	21,1

Quellen: Historische Statistik der Schweiz (1996), S. 959; Preußen und Württemberg oben Übersichten 3.2 und 3.3, S. 109, 111; alle anderen Denkschriftenband (1908), Bd. I, S. 439, 662, Bd. II, S. 37f., 97, 143f., 436.

Da die weitere Untersuchung zeigen wird, daß Fiskalwettbewerb erst im 19. Jahrhundert als finanzpolitisches Problem von Relevanz ins Bewußtsein der europäischen Finanzpolitik trat, erscheint es naheliegend, daß die Schweiz und Deutschland in Europa zu den Vorreitern gehört haben müßten. Innerhalb Deutschlands dürfte Preußen wegen seiner vergleichsweise großen Anzahl städtischer Ballungszentren besonders interessant sein.[19]

Doch wenn die Begrifflichkeit den Zeitgenossen gar nicht bekannt war, wie können dann sinnvolle Suchstrategien aussehen, um Fiskal- und Steuerwettbewerb in historischer Perspektive zu identifizieren? Eine Strategie setzt bei den Zensiten an, wobei das klassische, von Albert O. Hirschman entwickelte Strategiepaar *exit* (Abwanderung) und *voice* (Widerspruch) hilfreich ist.[20] *Exit* ist hier zu verstehen als fiskalinduzierte Wanderung mobiler Faktoren, die aufzuspüren jedoch angesichts des Standes der Literatur und der amtlichen Statistik sehr schwierig ist, weil man Informationen über die Wanderungsmotive benötigt. Weniger aufwendig ist die Analyse der Diskussionen um die Reform des Steuersystems in Parlamenten bzw. Stadträten, in deren Verlauf möglicherweise Abwanderungsdrohungen thematisiert wurden (*voice*). In Anlehnung an die schon mehrfach zitierte Pionierstudie von Mark Hallerberg kann eine andere Strategie bei den

greater than any other towns in the world enjoy“, was wohl zumindest mit Blick auf die Schweiz übertrieben sein dürfte. Vgl. auch Wolfgang R. Krabbe (1989), Die deutsche Stadt im 19. und 20. Jahrhundert. Eine Einführung, Göttingen: Vandenhoeck & Ruprecht, S. 162, und Schremmer (1994), S. 104, 195.

19 Im 20. Jahrhundert hat sich am unterschiedlichen Grad der finanzpolitischen Autonomie der Kommunen wenig geändert. Um 1980 galten die Vereinigten Staaten, die Schweiz, Westdeutschland, Schweden, Norwegen und Dänemark als besonders föderal; vgl. Gerhard Seiler (1981), Gemeinden: Finanzen, in: Handwörterbuch der Wirtschaftswissenschaft, Bd. III, Stuttgart u.a.: Fischer, S. 507-525, hier S. 508f.

20 Albert O. Hirschman (1970), Exit, Voice, and Loyalty: Responses to Decline in Firms, Organizations, and States, Cambridge (Mass.): Harvard University Press.

Gebietskörperschaften ansetzen.[21] Sie besteht darin, die Entwicklung der Steuerlast auf mobile Faktoren in potentiell konkurrierenden Jurisdiktionen nachzuzeichnen. Läßt sich Konvergenz feststellen, so ist dies ein starkes, wenn auch kein hinreichendes Indiz für Steuerwettbewerb.

Somit ergeben sich zwei Suchpfade: erstens tatsächlich stattgefundene fiskalinduzierte Migration bzw. öffentliche Diskussion finanzpolitischer Maßnahmen, um fiskalinduzierte Emigration zu verhindern (oder Immigration zu fördern), und zweitens die Entwicklung der Steuerlast, insbesondere auf mobile Faktoren, in potentiell konkurrierenden Jurisdiktionen.[22]

5.2 Fiskalinduzierte Migration in der zeitgenössischen Diskussion

In der Literatur über das Finanzwesen der Frühen Neuzeit finden sich kaum Hinweise auf Fiskalwettbewerb auf der Ausgabenseite (mit Ausnahme der Armenfürsorge) und nur vereinzelt auf Steuerwettbewerb auf der Einnahmenseite. Steuerinduzierte Migration fand zwar vereinzelt statt, so etwa im Spanien und Frankreich des 17. Jahrhunderts, wo unausgewogene Steuersysteme zu starken lokalen Unterschieden in der Steuerbelastung führten.[23] Während für die französischen Jurisdiktionen kein Verhalten nachgewiesen ist, das als Steuerwettbewerb interpretiert werden könnte, läßt sich das für einige spanische Städte durchaus behaupten. Ähnliches kann man auch in der Kurpfalz im beginnenden 18. Jahrhundert feststellen. In diesem Fall handelte es sich jedoch nur um eine sehr rohe Form des Steuerwettbewerbs, d.h. den Versuch, Zensiten anzulocken, denen in ihrer Heimat fiskalische Expropriation drohte.[24]

Es ist insofern nicht verwunderlich, daß insgesamt wenig fiskalinduzierte Migration oder gar Fiskalwettbewerb in der Frühen Neuzeit stattfand, als die Mobilität der Produktionsfaktoren nicht nur durch hohe Informations- und Transportkosten gehemmt war, sondern zusätzlich institutionellen Beschränkungen der frühneuzeitlichen Ordnungs- und Wirtschaftspolitik unterworfen war. Fideikommiß, Schollenbindung, Abwanderungsverbote hochqualifizierter Handwerker, Zunftzwang, Konzessionspflicht für

---

21 Hallerberg (1996).

22 *Exit* und *voice* werden hier also zusammengefaßt, da sich *exit* isoliert kaum nachweisen läßt.

23 Vgl. Juan Gelabert (1995), The Fiscal Burden, in: Richard Bonney (Hrsg.), Economic Systems and State Finance, Oxford: Oxford University Press, S. 539-576, hier S. 570f.

24 Vgl. I.A.A. Thompson (1998), The Decline of Spain, in: Peter Bernholz/Manfred E. Streit/Roland Vaubel (Hrsg.), Political Competition, Innovation and Growth. A Historical Analysis, Berlin u.a.: Springer, S. 265-295, hier S. 279f. Zur Kurpfalz Boelcke (1972), S. 110. Weitere Fälle aus dem 18. Jahrhundert, in denen potentielle steuerinduzierte Migration ethnischer Minderheiten zur Diskussion stand, bei Oliver Volckart (2001), Zur Transformation der mitteleuropäischen Wirtschaftsordnung, in: Vierteljahrschrift für Sozial- und Wirtschaftsgeschichte, 88, S. 281-310.

größere Gewerbebetriebe und viele andere Restriktionen erschwerten die Faktormobilität.[25]

Die bedeutendste ökonomisch relevante Gruppe, die nur geringe Mobilitätsschranken vorfand, waren die Fernhandelskaufleute. Mindestens seit dem Spätmittelalter sind Bestrebungen von Städten und Territorialherren belegt, Fernhandelskaufleute durch Zoll- oder Steuervergünstigungen anzulocken. Das Ziel konnte dabei der Durchzug durch das eigene Territorium (mit Stapelrecht der Städte), der Besuch einer Messe, die Gründung einer Niederlassung oder gar die dauerhafte Ansiedlung sein.[26] Bei den gewährten Vergünstigungen handelte es sich jedoch durchweg um Privilegien, die einer bestimmten Gruppe angeboten wurden. Insofern liegt ein qualitativer Unterschied zur Steuerpolitik im Sinne des Steuerwettbewerbs vor, die unterschiedslos alle Zensiten betrifft, für die ein bestimmter Steuertatbestand zutrifft. In Hinsicht auf die regulären Steuern läßt sich der Literatur keine steuerinduzierte Migration von Kaufleuten entnehmen. Die Steuerlast spielte für sie offenbar keine große Rolle. Tatsächlich finanzierten sich ja die frühneuzeitlichen Gebietskörperschaften vornehmlich über Grundsteuern und indirekte Steuern (Zölle und Akzise). Für die Kaufleute spielten allenfalls die städtischen Vermögen- und Einkommensteuern eine Rolle, die jedoch in der Regel über Selbsteinschätzung erhoben wurden. In freien Reichsstädten oder Stadtrepubliken, in denen sie meist ohnehin die Führungsschicht stellten, hatten sie die Möglichkeit, über eine entsprechende Ausgestaltung des Steuersystems die Last weitgehend auf den Konsum und das benachbarte Umland zu verschieben.[27]

Erst im 19. Jahrhundert häufen sich Hinweise, daß fiskalinduzierte Migration stattfand oder angedroht, wahrgenommen und als finanzpolitisches Problem diskutiert wurde. Zunächst war fiskalinduzierte Migration befürchtet oder angedroht, angesichts der geringen Steuerlast jedoch letztlich nicht besonders ernstgenommen worden. Bereits 1820 warnte der Direktor des preußischen statistischen Bureaus, der Steuerexperte Johann G. Hoffmann, in einem Gutachten an das Finanzministerium vor einer zu starken Besteuerung der Reichen durch eine zur Diskussion stehende Revision der gerade geschaffenen Klassensteuer.[28] Angesichts der ohnehin sehr vorteilhaften Ausgestaltung

---

[25] Ein indirekter Beleg dafür, daß fiskalinduzierte Migration und Fiskalwettbewerb in der Frühen Neuzeit keine nennenswerte Ausprägung gehabt haben können, ist ihr Fehlen in der breit angelegten Studie von Mann (1937). Auch dem institutionenökonomisch geschärften Blick von Volckart (2002) wären entsprechende Tendenzen kaum entgangen. Andeutungen für Steuerwettbewerb sind dort allenfalls auf den Seiten 202 und 207 zu finden.

[26] Viele Beispiele sind zusammengetragen bei Ulf Dirlmeier (1966), Mittelalterliche Hoheitsträger im wirtschaftlichen Wettbewerb (Vierteljahrschrift für Sozial- und Wirtschaftsgeschichte, 51), Wiesbaden: Steiner, z.B. S. 26f., 95, 99, 130 und 160.

[27] Vgl. für Europa Buchholz (1996), und für Deutschland Schwennicke (1996), S. 292-314, und zu den Städten Jean-Claude Hocquet (1995), City-State and Market Economy, in: Richard Bonney (Hrsg.), Economic Systems and State Finance, Oxford: Oxford University Press, S. 81-100.

[28] Vgl. das Zitat oben S. 169 und ähnlich: Carl G. Kries (1855), Ergebnisse der preussischen Einkommensteuer und Vorschläge zu ihrer Verbesserung, in: Zeitschrift für die gesammte Staatswissenschaft, 11, S. 361-420, hier S. 390.

der Klassensteuer für Reiche erschienen seine Einwände allerdings nicht sehr plausibel und blieben unberücksichtigt.[29]

Klare Belege für tatsächlich stattfindende steuerinduzierte Migration bietet die reichhaltige Literatur, die die umstrittene preußische Mahl- und Schlachtsteuer begleitete. Wohlhabende Zensiten vom Lande hatten einen starken Anreiz, formal ihren Erstwohnsitz in eine nahe mahl- und schlachtsteuerpflichtige Stadt zu verlegen und dort mindestens sechs Monate pro Jahr zu wohnen (bzw. dies steuerlich geltend zu machen), um statt der Klassensteuer nur die etwas höheren Brot- oder Fleischpreise zu zahlen. Ohne daß dies quantifiziert worden wäre, belegt die ständige Wiederholung dieses Punktes in der Literatur, den politischen Debatten und sogar einer Denkschrift des preußischen Finanzministers von 1847, daß dies öfters vorkam.[30]

Auf kommunaler Ebene diente steuerinduzierte Migration zu diesem Zeitpunkt bereits als Druckmittel wohlhabender Zensiten, um eine Erhöhung ihrer Steuerlast bei anstehenden Steuerreformen abzuwenden. Die von den Zeitgenossen und der Historiographie vielgelobte Einführung der staatlichen preußischen Einkommensteuer im Rahmen der Miquelschen Steuerreformen hat verdeckt, daß die Erhebung von Einkommensteuern in den preußischen Kommunen schon Jahrzehnte zuvor eine Selbstverständlichkeit war. In Breslau etwa, Preußens zweitgrößter Stadt, war 1818 eine kommunale, bis zu einer bestimmten Grenze sogar progressive Einkommensteuer geschaffen worden. In der Praxis der steuerlichen Veranlagung sah sich die Steuerbehörde allerdings gezwungen, das Einkommen von Rentiers „milder" einzuschätzen, da sie bei dieser sehr mobilen Gruppe die Abwanderungsgefahr als besonders hoch einschätzte.[31]

Ähnliches läßt sich für Württemberg feststellen. Dort erlaubte zwar der Staat den Kommunen im Jahre 1853, auch Zuschläge zur Kapital- und Diensteinkommensteuer zu erheben, beschränkte jedoch den Zuschlagssatz auf maximal 1% des für die Staatssteuer ermittelten steuerbaren Betrages, obwohl die schon länger bestehenden Zuschläge zu den Ertragsteuern viel höher waren. Als Begründung wurde angegeben, daß das besonders mobile Geldkapital bei einer höheren Besteuerung abwandern würde.[32]

Das Abwanderungsargument fand im weiteren Verlauf des 19. Jahrhunderts zunehmend Verwendung bei der Diskussion um die Besteuerung von Unternehmen, insbesondere von Aktiengesellschaften. Der anonyme Charakter dieser Gesellschaftsform, damals durchaus kritisch gesehen, verlieh der Argumentation, daß übermäßig hoch besteuerte Gesellschaften ihren Standort ins Ausland verlagern könnten, weitaus höhere Glaubwürdigkeit, als das bei lange ortsansässigen Unternehmerfamilien der Fall war.

---

29 Vgl. Mathiak (1999), S. 29.

30 Vgl. Hansemann (1834), S. 261; v. Düesberg (1847), Denkschrift betreffend die Aufhebung der Mahl- und Schlachtsteuer, die Beschränkung der Klassensteuer und die Erhebung einer Einkommensteuer, in: Bleich (1847), Bd. I, S. 60, und ferner die Diskussionsbeiträge im Landtag, ebda., S. 1637, 1645f., 1653, 1663, 1673; Manuscript (1848), S. 5; Kries (1849), S. 188; Bergius (1853), S. 43, 52, 57, 68, und Hahn (1987), S. 192f.

31 Kries (1844), S. 15, 75 (Zitat).

32 Vgl. Denkschrift (1895), S. 296.

Für Baden, Preußen, Sachsen und Württemberg ist überliefert, daß die Gegner geplanter Erhöhungen der Steuerlast von Unternehmen das Abwanderungsargument anführten.[33]

Allerdings stießen diese Drohungen auf Skepsis. Dafür mag ein Seitenblick nach Hessen erlaubt sein. Im Oktober 1875 legte die hessische Regierung dem Landtag einen Gesetzentwurf vor, nach dem Aktiengesellschaften der Einkommensteuer unterliegen sollten. Die Gegner führten Argumente an, wie sie heute im Zusammenhang mit der Besteuerung multinationaler Konzerne wieder diskutiert werden. So könne beispielsweise die in Darmstadt ansässige Bank für Handel und Industrie über entsprechende konzerninterne Verrechnung ihre Gewinne in außerhalb Hessens liegende Filialen transferieren, so daß der hessische Fiskus leer ausginge. Dasselbe gelte für hessische Industrieaktiengesellschaften. Zudem bestünde die Gefahr, daß diese Unternehmen ganz außer Landes gehen würden. Die Befürworter des Gesetzentwurfs erachteten das Abwanderungsargument jedoch als wenig glaubhafte Drohung, weil bei Aktiengesellschaften andere Standortfaktoren weitaus wichtiger seien als die Steuerlast, die zudem im übrigen Ausland auch nicht viel anders sei.[34]

Mit zunehmender Steuerlast gewann das Abwanderungsargument jedoch an Boden, zumal die Konzentration der Wirtschaft zu einer Mehrfachbesteuerung von verschachtelten Konzernen führte, wenn die Ober- und Untergesellschaft(en) die Rechtsform der Aktiengesellschaft gewählt hatten. Gerade Holdings, so die Befürchtung, würden bald ihren Firmensitz in die Schweiz oder nach Luxemburg verlegen.[35]

Der Schwerpunkt der Diskussion lag jedoch im 19. Jahrhundert auf der drohenden Abwanderung vermögender Einzelpersonen. Auch wenn Bismarck dieses Argument in erster Linie sicherlich nur rhetorisch anbrachte, so zeigt doch seine Verwendung bei der Diskussion über die veraltete Klassensteuer 1885, wie geläufig es mittlerweile war.[36] Schließlich machte es sich sogar das preußische Finanzministerium zu eigen. In dem Gesetzentwurf zur Neuregelung der Kommunalabgaben von 1892 verwies das Ministe-

---

33 Vgl. Friedrich Dinglinger (1905), Die staatliche und kommunale Einkommensbesteuerung der Aktiengesellschaften in Preussen und Baden, Diss. rer. pol. Tübingen, Schöneberg: Gebhardt, Jahn & Landt, S. 90, 100; Alfred Dehlinger (1904), Die Besteuerung der Aktiengesellschaften in Württemberg (Geschichte, Beurteilung und Ausblick), Diss. rer. pol. Tübingen, Stuttgart: DVA, S. 58-63; Alexander Hoffmann (1906), Die direkten Staatssteuern im Königreich Sachsen. Mit besonderer Berücksichtigung der Allgemeinen Einkommensteuer. Geschichtlich und kritisch dargestellt, Leipzig: Jäh & Schunke, S. 118f., und als Überblick Mark Hallerberg (1995), Tax Competition, Political Institutions, and Democratization: The Development of State Tax Systems in Wilhelmine Germany, Ann Arbor: UMI, S. 241f., 249, 258f.; ders. (1996), S. 336.

34 Vgl. Georg Schanz (1885), Die direkten Steuern Hessens und deren neueste Reform, in: Finanz-Archiv, 2, S. 235-529, hier S. 277, 324f., und für Aachen Francesca Schinzinger (1989), Die Auswirkungen der Miquel'schen Steuerreform auf die Finanzen der Stadt Aachen, in: Dietmar Petzina (Hrsg.), Probleme der Finanzgeschichte des 19. und 20. Jahrhunderts (Schriften des Vereins für Socialpolitik, 188), Berlin: Duncker & Humblot, S. 99-124, hier S. 116.

35 Vgl. Georg Bernhard (1916), Steuern, in: Plutus. Kritische Zeitschrift für Volkswirtschaft und Finanzwesen, S. 23-26, hier S. 26; Dehlinger (1904), S. 59, und für die Schweiz: Wilhelm Gerloff (1906), Die kantonale Besteuerung der Aktiengesellschaften in der Schweiz, in: Zeitschrift für schweizerische Statistik, 42, Nr. 2, S. 165-247, hier S. 198, 227.

36 Vgl. Brodnitz (1902), S. 106, 110.

rium auf die Eingaben kleinerer Städte und Gemeinden, die den Abzug leistungsstarker Steuerzahler in die Großstädte beklagten, wo sie mit geringeren Gemeindezuschlägen zur Einkommensteuer zu rechnen hätten.[37]

Es ist kein Zufall, daß sich im letzten Viertel des 19. Jahrhunderts die Hinweise auf fiskalinduzierte Migration in der öffentlichen Diskussion häufen, wenn man sich die oben diskutierte Entwicklung der Steuerquote und des Anteils der Kommunalfinanzen vergegenwärtigt.[38] In diesem Zeitraum stellte die Urbanisierung in allen entwickelten europäischen Volkswirtschaften die Kommunen vor ganz neue Herausforderungen. Die Versorgung mit Wasser, Gas und Elektrizität sowie der Auf- und Ausbau des öffentlichen Nahverkehrs konnten aufgrund der für diese Branchen typischen Angebotsbedingungen (sinkende Durchschnittskosten, natürliches Monopol) in der Regel nur durch Monopolunternehmen gewährleistet werden. Um privatwirtschaftlichen Mißbrauch zu verhindern, aber auch um die lukrativen Versorgungsbetriebe selbst leiten zu können, überführten die Kommunen diese Betriebe häufig in eigene Hand bzw. gründeten sie selbst. Dazu kamen die Kosten der Armenfürsorge, die überproportional anstiegen, weil sich immer mehr Menschen durch die Wanderung in die Städte traditionellen familiären und lokalen Hilfsnetzen entzogen hatten. Schließlich entwickelte sich gerade in Kommunen mit hohem Arbeiteranteil die Finanzierung der Volksschulen zum teuersten Einzelposten im Budget. Aus diesen Gründen stieg die fiskalische Aktivität – ganz besonders auf kommunaler Ebene – stark an.[39]

Etliche Zeitreihen der kommunalen Ausgaben und Einnahmen weisen um 1895/1900 einen Niveausprung auf.[40] Etwa ab dieser Zeit läßt sich den Äußerungen der zeitgenössischen Autoren auch ein Übergang von latentem Steuerwettbewerb zu aktivem Fiskalwettbewerb entnehmen, d.h. die Kommunen waren nicht mehr nur bemüht, wohlhabende Steuerzahler nicht mit zu hohen Steuersätzen zu vertreiben, sondern sie vielmehr durch eine gezielte Kombination von Steuer- und Ausgabenpolitik anzuziehen.

Sehr aufschlußreich sind in diesem Zusammenhang zwei Bände, die der Verein für Socialpolitik 1908 und 1910 den Kommunalfinanzen widmete. Einige der Autoren, die überwiegend aus der finanzpolitischen Praxis kamen, erwähnten explizit die Konkur-

---

[37] Vgl. Begründung des Entwurfs eines Kommunalabgabengesetzes, in: VHA (1893), Bd. 378, S. 537-575, hier S. 557. Vgl. auch Denkschrift zu dem dem Landtage vorgelegten Entwürfen der Steuerreformgesetze, in: ebda., S. 913-936, hier S. 921. Ausschlaggebend scheinen fiskalische Motive allerdings nicht für die Migrationsentscheidung gewesen zu sein; vgl. Friedrich Freund (1907), Ueber die Abwanderung von Steuerzahlern aus der Stadt in die Vorortgemeinden und über die Petition der Stadt Berlin um Ausdehnung des Forensalsteuerrechts auf das Einkommen aus gewinnbringender Beschäftigung, in: Preussisches Verwaltungsblatt, 28, S. 941-944.

[38] Vgl. oben Abbildungen 3.3 bis 3.5, S. 115, 117 und 118.

[39] Vgl. Heinrich Lücker (1910), Die Entwicklung und die Probleme des Gemeindeabgabenwesens in den Städten und großen Landgemeinden der preußischen Industriebezirke (Schriften des Vereins für Socialpolitik, 127.3), Leipzig: Duncker & Humblot, S. 38-40, und Paul Martini (1912), Die Einkommensteuerzuschläge in den größeren preußischen Städten in ihrer Entwicklung seit der Miquelschen Steuerreform, Berlin, Berlin: Trenkel, S. 40-45, 58-64.

[40] Vgl. die Angaben bei Hühner (1998), S. 74-76, 302-304; Reidenbach (1997), S. 32-37, und Tilly (1997), S. 41.

renz der Städte um zahlungskräftige Bürger – sowohl innerhalb der Bundesstaaten als auch zwischen ihnen. Ein hessischer Ministerialrat formulierte dies wie folgt:

> „Der Kapitalist, der große und der kleine Rentner [erhebt] da und dort besondere Ansprüche an die Gemeinde; er wird, soweit er in seiner Bewegungsfreiheit nicht durch wirtschaftliche, verwandschaftliche und ähnliche Rücksichten behindert ist, seinen Wohnsitz gerne dort wählen, wo ihm die Gemeinde gewisse äußere Annehmlichkeiten bietet, wo sie seinem und seiner Familie Unterhaltungs- und Bildungsbedürfnis entsprechend entgegenkommt, wo er alle die Anstalten und Veranstaltungen trifft, die er nach seinem mehr oder weniger fein entwickelten kulturellen Ansprüchen nicht entbehren zu können glaubt. [...] Mit der Vermehrung der unabweisbaren Ausgaben der Städte hält das Wachsen der Steuerkraft ihrer Bewohner nicht gleichen Schritt, so daß beim Fehlen anderer Einnahmen nur eine Erhöhung der direkten Gemeindesteuern übrig bliebe. Daß aber auch eine solche Steigerung trotz aller anderslautenden Behauptungen radikaler Kommunal- und sonstiger Politiker ihre Grenze hat, dafür sorgt die Beweglichkeit eines Teils der Einwohner insbesondere der größeren Städte und die Konkurrenz der Gemeinden in benachbarten Bundesstaaten, die günstigere steuerliche Verhältnisse aufzuweisen vermögen."[41]

Noch deutlicher äußerte sich ein badischer Finanzstatistiker:

> „Die Wirtschafts- und Finanzpolitik einzelner Stadtverwaltungen (Karlsruhe, Heidelberg, Freiburg) scheint allerdings zeitweise in zu starkem Maße von dem Bestreben beeinflußt gewesen zu sein, im Hinblick auf die Konkurrenz anderer gleichartiger Städte, die Umlage niedrig zu halten, um wohlhabende Familien, Rentner und Pensionäre zu dauernder Niederlassung in ihrem Gemeindegebiet zu veranlassen."[42]

Und ein Kollege aus München sorgte sich um die „Konkurrenzfähigkeit der bayrischen Städte namentlich mit den anderen deutschen Städten".[43] Ein Jahr später bemerkte ein Kritiker der deutschen Kommunalfinanzverfassungen, daß sie falsche Anreize setzten. Die Kommunen würden Geld für Luxusprojekte verschwenden, das dann für andere kommunale Aufgaben fehle, die der ärmeren Bevölkerung zugute kommen könnten. Als Grund führte er an: Finanzkräftige „Rentner und Pensionäre in grosser Zahl herbei-

---

41 Becker (1908), Die Kommunalbesteuerung im Großherzogtum Hessen, in: Gemeindefinanzen, Bd. I: System der Gemeindebesteuerung in Hessen, Württemberg, Baden, Elsaß-Lothringen, Bayern, Sachsen, Preußen (Schriften des Vereins für Socialpolitik, 126), Leipzig: Duncker & Humblot, S. 1-54, hier S. 17f., 44f.

42 Josef Ehrler (1908), Die Kommunalbesteuerung im Großherzogtum Baden, in: ebda., S. 113-169, hier S. 151. Mit Umlage sind Kommunalzuschläge auf staatliche Steuern gemeint. Vgl. für ein Beispiel dieser Politik: Raimund Hug-Biegelmann (2000), Die Stadt als Objekt ihrer Industrialisierung. Friedrichhafens Entwicklung zur Industriestadt wider Willen, in: Matthias Frese/Burkhard Zeppenfeld (Hrsg.), Kommunen und Unternehmen im 20. Jahrhundert. Wechselwirkungen zwischen öffentlicher und privater Wirtschaft (Bochumer Schriften zur Unternehmens- und Industriegeschichte, 7) Essen: Klartext, S. 69-90, hier S. 72.

43 Th. Kutzer (1908), Die öffentlich-rechtlichen Einnahmen der Gemeinden in Bayern, in: Gemeindefinanzen, Bd. I: System der Gemeindebesteuerung in Hessen, Württemberg, Baden, Elsaß-Lothringen, Bayern, Sachsen, Preußen (Schriften des Vereins für Socialpolitik, 126), Leipzig: Duncker & Humblot, S. 213-242, hier S. 240. Vgl. auch Hans v. Nostitz (1908), Die Gemeindebesteuerung im Königreich Sachsen, in: ebda., S. 243-277, hier S. 255, und Scholz (1908), S. 306.

zuziehen, ist ein bestimmendes Ziel der Stadtpolitik."[44] Die Gemeinden, so ein anderer Praktiker, „oder ihre Verkehrsvereine schildern in der Presse ihre Vorzüge in den sattesten Farben. Das Lockmittel niedriger Einkommensteuer fehlt niemals."[45] Inwieweit sich Migration aus steuerlichen Gründen für potente Steuerzahler auszahlen konnte, rechnete 1904 ein preußischer Autor vor:

> „Wenn ein wohlhabender Mann bespielsweise in Berlin 20000 Mk. Kommunalsteuer entrichtet, so hatte er in der Kolonie Grunewald nur 6000 Mk. zu zahlen und konnte für den kapitalisierten Betrag von 14000 Mk. für 280000 Mk. sich ein Besitztum in der Kolonie Grunewald erbauen und dabei tatsächlich noch mietsfrei wohnen."[46]

Während die meisten Autoren zu einer negativen Einschätzung dieser Entwicklung tendierten, so gab es doch auch Stimmen, die dem fiskalischen Abwanderungsdruck und dem daraus resultierenden kommunalen Fiskalwettbewerb eher positive Seiten abgewannen. Als im Großraum Berlin Anfang des 20. Jahrhunderts der Fiskalkonkurrenz Berlins und der schnell wachsenden umliegenden Kommunen durch eine Eingemeindung begegnet werden sollte, gab der zuletzt bereits zitierte Autor zu bedenken, daß dann

> „die Sparsamkeit in den Verwaltungen aufhören könnte. Der Wettkampf hat gerade auf diesem Gebiet segensreich gewirkt. Jede Gemeinde ist gezwungen gewesen, mit ihren Ausgaben hauszuhalten, um nicht durch zu hohe Steuersätze den Zuzug der Bevölkerung zu beeinträchtigen."[47]

Obwohl deutsche Kommunalpolitiker und -wissenschaftler vor dem Ersten Weltkrieg über fiskalinduzierte Migration und Fiskalwettbewerb in zunehmendem Maße diskutierten und sich dabei ähnlicher Argumente bedienten wie heute die Optimisten und Pessimisten, entstanden keine Studien, die die empirische Relevanz des Problems zum Gegenstand hatten. Zwar erlaubte die in dieser Hinsicht sehr detaillierte preußische Statistik die Wanderung von Zensiten bestimmter Einkommensklassen nachzuzeichnen, doch deren Motive blieben im Dunkeln. Selbst unter Einsatz ökonometrischen Instrumentariums ist es auch heute noch sehr schwierig, fiskalische Motive bei Wanderungen aufzuspüren.[48]

---

44 Karl Seutemann (1909), Die Grundsätze des interkommunalen Steuerrechts in Zusammenhang mit den Unterschieden der Steuerkraft der Gemeinden, in: Finanz-Archiv, 26, S. 1-60, hier S. 15. Vgl. für weitere Beispiele Wolfgang R. Krabbe (1985), Kommunalpolitik und Industrialisierung. Die Entfaltung der städtischen Leistungsverwaltung im 19. und frühen 20. Jahrhundert. Fallstudien zu Dortmund und Münster (Schriften des Deutschen Instituts für Urbanistik, 74), Stuttgart u.a.: Kohlhammer, S. 338.

45 Lücker (1910), S. 37. Ähnlich Georg Haberland (1904), Groß-Berlin. Ein Beitrag zur Eingemeindungsfrage, 1. Aufl., Berlin: Simion, S. 6, und Martini (1912), S. 41.

46 Haberland (1904), S. 5.

47 Georg Haberland (1917), Groß-Berlin, Berlin: Unger, S. 33.

48 So ließ sich für die späten 1960er und die 1970er Jahre fiskalinduzierte Migration in der Schweiz nicht nachweisen; vgl. René L. Frey (1981), Bestimmungsfaktoren der inter- und intraregionalen Wanderungen. Eine ökonometrische Untersuchung für die Schweiz und die Region Basel, in: ders. (Hrsg.), Von der Land- zur Stadtflucht. Bestimmungsfaktoren der Bevölkerungswanderungen in

Dennoch dürften die angeführten Zitate illustriert haben, daß um die Wende zum 20. Jahrhundert fiskalinduzierte Migration eine glaubwürdige Drohung war, die konkrete finanzpolitische Probleme aufwarf, die von den kommunalpolitischen Praktikern und Theoretikern im Deutschen Reich diskutiert wurden.

5.3 Kommunen im Wettbewerb: die Zuschlagspolitik preußischer Städte nach dem Kommunalabgabengesetz 1893

Im vorigen Abschnitt sind Experten aus der Zeit um die Jahrhundertwende zitiert worden, die behaupteten, daß viele Kommunen ihre Einkommensteuerzuschläge gering gehalten hätten, um wohlhabende Zensiten anzuziehen. Doch läßt sich ein solches Verhalten auch empirisch nachweisen?

In der bislang einzigen Studie, die sich explizit mit dem Steuerwettbewerb in Europa aus historischer Perspektive befaßt, hat Mark Hallerberg vor einigen Jahren anhand der Bundesstaaten des Kaiserreichs die These des *race to the bottom* untersucht.[49] Hallerberg sieht in der föderalen Struktur des Kaiserreichs ein ideales Testfeld, um Steuerwettbewerb zu analysieren, da im innerdeutschen Vergleich kulturelle Faktoren als potentielle Störgrößen eine geringe Rolle spielen. Er untersucht ausgehend von den Implikationen der Theorie ob erstens zwischen Beginn und Ende des Kaiserreichs eine Konvergenz der bundesstaatlichen Besteuerung mobiler Faktoren stattfand, ob diese zweitens tendenziell zu Lasten weniger mobiler Faktoren (v.a. Land) gegangen sei, und ob drittens die Besteuerung der mobilen Faktoren abgenommen habe. Nur die erste These kann er empirisch bestätigen. Ganz im Gegensatz zur Theorie des Steuerwettbewerbs stellt er jedoch eine Zunahme der Belastung durch direkte Steuern fest, insbesondere auch des mobilen Faktors Kapital durch die Einkommensteuer. Hallerberg versucht dies mit dem Gewicht Preußens zu erklären, das aufgrund seiner hohen Gewinne aus den Eisenbahnen die zunehmende staatliche Aufgabenlast nicht durch weitere Steuererhöhungen habe finanzieren müssen und diese Politik auch den anderen, wesentlich kleineren deutschen Staaten indirekt aufgezwungen habe.[50]

Insbesondere wegen ihrer Rückkopplung an neuere Entwicklungen der finanzwissenschaftlichen Theorie ist die Arbeit von Hallerberg eine Pionierstudie für die finanz-

---

der Region Basel (Schriften des Forschungsinstituts für Föderalismus und Regionalstrukturen, 6), Bern u.a.: Lang, S. 13-52, hier S. 35f., und ferner Feld (2000), S. 133f.

49 Hallerberg (1996). – Die einzige andere mir bekannte historische Studie zu Steuerwettbewerb stammt von Dante J. Scala (1998), Taxing the Intangibles: How States Pursued Corporate Wealth in the Early Twentieth Century, in: Business and Economic History, 27, S. 431-443. Scala kommt zu dem Ergebnis, daß sich im Staat New York die relative Steuerlast der Unternehmen zwischen 1917 und 1929 nicht veränderte, obwohl sie im benachbarten Pennsylvania stark fiel, und lehnt daher die These vom *race to the bottom* grundsätzlich(!) ab.

50 Vgl. Hallerberg (1996), S. 346f.

historische Forschung. Bei näherem Hinsehen fallen jedoch einige Punkte auf, die eingehenderer Untersuchung bedürfen. Hallerberg gewinnt seine empirischen Erkenntnisse aus dem Vergleich von Grenzsteuersätzen der direkten staatlichen Steuern. Für Standortentscheidungen ist jedoch im Regelfall nicht die marginale Steuerbelastung maßgeblich, sondern die durchschnittliche.[51] Dies ist mehr als ein formaler Einwand, denn es ist nicht unproblematisch, Grenzsteuersätze verschiedener Staaten miteinander zu vergleichen, ohne etwaige Unterschiede in der Steuerbasis und vor allem den Absetzungsmöglichkeiten zu untersuchen. Ein empirisch sehr erhebliches Problem stellt zweitens die Tatsache dar, daß, wie oben gezeigt, gerade im Kaiserreich die Belastung durch Kommunalsteuern stark zunahm. In den 53 größten preußischen Städten etwa betrugen die kommunalen Zuschläge zur staatlichen Einkommensteuer 1913 durchschnittlich 179%,[52] d.h. die Grenzsteuerbelastung des Einkommens betrug dort nicht 3%, dem Höchststeuersatz der staatlichen Einkommensteuer, sondern einschließlich der Kommunalzuschläge 8,4%, in manchen Städten sogar über 10%. Ein Vergleich, der wie bei Hallerberg lediglich auf die staatlichen Steuern abhebt, dabei jedoch die zumindest in Preußen und Württemberg viel bedeutenderen kommunalen Steuern außer Acht läßt, ist unvollständig, denn im Kalkül der Zensiten zählten die Unterschiede der Gesamtsteuerbelastung. Schließlich kann Hallerbergs Erklärung für die im Rahmen der Theorie unerwartete Tendenz der Besteuerung nicht befriedigen. Auch wenn die hohen preußischen Eisenbahngewinne den steuerlichen Druck milderten, erklärt dies nicht, weshalb die insgesamt dennoch ansteigende Steuerlast besonders stark den mobilen Faktoren aufgebürdet werden konnte und weshalb diese Entwicklung auch in den meisten anderen deutschen Staaten festzustellen ist. Somit stehen Hallerbergs empirische Befunde seiner These, es habe Steuerwettbewerb unter den Bundesstaaten im wilhelminischen Deutschland gegeben, eher entgegen, als daß sie dafür sprächen.

Der vorhergehende Abschnitt hat jedoch gezeigt, daß Steuerwettbewerb von den Zeitgenossen zunehmend diskutiert wurde, allerdings weniger auf der bundesstaatlichen Ebene, die Hallerberg untersucht, als vielmehr auf kommunaler Ebene. Wenn ein empirischer Nachweis führbar ist, so müßte er dort ansetzen. Preußen eignet sich als Untersuchungsgebiet insofern gut, als mit dem 1895 in Kraft getretenen Kommunalabgabengesetz (KAG) für alle preußischen Kommunen dieselben Rahmenbestimmungen galten. In Hinsicht auf Steuerbasis und Absetzungsmöglichkeiten waren nun alle Zensiten gleichgestellt. Den preußischen Kommunen standen gemäß KAG im wesentlichen folgende direkte Steuern zur Deckung ihrer Ausgaben zur Verfügung: die vormals staatlicherseits erhobenen Grund-, Gebäude- und Gewerbesteuern, eigene Betriebssteuern und Zuschläge zur staatlichen Einkommensteuer. Für alle vier Realsteuern und die Einkommensteuer konnte jede Kommune die Zuschlagssätze eigenständig festlegen. Ursprünglich hatte das KAG bestimmte Zuschlagsgrenzen und -relationen unter den einzelnen Steuerarten vorgesehen und Ausnahmen einer staatlichen Genehmigungspflicht unter-

51 Vgl. etwa Schulze/Ursprung (1999), S. 58, und Feld (2000), S. 70, 111.

52 Vgl. Martini (1912), S. 36.

worfen.[53] Zeitgenössische Beobachter stellten allerdings schon früh fest, daß die Ausnahmen binnen weniger Jahre zum Regelfall geworden waren. Letztlich legte das KAG den Kommunen kaum Schranken auf.[54]

Die preußische Kommunalfinanzstatistik befand sich um die Jahrhundertwende erst im Aufbau. Das Statistische Landesamt veröffentlichte zunächst nur die Zuschlagssätze der größeren Städte, die der kleineren Städte und der Landgemeinden erst ab dem Rechnungsjahr 1911. Insofern erlaubt die Datenlage lediglich die Untersuchung von Ballungsräumen mit mehreren nahe beieinanderliegenden und verkehrsmäßig gut vernetzten Großstädten. Somit drängen sich zwei Regionen geradezu auf: das Ruhrgebiet und der Großraum Berlin.[55]

Gemäß der Theorie stünde zu erwarten, daß, wenn nahe beieinanderliegende Kommunen in Steuerwettbewerb treten, die Zuschlagssätze auf die Grundsteuer am stärksten stiegen, gefolgt von denen auf die Gewerbesteuer und dann erst auf die Einkommensteuer. Insbesondere bei letzterer müßten sie zudem konvergieren. Da sich die Kommunen in den ersten Jahren nach Inkrafttreten des KAG in einer Art Experimentierphase befanden, sind die Ergebnisse für das Jahr 1895 wenig aussagekräftig, so daß hier 1898 als Ausgangspunkt gewählt ist.[56]

Die in Übersicht 5.2 zusammengefaßten Ergebnisse für die 14 untersuchten Städte des Ruhrgebiets lassen sich kaum als Beleg für Steuerwettbewerb interpretieren. Vergleicht man die Sätze der Einkommensteuer mit denen der Gewerbesteuer, so stimmen diese zwar mit den theoretischen Implikationen überein, doch die Entwicklung der Sät-

---

[53] Vgl. M. Meiling (1905), Die Reform des kommunalen Finanzwesens auf Grund des Gesetzes vom 14. Juli 1893 und der Berliner Gemeindehaushalt 1890/1900, in: Jahrbücher für Nationalökonomie und Statistik, III.29, S. 289-364, hier 309f., und Herrfurth/Strutz (1910), S. 27.

[54] Vgl. Scholz (1908), S. 310; Martini (1912), S. 38; Otto Schwarz (1913), Das Gemeinde-Abgabenwesen Deutschlands und die schwebenden Reformbestrebungen, Jena: Fischer, S. 10; das Zitat von Dawson oben S. 174f., Fn. 18, und Jürgen Reulecke (1985), Geschichte der Urbanisierung in Deutschland, Frankfurt: Suhrkamp, S. 113-115.

[55] Vgl. für die verkehrsmäßige Erschließung dieser beiden Regionen: Hans-Henning Gerlach (1986), Atlas zur Eisenbahngeschichte. Deutschland, Österreich, Schweiz, Zürich/Wiesbaden: Orell-Füssli, insb. S. XXVIIIf., 14, 31. Zum Ruhrgebiet werden hier diejenigen Städte und Landgemeinden gezählt, die innerhalb des Gebietes Hamborn-Recklinghausen-Dortmund-Hagen-Düsseldorf lagen und Bahnanschluß hatten und für die die Datenlage gut war. Läßt man die Städte südlich der Ruhr (v.a. Düsseldorf, heutiges Wuppertal und Hagen), aus der Analyse heraus, so ändern sich die wesentlichen Ergebnisse nicht.

[56] Für die Wahl dieses Jahres sprechen keine besonderen sachlichen Gründe, sondern die Absicht, in 5-Jahresschritten an das Jahr 1913 heranzukommen. Die Ergebnisse eines Vergleichs der Jahre 1895 und 1913 würden wegen des starken Anstiegs der Zuschlagssätze zur Einkommensteuer in den ersten Jahren der These vom Steuerwettbewerb im Ruhrgebiet noch stärker widersprechen; entsprechendes gilt umgekehrt für die Bestätigung der These in Übersicht 5.3. Die untersuchten Städte sind Barmen, Bochum, Dortmund, Düsseldorf, Duisburg, Elberfeld, Essen, Gelsenkirchen, Hagen, Herne, Hörde, Mülheim/Ruhr (ab 1904), Oberhausen und Recklinghausen. Wenn in einer Stadt die Steuersätze für die einzelnen Gewerbeklassen differierten, wurde diejenige der Klasse I zugrundegelegt. Für Hörde ließen sich die Zuschlagssätze für 1908-10 nicht ermitteln; sie wurden daher aus den Randwerten für 1907 und 1911 interpoliert.

ze auf die Grund- und Gebäudesteuer ist damit schwerlich vereinbar. Die Besteuerung des immobilen Faktors Boden stieg deutlich langsamer als die der mittelfristig mobilen gewerblichen Kapitalien und sogar etwas schneller als die der vergleichsweise hochmobilen Einkommen. Auch die Verdoppelung des Variationskoeffizienten der Gewerbesteuer läßt sich kaum mit Steuerwettbewerb in Einklang bringen.

Übersicht 5.2: Entwicklung und Streuung der kommunalen Zuschlagssätze im Ruhrgebiet 1898-1913

	Grund- und Gebäudesteuer	Gewerbesteuer	Einkommensteuer
Durchschnittl. Zuschlagssatz 1898 in %	172	180	163
Durchschnittl. Zuschlagssatz 1913 in %	234	374	210
Veränderung 1898 bis 1913 in %	+36	+108	+29
Variationskoeffizient*			
1898	0,14	0,20	0,13
1903	0,13	0,23	0,16
1908	0,13	0,36	0,13
1913	0,12	0,40	0,12
Veränderung 1898 bis 1913 in %	-16	+102	-8

Anm.: Mittel- und Streuungswerte ungewichtet. * gleitende 5-Jahresdurchschnitte bzw. 3-Jahresdurchschnitt für 1913.

Quellen: Statistisches Jahrbuch für den Preußischen Staat; Statistisches Jahrbuch der deutschen Städte; Die Gemeindesteuern des Jahres (1908-1910) in den preußischen Großstädten, den selbständigen rheinisch-westfälischen Stadtkreisen und den übrigen Kreisfreien Städten Preußens. Hrsg. v. Statistisches Amt der Stadt Elberfeld, Elberfeld: Statistisches Amt; Heinrich Silbergleit (1908), Preußens Städte. Denkschrift zum 100jährigen Jubiläum der Städteordnung vom 19. November 1808, Berlin: Heymanns, S. 450f.

Zu anderen Ergebnissen kommt dieselbe Analyse für den Großraum Berlin, der auch von den zeitgenössischen Pessimisten stets als Beispiel für eine bedenkliche Entwicklung herangezogen wurde.[57] Übersicht 5.3 veranschaulicht die Entwicklung und Streuung der kommunalen Zuschlagssätze der direkten Steuern für die acht großen Kommunen im Großraum Berlin (Berlin, Charlottenburg, Köpenick, Potsdam, Rixdorf/Neukölln, Schöneberg, Spandau und ab 1904 Wilmersdorf), die verkehrsmäßig eng miteinander vernetzt waren.[58] Für die Jahre 1911 und 1913 stehen die Sätze von 22 weiteren kleineren Kommunen zur Verfügung, die das Gesamtbild weder in Hinsicht auf die Höhe der Zuschlagssätze noch auf die Streuung nennenswert ändern (Übersicht 5.3).[59]

[57] Vgl. z.B. Wagner (1904), S. 63-71, und Haberland (1917).

[58] Vgl. M. v. Wüstenhoff (1899), Verkehr und Verkehrsmittel in Berlin während der Jahre 1865 bis 1895, in: Zeitschrift des königlich preußischen statistischen Bureaus, 39, S. 225-294, hier S. 254-275.

[59] Für Köpenick ließen sich die Zuschlagssätze für 1908 und 1910 nicht ermitteln. Altona (in Abbildung 5.1 enthalten), hatte für die Jahre 1908 bis 1910 eine besondere Ordnung für die Zuschläge zur Einkommensteuer, so daß die Zuschlagssätze nicht publiziert werden konnten. Für beide Städte sind Werte eingesetzt, die aus den Angaben für 1907, 1909 und 1911 interpoliert sind.

Übersicht 5.3: Entwicklung und Streuung der kommunalen Zuschlagssätze im Großraum Berlin 1898-1913

	Grund- und Gebäudesteuer	Gewerbe-steuer	Einkommen-steuer
Durchschnittl. Zuschlagssatz 1898 in %	164	142	120
Durchschnittl. Zuschlagssatz 1913 in %	206	189	115
Veränderung 1898 bis 1913 in %	+26	+33	-4
Variationskoeffizient*			
1898	0,12	0,21	0,26
1903	0,25	0,32	0,30
1908	0,19	0,27	0,25
1913	0,18	0,24	0,18
Veränderung 1898 bis 1913 in %	+56	+14	-33

Anmerkungen und Quellen wie Übersicht 5.2.

Es zeigt sich, daß im Großraum Berlin Anfang des 20. Jahrhunderts die Zuschlagssätze auf mobile Faktoren (Einkommensteuer) im Zeitablauf tatsächlich konvergierten, die auf immobile Faktoren (Grund- und Gebäudesteuer) dagegen divergierten. Auch die Veränderungen der Zuschlagssätze entsprechen den Implikationen der Theorie: Die Einkommensteuersätze sanken geringfügig, die Sätze der Grundsteuer und der Gewerbesteuer stiegen an. Somit stimmen die in Übersicht 5.3 referierten Entwicklungen ab etwa1903 gut mit den Implikationen der Theorie des Steuerwettbewerbs überein.

Diese Entwicklung war in den ersten Jahren ein Resultat überwiegend autonomer Entscheidungen der einzelnen Kommunen. Angesichts der steigenden kommunalen Aufgabenlast, insbesondere der Finanzierung der Volksschulen, konnten jedoch die Realsteuern den Zuwachs nicht mehr alleine tragen. Dieses Problem hatte vor allem Berlin, das sich jedoch nicht in der Lage sah, den Zuschlagssatz auf die Einkommensteuer isoliert zu erhöhen, da dann noch mehr wohlhabende Einwohner in die Nachbarkommunen abgewandert wären. Interessanterweise kam es in dieser Situation zu der Forderung nach einer Harmonisierung der Kommunalzuschläge im Großraum Berlin. Als Berlin 1910 den Kommunalzuschlag auf die Einkommensteuer von 100 auf 110% erhöhen wollte, versuchte es durch Einschaltung des Oberpräsidenten, die umliegenden Kommunen zu zwingen, mitzuziehen. Das scheiterte jedoch zunächst, und auch das im Folgejahr verabschiedete Zweckverbandgesetz für Groß-Berlin sah keinen Rahmen für eine Vereinheitlichung der kommunalen Steuerpolitik vor, obwohl der Berliner Oberbürgermeister Martin Kirschner 1906 in einer Stellungnahme an den Innenminister dies als „einen der größten Mängel, welcher aus dem Fehlen einer Organisation von Groß-

Berlin für die Stadt Berlin folgt“, bezeichnet hatte.[60] Erst im Krieg erhöhten Berlin und einige benachbarte Kommunen gemeinsam den Kommunalzuschlag.[61]

Allerdings mag hier hereinspielen, daß die bereits erwähnten Höchstgrenzen und Relationen innerhalb der Steuerarten gemäß einigen Bestimmungen des KAG den Zweck hatten, die kommunale Beanspruchung der Einkommensteuer zugunsten des Staates zu begrenzen. Auch wenn die Zeitgenossen die Effektivität dieser Bestimmungen bestritten[62] und die in Übersicht 5.2 beschriebene Entwicklung im Ruhrgebiet dem in der Tat entgegensteht, so mögen sie marginal gewirkt haben. Insofern kann hinsichtlich des unterschiedlichen Wachstums der Einkommensteuer- und der Realsteuerzuschläge streng genommen nicht zwischen den Effekten etwaigen Steuerwettbewerbs und denen der Beschränkungen des KAG unterschieden werden. Diese Einschränkung betrifft jedoch nicht die Frage der Divergenz bzw. Konvergenz der Sätze.

Abbildung 5.1: Kommunale Zuschlagssätze zur preußischen Einkommensteuer im Großraum Berlin: Streuung und Verhältnis zum Landesdurchschnitt 1895-1914 (in Prozent)

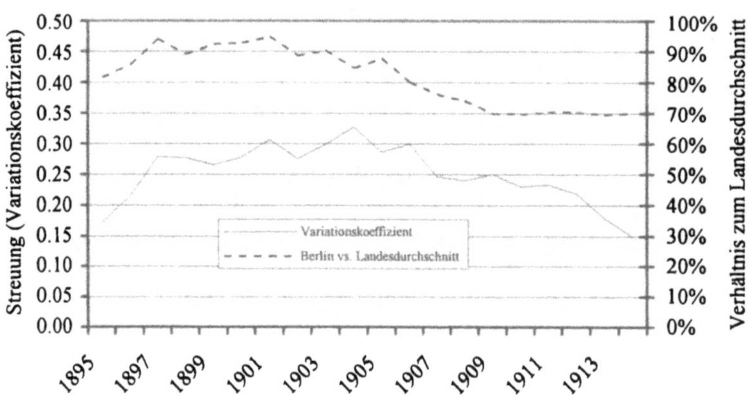

Anm.: Kommunalsteuern incl. Steuern der Kommunalverbände.

Quellen: Silbergleit (1908), S. 450f.; Martini (1912), S. 36; Zeitschrift des königlich preußischen statistischen Landesamtes (1912), S. 8-14, (1914), S. 198f.

[60] Martin Kirschner [1906] Bericht des Oberbürgermeisters Kirschner an den Minister des Innern vom 3. September 1906, Berlin: Loewenthal, S. 8, 18f., 24-28 (Zitat S. 26). So auch Haberland (1917), S. 23, 31-33. Vgl. ferner Ludwig Brühl/Kurt Gordan/Walter Ledermann (1912), Zweckverbandgesetz für Groß Berlin (Guttentag'sche Sammlung Preußischer Gesetze, 48), Berlin: Guttentag, S. XIX.

[61] Vgl. Dawson (1914), S. 420f.

[62] Vgl. etwa Haberland (1917), S. 38.

Abbildung 5.1 belegt dies. Der durchgezogene Graph (Skala links) rekapituliert die Streuung der Zuschlagssätze der Kommunen im Großraum Berlin zur Einkommensteuer. Der gestrichelte Graph (Skala rechts) veranschaulicht die Entwicklung des Durchschnittssatzes der Kommunalzuschläge zur Einkommensteuer im Großraum Berlin im Verhältnis zu dem der 20 größten preußischen Städte. Während die Zuschlagssätze zur Einkommensteuer im Großraum Berlin von 1897 bis 1901 fast im Landesdurchschnitt lagen, so fielen sie danach bis auf ein Niveau von 70%. Anders ausgedrückt: Während in Preußen insgesamt die Zuschlagssätze zur Einkommensteuer anstiegen, gingen sie in und um Berlin leicht zurück (1901: 131%, 1913: 115% für die acht großen, 120% für 29 Berliner Kommunen). Die Restriktionen des KAG, unterstellt sie hatten überhaupt Einfluß, mögen also den gedämpften Anstieg der Berliner Einkommensteuersätze gegenüber denen der Realsteuern mit erklären, doch sie können nicht das unterschiedlich starke Wachstum im Großraum Berlin und außerhalb erklären.

Berücksichtigt man den kräftig ansteigenden Finanzbedarf, so sind diese Ergebnisse klare Belege für kommunalen Steuerwettbewerb im Großraum Berlin. Je mobiler die Steuerbasis, desto geringer war die Steigerung der Zuschlagssätze und desto höher ihre Konvergenz. Über die statistische Evidenz hinaus belegt der Versuch koordinierten Zusammengehens im Großraum Berlin das Vorhandensein eines spürbaren fiskalischen Migrationsdrucks sehr deutlich.

Welche Faktoren mögen für die unterschiedliche Entwicklung im Ruhrgebiet und im Großraum Berlin verantwortlich sein? Der entscheidende Unterschied zwischen diesen beiden Ballungszentren wird in der Zusammensetzung der Einwohnerschaft zu suchen sein. Während die Kommunen im Ruhrgebiet durchweg Arbeiterstädte waren, wies der Großraum Berlin eine wesentlich heterogenere Struktur auf. Einer Arbeiterstadt wie Spandau stand ein Speckgürtel westlich und südwestlich Berlins gegenüber, der u.a. die „als typisch bekannten Rentnerstädte“ und „Steueroasen“[63] Charlottenburg, Neukölln, Lichtenberg, Schöneberg, Wilmersdorf und Potsdam umfaßte. Fiskalinduzierte Migration fand nur in den obersten Einkommensschichten statt.[64] Im Großraum Berlin arbeiteten viele wohlhabende Beamte und Angestellte. Außerdem war die Zahl der hochmobilen Rentiers ungleich größer als im Ruhrgebiet. Zudem ist zu überlegen, ob es nicht für einen Ruhrgebietsindustriellen wichtig war, in derselben Kommune zu leben, in der sein Betrieb lag. Als großer Steuerzahler hatte er im Rahmen des preußischen Dreiklassenwahlrechts gewichtigen Einfluß auf die Verwendung der kommunalen Finanzen, die seinem Betrieb etwa in Form von Infrastrukturmaßnahmen zugute kommen konnten.

Der Wunsch nach Steuerharmonisierung war nicht auf Preußen beschränkt. Die Unterschiedlichkeit der Einkommensbesteuerung auf der Ebene der Bundesstaaten führte bald zu der Forderung, die Einkommensteuer in die Hände des Reiches zu legen. Er kam auch in der Diskussion um die Besteuerung von Aktiengesellschaften auf, die sich kurz vor und um die Jahrhundertwende verstärkte. Ein württembergischer Autor stellte in einer Untersuchung fest, daß die Aktiengesellschaften in allen größeren deutschen Bundesstaaten bevorzugt würden, weil letztlich doch der immer wieder erhobenen Ab-

---

63 Theodor Orth (1933), Untersuchungen über die Finanzverhältnisse der preußischen Groß- und Mittelstädte vor und nach dem Kriege, Diss. rer. pol. Köln, Limburg: Schloßdruckerei, S. 97f.

64 Vgl. etwa Lücker (1910), S. 35-37.

wanderungsdrohung geglaubt würde. Weil nun jeder Bundesstaat darauf achte, seine einheimischen Aktiengesellschaften nicht durch höhere Steuern in benachbarte deutsche Staaten zu vertreiben, sei allen durch eine einheitliche Reichseinkommensteuer für Aktiengesellschaften gedient. Nur sie erlaube es, der (innerdeutschen) Abwanderungsdrohung entgegenzuwirken und das Besteuerungsniveau anzuheben.[65]

5.4 Ergebnisse

Die in den 1950er Jahren einsetzende und sich in den 1990er Jahren verschärfende Diskussion in Politik und Wissenschaft um Fiskal- bzw. Steuerwettbewerb hat bislang kaum Niederschlag in der historischen Forschung gefunden. In diesem Kapitel sind einige erste Ergebnisse herausgearbeitet worden.

Bis ins frühe 19. Jahrhundert hinein läßt sich in Preußen, Württemberg oder anderen deutschen Staaten weder Steuer- noch ganz allgemein Fiskalwettbewerb in nennenswertem Umfang ausmachen, wenn man von der trivialen Form der Garantie von Eigentumsrechten als Schutzversprechen gegen fiskalische Expropriation absieht. Dies ist auch wenig verwunderlich. Die ständisch strukturierte Gesellschaft zeichnete sich durch eine vergleichsweise geringe Mobilität aus. Der Ständestaat deckte seinen über die Einkünfte der Domänen hinausgehenden Finanzbedarf überwiegend durch Grundsteuern, Zölle und Akzisen. Die Wertschöpfung im gewerblichen Sektor unterlag in der Regel weitaus geringerer Besteuerung als später, und mit der Erhebung von Personensteuern, die über primitive Kopfsteuern hinausgingen, wäre die frühneuzeitliche Steuerverwaltung überfordert gewesen. Geld- und Realkapital unterlagen somit deutlich geringerer Besteuerung als Boden, und hochqualifiziertes Humankapital war durch herrschaftliche Beschränkungen in seiner Mobilität behindert.

Es kam erst zu Veränderungen, als die Mobilitätsschranken fielen, mobiles Kapital verstärkt der Besteuerung unterzogen wurde und lokale Jurisdiktionen weitgehende fiskalische Autonomie erhielten. Letzteres lenkt den Blick auf besonders föderale Staatengebilde wie etwa die im Deutschen Bund zusammengeschlossenen Staaten.

Kurz nach dem Wiener Kongreß tauchte, nachweisbar vor allem in Preußen, steuerinduzierte Migration in der finanzpolitischen und -wissenschaftlichen Diskussion auf. Anfangs war sie sicherlich weniger empirisch relevante (und nachweisbare) Realität als vielmehr ein Schreckgespenst, das von interessierter Seite in den Debatten um anstehende Steuerreformen aufgebaut wurde. Binnen weniger Jahrzehnte entwickelte sich jedoch steuerinduzierte Migration zu einer glaubhaften Drohung. Die Praktiker nahmen sie ernst und diskutierten sie, ohne daß dies allerdings in empirischen Untersuchungen Niederschlag gefunden hätte. Offenbar überstieg dann gegen Ende des 19. Jahrhunderts die vor allem infolge der Urbanisierung stark ansteigende steuerliche Belastung eine Fühlbarkeitsschwelle, ab der steuerliche Aspekte relevant für Wohn- und Standortent-

65 Vgl. Dehlinger (1904), S. 77-81, und G. Gotthardt (1917), Kriegsfragen der Steuerpolitik, in: Annalen des Deutschen Reichs für Gesetzgebung, Verwaltung und Volkswirtschaft, S. 274-308, hier S. 276.

scheidungen wurden. Die Kommunen reagierten umgehend. Etwa um die Wende zum 20. Jahrhundert vollzogen sie den Übergang von latentem Steuerwettbewerb zu aktivem Fiskalwettbewerb, indem sie nun durch entsprechend geschnürte Ausgaben- und Steuerpakete wohlhabende Steuerzahler, vorzugsweise Rentiers, anzuziehen versuchten. Aufmerksamen Zeitgenossen fiel dies nicht nur auf, sie zogen daraus auch Schlußfolgerungen:

> „Die gewaltige Steigerung der Kommunalzuschläge hat die natürliche Folge, daß in den stark belasteten Plätzen meist nur derjenige zu bleiben pflegt, der durch Grundbesitz, sein Geschäft oder durch andere besondere Umstände gehalten wird; andere Steuerzahler pflegen meist zu erwägen, unter welchen günstigeren Bedingungen sie in Gemeinden, die weniger stark belastet sind, leben können. Aus diesem Grunde drängen viele (...) nach steuerlich günstigeren Plätzen, besonders Berlin und seine Vororte bevorzugend. Durch den Wegzug wohlhabender Bürger werden die Belastungsverhältnisse nur verschärft, während umgekehrt an den Orten des Zuzuges die steuerlichen Verhältnisse günstiger gestaltet werden. Das Mißverhältnis wird damit auf die Dauer um so größer."[66]

Damit drohte, wie Adolph Wagner 1904 konstatierte, „eine Schraube ohne Ende."[67] Dies ist im Kern bereits das Argument, das etwa Hans-Werner Sinn fast ein Jahrhundert später in Hinblick auf die fiskalischen Folgen der Globalisierung vorbrachte. Die Vorstellung eines *race to the bottom* allerdings erschien den Finanzwissenschaftlern des späten 19. und frühen 20. Jahrhunderts, die die rapide steigende Staatsquote im Wagnerschen Gesetz extrapolierten, nicht wirklich denkbar, zumal sie davon ausgehen konnten, daß drohenden Ungleichgewichten zwischen den Kommunen durch die staatliche Rahmengesetzgebung – also Harmonisierung von oben – Grenzen gezogen werden konnten.[68]

Wenn die Zeitgenossen fiskalinduzierte Migration diskutierten, dann meist in kommunalem Kontext. Für den Großraum Berlin läßt sich in der Tat eine Verlagerung der Besteuerung von der Einkommensteuer zu den Realsteuern und eine Konvergenz der Zuschlagssätze nachweisen. Dies steht in Einklang mit der Theorie des Steuerwettbewerbs, ist aber noch kein hinreichender Beleg. Zwei starke Argumente für die Existenz von Steuerwettbewerb im Großraum Berlin sind jedoch, daß die Einkommensteuerzuschläge im Verhältnis zu anderen preußischen Großstädten deutlich abnahmen und daß einige Gemeinden um Berlin deswegen genau das versuchten, was heute von den Pessimisten empfohlen wird: die Steuersätze zu harmonisieren, um die Migration in die Niedrigsteuerjurisdiktionen einzudämmen.

---

66 Scholz (1908), S. 306. Ganz ähnlich Lücker (1910), S. 42.

67 Wagner (1904), S. 63. Ähnlich Haberland (1904), S. 29.

68 Theoretisch erwogen – und direkt wieder verworfen – wurde das *race to the bottom* bereits 1877 vom Stadtkämmerer in Königsberg: „Daß Rentiers durch geringere Besteuerung dem Orte erhalten bleiben sollen, ist doch eine etwas kleinliche Politik, die ja auch nicht zum Ziele führen würde, wenn dieser Grundsatz von allen Gemeinden adoptirt würde." Hoffmann (1877), Ist ein besonderes Communalsteuerwesen nothwendig oder genügt das System von Zuschlägen zu den Staatssteuern, in: Die Communalsteuerfrage. Zehn Gutachten und Berichte (Schriften des Vereins für Socialpolitik, 12), Leipzig: Duncker & Humblot, S. 1-13, hier S. 11.

Einige weitere Befunde scheinen relativ gesichert zu sein. Erstens gibt es keine Anzeichen dafür, daß Fiskalwettbewerb vor dem Ersten Weltkrieg auf internationaler Ebene stattgefunden hätte. Selbst in der ersten Globalisierungsphase zwischen etwa 1860 und 1914 spielte grenzüberschreitende fiskalinduzierte Migration keine nennenswerte Rolle. Nicht einmal in der neuerdings reichhaltigen Literatur über multinationale Unternehmen aus dieser Zeit werden fiskalische Standortfaktoren diskutiert.[69] Vorstellbar ist allenfalls, daß sich in politisch fragmentierten, aber ethnisch-kulturell homogenen Gebieten – wie etwa in Italien vor 1860 und in Deutschland vor 1871 – grenzüberschreitender Fiskalwettbewerb feststellen ließe. Aufgrund der insgesamt noch recht geringen steuerlichen Belastung erscheint dies aber zweifelhaft, und die Ergebnisse von Hallerberg stehen dem eher entgegen. Fiskalwettbewerb fand daher zweitens nur oder zumindest überwiegend innerhalb föderal strukturierter Staaten statt, die insbesondere der kommunalen Ebene weitreichenden fiskalischen Gestaltungsspielraum offenließen. Neben der Schweiz dürfte auch das Deutsche Reich (bis zur Erzbergerschen Finanzreform 1919) einer überdurchschnittlich hohen Intensität fiskalischen Wettbewerbs ausgesetzt gewesen sein. Drittens gibt es zwar Hinweise, daß informierte Zeitgenossen kurz vor Beginn des Ersten Weltkriegs eine Art *race to the bottom* als theoretisch vorstellbar ansahen, doch hatten sie noch keine greifbaren Indizien dafür und konnten davon ausgehen, daß der Staat erforderlichenfalls eine Harmonisierung von oben vornehmen würde. Viertens schließlich war fiskalinduzierte Migration nur eine Option für wohlhabende Zensiten, die sich auf diese Weise der gerade auch aus verteilungspolitischen Gründen zunehmenden steuerlichen Belastung zumindest teilweise entziehen konnten.

---

[69] Steuerliche Faktoren spielten für Standortentscheidungen noch keine wichtige Rolle; vgl. Antje Hagen (1997), Deutsche Direktinvestitionen in Großbritannien, 1871-1918 (Beiträge zur Unternehmensgeschichte, 97/NF 3), Stuttgart: Steiner, insb. S. 51-53.

6. Zusammenfassung und Ausblick

„In früheren Zeiten war nämlich die öffentliche Finanzwirtschaft weitaus naiver und damit weitaus ehrlicher. Man bediente sich noch nicht der Fiktion der Steuergerechtigkeit und hatte es nicht besonders nötig, sich ihrer in solchem Maße zu bedienen, wie seit dem Ausgang des Mittelalters und vor allem in den letzten hundert Jahren des Aufstiegs der Demokratie."

Rudolf Goldscheid (1926) [1]

In der vorliegenden Untersuchung sind neuere Perspektiven, Fragestellungen, Konzepte und Methoden aus der Finanzwissenschaft auf finanzhistorische Probleme des 19. Jahrhunderts angewendet worden, die unmittelbar oder mittelbar mit der Frage der Steuerlastverteilung zusammenhängen. Im Hintergrund stehen dabei die in der Forschung vertretenen Thesen, daß die Besteuerung in Preußen und Württemberg wachstumsfreundlich gewesen sei und einen kontinuierlichen Trend zu mehr Steuergerechtigkeit aufgewiesen habe. Dies wird hier kritisch hinterfragt. Im Gegensatz zur klassischen finanzhistorischen Forschung steht dabei nicht der steuererhebende Staat im Vordergrund, sondern der steuerzahlende Bürger.

Für die Untersuchung der Verteilungswirkungen der größeren Steuerreformen in Preußen und Württemberg sind drei Dimensionen zu unterscheiden: die geographische, die sektorale und die schichtspezifische. Der von David Hansemann geprägte Mythos, daß die preußischen Steuerreformen um 1820 die neuen Westprovinzen benachteiligt hätten, läßt sich klar widerlegen. Zweifellos stieg dort die Steuerlast nach der Übernahme durch Preußen an, doch sie war nicht größer als in den anderen Teilen der Monarchie. Unter Berücksichtigung der stärkeren und schnell wachsenden wirtschaftlichen

[1] Goldscheid (1926), S. 151.

Leistungsfähigkeit der Zensiten im Westen ist sogar die These plausibler, daß die preußische Steuerpolitik sie schonte.

Sowohl für Preußen wie auch für Württemberg läßt sich zeigen, daß die Steuerpolitik in der zweiten Hälfte des Jahrhunderts in einer Art Aufholwettbewerb die Steuerlast immer mehr vom langsam wachsenden Agrarsektor zu den weitaus dynamischeren Sektoren Gewerbe und Dienstleistungen verschob. Inwieweit es dabei zu einer steuerlichen Prämiierung gewerblicher Aktivitäten kam, wie sie in der Forschung für beide Staaten behauptet worden ist, ist schwer überprüfbar, da regionale Wertschöpfungsdaten fehlen. Nicht nachvollziehbar ist, weshalb eine Prämiierung des gewerblichen Sektors durch das Steuersystem wachstumsfreundlich gewesen sein soll. Diese in der Literatur immer wieder anzutreffende These widerspricht dem ökonomischen Postulat, daß die Steuerpolitik nur dann bewußt in die Ressourcenallokation eingreifen solle, wenn sie Marktversagen oder eine gesellschaftlich unerwünschte Einkommensverteilung korrigieren soll. Dafür finden sich jedoch in der Fachdiskussion über die Bevorzugung des Gewerbes durch die preußischen und württembergischen Steuersysteme keine Anhaltspunkte.

Für Württemberg läßt sich die These einer industrialisierungsfreundlichen Steuerpolitik ohnehin nur für den Zeitraum bis Ende der 1870er Jahre bestätigen. Dort stellten die Personensteuern und die kommunale Steuerpolitik ein Korrektiv zur gewerbefreundlichen staatlichen Ertragsteuerpolitik dar, da sie die Verlagerung der Wertschöpfung in den gewerblichen Sektor stärker berücksichtigten.

Für Preußen kann die behauptete Prämiierung des Gewerbes durch das Steuersystem nicht bestätigt werden. Jede größere Reform der direkten Steuern – mit Ausnahme der Grundsteuerreform von 1861, die unter einer liberalen Regierung beschlossen wurde – führte zu einer deutlichen Mehrbelastung in den gewerblich dominierten Regierungsbezirken, also insbesondere im Westen. Ob dies Ausdruck der Macht des politisch einflußreichen ostelbischen Grundbesitzes war oder das Steuersystem lediglich dem wirtschaftlichen Strukturwandel folgte, muß offen bleiben. Auch ob dieser Aufholprozeß in über- oder unterproportionaler Weise erfolgte, ist für Preußen mangels Daten zur sektoralen Wertschöpfung und zur Kommunalsteuerlast letztlich nicht abzuschätzen.

Im Gegensatz zu einer anderslautenden These in der Forschung läßt sich klar zeigen, daß außer der Personensteuerreform von 1873 jede der untersuchten Reformen der direkten Steuern in Preußen zu einer deutlichen Mehrbelastung der Zensiten führte. Insbesondere unter Miteinbeziehung der überproportional steigenden Kommunalsteuern läßt sich sowohl für Preußen als auch für Württemberg belegen, daß die steuerliche Gesamtbelastung spätestens seit den 1850er Jahren kontinuierlich anstieg. Dies gilt zweifellos für die Pro-Kopf-Belastung – nominal wie real – und unter Beachtung der Unsicherheiten der vorliegenden Sozialproduktsschätzungen auch für die Steuerquote. Angesichts des starken Gewichts Preußens in Deutschland sollten damit die Zweifel, die die finanzhistorische Forschung an der empirischen Fundierung von Wagners „Gesetz" des überproportional steigenden Staatsbedarfes angemeldet hat, ausgeräumt sein. Die dahinter stehende treibende Kraft war der im Zuge der Urbanisierung stark steigende kommunale Finanzbedarf. Die in der Forschung meist außer Acht gelassenen Kommunalsteuern ließen in Preußen die staatlichen Steuern schon in den 1870er Jahren hinter sich und lagen seit der Jahrhundertwende auf gleicher Höhe wie die Reichssteuern. In

Württemberg, das seine ergiebigen Biersteuern nicht an das Reich abgetreten hatte, erreichten die Reichssteuern zu keinem Zeitpunkt das Niveau der seit der Jahrhundertwende in etwa parallel laufenden Staats- und Kommunalsteuern.

Die Analyse der Gesamtsteuerlast veranschaulicht, daß in Württemberg und vor allem in Preußen der Anteil der indirekten Steuern stets über 40% der Gesamtsteuerlast betrug und vor der Jahrhundertwende noch einmal kräftig anstieg. Für eine genauere Untersuchung der Verteilungswirkungen indirekter Steuern bietet sich die preußische Mahl- und Schlachtsteuer an, weil sie nicht in allen preußischen Städten erhoben wurde und dadurch mit einer Kontrollgruppe verglichen werden kann. Aufbauend auf zeitgenössischen Untersuchungen von Etienne Laspeyres läßt sich zeigen, daß die Schlachtsteuer von den Fleischern nicht in vollem Umfang an ihre Kunden überwälzt werden konnte, die Mahlsteuer jedoch das Roggenmehl, ein typisches Unterschichtenprodukt, um fast das Doppelte des Steuerbetrags verteuerte. Dieses erst kürzlich von der Finanzwissenschaft wiederentdeckte Phänomen des *Overshifting* bei Mengensteuern wird heute von der theoretischen Forschung mit Qualitätsunterschieden oder Marktunvollkommenheiten erklärt. Während die Mahlsteuer keinen Einfluß auf die Qualität des Mehls oder Brots hatte, lassen sich in der Tat in mahl- und schlachtsteuerpflichtigen Städten veränderte Marktstrukturen nachweisen. Diese scheinen jedoch nicht Ausdruck einer wettbewerbsbehindernden Situation gewesen zu sein, denn die Bäcker sprachen sich einhellig gegen die Mahlsteuer aus. Vielmehr ist diese Marktstruktur und letztlich das *Overshifting* der Mahlsteuer wahrscheinlich auf die hohen Zusatzkosten zurückzuführen, die das umständliche Erhebungs- und Kontrollsystem der Mahlsteuer den Bäckern aufbürdete. Die Verteilungswirkungen der Mahlsteuer waren also noch regressiver, als der für diese These inhaftierte Sozialist Lassalle behauptet hatte. Fast möchte man meinen, daß es die Mahl- und Schlachtsteuer war, die eigentlich die Bezeichnung „Klassensteuer“ verdient hätte.

Während die unteren Schichten wenig Möglichkeiten hatten, sich der steigenden Steuerlast zu entziehen, konnte sich steuer-, später auch fiskalinduzierte Migration für wohlhabendere Zensiten durchaus lohnen. Die liberale preußische Gesetzgebung zu Beginn des 19. Jahrhunderts hatte jahrhundertealte Mobilitätsschranken beseitigt. Außerdem räumte der Staat den preußischen Kommunen im Laufe des Jahrhunderts ein im nationalen und internationalen Vergleich hohes Maß finanzieller Autonomie ein, das erst durch die Erzbergersche Finanzreform 1919 ein Ende fand. Dies führte dazu, daß die Kommunen im Großraum Berlin um die Jahrhundertwende die steuerlichen Zuschlagssätze auf immobile Faktoren erhöhten und auf mobile Faktoren senkten. Mehr noch, durch eine geeignete Kombination niedriger Einkommensteuern und zielgruppengerichteter öffentlicher Ausgaben versuchten sie, potente Steuerzahler anzuziehen. Wohlhabende Zensiten, die nicht durch einen Betrieb oder andere Gründe an einen bestimmten Ort gebunden waren, konnten sich somit durch Umzug in eine andere Gemeinde steuerlich erheblich verbessern. Somit erlaubte ihnen die Flexibilität des Kommunalsteuersystems, über ihre Migrationsentscheidungen Druck auf die Steuerpolitik der Kommunen auszuüben.

Ein Teil dieser Ergebnisse ist mit der These zunehmender Steuergerechtigkeit im 19. Jahrhundert schwerlich vereinbar. Zunächst muß zwischen steuerlicher Gleichbehandlung und steuerpolitischer Umverteilung unterschieden werden. Sowohl in Württemberg als auch besonders in Preußen verstieß die Praxis der historisch überkommenen Grundsteuerveranlagung gegen das Prinzip steuerlicher Gleichbehandlung. In Württemberg ging man erst 1887 durch den Übergang auf neue Grundsteuerkataster von der Veranlagung nach altem Herkommen ab. In Preußen war der ostelbische Adel von der Grundsteuer eximiert. Erst nach jahrzehntelangen Auseinandersetzungen konnte die Ungleichbehandlung in Preußen durch die Grundsteuerreform von 1861 und die Miquelschen Steuerreformen von 1891/93 weitgehend abgestellt werden. Doch mußten dem Adel über Entschädigungszahlungen hinaus immer noch steuerliche Zugeständnisse gemacht werden. So bedeutete noch 1893 die Übergabe der Realsteuern an die Kommunen und Gutsbezirke eine fiskalische Entlastung der Gutsbesitzer, die nun Steuerzahler und -empfänger in einer Person wurden. Über das gesamte Jahrhundert gesehen wird man jedoch die These zunehmender steuerlicher Gleichbehandlung nicht ernsthaft in Frage stellen können.

Anders verhält es sich mit der steuerpolitischen Umverteilung. Zwar läßt die Analyse der preußischen und württembergischen Reformen der direkten Steuern für den Zeitraum nach den 1820er Jahren einen Trend zur Umverteilung der Steuerlast von unten nach oben erkennen. Doch wird in der Forschung die starke und zeitweise sogar noch steigende Bedeutung der indirekten Steuern zu wenig beachtet. Diese, insbesondere die Zölle, trafen ganz überwiegend Güter des lebensnotwendigen Bedarfs oder einfache Genußmittel und wirkten daher regressiv. Der Anteil der indirekten Steuern am Gesamtsteueraufkommen stieg in Württemberg, für das die vergleichsweise gute Datenlage der Kommunalfinanzen einen längeren Rückblick erlaubt, bis zum Ende des 19. Jahrhunderts an, um dann erst kurz vor Beginn des Ersten Weltkriegs abzufallen. In Preußen bewegten sich die indirekten Steuern auf einem ähnlichen Niveau. Ihr Anteil stieg ebenfalls mit kurzer Unterbrechung um 1880 bis zur Wende zum 20. Jahrhundert an und fiel dann. In beiden Staaten folgte somit der Anteil der indirekten Steuern bis ca. 1900 einem Schema, das auch in anderen Staaten festgestellt und als Abwälzung der Steuerlast von oben nach unten interpretiert worden ist. Eine so weitgehende Interpretation wäre für Preußen und Württemberg angesichts der zunehmenden Belastung wohlhabender Zensiten durch die direkten Steuern sicherlich voreilig. Insgesamt läßt sich jedoch der Nettoeffekt aus zunehmender Umverteilung durch den Ausbau der direkten Steuern und abnehmender Umverteilung durch den Ausbau der indirekten Steuern nicht bestimmen. Verglichen mit der Situation in den 1820er Jahren fand 1913 sicherlich mehr Umverteilung über das Steuersystem statt. Ob sich dies allerdings auch für Vergleiche etwa zwischen dem dritten und dem letzten Viertel des 19. Jahrhunderts sagen läßt, ist nicht zu entscheiden. Die These zunehmender Steuergerechtigkeit durch die deutschen Steuersysteme sollte daher weitaus vorsichtiger formuliert werden, als dies in der Forschung der letzten Jahre geschehen ist.

Wie auch hätte das Steuersystem dem gesamtgesellschaftlichen Modernisierungsprozeß vorangehen können? Die Beharrungskräfte, die beispielsweise hinter der Beibehaltung der stets umstrittenen preußischen Mahl- und Schlachtsteuer standen, veranschaulichen dies deutlich. Wer konnte allen Ernstes Interesse an einer Steuer haben, die dem Staat überdurchschnittliche Erhebungskosten, den Produzenten erhebliche Zusatzkosten und den Konsumenten deutlich höhere Preise für Grundnahrungsmittel verursachte? Die Alternative zu regressiv wirkenden indirekten Steuern wie der preußischen Mahl- und Schlachtsteuer wären direkte Steuern gewesen. Bei den direkten Steuern zeigten die Zeichen der Zeit jedoch seit dem Erfolg des englischen Beispiels nach 1842 deutlich auf die Einkommensteuer, in die sich im Gegensatz zu den klassischen Ertragsteuern mühelos progressive Elemente einbauen ließen. Daher votierten die städtischen Eliten mehrfach gegen die Abschaffung der Mahl- und Schlachtsteuer.

In der Verhinderung der Steuerprogression ist vermutlich eines der wesentlichen Motive zu sehen, weshalb die Bundesstaaten, allen voran Preußen, dem Reich das Recht der Erhebung direkter Steuern verweigerten, zumal Bismarck ein dezidierter Anhänger von Verbrauchsteuern auf Grundnahrungsmittel und Gegner direkter Steuern war. Den im Reichstag wesentlich stärker als im preußischen Landtag vertretenen linken und liberalen Kräften blieb somit nichts anderes übrig, als den wachsenden Finanzbedarf des Reiches mit indirekten Steuern und zunehmender Verschuldung zu decken. Preußen, dessen Landtag wegen des Dreiklassenwahlrechts eine viel konservativere Zusammensetzung aufwies, behielt dadurch die Kontrolle über die gefährlichen direkten Steuern.

Das Festhalten an der preußischen Mahl- und Schlachtsteuer ist ein besonders krasses und daher bereits von den Zeitgenossen häufig moniertes Beispiel für den starken Einfluß von Partikularinteressen auf das Steuersystem, in dem letztlich eine Art *Rent-seeking*-Verhalten zu sehen ist. Die Entwicklung vom spätabsolutistischen Abgabensystem des ausgehenden 18. Jahrhunderts zum modernen, von der Einkommensteuer geprägten Steuersystem des späten 19. Jahrhunderts war eben nicht ein quasi eigengesetzlicher Siegeszug rational-aufgeklärter Steuerideen. Vielmehr standen diese Ideen im Gegensatz zu historisch gewachsenen Strukturen und entsprechenden politischen und materiellen Interessen, deren Träger über erhebliche politische Macht verfügten.

Aufschlußreich ist in diesem Zusammenhang der Vergleich der Steuersysteme Preußens und des vergleichsweise demokratischen Württembergs. Eine so starke steuerliche Belastung, wie Preußen besitzlosen Zensiten über die Mahl- und Schlachtsteuer sowie die Klassensteuer zumutete, kannte Württemberg nicht. Dort erfolgte die Besteuerung ärmerer Zensiten größtenteils über Verbrauchsteuern auf den Konsum einfacher Genußmittel. Direkte Steuern mußten dagegen lediglich Zensiten mit Besitz oder höheren Einkommen zahlen.

Die Ergebnisse zur Steuerlast und ihrer Verteilung, zur Steuerinzidenz und zum Steuerwettbewerb in Preußen und Württemberg relativieren die These zunehmender Steuergerechtigkeit im Deutschland des 19. Jahrhunderts erheblich. Preußen und das Kaiserreich waren politisch rückständige, von alten Eliten dominierte Staaten. Dies zeigte sich auch und gerade im Verhältnis zu ihren steuerzahlenden Bürgern.

Für aktuelle finanzpolitische Diskussionen vermag vor allem die Untersuchung des Steuerwettbewerbs in den preußischen Kommunen im 19. und frühen 20. Jahrhundert Hinweise zu geben. Fiskal- und Steuerwettbewerb sind in Deutschland vor dem 19. Jahrhundert kaum festzustellen, weil der fiskalische Nettonutzen der Migration deutlich unter den hohen nichtfiskalischen Migrationskosten lag. Erst als einerseits die

Steuerlast und andererseits die staatlichen, v.a. kommunalen Leistungen gegen Ende des 19. Jahrhunderts stark anstiegen, konnte sich Migration aus fiskalischen Gründen lohnen – allerdings nur für wohlhabende Zensiten und nur in stark föderal strukturierten Staaten, die den Kommunen weitreichende fiskalische Autonomie gewährten. Daß es in den preußischen Kommunen nicht zu einem *race to the bottom* kam, ist darauf zurückzuführen, daß in der Erzbergerschen Finanzreform von 1919 eine Steuerharmonisierung von oben dekretiert wurde.

Ob es jedoch im Rahmen der neuerlichen weltwirtschaftlichen Globalisierung sinnvoll ist, Fiskalwettbewerb zu fördern, um Politikversagen zu korrigieren, ist fraglich. Man wird mit Sicherheit davon ausgehen können, daß sich am fallenden Trend der Migrationskosten nichts ändern wird, da er maßgeblich vom technischen Fortschritt beeinflußt ist. Gleichzeitig ist offensichtlich, daß die Koordinationskosten auf internationaler Ebene heute ungleich höher sind, als das für die preußischen Kommunen um 1910 der Fall war. Insofern können die Resultate von kurz- und mittelfristig angelegten empirischen Studien, die zum Ergebnis kommen, daß fiskalische Aspekte bislang nicht maßgeblich für Migrationsentscheidungen waren, nicht einfach in die Zukunft extrapoliert werden. Die langfristige historische Perspektive und speziell der Blick zurück ins Preußen des späten 19. Jahrhunderts legen den Schluß nahe, daß, wenn es nicht zu internationaler fiskalischer Kooperation kommt, die fiskalinduzierte Migration und somit auch der Fiskalwettbewerb weiter zunehmen werden.

Anhang

Anhang zu Kapitel 2: Steuerlastverteilung

Anhang A.2.1

Zur Konstruktion der Indizes in Übersicht 2.3.1 auf S. 87: Sowohl der Agrar- als auch der Gewerbeindex sind auf Pro-Kopf-Basis berechnet und auf den württembergischen Landesdurchschnitt normiert, der gleich Eins gesetzt wird. Der Agrarindex ist aus zwei Teilindizes zur Pflanzen- bzw. Tierproduktion zusammengesetzt. Ersterer ist einfach die Fläche der Äcker pro Kopf, letzterer setzt sich zusammen aus der Anzahl der Rinder und Schafe, gewichtet im Verhältnis 10:1.[1] Die beiden Teilindizes werden dann im Ver-

---

[1] Bevölkerung nach Württembergische Jahrbücher (1822), S. 92, Ackerfläche nach ebda. (1823), S. 403, Vieh nach Johann D. v. Memminger (1823), Beschreibung von Würtemberg, nebst einer Uebersicht seiner Geschichte, 2. Aufl., Stuttgart/Tübingen: Cotta, Anhang. Das Verhältnis von zehn Schafen auf ein Rind entspricht dem der preußischen Viehzählungen.

hältnis 3:1 zusammengesetzt. Ein Wert größer Eins bedeutet, daß die agrarische Pro-Kopf-Aktivität in diesem Oberamt über der des Landesdurchschnitts lag.

Der Gewerbeindex basiert auf der Anzahl der Handwerksbetriebe, „Handlungen und Fabriken" sowie „Mühlen und andere Werke" aus dem Gewerbekataster, jeweils gewichtet mit ihrem durchschnittlichen Katasteransatz.[2] Auch hier werden die Werte durch die Bevölkerungszahl je Oberamt dividiert und der württembergische Landesdurchschnitt gleich Eins gesetzt.

Für den kombinierten Index werden Werte für das Gewerbe und die Landwirtschaft aus den jeweiligen Katastern dividiert. Dadurch ist eine Berechnung pro Kopf nicht nötig. Für die Landwirtschaft werden die Grundkatasterwerte (ohne Abzug von Reallasten) angesetzt und für das Gewerbe diejenigen Werte des Gewerbekatasters, die auch dem Gewerbeindex zugrundeliegen.[3]

---

2 Alle Daten aus Württembergische Jahrbücher (1823), S. 403.

3 Alle Daten aus Württembergische Jahrbücher (1823), S. 403. Einen ähnlichen Index benutzte auch schon Heitz (1894), S. 255.

Anhang A.2.2

Übersicht A.2.2: Veränderung der Ertragsteuerlast nach Übergang auf die neuen Kataster 1823/24 (Gulden)

Oberamt	Bevölkerung	Steuer 1822/23 fl.	Steuer 1823/24 fl.	Veränderung fl.	Veränderung fl./Kopf
Königreich	1.445.378	2.400.000	2.400.000	0	0,00
Neckarkreis	398.968	709.480	652.952	-56,528	-0,14
Schwarzwaldk.	376.212	540.320	521.235	-19,085	-0,05
Jagstkreis	328.858	551.770	530.122	-21,648	-0,07
Donaukreis	340.127	592.170	688.357	96,187	0,28
Backnang	25.512	35.700	35.824	124	0,00
Besigheim	26.452	46.420	37.457	-8,963	-0,34
Böblingen	22.765	42.110	35.876	-6,234	-0,27
Brackenheim	22.556	46.180	33.072	-13,108	-0,58
Cannstatt	19.855	31.820	30.347	-1,473	-0,07
Esslingen	21.235	30.010	32.773	2,763	0,13
Heilbronn	20.443	41.980	42.601	621	0,03
Leonberg	24.620	53.330	46.783	-6,547	-0,27
Ludwigsburg	26.747	47.810	47.826	16	0,00
Marbach	27.074	48.300	43.523	-4,777	-0,18
Maulbronn	21.450	35.740	35.226	-514	-0,02
Neckarsulm	23.581	52.390	42.205	-10,185	-0,43
Stuttgart-Stadt	22.686	38.260	55.155	16,895	0,74
Stuttgart-Amt	25.336	40.910	35.209	-5,701	-0,23
Vaihingen	19.522	36.810	31.052	-5,758	-0,29
Waiblingen	24.521	39.830	35.849	-3,981	-0,16
Weinsberg	24.613	41.880	32.174	-9,706	-0,39
Balingen	27.240	44.410	33.450	-10,960	-0,40
Calw	19.214	26.540	25.782	-758	-0,04
Freudenstadt	22.046	23.670	27.682	4,012	0,18
Herrenberg	22.176	46.100	36.895	-9,205	-0,42
Horb	19.319	28.280	28.452	172	0,01
Nagold	22.651	29.310	27.443	-1,867	-0,08
Neuenbürg	20.809	17.440	20.974	3,534	0,17
Nürtingen	23.737	38.070	32.506	-5,564	-0,23
Oberndorf	19.374	21.750	26.721	4,971	0,26
Reutlingen	23.545	36.090	38.753	2,663	0,11
Rottenburg	25.721	39.880	41.214	1,334	0,05
Rottweil	18.992	28.530	28.750	220	0,01
Spaichingen	19.054	21.920	22.623	703	0,04
Sulz	17.067	27.180	26.034	-1,146	-0,07
Tübingen	26.258	40.930	35.615	-5,315	-0,20
Tuttlingen	22.601	34.330	31.627	-2,703	-0,12
Urach	26.408	35.890	36.714	824	0,03

Übersicht A.2.2: Veränderung der Ertragsteuerlast nach Übergang auf die neuen Kataster 1823/24 (Fortsetzung)

Oberamt	Bevölkerung	Steuer 1822/23 fl.	Steuer 1823/24 fl.	Veränderung fl.	Veränderung fl./Kopf
Aalen	18.646	25.590	22.646	-2,944	-0,16
Ellwangen	24.625	38.770	36.207	-2,563	-0,10
Gaildorf	21.281	27.850	30.016	2,166	0,10
Gerlingen	25.636	53.620	59.746	6,126	0,24
Gmünd	22.114	35.270	28.716	-6,554	-0,30
Hall	22.109	43.130	50.705	7,575	0,34
Heidenheim	24.984	38.350	40.202	1,852	0,07
Krailsheim	20.724	35.370	29.399	-5,971	-0,29
Künzelsau	28.742	53.250	42.663	-10,587	-0,37
Mergentheim	25.935	53.390	47.937	-5,453	-0,21
Neresheim	22.087	30.820	31.247	427	0,02
Öhringen	27.047	53.090	57.855	4,765	0,18
Schorndorf	26.858	33.870	28.839	-5,031	-0,19
Welzheim	18.070	29.400	23.944	-5,456	-0,30
Biberach	23.846	47.730	56.888	9,158	0,38
Blaubeuren	14.977	29.650	29.214	-436	-0,03
Ehingen	21.838	36.950	46.773	9,823	0,45
Geislingen	22.450	33.730	29.321	-4,409	-0,20
Göppingen	29.057	48.630	45.475	-3,155	-0,11
Kirchheim	24.358	38.750	38.724	-26	0,00
Leutkirch	19.428	30.670	39.147	8,477	0,44
Münsingen	18.062	29.710	31.499	1,789	0,10
Ravensburg	19.778	38.980	51.404	12,424	0,63
Riedlingen	23.343	40.580	48.329	7,749	0,33
Saulgau	19.306	35.560	51.090	15,530	0,80
Tettnang	17.837	31.230	36.596	5,366	0,30
Ulm	29.127	47.010	56.173	9,163	0,31
Waldsee	18.381	34.400	56.040	21,640	1,18
Wangen	17.961	33.660	37.995	4,335	0,24
Wiblingen[a]	20.378	34.930	33.689	-1,241	-0,06
Hofdomäne	0	6240	7.314	1,074	

Anm.: [a] später Laupheim.

Quellen: Württembergische Jahrbücher (1822), S. 92, (1823), S. 410.

Anhang zu Kapitel 3: Gesamtsteuerlast

Die Angaben in den Übersichten 3.2 und 3.3 auf S. 108 und 110 wurden nach folgenden Überlegungen zusammengestellt. Entscheidend ist die Sicht der Zensiten. Ihre Steuerlast drückt sich nicht in den Netto-, sondern den Bruttosteuereinnahmen aus. Davon sind allenfalls Steuerrückzahlungen abzuziehen, was bei einigen indirekten Steuern vorkam. Nur bei den – in den beiden Übersichten gesondert ausgewiesenen – staatlichen Betrieben ist das Nettoprinzip entscheidend. Bei den preußischen Eisenbahnen etwa sind nicht die Gesamteinnahmen zu berücksichtigen, sondern lediglich der Einnahmeüberschuß. Vom Ansatz eines kalkulatorischen Unternehmerlohns für den Staat wurde abgesehen.

Ein methodisches Problem ist die Behandlung der Zolleinnahmen. Preußen oder ein Staat mit langen Außengrenzen wie Baden nahmen deutlich mehr Zölle ein, als sie vom Zollverein bzw. Reich zurückerstattet bekamen. Umgekehrt waren die Zolleinnahmen Württembergs sehr niedrig, da das Land kaum Außengrenzen hatte.[4] Es ist jedoch anzunehmen, daß die Importeure den Zoll auf die Konsumenten unabhängig von deren Wohnort im Reich vorwälzen konnten. Ein Teil der preußischen oder badischen Zölle wurde also von den Konsumenten anderer Bundesstaaten bezahlt. Daher werden hier die gesamten Zolleinnahmen und gemeinsamen indirekten Steuern des Zollvereins bzw. des Reichs auf Preußen und Württemberg nach der Bevölkerung verteilt.[5] Bei Preußen ist zusätzlich zu berücksichtigen, daß es von den Roheinnahmen der Zölle und gemeinsamen indirekten Steuern zum Teil erhebliche Anteile als Kostenerstattung zurückbehielt und somit der vom Zollverein bzw. Reich ausgewiesene „Gesammt-Betrag der gemeinschaftlichen Brutto-Einnahme“[6] nicht wirklich nach dem Bruttoprinzip ausgewiesen wurde. Bei Württemberg ist darauf Rücksicht zu nehmen, daß es nicht der Brau- und Branntweingemeinschaft beigetreten war.

Die Auswahl der Stichjahre richtet sich nach den wenigen Jahren, für die weitgehend vollständige Daten der Kommunalfinanzstatistik vorliegen. Einen Überblick der frühesten Versuche, eine preußische Kommunalfinanzstatistik aufzubauen, gibt Herrfurth. Ihm zufolge ist die erste einigermaßen brauchbare Statistik für das Jahr 1857 zusammengestellt worden.[7] Für das Jahr 1869 sind nur Ergebnisse für die Stadtgemeinden vorhanden. Darauf folgen die Stichjahre 1876, 1883 und 1895, für die ebenfalls brauchbare Angaben vorhanden sind, die jedoch nur einen, wenn auch großen Teil der tatsäch-

---

4 Vgl. etwa Statistische Übersichten der Waaren und Zoll-Erträge für das Jahr 1857. Hrsg. v. Central-Bureau des Zollvereins, Berlin: Jonas 1859, S. 184f.; VWKA (1862-65), 2. Beil.-Bd., 2. Abth., S. 1011.

5 Das Pro-Kopf-Volkseinkommen Preußens und Württembergs unterschied sich in dem Zeitraum, in dem für beide entsprechende Angaben vorliegen (1904-1913), kaum, so daß es nicht sinnvoll erschien, einen die Kaufkraft berücksichtigenden Korrekturfaktor einzubauen; vgl. Hoffmann/Müller (1959), S. 87, 147.

6 Statistische Übersichten der Waaren und Zoll-Erträge für das Jahr (1834-1871).

7 Vgl. Herrfurth (1878), S. 2.

lichen gesamten Kommunalsteuern darstellen. Die erste vollständige preußische Kommunalfinanzstatistik stammt aus dem Jahr 1911.

Für diese sechs Stichjahre sind die preußischen Staatssteuern den Rechnungsnachweisen zu entnehmen,[8] die seit 1849 nach dem Bruttoprinzip ausgewiesen wurden und daher eine unproblematische Quelle sein dürften. Die direkten Staatssteuern sind in der Summe übernommen, so daß einige Posten dazugezählt werden, die streng genommen Gebührencharakter besitzen. Doch deren quantitative Bedeutung liegt deutlich unter einem Prozent der gesamten direkten Steuern, so daß es unnötig erschien, diese aufwendig herauszurechnen. Bei den indirekten Steuern sind Bonifikationen (Steuerrückzahlungen) abgezogen.

Problematischer sind die unvollständigen Angaben zu den Kommunalfinanzen. Herrfurth machte außer der „unrichtigen Schätzung von Naturalleistungen"[9] keine konkreten Angaben zu den Mängeln der Erhebung von 1857. Der Gesamtbetrag von 44,8 Millionen Mark ist nicht nach direkten und indirekten Steuern ausgewiesen. Hier ist das Verhältnis von 1869 zugrundegelegt. Die Angaben für 1869 wiederum sind insofern unvollständig, als sie nur für Stadtgemeinden erhoben wurden. Der Anteil der Stadtgemeinden an der gesamten kommunalen Steuerlast betrug 1857 67,6% und 1876 60,3%, so daß hier für 1869 ein mittlerer Wert von 64% angenommen worden ist. Für 1876 ist wie 1857 die Trennung von direkten und indirekten Steuern nicht ganz klar. Da 1875 die Mahl- und Schlachtsteuer durch die Klassensteuer ersetzt wurde, dürfte das Verhältnis von direkten zu indirekten Kommunalsteuern 1883 eher demjenigen von 1876 entsprechen als das von 1857; daher wurde es entsprechend eingesetzt.

Für 1883 liegen vollständige Angaben einschließlich der Unterteilung nach direkten und indirekten Kommunalsteuern vor, die allerdings für die Gutsbezirke auf einer Schätzung der Autoren beruhen.[10] Ab 1895 liegen für die Finanzen der preußischen Kommunen und Kommunalverbände eigene Berechnungen vor.[11]

Wie weiter oben argumentiert wurde, lassen sich die Überschüsse öffentlicher Unternehmen, die private Güter herstellen, als Verbrauchsteuern interpretieren. In den preußischen Staatsrechnungen sind jeweils die Einnahmen und Ausgaben der vier großen Bereiche ausgewiesen: (1) Domänen, (2) Forsten, (3) Bergwerke, Hütten, Salinen und (4) Eisenbahnen. In die Tabelle wurde der Gesamtsaldo dieser vier Posten übernommen. Der Reinertrag des Salzmonopols, das später an den Zollverein überging, wird den indirekten Steuern zugeschlagen.

---

[8] VHA, Allgemeine Rechnung über den Staatshaushalt des Jahres ... bzw. Uebersicht von den Staatseinnahmen und Ausgaben [...] für das Jahr ...

[9] Herrfurth (1878), S. 2.

[10] Vgl. Ludwig Herrfurth/W. v. Tzschoppe (1884), Beiträge zur Finanzstatistik der Gemeinden in Preussen. Die Einnahmen und Ausgaben der preussischen Städte und Landgemeinden sowie das Sollaufkommen an direkten Staatssteuern, Kreis- Provinzial-, Schul- und Kirchensteuern in denselben für das Jahr 1883/84. Unter Benutzung amtlicher Quellen bearbeitet (Zeitschrift des Königlichen preussischen statistischen Bureau's, Erg.-H. 16), Berlin: Königliches Statistisches Bureau, S. 190, 250, 261.

[11] Vgl. Spoerer (1998), S. 170.

Im Prinzip müßten auch die Übergewinne von Unternehmen der Kommunen und Kommunalverbände berücksichtigt werden. Dies läßt die Datenlage nicht zu. Nach den Angaben bei Herrfurth und Tzschoppe, die die Einnahmen und Ausgaben kommunaler Gas- und Wasserwerke zusammentrugen, war die Gewinnspanne jedoch nicht annähernd so groß wie bei den staatlichen Regiebetrieben.[12] Die Gewinne von öffentlichen Unternehmen des Reichs sind im *Statistischen Jahrbuch für das Deutsche Reich* aufgeführt. Dabei handelte es sich in erster Linie um die Reichspost. Die Überschüsse der elsaß-lothringischen Bahnen wurden nicht berücksichtigt, da sie die preußischen und württembergischen Zensiten nicht tangierten.

Auch für Württemberg ist der entscheidende Engpaß der Mangel an Angaben über die Kommunalfinanzen. Allerdings bestanden die württembergischen Kommunalsteuern zwischen 1821 und 1877 im wesentlichen aus Zuschlägen zu den staatlichen Ertragsteuern und der Bürgerrechts- bzw. seit 1885 Wohnsteuer. Erstere sind verhältnismäßig gut dokumentiert, während letztere quantitativ nicht bedeutend waren. Für die späten 1810er und frühen 1820er Jahre sind den *Württembergischen Jahrbüchern* sporadische Angaben zu den Zuschlägen der Amts- und Gemeindekörperschaften zu entnehmen (Amts- bzw. Gemeindeschaden).[13] Ab 1877 wurde den Kommunen außerdem die Erhebung indirekter Steuern erlaubt, die schon nach kurzer Zeit recht beträchtliche Summen erreichten. Sie sind ab 1882/83 durchgehend ausgewiesen.[14] Otto Trüdinger, ein Mitarbeiter des Finanzministeriums, gab außerdem für 1868 und 1877 die Kommunalzuschläge zur Kapital-, Renten-, Dienst- und Berufseinkommensteuer an, für 1895 und 1901 auch die Wohnsteuer. Ab dem Rechnungsjahr 1908 sind die württembergischen Kommunalsteuern komplett im *Statistischen Handbuch für das Königreich Württemberg* angegeben.

Die Staatssteuern finden sich in den Rechnungsnachweisen, die als Beilagen zu den Kammerverhandlungen erschienen. Auch die (Netto-) Überschüsse der württembergischen Betriebsverwaltungen sind dieser Quelle zu entnehmen. Bis einschließlich 1869/70 sind sie dem Werk von Wentzel entnommen, der sie ebenfalls aus dieser offiziellen Quelle entnommen hat. Wentzel gibt auch die Einnahmen aus direkten und indirekten Steuern an. Diese sind jedoch aus zwei Gründen problematisch. Zum einen handelt es sich dabei um Nettoausweise, die vor allem bei den indirekten Steuern, deren Erhebungskosten auch in Württemberg recht hoch waren, deutlich unter den hier interessierenden Bruttoeinnahmen liegen. Daher wurde in diesen Fällen ein Erhebungszuschlag von 13% hinzugerechnet, der sich aus detaillierten Rechnungsnachweisen ergibt.[15] Zum anderen rechnet Wentzel – was im Rahmen seiner Fragestellung legitim ist – die Überweisungen des Reichs an Württemberg (Zölle und andere indirekte Steuern,

---

[12] Nach Herrfurth/Tzschoppe (1884), S. 185 standen bei den kommunal geführten Gas- (Wasser-), Werken 1883/84 Einnahmen von 37 (12), Mio. M. Ausgaben von 26,5 (12,1), Mio. M gegenüber.

[13] Vgl. Württembergische Jahrbücher (1824), S. 141-154; ebda. (1883), 200f., und Trüdinger (1908), S. 75, 77, 79. Die Amtskörperschaften sind übergeordnete Kommunalverbände wie z.B. die Kreisverbände in Preußen.

[14] Vgl. Statistisches Jahrbuch für das Königreich Württemberg (1895), S. 235.

[15] Vgl. VWKA (1845), Bd. VIII, S. 1073f. Die Erhebungskosten der direkten Steuern waren minimal; vgl. ebda. (1862-64), 1.Beil.-Bd., 2. Abt., S. 1529.

später auch die Erbschaftsteuer) zu den indirekten Steuern. Wegen der hier anderen Behandlung der Reichssteuern (s.o.), müssen sie hier herausgerechnet werden.

Zu den einzelnen Stichjahren ist folgendes anzumerken: Für 1819/20 und 1831/32 mußte auf die Angaben zu den Staatssteuern von Wentzel zurückgegriffen werden. Die Werte für die indirekten Steuern wurden daher um 13% erhöht. Für die kommunale Bürgerrechtssteuer liegen keine Angaben vor; sie wird jedoch wie die später an ihrer Stelle erhobene Wohnsteuer quantitativ unbedeutend gewesen sein.[16] Für die restlichen Jahre sind die Angaben den genannten Quellen entnommen.

16 Vgl. Trüdinger (1908), S. 79.

Anhang zu Kapitel 4: Steuerinzidenz

Die den Regressionsanalysen in Kapitel 4 zugrundegelegten preußischen Daten sind wie folgt zusammengestellt. Wie Laspeyres in seinem Artikel von 1901 ausführlich darlegte, sammelte und veröffentlichte das preußische statistische Amt Mehlpreise erst ab dem Berichtsjahr 1873. Es erhob zwar auch seit 1815 die Preise von Ochsen- und Schweinefleisch für 60 Städte, veröffentlichte diese jedoch nicht. Die hier verwendeten Preisdaten sind Durchschnittswerte der Monate Januar bis Juni 1874. Für diesen Zeitraum spricht zum einen die Vergleichbarkeit mit den Jahresdurchschnittsdaten von Laspeyres für 1874 und zum anderen die Überlegung, daß die neue und erweiterte Preisberichterstattung erst im Vorjahr eingeführt worden war und die Qualität der von den Städten übermittelten Daten zunächst zu wünschen übrig ließ.[17] Die zweite Hälfte des Jahres 1874 ist bewußt ausgelassen worden, da es gegen Jahresende zu antizipativen Preisanpassungen in Erwartung des Wegfalls der Steuer zum 1. Januar 1875 gekommen sein könnte.

Von den veröffentlichten Marktpreisen für Weizen und Roggen ist jeweils die mittlere Qualität erfaßt. Sie und die Kartoffelpreise sind in der Quelle in Silbergroschen je Zollzentner (d.h. 50 kg), die Einzelhandelspreise der Mehlsorten und des Schweinefleischs in Silbergroschen je Zollpfund (500 g) ausgedrückt.[18] Sie sind auf Pfennig pro Kilogramm umgerechnet.

In seiner Berechnung des Steuerbetrags machte Laspeyres beim Mehl mehrere kleine Fehler, die ihn zu Werten kommen ließen, die geringfügig über den hier errechneten liegen. Zwar blieben die Sätze der Staatssteuer im guten halben Jahrhundert ihres Bestehens unverändert – lediglich in den 1850er und frühen 1860er Jahren kam es zeitweilig zur Erhebung von Zuschlägen –, doch änderten sich jeweils die Währungs- und die Gewichtseinheit. Laut Gesetzestext vom 30. Mai 1820 betrug die Steuer auf Roggen 4 Groschen und die auf Weizen 16 Groschen, diejenige auf Mehl jeweils ein Drittel mehr.[19] 16 Monate nach Erlaß des Gesetzes, am 30. September 1821, stellte Preußen seine Währung um. Von nun an entsprachen nicht mehr 24 Groschen einem Taler, sondern 30 Silbergroschen.[20] Dadurch erhöhten sich die Sätze für Roggen und Weizen auf 5 bzw. 20 Silbergroschen. Mitte 1858 stellte Preußen den Zentner von 51,448 kg auf 50 kg um. Da das Gesetz unverändert blieb, bedeutete das eine leichte Erhöhung der Steuer auf 5,14 bzw. 20,58 Silbergroschen oder umgerechnet auf 1,03 bzw. 4,12 Pfennig

---

17 Vgl. Zeitschrift des königlich statistischen preußischen Bureaus, 13 (1873), S. 181-184a. Bei den Berechnungen der Mehlpreise sind Flensburg und Küstrin nicht berücksichtigt, da die aus diesen Städten gemeldeten Preise über ein Drittel von den Durchschnittspreisen der entsprechenden Provinz nach oben abweichen und somit unplausibel hoch sind. Ebenso wird Goslar bei Regressionen mit der Lohnvariable ausgeschlossen und Eilenburg bei solchen mit Weizenmehl.

18 Vgl. Zeitschrift des königlich statistischen preußischen Bureaus, 14 (1874), S. 401-442.

19 Vgl. etwa Engel (1868), S. 32.

20 Vgl. Hermann Kellenbenz (1976), Zahlungsmittel, Maße und Gewichte seit 1800, in: Handbuch der deutschen Wirtschafts- und Sozialgeschichte, Bd. II, Stuttgart: Klett, S. 934-958, hier S. 936f.

pro Kilo.[21] Den Zuschlag zum Staatsanteil, den Preußen seit 1854 (mit Unterbrechung 1857/58) erhob, schaffte es 1862 wieder ab, so daß er die hier vorzunehmenden Berechnungen nicht tangiert.[22] Davon abweichend erhoben folgende Städte einen Mittelsatz der staatlichen Steuer für Roggen und Weizen: Breslau und Liegnitz 8 Silbergroschen, Trier 9 und Saarlouis 10.[23]

In seinen Berechnungen ließ Laspeyres die Kommunalsteuerzuschläge lediglich als Durchschnittszahl einfließen. Da die Zuschläge jedoch aus Angaben des statistischen Bureaus und diversen für das Abgeordnetenhaus erstellten Denkschriften des Finanzministeriums rekonstruierbar sind, wird die darin enthaltene Information hier genutzt. Mit durchschnittlich 36,3% ergibt sich dabei für die Mahlsteuer ein Wert, der über dem von Laspeyres für sein schlesisches Sample von 1877 errechneten Wert von 30,5% liegt und unter dem von 1901 in Höhe von 42,5%. Reduziert man das hier verwendete Verfahren auf die mahl- und schlachtsteuerpflichtigen Städte des schlesischen Samples, das Laspeyres 1877 verwendete, so ergibt sich eine fast perfekte Übereinstimmung. Seinen etwas höheren Durchschnittssatz von 1901 errechnete Laspeyres aus aggregierten Daten, d.h. er verwendete implizit eine Gewichtung. Da die großen Städte wie Berlin, Breslau und Köln Zuschlagssätze in Höhe des gesetzlich zulässigen Maximums von 50% erhoben, die geringeren Zuschlagssätze sich jedoch vorwiegend in kleineren Städten finden, ist offensichtlich, daß dieser Rechenweg zu einem überhöhten Resultat führen mußte.

Die Berechnung mit aggregierten Daten erklärt auch, weshalb Laspeyres auf unterschiedliche Werte für die Kommunalzuschläge auf die Mahlsteuer einerseits und die Schlachtsteuer andererseits kommen konnte, obwohl beide Sätze in jeder Stadt identisch waren. (In seinem Artikel von 1877 konnten unterschiedliche Durchschnittswerte resultieren, da Breslau die Schlachtsteuer nach 1874 als Kommunalsteuer beibehielt und Laspeyres deswegen den Breslauer Zuschlagssatz nur für die Mahlsteuer berücksichtigten konnte, für die Schlachtsteuer jedoch nicht.) Für die Schlachtsteuer hat diese Berechnungsart jedoch den Vorteil, daß Laspeyres auf diese Weise das rechentechnische Problem umgehen konnte, das sich aufgrund der Veranlagung per Stück statt per Gewicht ergibt. Für die Jahre 1871 bis 1873 errechnete er effektive Gesamtststeuersätze für die Schlachtsteuer von 8,86, 8,96 und 9,14 Pfennig. Hier wird der Wert für 1873 zugrundegelegt.[24] Dieser muß auf den Staatssteuersatz reduziert werden, womit sich ein

---

21 Vgl. Richard Klimpert (1896), Lexikon der Münzen, Maße, Gewichte Zählarten und Zeitgrößen aller Länder der Erde, 2. Aufl., Berlin: Regenhardt, S. 366f., und Reinick (1864), S. 163.

22 Vgl. Reinick (1864), S. 160, und Engel (1868), S. 80f.

23 Vgl. Reinick (1864), S. 160. Saarlouis ist im hier verwendeten Datensatz nicht enthalten, da das statistische Amt für diese Stadt keine Preisdaten erhob. Die anderen Städte, die zwar die Mahl- und Schlachtsteuer erhoben, jedoch zu unbedeutend erschienen, um in die Preisstatistik aufgenommen zu werden, sind Charlottenburg, Frankenstadt, Fraustadt, Inowroclaw, Königsberg/N.M., Marienwerder, Ostrowo, Pillau, Spandau und Wriezen.

24 Es gibt keinen sachlichen Grund, weshalb man davon ausgehen sollte, daß der Wert für 1874 über dem von 1873 lag (oder darunter). Die von Laspeyres berechnete Aufwärtsbewegung von 1871 bis 1873 kann eigentlich nicht durch Erhöhungen des Kommunalzuschlags erklärt werden, da diese in den letzten Jahren kaum noch verändert wurden.

effektiver Staatssteuersatz von 6,71 Pfennig ergibt. In die Regressionen geht also dieser Wert zuzüglich des individuellen Kommunalzuschlags ein.

Angaben darüber, welche Stadt die Mahl- und Schlachtsteuer erhob, wurden vom preußischen statistischen Bureau nicht regelmäßig veröffentlicht. Sie lassen sich jedoch für das Jahr 1869 einer kommunalfinanzstatistischen Publikation des statistischen Bureaus entnehmen.[25] Zwischen 1869 und dem 1. Januar 1874 ging nur eine Stadt von der Erhebung der Mahl- und Schlachtsteuer ab, Magdeburg.[26]

Die Bevölkerung der preußischen Städte 1871 ist dem *Jahrbuch für die amtliche Statistik Preußens* entnommen, die im Jahre 1875 der nachfolgend beschriebenen Gewerbezählung.[27] Ein gravierendes Problem stellen die gewerbestatistischen Daten dar. Preußen hatte seit Beginn des 19. Jahrhunderts in dreijährigen Abständen Gewerbezählungen durchgeführt und meistens auch publiziert. Ausgerechnet für das hier interessierende Jahr 1874 besteht jedoch eine große Lücke: Auf die Gewerbezählung von 1861 folgte erst wieder eine zum 1. Dezember 1875,[28] also elf Monate nach Aufhebung der Mahl- und Schlachtsteuer. Wenn es stimmt, daß insbesondere die Mahlsteuer Einfluß auf die Marktstruktur hatte, so ist dieser an für sich geringe zeitliche Abstand kritisch zu sehen. Es ist immerhin denkbar, daß sich nach Aufhebung der Steuer und der damit verbundenen Konzessionierungsmodalitäten neue Bäcker- und Fleischerbetriebe in den ehemaligen Steuerstädten ansiedelten. Im Prinzip wären also die Zahlen für 1861 vorzuziehen, doch diese wurden lediglich auf Ebene der Regierungsbezirke, nicht der Städte publiziert.[29] Viel ausführlicher, auch als die von 1875, war dagegen die Gewerbezählung von 1849. Sie erlaubt die Bestimmung der Anzahl von Bäckereien und Fleischereien sowie von deren Mitarbeitern.

Für Lohndaten ist die Überlieferung für den in Frage kommenden Zeitraum noch schlechter. Die Erstellung und Veröffentlichung von Lohndaten war im frühen Kaiserreich eine politische Frage. Sozialreformerische Kräfte erhofften sich davon Aufschlüsse über die tatsächlichen Arbeitsverhältnisse, und deswegen waren die dominierenden politischen Kräfte gegen die Veröffentlichung von Lohnstatistiken. Die erste reichsweite (und zugleich erste preußische) Lohnerhebung erfolgte daher erst 1892. Doch gibt es zwei frühere Enquêtes mit Zahlen für ganz Preußen: 1876 erhob bezeichnenderweise das Reichskanzleramt (und nicht etwa das Kaiserliche Statistische Amt) deutschlandweit die Fabriklöhne von Frauen und Kindern. Allerdings sind die Löhne nur nach Regierungsbezirken aufgegliedert. 1878 fand eine deutschlandweite Enquete über die Tabak-, Eisen- und Textilindustrie statt, die jedoch für diese Untersuchung wenig brauch-

---

25 Herrfurth (1878), S. 26.

26 Vgl. Laspeyres (1901), S. 58.

27 Vgl. Jahrbuch für die amtliche Statistik des Preußischen Staats, 4 (1876), S. 61-70.

28 Vgl. Die definitiven Ergebnisse der Gewerbezählung (1878), Teil II, S. 462-466, 470-472, ergänzt mit Teil I, S. 48, 289-413.

29 Vgl. Statistische Uebersichten der Fabriken und vorherrschend für den Großhandel beschäftigten Erwerbs-Anstalten, der dafür arbeitenden mechanischen Kräfte und sämmtlicher Dampfmaschinen, der Handels- und Transport-Gewerbe, sowie der Handwerker im Gebiet des Zoll-Vereins. Hrsg. v. Central-Bureau des Zoll-Vereins, Berlin: Jonas 1864.

bar ist.[30] Abgesehen von den Bergarbeitern und Seeleuten gibt es ansonsten keine preußen- oder reichsweiten Untersuchungen über die Löhne vor Ende der 1880er Jahre.[31] Insofern ist die im Text beschriebene Quelle über die Tagelöhne in den preußischen Forsten die einzige Quelle, die eine Zuordnung des Lohnniveaus auf städtischer Ebene erlaubt. Da fast alle dort aufgeführten Forstämter außerhalb der Städte lagen, mußten sie den in der Preisstatistik erwähnten Städten zugeordnet werden.

Für 427 Forstämter ließ sich – mit wenigen nicht eindeutig identifizierbaren Ausnahmen – der jeweilige Kreis zuordnen.[32] Wenn einer Preisstadt kein Kreis mit Löhnen zugeordnet werden konnte, wurde ein benachbarter Kreis genommen, wenn mindestens ein Forstamt näher als 25 Wegekilometer an der betreffenden Stadt lag.[33] Auf diese Art und Weise ließen sich für 127 der 157 Städte, für die Preise erhoben wurden, Löhne des betreffenden oder eines nahen benachbarten Kreises zuordnen. Weil von dort die entsprechenden Angaben der Forstämter fehlen, liegen die Lücken schwerpunktmäßig in den Provinzen Posen, Schlesien, Westfalen und Rheinland.

Da es sich bei der Zuordnung der Forstamtlöhne zu preußischen Städten um die früheste regionale Aufteilung dieser Art handeln dürfte, wird sie im folgenden wiedergegeben. Die Städte sind nach Provinzen und Regierungsbezirken sortiert.

---

30 Vgl. Ergebnisse der über die Frauen- und Kinderarbeit in den Fabriken auf Beschluß des Bundesrats ausgeführten Erhebungen, zusammengestellt im Reichskanzleramt, Berlin: Heymann 1877, und Reichsenquete Tabak-, Eisen und Textilindustrie, in: Drucksachen und Sitzungsprotokolle des Bundesrats (1878).

31 Vgl. Victor Leo (1909), Arbeitslohn (Statistik), in: Handwörterbuch der Staatswissenschaften, 3. Aufl., Bd. I, Jena: Fischer, S. 1065-1101; Gerß (1977), S. 17-24, und zum Forschungsstand Rüdiger Hohls (1995), The Sectoral Structure of Earnings in Germany, 1885-1985, in: Peter Scholliers/Vera Zamagni (Hrsg.), Labour's Reward. Real Wages and economic change in 19th- and 20th-century Europe, Aldershot: Elgar, S. 37-60, 210-230, hier S. 37-43.

32 Hierzu wurde herangezogen: Eugen Huhn (1848/49), Topographisch-statistisch-historisches Comptoir-, Amts-, Post-, Reise- und Zeitungs-Lexikon von Deutschland, eine vollständige deutsche Landes-, Volks- und Staatskunde, 6 Bde., Hildburghausen: Bibliographisches Institut. Das extrem arbeitsaufwendige Zuordnungsverfahren wurde nicht angewendet für die Regierungsbezirke Hannover, Kassel, Wiesbaden und Sigmaringen. Dort hätten jeweils 107, 88, 43 und 2 Forstämtern lediglich 11, 4, 3 und 0 Preisstädte gegenübergestanden. Für die Preisstädte wurde ein naheliegendes Forstamt ermittelt.

33 Hierzu wurde herangezogen: Richard Lepsius (Hrsg.) (1894), Geologische Karte des Deutschen Reiches, Gotha: Perthes.

Übersicht A.4.1: Tagelöhne in preußischen Forstämtern pro Tag 1870/74 (Mark)

Provinz Regierungsbezirk Kreis	Oberförsterei	Lohn Ort	Lohn Kreis	**Provinz** Regierungsbezirk Kreis	Oberförsterei	Lohn Ort	Lohn Kreis
Ostpreußen				Flatow	Wilhelmsbruch	0,89	0,89
Königsberg				Goldap	Goldap	0,92	0,84
Allenstein	Kudippen	1,02	0,94		Nassawen	0,84	
	Lanskerofen	0,98			Rothebude	0,75	
	Purden	0,82		Gumbinnen	Tzulkinnen	1,03	1,03
	Ramuck	0,95		Heidekrug	Ibenhorst	1,32	1,32
Braunsberg	Födersdorf	1,35	1,35	Insterburg	Brödlauken	1,10	1,11
Fischhausen	Fritzen	1,32	1,24		Eichwald	1,10	
	Warnicken	1,16			Kranichbruch	1,14	
Königsberg	Kobbelbude (fr. Bludau)	1,26	1,17		Padrojen	1,10	
	Wichertshof	1,08		Johannisburg	Grondowken	0,82	0,82
Labiau	Alt Sternberg	0,91	1,06		Johannisburg	0,88	
	Friedrichsfelde	0,64			Kullik	0,77	
	Gertlauken	0,96			Kurwien	0,86	
	Greiben	1,17			Turoscheln	0,84	
	Klein Naujok	1,20			Wolfsbruch	0,74	
	Mehlauken	1,50		Lyck	Lyck	1,10	1,10
	Neu Sternberg	1,01		Niederung	Schnecken	0,84	1,42
	Pfeil	1,10			Tawellningken	2,00	
Memel	Klooschen	1,26	1,26	Oletzko	Borken	0,72	0,72
Mohrungen	Alt Christburg	1,30	1,30	Pillkalen	Weszkallen	0,96	1,08
Neidenburg	Hartigswalde	0,80	0,82		Schorellen	1,20	
	Napiwoda	0,84		Ragnit	Jura	0,90	0,96
Ortelsburg	Jablonken	0,98	0,82		Schmalleningken	1,02	
	Korpellen	0,72			Trappönen	0,96	
	Puppen	0,70		Sensburg	Guszianka	0,90	0,86
	Reusswalde	0,86			Krutinnen	0,81	
Osterode	Liebemühl	0,94	0,99		Nikolaiken	0,90	
	Taberbrück	1,03			Pfeilswalde	0,81	
Pr. Eylau	Pr. Eylau	1,24	1,24	Stallupöhnen	Rominten	0,72	0,85
Rössel	Sadlowo	1,01	1,01		Warnen	0,98	
Wehlau	Drusken	1,14	1,08	Tilsit	Dingken	0,98	0,98
	Gauleden	1,16			Königswald	1,03	
	Leipen	0,90		**Westpreußen**			
	Tapiau	1,12		Danzig			
Gumbinnen				Berent	Buchberg	1,00	1,00
Angerburg	Heydtwalde	0,83	0,83	Danzig	Oliva	1,75	1,44
Darkehmen	Astrawischken	1,14	0,97		Sobbowitz	1,13	
	Skallischen	0,79					

Anm.: Fortsetzung nächste Seite.

Übersicht A.4.1: Tagelöhne in preußischen Forstämtern pro Tag (in M) 1870/74 (1. Fortsetzung)

Provinz Regierungsbezirk Kreis	Oberförsterei	Lohn Ort	Lohn Kreis	**Provinz** Regierungsbezirk Kreis	Oberförsterei	Lohn Ort	Lohn Kreis
Karthaus	Karthaus	1,00	0,97	**Brandenburg**			
	Mirchau	0,80		Potsdam			
	Stangenwalde	1,12		Angermünde	Glambeck	1,59	1,56
Neustadt	Darslub	1,20	1,12		Gramzow	1,48	
	Gnewau	1,04			Grimnitz	1,50	
Stargard	Hagenort	0,81	0,95		Liepe	1,27	
	Königswiese	0,89			Lüdersdorf	1,95	
	Pelplin	1,20		Jüterbog	Woltersdorf	1,40	1,31
	Wildungen	0,78			Zinna	1,21	
	Wilhelmswalde	1,00		Nieder-Barnim	Groß-Schönebeck	1,20	1,65
	Wirthy	1,02			Liebenwalde	1,58	
Marienwerder					Neu Holland	1,54	
Deutsch-Krone	Plietnitz	0,98	0,96		Oranienburg	1,62	
	Schloppe	0,96			Pechteich	1,50	
	Schönthal	0,95			Rüdersdorf	2,20	
Flatow	Vandsburg	0,84	0,84		Tegel	1,90	
Konitz	Czersk	0,95	0,93	Ober-Barnim	Biesenthal	1,60	1,70
	Königsbruch	0,84			Freienwalde	1,80	
	Rittel	1,08		Ost-Havelland	Falkenhagen	1,80	1,92
	Schwiedt	0,84			Schönwalde	2,04	
Löbau	Lonkorsz	1,16	1,16	Ost-Priegnitz	Zechlin	1,44	1,44
Marienwerder	Münsterwalde	1,04	1,04	Potsdam	Potsdam	1,80	1,80
Schlochau	Eisenbrück	1,19	0,98	Ruppin	Alt Ruppin	1,28	1,29
	Landeck	0,87			Menz	1,38	
	Lindenberg	0,95			Rüthnik	1,22	
	Zanderbrück	0,91		Teltow	Friedersdorf	1,55	1,64
Schwetz	Bülowsheide	0,98	0,99		Grunewald	2,00	
	Charlottenthal	1,10			Kolpin	2,40	
	Grünfelde	0,86			Köpenick	1,90	
	Hagen	1,04			Neu Glienicke	1,32	
	Lindenbusch	0,81			Neuendorf	1,30	
	Osche	1,12			Zossen	1,04	
Strasburg	Gollub	1,00	0,93	Templin	Osthimmelpfort	1,34	1,38
	Lautenburg	1,00			Reiersdorf	1,43	
	Ruda	0,71			Westhimmelpfort	1,33	
	Wilhelmsberg	1,00			Zehdenick	1,40	
Stuhm	Rehhof	1,10	1,10	West-Havelland	Grünaue	1,71	1,71
Thorn	Wodziwodda	0,91	0,91	West-Priegnitz	Havelberg	1,20	1,20
				Zauch-Belzig	Kunersdorf	1,26	1,17
					Lehnin	1,08	

Anm.: Fortsetzung nächste Seite.

Übersicht A.4.1: Tagelöhne in preußischen Forstämtern pro Tag (in M) 1870/74 (2. Fortsetzung)

Provinz Regierungsbezirk Kreis	Oberförsterei	Lohn Ort	Lohn Kreis	**Provinz** Regierungsbezirk Kreis	Oberförsterei	Lohn Ort	Lohn Kreis
Frankfurt				Rügen	Darss	1,42	1,39
Arnswalde	Hochzeit	1,10	1,08		Werder	1,26	
	Marienwalde	1,10		Stettin			
	Regenthin	1,04		Cammin	Hohenbrück	1,50	1,31
Friedeberg	Driesen	1,20	1,05		Stepenitz	1,11	
	Lubiathfliess	0,68		Demmin	Golchen	1,59	1,46
	Steinspring	1,08			Grammentin	1,33	
	Wildenow	1,25		Greifenhagen	Kehrberg	1,30	1,30
Königsberg	Lietzegöricke	1,27	1,27		Klütz	1,47	
Kottbus	Jänschwalde	1,12	1,06		Mühlenbeck	1,14	
	Tauer	1,00		Naugard	Friedrichswalde	1,50	1,50
Krossen	Braschen	0,98	1,12		Grünhaus	1,32	
	Krossen	1,25			Pütt	1,72	
Küstrin	Neumühl	1,10	1,10		Rothenfier	1,45	
	Zicher	1,10		Randow	Falkenwalde	1,38	1,38
Landsberg	Hohenwalde	0,88	1,04	Saatzig	Jakobshagen	1,16	1,16
	Kladow	1,10		Uckermünde	Eggesin	1,65	1,48
	Massin	1,15			Jädkemühl	1,51	
Lebus	Hangelsberg	1,50	1,33		Mützelburg	1,50	
	Karzig	1,15			Neuenkrug	1,25	
	Müllrose	1,34			Rothemühl	1,60	
Lübben	Börnichen	1,24	1,24		Torgelow	1,32	
	Dammendorf	1,10			Ziegenort	1,50	
	Neubrück	1,37		Usedom	Friedrichsthal	1,70	1,69
Luckau	Dobrilugk	1,42	1,36		Pudagla	1,67	
	Grünhaus	1,30		Wollin	Warnow	1,24	
Soldin	Lichtefleck	1,08	1,12	Köslin			
	Neuhaus	1,15		Bütow	Borntuchen	1,20	1,20
Sorau	Christianstadt	0,96	1,07	Dramburg	Balster	1,50	1,15
	Sorau	1,18			Linichen	0,80	
Sternberg	Lagow	1,06	1,13	Fürstenthum	Oberfier	1,10	1,10
	Limmritz	0,88		Köslin	Alt Krakow	1,10	1,10
	Reppen	1,45		Lauenburg-Bütow	Zerrin	0,90	0,90
Pommern				Neu Stettin	Klaushagen	1,10	1,05
Stralsund					Neu Stettin	1,00	
Franzburg	Schünhagen	1,42	1,42	Schlawe	Karnkewitz	1,14	1,10
Greifswald	Jägerhof	1,10	1,10		Neu Krakow	1,05	
Grimmen	Abtshagen	1,44	1,43	Stolp	Stolp	1,20	1,20
	Poggendorf	1,42					

Anm.: Fortsetzung nächste Seite.

Übersicht A.4.1: Tagelöhne in preußischen Forstämtern pro Tag (in M) 1870/74 (3. Fortsetzung)

Provinz Regierungsbezirk Kreis	Oberförsterei	Lohn Ort	Lohn Kreis
Posen			
Posen			
Adelnau	Grenzheide	0,68	0,68
Birnbaum	Birnbaum	1,12	0,98
	Schwerin a.W.	1,00	
	Waice	1,00	
	Zirke	0,80	
Bomst	Mauche	0,78	0,78
Meseritz	Brätz	1,40	1,40
Obornik	Buchwerder	0,88	0,97
	Eckstelle	1,02	
	Grünheide	0,84	
	Hartigsheide	1,14	
Schrimm	Ludwigsberg	1,12	1,12
Bromberg			
Bromberg	Glinke	1,18	1,14
	Jagdschütz	0,96	
	Kirschgrund	1,42	
	Stronnau	0,98	
Chodziesen	Podanin	0,80	0,98
	Selgenau	1,15	
Czarnikau	Richlich	1,04	1,04
Gnesen	Korschin	1,08	1,08
Inowroclaw	Mirau	0,76	0,97
	Schirpitz	1,22	
	Wodek	0,92	
Mogilno	Taubenwalde	0,98	0,98
Wirsitz	Rosengrund	0,82	0,82
Wongrowiec	Bartelsee	1,10	1,10
Schlesien			
Breslau			
Breslau	Kottwitz	1,12	1,12
Brieg	Rogelwitz	0,94	0,97
	Stoberau	1,00	
Glatz	Karlsberg	1,08	1,08
	Reinerz	1,08	
Guhrau	Woidnig	1,03	1,03
Habelschwerdt	Nesselgrund	1,16	1,16
Namslau	Wind. Marchwitz	0,87	0,87

Provinz Regierungsbezirk Kreis	Oberförsterei	Lohn Ort	Lohn Kreis
Neumarkt	Nimkau	0,92	0,92
Ohlau	Peisterwitz	1,12	1,12
Schweidnitz	Zobten	1,04	1,04
Trebnitz	Katholisch Hammer	0,68	0,74
	Kuhbrück	0,80	
Wohlau	Schöneiche	1,00	1,00
Liegnitz			
Bolkenhain	Reichenau	1,06	1,06
Freistadt	Tschiefer	0,80	0,80
Hoyerswerda	Hoyerswerda	1,12	1,12
Landeshut	Grüssau	1,08	1,08
Liegnitz	Panten	1,20	1,20
Oppeln			
Grottkau	Ottmachau	0,80	0,80
Kosel	Kosel	0,84	0,84
Oppeln	Budkowitz	0,80	0,84
	Dembio	0,88	
	Dombrowka	0,90	
	Grudschütz	0,92	
	Jelowa	0,79	
	Krascheow	0,86	
	Kupp	0,92	
	Proskau	0,90	
	Schelitz	0,57	
Rosenberg	Bodland	0,80	0,80
Rybnik	Poppelau	1,00	0,88
	Rybnik	0,76	
Sachsen			
Magdeburg			
Aschersleben	Thale	1,36	1,36
Gardelegen	Jävenitz	1,32	1,31
	Klötze	1,30	
	Letzlingen	1,32	
Jerichow	Altenplatow	2,70	1,38
	Biederitz	1,35	
	Grünwalde	1,62	
	Magdeburgerforth	1,37	
	Schweinitz	1,19	
Kalbe	Lödderitz	1,23	1,23

Anm.: Fortsetzung nächste Seite.

Übersicht A.4.1: Tagelöhne in preußischen Forstämtern pro Tag (in M) 1870/74 (4. Fortsetzung)

Provinz Regierungsbezirk Kreis	Oberförsterei	Lohn Ort	Lohn Kreis	**Provinz** Regierungsbezirk Kreis	Oberförsterei	Lohn Ort	Lohn Kreis
Neuhaldensleben	Bischofswald	1,18	1,34	Mühlhausen	Wachstedt	1,24	1,24
	Planken	1,50		Nordhausen	Benneckenstein	1,44	1,22
Oschersleben	Dingelstedt	1,32	1,32		Königsthal	1,21	
	Heteborn	1,32			Lohra	1,02	
Stendal	Weissewarte	1,40	1,40	Schleusingen	Diezhausen	1,08	1,22
Wanzleben	Diesdorf	1,30	1,45		Erlau	1,12	
	Schermke	1,60			Hinternah	1,16	
Wolmirstedt	Burgstall	1,33	1,33		Schleusingen	1,50	
	Kolbitz	1,32			Schmiedefeld	1,42	
Merseburg					Suhl	1,19	
Bitterfeld	Rothehaus	1,03	1,14		Viernau	1,04	
	Söllichau	1,08		Worbis	Reifenstein	1,30	1,13
	Zöckeritz	1,30			Worbis	0,96	
Delitzsch	Doberschütz	1,14	1,14	**Schleswig-Holstein**			
Eckartsberg	Heldrungen	0,95	0,95	Holstein			
Liebenwerda	Elsterwerda	1,38	1,18	Bordesholm	Bordesholm	1,59	1,59
	Liebenwerda	0,98		Glücksburg	Glücksburg	1,70	1,70
Mansfelder Gebirgskreis	Siebigerode	1,24	1,22	Hadersleben	Hadersleben	1,90	1,90
	Ziegelrode	1,20		Neumünster	Neumünster	1,46	1,46
Mansfelder Seekreis	Bischoffsroda	1,30	1,30	Rendsburg	Rendsburg	1,86	1,86
Merseburg	Thiergarten	1,16	1,16	Schleswig	Schleswig	1,76	1,76
Naumburg	Schkeuditz	1,31	1,31	**Westfalen**			
Querfurt	Pödelist	1,20	1,20	Münster			
Sangerhausen	Pölsfeld	1,16	1,16	Münster	Münster	1,56	1,56
Schweinitz	Glücksburg	1,08	1,09	**Rheinland**			
	Hohenbucko	1,09		Trier			
Torgau	Annaburg	1,16	1,21	Trier	Neunkirchen	2,02	2,02
	Sitzenroda	1,28		Aachen			
	Züllsdorf	1,20		Eupen	Eupen	1,92	1,92
Zeitz	Gossera	1,30	1,30				
Erfurt							
Erfurt	Erfurt	1,43	1,43				

Quelle: Eggert (1883). Geographische Zuordnung wie im Text beschrieben.

Verzeichnis der Abkürzungen

Anm.	Anmerkung(en)
fl.	Gulden
Fn.	Fußnote
GStAB	Geheimes Staatsarchiv Berlin
k.A.	keine Angaben verfügbar
KAG	(Preußisches) Kommunalabgabengesetz
M	Mark
Mio.	Millionen
Mrd.	Milliarden
M&SSt	Mahl- und Schlachtsteuer
OLS	Ordinary least squares, Regression nach der Kleinste-Quadrate-Methode
Pf.	Pfennig
Prov.	Provinz(en)
Reg.-Bez.	Regierungsbezirk(e)
Sgr.	Silbergroschen
Sp.	Spalte
StALB	Staatsarchiv Ludwigsburg
Tlr.	Taler
VHA	Verhandlungen des (preußischen) Hauses der Abgeordneten
vs.	versus
VWKA	Verhandlungen der Württembergischen Kammer der Abegordneten

Verzeichnis der Übersichten und Abbildungen

Verzeichnis der zitierten Quellen und Literatur

Archivalische Quellen

Geheimes Staatsarchiv Preußischer Kulturbesitz Berlin (GStAB)
I. HA, Rep. 77, tit. 94, Nr. 23, Bd. 3, Nr. 97
I. HA, Rep. 92, H.12
I. HA, Rep. 126, B.VIII.2.5, 2.21, 2.22
I. HA, Rep. 126 II, D.17, E.1.IV
I. HA, Rep. 151 IA, Nr. 615, 639
I. HA, Rep. 151 II, Nr. 1608, 1634, 1636, 1928, 2168
I. HA, Rep. 151 III, Nr. 11403.

Staatsarchiv Ludwigsburg (StALB)
E 226/301, Bü 78, 395, 426.

Stadtarchiv Düsseldorf
0-1-2-1165

Literatur

Achilles, Walter (1991), *Landwirtschaft in der Frühen Neuzeit* (Enzyklopädie deutscher Geschichte, 10), München: Oldenbourg

Adickes, Franz (1894), *Das Kommunalabgabengesetz vom 14. Juli 1893. Für den praktischen Gebrauch mit einer geschichtlichen Einleitung und Erläuterungen versehen, sowie mit einem die Ausführungsanweisung berücksichtigenden Nachtrag*, Berlin: Guttentag

Ambrosius, Gerold (2001), *Staat und Wirtschaftsordnung. Eine Einführung in Theorie und Geschichte* (Grundzüge der modernen Wirtschaftsgeschichte, 3), Stuttgart: Steiner

Amend, Anja (1997), *Von der Kunst, eine „Steuerfrage aus einer Parteifrage in eine Finanzfrage zu verwandeln". Das preußische Grundsteuergesetz vom 21. Mai 1861 als historisches Kaleidoskop* (Studien zur Wirtschafts- und Sozialgeschichte, 15), St. Katharinen: Scripta Mercaturae

Andic, Suphan/Jindrich Veverka (1964), The Growth of Government Expenditure in Germany since the Unification, in: *Finanzarchiv*, 23, S. 169-278

Arndt (1909), Bergwerksabgaben, in: *Handwörterbuch der Staatswissenschaften*, 3. Aufl., Bd. II, Jena: Fischer, S. 784-789

Atrostic, B.K./James R. Nunns (1990), Measuring Tax Burden: A Historical Perspective, in: Ernest R. Berndt/Jack E. Triplett (Hrsg.), *Fifty Years of Economic measurement: The Jubilee of the Conference on Research in Income and Wealth* (NBER Studies in Income and Wealth, 54), Chicago: University of Chicago Press, S. 343-408

Barzel, Yoram (1976), An Alternative Approach to the Analysis of Taxation, in: *Journal of Political Economy*, 84, S. 1177-1197

Baten, Jörg (1999), *Ernährung und wirtschaftliche Entwicklung in Bayern (1730-1880)* (Beiträge zur Wirtschafts- und Sozialgeschichte, 82), Stuttgart: Steiner

Baten, Jörg (1999a), Kartographische Residuenanalyse am Beispiel der regionalökonomischen Lebensstandardforschung über Baden, Württemberg und Frankreich, in: Dietrich Ebeling (Hrsg.), *Historisch-thematische Kartographie*, Bielefeld: Verlag für Regionalgeschichte, S. 98-109

Baten, Jörg (2003), Creating Firms for a New Century, in: *European Review of Economic History*, 7, S. 301-329

Becker (1863), Bericht über die Frage: ob die Abschaffung der Mahl- und Schlachtsteuer und ihr Ersatz durch die Klassensteuer zu empfehlen, in: *Deutsche Gemeinde-Zeitung*, 2, S. 529f.

Becker (1908), Die Kommunalbesteuerung im Großherzogtum Hessen, in: *Gemeindefinanzen*, Bd. I: *System der Gemeindebesteuerung in Hessen, Württemberg, Baden, Elsaß-Lothringen, Bayern, Sachsen, Preußen* (Schriften des Vereins für Socialpolitik, 126), Leipzig: Duncker & Humblot, S. 1-54

Beckerath, Erwin v. (1912), *Die preußische Klassensteuer und die Geschichte ihrer Reform bis 1851* (Staats- und Sozialwissenschaftliche Forschungen, 163), München/Leipzig: Duncker & Humblot

Beiträge zur Statistik der Königl. Preußischen Rheinlande, aus amtlichen Nachrichten zusammengestellt, Aachen: Mayer 1829

Berghoff, Hartmut (1999), Transaktionskosten: Generalschlüssel zum Verständnis langfristiger Unternehmensentwicklung? Zum Verhältnis von Neuer Institutionenökonomie und moderner Unternehmensgeschichte, in: *Jahrbuch für Wirtschaftsgeschichte*, Nr. 2, S. 159-176

Bergius, Karl J. (1848), Die Abgabenlast in Preußen, in: *Zeitschrift des Vereins für deutsche Statistik*, 2, S. 312-317

Bergius, Karl J. (1853), *Die Grundsteuer und die Mahl- und Schlachtsteuer*, Breslau: Korn

Bernhard, Georg (1916), Steuern, in: *Plutus. Kritische Zeitschrift für Volkswirtschaft und Finanzwesen*, S. 23-26

Besley, Timothy (1989), Commodity Taxation and Imperfect Competition. A Note on the Effects of Entry, in: *Journal of Public Economics*, 40, S. 359-367

Besley, Timothy J./Harvey S. Rosen (1999), Sales Tax and Prices: An Empirical Analysis, in: *National Tax Journal*, 52, S. 157-178

Bierbrauer, Peter (1980), Bäuerliche Revolten im Alten Reich. Ein Forschungsbericht, in: Peter Blickle u.a., *Aufruhr und Empörung? Studien zum bäuerlichen Widerstand im Alten Reich*, München: Beck, S. 1-68

Blankart, Charles B. (2003), *Öffentliche Finanzen in der Demokratie. Eine Einführung in die Finanzwissenschaft*, 5. Aufl., München: Vahlen

Bleich, Eduard (Hrsg.) (1847), *Der Erste Vereinigte Landtag in Berlin 1847*, 4 Bde., Berlin: Reimarus

Blenck, Emil (1871), Beiträge zur preussischen Staats- und Communal-Finanzstatistik, in: *Zeitschrift des königlich preußischen statistischen Bureaus*, 11, S. 145-162

Block, Maurice (1869), *L'Europe politique et sociale*, Paris: Hachette

Bodin, Jean (1583 [1577]), *Les six livres de la Republique*, Paris: Du Puis

Boelcke, Willi A. (1972), „Die sanftmütige Accise". Zur Bedeutung und Problematik der „indirekten Verbrauchsbesteuerung" in der Finanzwirtschaft der deutschen Territorialstaaten während der frühen Neuzeit, in: *Jahrbuch für die Geschichte Mittel- und Ostdeutschlands*, 21, S. 93-139

Bonney, Richard (Hrsg.) (1995), *Economic Systems and State Finance* (The Origins of the Modern State in Europe, B), Oxford: Clarendon

Bonney, Richard (Hrsg.) (1999), *The Rise of the Fiscal State in Europe, c. 1200-1815*, Oxford: Oxford University Press

Borchardt, Knut (1982 [1966]), Regionale Wachstumsdifferenzierung in Deutschland im 19. Jahrhundert unter besonderer Berücksichtigung des West-Ost-Gefälles, in: ders., *Wachstum, Krisen, Handlungsspielräume der Wirtschaftspolitik. Studien zur Wirtschaftsgeschichte des 19. und 20. Jahrhunderts* (Kritische Studien zur Geschichtswissenschaft, 50), Göttingen: Vandenhoeck & Ruprecht, S. 42-59

Borcherdt, Christoph, u.a. (1991), *Baden-Württemberg. Eine geographische Landeskunde* (Wissenschaftliche Länderkunden, 8.V), Darmstadt: Wissenschaftliche Buchgesellschaft

Bräuer, Karl (1925), Mahl- und Schlachtsteuer, in: *Handwörterbuch der Staatswissenschaften*, 4. Aufl., Bd. VI, Jena: Fischer, S. 472-475

Braun, Rudolf (1975), Taxation, Sociopolitical Structure, and State-Building: Great Britain and Brandenburg-Prussia, in: Charles Tilly (Hrsg.)*The Formation of National States in Western Europe*, Princeton: Princeton University Press, S. 243-327

Braun, Rudolf (1977), Steuern und Staatsfinanzierung als Modernisierungsfaktoren. Ein deutsch-englischer Vergleich, in: Reinhart Koselleck (Hrsg.), *Studien zum Beginn der modernen Welt* (Industrielle Welt, 20), Stuttgart: Klett-Cotta, S. 241-262

Brodnitz, Georg (1902), *Bismarcks nationalökonomische Anschauungen* (Sammlung nationalökonomischer und statistischer Abhandlungen, 31), Jena: Fischer

Brühl, Ludwig/Kurt Gordan/Walter Ledermann (1912), *Zweckverbandgesetz für Groß Berlin* (Guttentag'sche Sammlung Preußischer Gesetze, 48), Berlin: Guttentag

Brümmerhoff, Dieter (2001), *Finanzwissenschaft*, 8. Aufl., München u.a.: Oldenbourg

Buchheim, Christoph (1994), *Industrielle Revolutionen. Langfristige Wirtschaftsentwicklung in Großbritannien, Europa und in Übersee*, München: dtv

Buchholz, Werner (1996), *Geschichte der öffentlichen Finanzen in Europa in Spätmittelalter und Neuzeit. Darstellung, Analyse, Bibliographie*, Berlin: Akademie

Bülow-Cummerow, Ernst G. v. (1844), *Politische und finanzielle Abhandlungen*, Bd. II: *Die Mahl- und Schlachtsteuer*, Berlin: Veit

Büttner, Thiess (1999), Nationaler und regionaler Steuerwettbewerb: Problematik und empirische Relevanz, in: Gerold Krause-Junk (Hrsg.), *Fiskalischer Föderalismus in Europa* (Beihefte der Konjunkturpolitik, 49), Berlin: Duncker & Humblot, S. 111-142

Burgholz, Dieter (1987), Privater Lebensmittelverbrauch und kommunale Lebensmittelvorsorge während der Urbanisierung Preußens, in: Hans J. Teuteberg (Hrsg.), *Durchbruch zum modernen Massenkonsum. Lebensmittelmärkte und Lebensmittelqualität im Städtewachstum des Industriezeitalters* (Studien zur Geschichte des Alltags, 8), Münster: Coppenrath, S. 91-126

Camerer, Wilhelm [1870] Direkte Staatssteuern und Amts- und Gemeinde-Anlagen in Württemberg im Etatsjahr 1. Juli 1868-1869 unter Berücksichtigung der aus Staatseigenthum bezahlten Korporationssteuern, in: *Württembergische Jahrbücher für Statistik und Landeskunde* 1868, S. I.313-372

Canard, Nicolas F. (1801), *Principes d'économie politique*, Paris: Buisson

Cournot, Augustin (1838), *Recherches sur les principes mathématiques de la théorie des richesses*, Paris: Hachette

Czörnig von Czernhausen, Karl (1862), *Das österreichische Budget für 1862 in Vergleichung mit jenen der vorzüglicheren anderen europäischen Staaten*, 2 Bde., Wien: K.K. Hof- u. Staatsdruckerei

Daunton, Martin J. (2001), *Trusting Leviathan: The Politics of Taxation in Britain, 1799-1914*, Cambridge et al.: Cambridge University Press

Dawson, William H. (1914), *Municipal Life and Government in Germany*, London u.a.: Longmans

Definitive Ergebnisse der Viehzählung im preussischen Staate (Preussische Statistik, 31), Bd. IV, Berlin: Verlag des königlichen statistischen Bureaus 1876

Die definitiven Ergebnisse der Gewerbezählung vom 1. December 1875 im preussischen Staate, Teil 1: Die Gewerbebetriebe in den einzelnen Verwaltungsbezirken, Kreisen und grösseren Städten des preussischen Staates (Preussische Statistik, 40.1), Berlin: Verlag des Königlichen Statistischen Bureaus 1878

Die definitiven Ergebnisse der Gewerbezählung vom 1. December 1875, Teil 2: Die Sitze der Industrie oder die Verbreitung der einzelnen Klassen und Ordnungen der Gewerbebetriebe über die Bezirke und Kreise des preussischen Staates (Preussische Statistik, 41), Berlin: Verlag des Königlichen Statistischen Bureaus 1880

Dehlinger, Alfred (1904), *Die Besteuerung der Aktiengesellschaften in Württemberg (Geschichte, Beurteilung und Ausblick)*, Diss. rer. pol. Tübingen, Stuttgart: DVA

Delipalla, Sofia/Michael Keen (1992), The Comparison Between Ad Valorem and Specific Taxation Under Imperfect Competition, in: *Journal of Public Economics*, 49, S. 351-368

Delipalla, Sofia/Owen O'Donnell (2001), Estimating Tax Incidence, Market Power and Market Conduct: The European Cigarette Industry, in: *International Journal of Industrial Organization*, 19, S. 885-908

Denkschrift, betreffend die Weiterbildung der direkten Steuern in Württemberg, in: *Verhandlungen der Württembergischen Zweiten Kammer (Kammer der Abgeordneten), auf dem 33. Landtag in den Jahren 1895/1899*, Beil. 31, 14. Mai 1895, Stuttgart: Gutenberg, S. 275-312

Denkschrift vom 19. März 1909 betr. die Fortführung der Steuerreform in Württemberg, in: *Verhandlungen der Württembergischen Zweiten Kammer (Kammer der Abgeordneten), auf dem 37. Landtag in den Jahren 1907/1909*, Beil. 370, 21. Mai 1909, Stuttgart: Gutenberg, S. 1-345

Denkschrift über die Mahlsteuer und ihre nachtheiligen Folgen für die weniger bemittelten Volksklassen, sowie insbesondere für das Bäckergewerbe. Hrsg. v. Vorstande der Bäcker-Corporation in Köln, Köln: Bachem 1869

Denkschriftenband zur Begründung des Entwurfs eines Gesetzes betreffend Änderungen im Finanzwesen. Hrsg. v. Reichsschatzamt, 3 Bde., Berlin: Reichsdruckerei 1908

Dieterici, Carl (1875), *Zur Geschichte der Steuer-Reform in Preussen von 1810 bis 1820. Archiv-Studien*, Berlin: Reimer

Dieterici, Carl F.W. (1855), Statistische Nachrichten über das seit den letzten 3 1/2 Jahren fortgehende Steigen der Preise von Getreide, Brod und Fleisch im Preuß. Staate und in der Hauptstadt Berlin besonders, so wie über die Verhältnisse der Anschaffung, des Einkaufs und des Verkaufs jener Nahrungsmittel in Berlin, in: *Mittheilungen des statistischen Bureau's in Berlin*, VII, S. 257-276

Dinglinger, Friedrich (1905), *Die staatliche und kommunale Einkommensbesteuerung der Aktiengesellschaften in Preussen und Baden*, Diss. rer. pol. Tübingen, Schöneberg: Gebhardt, Jahn & Landt

Dirlmeier, Ulf (1966), *Mittelalterliche Hoheitsträger im wirtschaftlichen Wettbewerb* (Vierteljahrschrift für Sozial- und Wirtschaftsgeschichte, 51), Wiesbaden: Steiner

Doyle, Maura P. (1997), *The Effects of Interest Rates and Taxes on New Car Prices* (Federal Reserve Board, Finance and Economics WP 38), Washington D.C.

Due, John F. (1954), The Effect of the 1954 Reduction in Federal Excise Taxes upon the List Prices of Electrical Appliances. A Case Study, in: *National Tax Journal*, 7, S. 222-226

Düesberg, v. (1847), Denkschrift betreffend die Aufhebung der Mahl- und Schlachtsteuer, die Beschränkung der Klassensteuer und die Erhebung einer Einkommensteuer, in: Eduard Bleich (Hrsg.), *Der Erste Vereinigte Landtag in Berlin 1847*, Bd. I, Berlin 1847, S. 40-64

Dumke, Rolf H. (1976), *The Political Economy of Economic Integration. Tariffs, Trade and Politics of the Zollverein Era*, Ph.D. diss., University of Wisconsin-Madison

Dumke, Rolf H. (1985), Zum Problem der Nicht-Neutralität der Steuersysteme im Industrialisierungsprozeß, in: Hubert Kiesewetter/Rainer Fremdling (Hrsg.), *Staat, Region und Industrialisierung*, Ostfildern: Scripta Mercaturae, S. 67-71

Eggert, Udo (1883), Die Bewegung der Holzpreise und Tagelohn-Sätze in den preussischen Staatsforsten von 1800 bis 1870, in: *Zeitschrift des Königlich Preußischen Statistischen Bureaus*, 23, S. 1-44

Eheberg, Karl Th. v. (1911), Steuern, in: *Handwörterbuch der Staatswissenschaften*, 3. Aufl., Bd. VII, Jena: Fischer, S. 945-1002

Eheberg, Karl Th. v. (1920), *Finanzwissenschaft*, 14./15. Aufl., Leipzig/Erlangen: Deichertsche Verlagsbuchhandlung

Ehrler, Josef (1908), Die Kommunalbesteuerung im Großherzogtum Baden, in: *Gemeindefinanzen*, Bd. I: *System der Gemeindebesteuerung in Hessen, Württemberg, Baden, Elsaß-Lothringen, Bayern, Sachsen, Preußen* (Schriften des Vereins für Socialpolitik, 126), Leipzig: Duncker & Humblot, S. 113-69

Engel, Ernst (1866), Uebersicht des Sollaufkommens an directen Steuern im preussischen Staat für das Jahr 1866 und das Istaufkommens an Mahl- und Schlachtsteuer für das Jahr 1865, in: *Zeitschrift des Königlich Preußischen Statistischen Bureaus*, 2, S. 298-306

Engel, Ernst (1868), Die Ergebnisse der Classensteuer, der classificirten Einkommensteuer und der Mahl- und Schlachsteuer im Preussischen Staate, in: *Zeitschrift des Königlich Preussischen Statistischen Bureaus*, 8, S. 25-84

Ergebnisse der über die Frauen- und Kinderarbeit in den Fabriken auf Beschluß des Bundesrats ausgeführten Erhebungen, zusammengestellt im Reichskanzleramt, Berlin: Heymann 1877

Falck, Georg v. (1882), *Kritischer Überblick auf die Entwickelung der Lehre von der Steuerüberwälzung seit Ad. Smith*, Diss. Dorpat: Schnakenburg

Fehr, Ernst /Simon Gächter (2000), Fairness and Retaliation: The Economics of Reciprocity, in: *Journal of Economic Perspectives*, 14, Nr. 3, S. 159-181

Feld, Lars P. (2000), *Steuerwettbewerb und seine Auswirkungen auf Allokation und Distribution. Ein Überblick und eine empirische Analyse für die Schweiz* (Beiträge zur Finanzwissenschaft, 10), Tübingen: Mohr (Siebeck)

Fetscher, Iring (1982), Lassalle, Ferdinand, in: *Neue Deutsche Biographie*, Bd. XIII, Berlin: Duncker & Humblot

Die Finanzverwaltung Preußens. In den Jahren 1870, 1871 und 1872. Nach einem Berichte des Finanzministers an Seine Majestät den Kaiser und König, Berlin: Königliche Staatsdruckerei 1873

Die Finanzverwaltung Preußens vom 1. Juli 1890 bis 1. April 1897. Bericht des Finanzministers an Seine Majestät den Kaiser und König, Berlin: Reichsdruckerei 1897

Die Finanzverwaltung Preußens in der Zeit vom 1. April 1897 bis 1. April 1899. Bericht des Finanzministers an Seine Majestät den Kaiser und König, Berlin: Reichsdruckerei 1900

Frank, Harald (1994), *Regionale Entwicklungsdisparitäten im deutschen Industrialisierungsprozeß 1849-1939. Eine empirische analytische Untersuchung* (Münsteraner Beiträge zur Cliometrie und quantitativen Wirtschaftsgeschichte, 1), Münster: LIT

Franz, Günther (1960), Die Geschichte des deutschen Landwarenhandels, in: ders./Wilhelm Abel/Gisbert Cascorbi, *Der deutsche Landwarenhandel*, Hannover: Strothe, S. 13-110

Fremdling, Rainer (1980), Freight Rates and State Budget: the Role of the National Prussian Railways 1880-1913, in: *Journal of European Economic History*, 9, S. 21-39

Fremdling, Rainer (1995), German National Accounts for the 19th and 20th Century, in: *Scandinavian Economic History Review*, 43, S. 77-100

Fremdling, Rainer/Gerd Hohorst (1979), Marktintegration der preußischen Wirtschaft des 19. Jahrhunderts. Skizze eines Forschungsansatzes zur Fluktuation der Roggenpreise zwischen 1821 und 1865, in: Rainer Fremdling/Richard H. Tilly (Hrsg.), *Industrialisierung und Raum. Studien zur regionalen Differenzierung im Deutschland des 19. Jahrhunderts* (Historisch-Sozialwissenschaftliche Forschungen, 7), Stuttgart: Klett-Cotta, S. 56-101

Freund, Friedrich (1907), Ueber die Abwanderung von Steuerzahlern aus der Stadt in die Vorortgemeinden und über die Petition der Stadt Berlin um Ausdehnung des Forensalsteuerrechts auf das Einkommen aus gewinnbringender Beschäftigung, in: *Preussisches Verwaltungsblatt*, 28, S. 941-944

Frey, René L. (1981), Bestimmungsfaktoren der inter- und intraregionalen Wanderungen. Eine ökonometrische Untersuchung für die Schweiz und die Region Basel, in: ders. (Hrsg.), *Von der Land- zur Stadtflucht. Bestimmungsfaktoren der Bevölkerungswanderungen in der Region Basel* (Schriften des Forschungsinstituts für Föderalismus und Regionalstrukturen, 6), Bern/Frankfurt a.M.: Lang, S. 13-52

Fullerton, Don/Gilbert E. Metcalf (2002), Tax incidence, in: Alan J. Auerbac/Martin Feldstein (Hrsg.), *Handbook of Public Economics*, Bd. IV, Amsterdam u.a.: Elsevier, S. 1787-1872

Fullerton, Don/Diane L. Rogers (1991), Lifetime versus Annual Perspectives on Tax Incidence, in: *National Tax Journal*, 44, S. 277-287

Gelabert, Juan (1995), The Fiscal Burden, in: Richard Bonney (Hrsg.), *Economic Systems and State Finance*, Oxford: Oxford University Press, S. 539-576

Die Gemeinden des Großherzogthums Baden, ihre Vermögensverhältnisse, Einnahmen und Ausgaben (Beiträge zur Statistik der inneren Verwaltung des Großherzogthums Baden, 9). Hrsg. v. Handelsministerium, 2 Bde., Karlsruhe: Müller 1859

Die Gemeindesteuern des Jahres (1908-1910), *in den preußischen Großstädten, den selbständigen rheinisch-westfälischen Stadtkreisen und den übrigen Kreisfreien Städten Preußens*. Hrsg. v. Statistisches Amt der Stadt Elberfeld, Elberfeld: Statistisches Amt

Gerlach, Hans-Henning (1986), *Atlas zur Eisenbahngeschichte. Deutschland, Österreich, Schweiz*, Zürich/Wiesbaden: Orell-Füssli

Gerloff, Wilhelm (1906), Die kantonale Besteuerung der Aktiengesellschaften in der Schweiz, in: *Zeitschrift für schweizerische Statistik*, 42, S. II.165-247

Gerloff, Wilhelm (1907), *Verbrauch und Verbrauchsbelastung kleinerer und mittlerer Einkommen in Deutschland um die Wende des 19. Jahrhunderts*, Jena: Fischer

Gerloff, Wilhelm (1913), *Die Finanz- und Zollpolitik des Deutschen Reichs nebst ihren Beziehungen zu Landes- und Gemeindefinanzen von der Gründung des Norddeutschen Bundes bis zur Gegenwart*, Jena: Fischer

Gerloff, Wilhelm (1916), *Die steuerliche Belastung in Deutschland während der letzten Friedensjahre. Gutachten dem Staatssekretär des Reichsschatzamts erstattet*, Berlin: Reichsdruckerei

Gerloff, Wilhelm (1929), Der Staatshaushalt und das Finanzsystem der wichtigsten Kulturstaaten vom Beginn des 19. Jahrhunderts bis zur Gegenwart, in: *Handbuch der Finanzwissenschaft*, 1. Aufl., Bd. III, Tübingen: Mohr (Siebeck), S. 1-69

Gerß, Wolfgang (1977), *Lohnstatistik in Deutschland. Methodische, rechtliche und organisatorische Grundlagen seit der Mitte des 19. Jahrhunderts* (Volkswirtschaftliche Schriften, 268), Berlin: Duncker & Humblot

Gesetz-Sammlung für die Königlichen Preußischen Staaten (1814, 1816)

Gömmel, Rainer (1979), *Realeinkommen in Deutschland. Ein internationaler Vergleich (1810-1914)* (Vorträge zur Wirtschaftsgeschichte, 4), Nürnberg: Selbstverlag

Goldscheid, Rudolf (1926), Staat, öffentlicher Haushalt und Gesellschaft. Wesen und Aufgabe der Finanzwissenschaft vom Standpunkte der Soziologie, in: *Handbuch der Finanzwissenschaft*, 1. Aufl., Bd. I, Tübingen: Mohr (Siebeck), S. 146-184

Gothaischer genealogischer Hofkalender nebst diplomatisch-statistischem Jahrbuch, 86ff. (1849ff.), Gotha: Perthes

Gotthardt, G. (1917), Kriegsfragen der Steuerpolitik, in: *Annalen des Deutschen Reichs für Gesetzgebung, Verwaltung und Volkswirtschaft*, S. 274-308

Grabower, Rolf (1932), *Preußens Steuern vor und nach den Befreiungskriegen*, Berlin: Liebmann

Grabower, Rolf (1962), Bismarck und die Steuern. Zugleich ein Beitrag zur Lehre von der Tradition im Steuerwesen, in: *Finanzarchiv*, NF 22, S. 377-461

Grant, Oliver W. (2002), *Does industrialization push up inequality? New evidence on the Kuznets curve from nineteenth century Prussian tax statistics* (Working Paper, 48), Oxford

Greim-Kuczewski, Peter (1990), *Die preußische Klassen- und Einkommensteuergesetzgebung im 19. Jahrhundert. Eine Untersuchung über die Entwicklungsgeschichte der formellen Veranlagungsvorschriften* (Wirtschafts- und Rechtsgeschichte, 18), Köln: Müller Botermann

Grundlagen einer württembergischen Gemeindestatistik (Württembergische Jahrbücher für Statistik und Landeskunde, Erg.-Bd. 2). Hrsg. v. Königliches Statistisches Landesamt, Stuttgart: Kohlhammer 1898

Haberland, Georg (1904), *Groß-Berlin. Ein Beitrag zur Eingemeindungsfrage*, Berlin: Simion

Haberland, Georg (1917), *Groß-Berlin*, Berlin: Unger

Hagen, Antje (1997), *Deutsche Direktinvestitionen in Großbritannien, 1871-1918* (Beiträge zur Unternehmensgeschichte, 97/NF 3), Stuttgart: Steiner

Hahn, Hans-Werner (1984), *Geschichte des Deutschen Zollvereins*, Göttingen: Vandenhoeck & Ruprecht

Hahn, Hans-Werner (1987), Zunftproteste gegen den modernen Steuerstaat: Die Wetzlarer Auseinandersetzungen um die preußische Mahl- und Schlachtsteuer 1820-1840, in: *Nassauische Annalen*, 98, S. 173-198

Hallerberg, Mark S. (1995), *Tax Competition, Political Institutions, and Democratization: The Development of State Tax Systems in Wilhelmine Germany*, Ann Arbor: UMI

Hallerberg, Mark S. (1996), Tax Competition in Wilhelmine Germany and Its Implications for the European Union, in: *World Politics*, 48, S. 324-357

Hallerberg, Mark (2002), On the Political Economy of Taxation in Prussia, in: Jahrbuch für Wirtschaftsgeschichte, in: *Jahrbuch für Wirtschaftsgeschichte*, Nr. 2, S. 11-33

Handbuch der Finanzwissenschaft (1926-1929), 1. Aufl., 3 Bde., Tübingen: Mohr (Siebeck)

Handbuch der Finanzwissenschaft (1952-1965), 2. Aufl., 4 Bde., Tübingen: Mohr (Siebeck)

Handbuch der Finanzwissenschaft (1977-1983), 3. Aufl., 4 Bde., Tübingen: Mohr (Siebeck)

Handelskammer zu Köln (1864), *Jahres-Bericht der Handelskammer zu Köln 1863*, Köln: DuMont-Schauberg

Handwörterbuch der Kommunalwissenschaften (1918-1927), 4 Bde., 2 Erg.-Bde, Jena: Fischer

Handwörterbuch der Sozialwissenschaften (1956-1968), 13 Bde., Stuttgart u.a.: Fischer u.a

Handwörterbuch der Staatswissenschaften (1909-1911), 3. Aufl., 8 Bde., Jena: Fischer

Handwörterbuch der Staatswissenschaften (1923-1929), 4. Aufl., 10 Bde., Jena: Fischer

Handwörterbuch der Wirtschaftswissenschaften (1977-1983), 10 Bde., Stuttgart u.a.: Fischer u.a.

Hansemann, David (1834), *Preußen und Frankreich. Staatswirthschaftlich und politisch, unter vorzüglicher Berücksichtigung der Rheinprovinz*, 2. Aufl., Leipzig: Rein

Hansemann, David (1846), *Die Mahl- und Schlachtsteuer in Aachen und Burscheidt*, Aachen: Mayer

Hansen, Reginald (1996), *Die praktischen Konsequenzen des Methodenstreits. Eine Aufarbeitung der Einkommensbesteuerung* (Volkswirtschaftliche Schriften, 457), Berlin: Duncker & Humblot

Hansmeyer, Karl-Heinrich (1981), *Öffentliche Haushalte und regionale Entwicklungen* (Schriftenreihe des Landkreistages Nordrhein-Westfalen, 2), Köln u.a.: Deutscher Gemeindeverlag u.a.

[Hartmann, Julius] (1875), *Bibliographie der Württembergischen Statistik*, Stuttgart: Kleeblatt

Hausner, Otto (1865), *Vergleichende Statistik von Europa*, Bd. I, Lemberg: Milikowski

Hayo, Bernd (1996), Testing Wagner's Law for Germany: An Excercise in Applied Time Series Analysis, in: *Jahrbücher für Nationalökonomie und Statistik*, 215, S. 328-343

Heitz, E. (1894), Die Gestaltung der Bevölkerungsverhältnisse und die steuerliche Belastung der politischen Gemeinden Württembergs, in: *Württembergische Jahrbücher für Statistik und Landeskunde*, Nr. I, S. 249-302

Held, Adolf (1868), Zur Lehre von der Überwälzung der Steuern, in: *Zeitschrift für die gesammte Staatswissenschaft*, 24, S. 421-495

Helferich, v. (1873), Die Reform der direkten Steuern in Bayern, in: *Zeitschrift für die gesammte Staatswissenschaft*, 29, S. 305-349, 541-602

Hellwig, Georg (1903), Geschichte und Kritik des Oktrois im Grossherzogtum Hessen, in: Finanz-Archiv, 20, S. 71-233

Heni, Georg (1991), *Historische Analyse und Entwicklungslinien der Gewerbesteuer* (European University Studies, 1150), Frankfurt a.M. u.a.: Lang

Herrfurth, Ludwig (1878), Beiträge zur Statistik der Gemeindeabgaben in Preussen, in: *Zeitschrift des Königlich Preussischen Statistischen Bureaus*, 18, S. 1-60

Herrfurth, Ludwig (1882), Statistik der Kreisabgaben im Jahre 1880/81. Unter Benutzung amtlicher Quellen, in: *Beiträge zur Statistik der Gemeindeabgaben in Preussen* (Zeitschrift des königlich preussischen statistischen Bureaus, Erg,-H. 9), Berlin: Königliches Statistisches Bureau

Herrfurth, Ludwig/Conrad Studt (1880), *Finanzstatistik der Kreise des preußischen Staates für das Jahr 1877/78. Unter Benutzung amtlicher Quellen bearbeitet* (Zeitschrift des königl. Preussischen statistischen Bureaus, Erg.-H. 7), Berlin: Königliches Statistsiches Bureau

Herrfurth, Ludwig/Georg Strutz (1910), Kommunalabgaben, in: *Handwörterbuch der Staatswissenschaften*, 3. Aufl., Bd. VI, Jena: Fischer, S. 19-36

Herrfurth, Ludwig/W. v. Tzschoppe (1884), *Beiträge zur Finanzstatistik der Gemeinden in Preussen. Die Einnahmen und Ausgaben der preussischen Städte und Landgemeinden sowie das Sollaufkommen an direkten Staatssteuern, Kreis- Provinzial-, Schul- und Kirchensteuern in denselben für das Jahr 1883/84. Unter Benutzung amtlicher Quellen bearbeitet* (Zeitschrift des Königlichen preussischen statistischen Bureau's, Erg.-H. 16), Berlin: Königliches Statistisches Bureau

Herzog, v. (1822), Rückblicke auf die Würtembergische Finanz-Verwaltung in den Jahren 1816 bis 1822, in: *Würtembergische Jahrbücher für vaterländische Geschichte, Geographie, Statistik und Topographie*, S. 368-424

Hesse, Helmut (1971), Die Entwicklung der regionalen Einkommensdifferenzen im Wachstumsprozeß der deutschen Wirtschaft vor 1913, in: Wolfram Fischer (Hrsg.), *Beiträge zu Wirtschaftswachstum und Wirtschaftsstruktur im 16. und 19. Jahrhundert* (Schriften des Vereins für Socialpolitik, NF 63), Berlin: Duncker & Humblot, S. 261-279

Hinrichs, Harley (1966), *A General Theory of Tax Structure Change during Economic Development*, Cambridge/Mass.: The Law School of Harvard University

Hippel, Wolfgang v. (1984), *Auswanderung aus Südwestdeutschland. Studien zur württembergischen Auswanderung und Auswanderungspolitik im 18. und 19. Jahrhundert* (Industrielle Welt, 36), Stuttgart: Klett-Cotta

Hirschberg, E. (1893), *Beiträge zur Statistik der Brodpreise im Deutschen Reich*, Berlin: Heine

Hirschman, Albert O. (1970), *Exit, Voice, and Loyalty: Responses to Decline in Firms, Organizations, and States*, Cambridge (Mass.): Harvard University Press

Historische Statistik der Schweiz (1996). Hrsg. v. Heiner Ritzmann-Blickenstorfer, Zürich: Chronos

Hochstetter, W. (1866), Die Einkommensteuer in Württemberg in Vergleichung mit ähnlichen Steuern in anderen Staaten, in: *Württembergische Jahrbücher für Statistik und Landeskunde*, S. 236-289

Hocquet, Jean-Claude (1995), City-State and Market Economy, in: Richard Bonney (Hrsg.), *Economic Systems and State Finance*, Oxford: Oxford University Press, S. 81-100

Hoffmann (1877), Ist ein besonderes Communalsteuerwesen nothwendig oder genügt das System von Zuschlägen zu den Staatssteuern, in: Verein für Socialpolitik (Hrsg.), *Die Communalsteuerfrage. Zehn Gutachten und Berichte* (Schriften des Vereins für Socialpolitik, 12), Leipzig: Duncker & Humblot, S. 1-14

Hoffmann, Alexander (1906), *Die direkten Staatssteuern im Königreich Sachsen. Mit besonderer Berücksichtigung der Allgemeinen Einkommensteuer. Geschichtlich und kritisch dargestellt*, Leipzig: Jäh & Schunke

Hoffmann, Johann G. (1840), *Die Lehre von den Steuern. Als Anleitung zu gründlichen Urtheilen über das Steuerwesen. Mit besonderer Beziehung auf den preussischen Staat*, Berlin: Nicolai

Hoffmann, Walther G., u.a. (1965), *Das Wachstum der deutschen Wirtschaft seit der Mitte des 19. Jahrhunderts*, Berlin u.a.: Springer

Hoffmann, Walther G./J. Heinz Müller (1959), *Das deutsche Volkseinkommen 1851-1957*, Tübingen: Mohr

Hohls, Rüdiger (1992), *Arbeit und Verdienst. Entwicklung und Struktur der Arbeitseinkommen im Deutschen Reich und in der Bundesrepublik (1885-1985)*, Diss. FU Berlin

Hohls, Rüdiger (1995), The Sectoral Structure of Earnings in Germany, 1885-1985, in: Peter Scholliers/Vera Zamagni (Hrsg.), *Labour's Reward. Real Wages and economic change in 19th- and 20th-century Europe*, Aldershot: Elgar, S. 37-60, 210-230

Hohorst, Gerd (1977), *Wirtschaftswachstum und Bevölkerungsentwicklung in Preußen 1816 bis 1914*, New York: Arno Press

Homburg, Stefan (2000), *Allgemeine Steuerlehre*, 2. Aufl., München: Vahlen

Hubatsch, Walther/Friedrich Wehrstedt (1978), *Preußen* (Grundriß zur deutschen Verwaltungsgeschichte 1815-1945, 12), Marburg: Herder-Institut

Huber, Ernst R. (1967, 1968, 1981), *Deutsche Verfassungsgeschichte seit 1789*, 2. Aufl., Bde. I, III, VI, Stuttgart u.a.: Kohlhammer

Hühner, Michael (1998), *Kommunalfinanzen, Kommunalunternehmen und Kommunalpolitik im Deutschen Kaiserreich* (Münsteraner Beiträge zur Cliometrie und quantitativen Wirtschaftsgeschichte, 6), Münster: LIT

Hug-Biegelmann, Raimund (2000), Die Stadt als Objekt ihrer Industrialisierung. Friedrichhafens Entwicklung zur Industriestadt wider Willen, in: Matthias Frese/Burkhard Zeppenfeld (Hrsg.), *Kommunen und Unternehmen im 20. Jahrhundert. Wechselwirkungen zwischen öffentlicher und privater Wirtschaft* (Bochumer Schriften zur Unternehmens- und Industriegeschichte, 7), Essen: Klartext, S. 69-90

Huhn, Eugen (1848/49), *Topographisch-statistisch-historisches Comptoir-, Amts-, Post-, Reise- und Zeitungs-Lexikon von Deutschland, eine vollständige deutsche Landes-, Volks- und Staatskunde*, 6 Bde., Hildburghausen: Bibliographisches Institut

Jacobs, Adolf/Hans Richter (1935), *Die Großhandelspreise in Deutschland von 1792 bis 1934* (Sonderhefte des Instituts für Konjunkturforschung, 37), Berlin: Hanseatische Verlagsanstalt

Jaenicke, S.A. (1872), *Die Schlacht- und Mahlsteuer in Preußen. Beleuchtet vom volkswirthschaftlichen Standpunkt der heutigen Zeit*, Berlin: Kortkampf

Jahrbuch für die amtliche Statistik des Preußischen Staats 1-5 (1863, 1867, 1869, 1876, 1883). Hrsg. v. Königlichen Statistischen Bureau, Berlin: Verlag des königlichen statistischen Bureaus

Johnson, Terry R. (1978), Additional Evidence on the Effects of Alternative Taxes on Cigarette Prices, in: *Journal of Political Economy*, 86, S. 325-328

Jones, Eric L. (1991), *Das Wunder Europa. Umwelt, Wirtschaft und Geopolitik in der Geschichte Europas und Asiens* (Die Einheit der Gesellschaftswissenschaften, 72), Tübingen: Mohr (Siebeck)

Jones, S.R.H. (1997), Transaction Costs and the Theory of the Firm: The Scope and Limitations of the New Institutional Approach, in: *Business History*, 39, Nr. 4, S. 9-25

Jüngling, Michael (1991), *Staatseinnahmen in säkularer Sicht. Eine kritische Studie* (Abhandlung der Wirtschaftswissenschaftlichen Staatswissenschaften, 36), Göttingen: Vandenhoeck & Ruprecht

Käding, Emil (1913), *Beiträge zur preussischen Finanzpolitik in den Rheinlanden während der Jahre 1815-1840* (Studien zur rheinischen Geschichte, 8), Bonn: Webers

Kaizl, Josef (1882), *Die Lehre von der Überwälzung der Steuern*, Leipzig: Duncker & Humblot

Katalog der Bibliothek des Königl. Sächs. Statistischen Bureaus (1890), Dresden: Heinrich

Katalog der Bibliothek des Königl. Statistischen Bureaus zu Berlin (1874, 1879), 2 Bde., Berlin: Verlag des königlichen statistischen Bureaus

Kaufhold, Karl Heinrich (1975), Die Auswirkungen der Einschränkung der Gewerbefreiheit in Preußen durch die Verordnung vom 9. Februar 1849 auf das Handwerk, in: Fritz Blaich u.a. (Hrsg.), *Vom Kleingewerbe zur Großindustrie. Quantitativ-regionale und politisch-rechtliche Aspekte zur Erforschung der Wirtschafts- und Gesellschaftsstruktur im 19. Jahrhundert* (Schriften des Vereins für Socialpolitik, NF 83), Berlin: Duncker & Humblot, S. 165-188

Kaufhold, Karl Heinrich (1997), Staatsfinanzen im Königreich Hannover 1815 bis 1866, in: *Sparen, Investieren, Finanzieren. Gedenkschrift für Josef Wysocki*. Hrsg.v. Manfred Pix (Sparkassen in der Geschichte, 3/13), Stuttgart: Deutscher Sparkassenverlag

Kellenbenz, Hermann (1976), Zahlungsmittel, Maße und Gewichte seit 1800, in: *Handbuch der deutschen Wirtschafts- und Sozialgeschichte*, Bd. II, Stuttgart: Klett, S. 934-958

Kirschner, Martin [1906] *Bericht des Oberbürgermeisters Kirschner an den Minister des Innern vom 3. September 1906*, Berlin: Loewenthal

Klein, Ernst (1974), *Geschichte der öffentlichen Finanzen in Deutschland (1500-1870)* (Wissenschaftliche Paperbacks Sozial- und Wirtschaftsgeschichte, 6), Wiesbaden: Steiner

Kletke, Carl (1876), *Literatur über das Finanzwesen des preußischen Staats*, 3. Aufl., Berlin: Heymann

Klimpert, Richard (1896), *Lexikon der Münzen, Maße, Gewichte Zählarten und Zeitgrößen aller Länder der Erde*, 2. Aufl., Berlin: Regenhardt

Königlich-Württembergisches Staats- und Regierungs-Blatt vom Jahr (1815-1823), Stuttgart: Hasselbrink

Das Königreich Württemberg. Eine Beschreibung nach Kreisen, Oberämtern und Gemeinden, 4 Bde., Stuttgart: Kohlhammer 1904-1907

Kohl, Wilhelm (1910), *Die Aufhebung der Mahl- und Schlachtsteuer in den ehemals kurhessischen Gemeinden*, Weida i.Th.: Thomas & Hubert

Koopmans, Tjalling C. (1947), Measurement without Theory, in: *Review of Economic Statistics*, 29, S. 161-172

Kopsidis, Michael (1996), *Marktintegration und Entwicklung der westfälischen Landwirtschaft 1780-1880. Marktorientierte ökonomische Entwicklung eines bäuerlich strukturierten Agrarsektors* (Münsteraner Beiträge zur Cliometrie und quantitativen Wirtschaftsgeschichte, 3), Münster: LIT

Koselleck, Reinhart (1967), *Preussen zwischen Reform und Revolution. Allgemeines Landrecht, Verwaltung und soziale Bewegung von 1791 bis 1848* (Industrielle Welt, 7), 1. Aufl., Stuttgart: Klett-Cotta

Krabbe, Wolfgang R. (1985), *Kommunalpolitik und Industrialisierung. Die Entfaltung der städtischen Leistungsverwaltung im 19. und frühen 20. Jahrhundert. Fallstudien zu Dortmund und Münster* (Schriften des Deutschen Instituts für Urbanistik, 74), Stuttgart u.a.: Kohlhammer

Krabbe, Wolfgang R. (1989), *Die deutsche Stadt im 19. und 20. Jahrhundert. Eine Einführung*, Göttingen: Vandenhoeck & Ruprecht

Kraus, Antje (1980), *Quellen zur Bevölkerungs-, Sozial- und Wirtschaftsstatistik Deutschlands 1815-1875*, Bd. I: *Quellen zur Bevölkerungsstatistik Deutschlands 1815-1875* (Forschungen zur deutschen Sozialgeschichte, 2/1), Boppard: Boldt

Krause, Paul (1909), Eisenbahnsteuer, in: *Handwörterbuch der Staatswissenschaften*, 3. Aufl., Bd. III, Jena: Fischer, S. 922-926

Krause, Werner (1970), Finanzen und Steuern, in: *150 Jahre Amtliche Statistik in Baden-Württemberg*. Hrsg. v. Statistisches Landesamt, Stuttgart: Statistisches Landesamt, S. 187-202

Krause-Junk, Gerold (1977), Steuern: Verteilungslehren, in: *Handwörterbuch der Wirtschaftswissenschaften*, Bd. VII, Stuttgart u.a.: Fischer u.a., S. 332-356

Kries, Carl G. (1844), *Ueber die Einkommen-Steuer in Breslau. Eine historisch-kritische Abhandlung*, Breslau: Aderholz

Kries, Carl G. (1849), Über die Mahl- und Schlacht-Steuer, die Einkommen- und Klassen-Steuer in Preußen, in: *Archiv der politischen Oekonomie und Polizeiwissenschaft*, N.F 8, S. 179-224, 277-324

Kries, Carl G. (1855), Ergebnisse der preussischen Einkommensteuer und Vorschläge zu ihrer Verbesserung, in: *Zeitschrift für die gesammte Staatswissenschaft*, 11, S. 361-420

Kruedener, Jürgen v. (1973), *Die Rolle des Hofes im Absolutismus* (Forschungen zur Sozial- und Wirtschaftsgeschichte, 19), Stuttgart: Fischer

Kutzer, Th. (1908), Die öffentlich-rechtlichen Einnahmen der Gemeinden in Bayern, in: *Gemeindefinanzen*, Bd. I: *System der Gemeindebesteuerung in Hessen, Württemberg, Baden, Elsaß-Lothringen, Bayern, Sachsen, Preußen* (Schriften des Vereins für Socialpolitik, 126), Leipzig: Duncker & Humblot, S. 213-242

Kuznets, Simon (1955), Economic Growth and Income Inequality, in: *American Economic Review*, 45, S. 1-28

Laspeyres, Etienne (1877), Statistische Untersuchungen über den Einfluss einer Steueraufhebung auf die Preise der bisher besteuerten Producte, in: *Statistische Monatschrift*, 3, S. 497-514, 545-555

Laspeyres, Etienne (1901), Statist. Untersuchungen zur Frage der Steuerüberwälzung, geführt an der Geschichte der preussischen Mahl- und Schlachtsteuer, in: *Finanz-Archiv*, 18: 46-282

Lassalle, Ferdinand (1863), *Die indirecte Steuer und die Lage der arbeitenden Klassen. Eine Vertheidigungsrede vor dem K. Kammergericht zu Berlin gegen die Anklage die besitzlosen Klassen zum Haß und zur Verachtung gegen die besitzenden öffentlich angereizt zu haben*, Zürich: Meyer & Zeller

Lee, W. Robert (1975), Tax Structure and Economic Growth in Germany (1750-1850), in: *Journal of European Economic History*, 4, S. 153-178

Lehmann, Max (1901), Der Ursprung der preußischen Einkommensteuer, in: *Preußische Jahrbücher*, 103, S. 1-37

Leo, Victor (1909), Arbeitslohn (Statistik), in: *Handwörterbuch der Staatswissenschaften*, 3. Aufl., Bd. I, Jena: Fischer, S. 1065-1101

Lepsius, Richard (Hrsg.) (1894), *Geologische Karte des Deutschen Reiches*, Gotha: Perthes

Lindahl, Erik (1919), *Die Gerechtigkeit der Besteuerung. Eine Analyse der Steuerprinzipien auf Grundlage der Grenznutzentheorie*, Lund: Gleerup

Loreth, Hans (1974), Das Wachstum der württembergischen Wirtschaft von 1818 bis 1918, in: *Jahrbücher für Statistik und Landeskunde von Baden-Württemberg*, 19, S. 3-116

Lotz ,Walther (1910), Einige Ergebnisse der Steuerüberwälzungslehre für die Steuersystematik, in: *Zeitschrift für Volkwirtschaft, Sozialpolitik und Verwaltung*, 19, S. 561-569

Lücker, Heinrich (1910), *Die Entwicklung und die Probleme des Gemeindeabgabenwesens in den Städten und großen Landgemeinden der preußischen Industriebezirke* (Schriften des Vereins für Socialpolitik, 127.3), Leipzig: Duncker & Humblot

Maddison, Angus (1995), *Monitoring the World Economy, 1820-1992*, Paris u.a.: OECD

Die Mahl- und Schlachtsteuer in Vergleich zu der Klassensteuer mit Rücksicht auf die verheissene Erleichterung der Ersteren (1847), 2. Aufl., Halle: Schwetschke

Mann, Fritz K. (1928), Überwälzung der Steuer, in: *Handwörterbuch der Staatswissenschaften*, 4. Aufl., Bd. VIII, Jena: Fischer, S. 336-362

Mann, Fritz K. (1937), *Steuerpolitische Ideale. Vergleichende Studien zur Geschichte der ökonomischen und politischen Ideen und ihres Wirkens in der öffentlichen Meinung 1600-1935* (Finanzwissenschaftliche Forschungen, 5), Jena: Fischer

Manuscript [über die Mahl- und Schlachtsteuer] [1848], Berlin: Brandes & Schultze

Maron, H. (1863), *Die Mahl- und Schlachtsteuer*, Berlin: Selbstverlag

Martini, Paul (1912), *Die Einkommensteuerzuschläge in den größeren preußischen Städten in ihrer Entwicklung seit der Miquelschen Steuerreform*, Diss. Berlin: Trenkel

Mathiak, Walter (1999), *Zwischen Kopfsteuer und Einkommensteuer. Die preußische Klassensteuer von 1820* (Schriftenreihe des Rechtshistorischen Museums Karlsruhe, 8), Karlsruhe: Verlag der Gesellschaft für Kulturhistorische Dokumentation

Mathiak, Walter (2001), Was von einem großen Plan blieb: die preußische klassifizirte Einkommensteuer von 1851, in: *Steuer und Wirtschaft*, 78, S. 324-340

Mathias, Peter/Patrick O'Brien (1976), Taxation in Britain and France, 1715-1810. A Comparison of the Social and Economic Incidence of Taxes Collected for the Central Governments, in: *Journal of European Economic History*, 5, S. 601-650

Mathias, Peter/Patrick O'Brien (1978), The Incidence of Taxation and the Burden of Proof, in: *Journal of European Economic History*, 7, S. 211-213

Matzerath, Horst (1985), *Urbanisierung in Preußen 1815-1914* (Schriften des Deutschen Instituts für Urbanistik, 72), Stuttgart: Kohlhammer

Mauersberg, Hans (1988), *Finanzstrukturen deutscher Bundesstaaten zwischen 1820 und 1944*, St. Katharinen: Scripta Mercaturae

Maul, Richard [1930] *Laspeyres als statistisch-nationalökonomischer Forscher*, Diss. Frankfurt a.M., Rockenhausen: Blaufus, S. 10f.

McCloskey, Donald (1978), A Mismeasurement of the Incidence of Taxation in Britain and France, 1715-1810, in: *Journal of European Economic History*, 7, S. 209f.

Mehring, Otto v. (1959), Steuerüberwälzung, in: *Handwörterbuch der Sozialwissenschaften*, Bd. X, Stuttgart u.a.: Fischer u.a., S. 175-182

Meiling, M. (1905), Die Reform des kommunalen Finanzwesens auf Grund des Gesetzes vom 14. Juli 1893 und der Berliner Gemeindehaushalt 1890/1900, in: *Jahrbücher für Nationalökonomie und Statistik*, III.29, S. 289-364

Meitzel (1910), Laspeyres, Etienne, in: *Handwörterbuch der Staatswissenschaften*, 3. Aufl., Bd. VI, Jena: Fischer, S. 405f.

Meitzel (1925), Laspeyres, Etienne, in: *Handwörterbuch der Staatswissenschaften*, 4. Aufl., Bd. VI, Jena: Fischer, S. 248

Memminger, Johann D. v. (1823), *Beschreibung von Würtemberg, nebst einer Uebersicht seiner Geschichte*, 2. Aufl., Stuttgart/Tübingen: Cotta

Memminger, Johann D. v. (1841), *Beschreibung von Württemberg*, 3. Aufl. Hrsg. v. Königl. statistisch-topographischen Büreau, Stuttgart/Tübingen: Cotta

Metzler, Karl G. (1887), *Statistische Untersuchungen über den Einfluss der Getreidepreise auf die Brotpreise und dieser auf die Löhne* (Staatswissenschaftliche Studien, 1.5), Jena: Fischer

Meyer, G./Edgar Loening (1909), Die Gewerbegesetzgebung in Deutschland, in: *Handwörterbuch der Staatswissenschaften*, 3. Aufl., Bd. IV, Jena: Fischer, S. 897-923

Mieck, Ilja (1992), Preußen von 1807 bis 1850. Reformen, Restauration und Revolution, in: Otto Büsch (Hrsg.), *Handbuch der preußischen Geschichte*, Bd. II: *Das 19. Jahrhundert und Große Themen der Geschichte Preußens*, Berlin/New York: de Gruyter, S. 3-292

Mildschuh, Willibald (1926), Steuerwirkungen, in: *Handbuch der Finanzwissenschaft*, 1. Aufl., Bd. I, Tübingen: Mohr (Siebeck), S. 490-505

Mitteilungen des Königlich Statistischen Landesamts (1889-1915). Hrsg. v. Königlich Württembergisches Statistisches Landesamt, Stuttgart: Fink

Mittheilungen des Statistischen Büreaus in Berlin (1848-1860). Hrsg. v. F.W.C. Dieterici, Berlin: Mittler

Möller, Alex (1971), *Reichsfinanzminister Matthias Erzberger und sein Reformwerk* (Blickpunkt Finanzen, 7), Bonn: Stollfuss

Montesquieu, Charles L. de (1753), *De l'esprit des loix* [...], Genf: Barrillot

Most, Otto (1910), *Die Gemeindefinanzstatistik in Deutschland. Ziele, Wege, Ergebnisse* (Gemeindefinanzen in Deutschland, 2.2) (Schriften des Vereins für Socialpolitik, 127,2), Leipzig: Duncker & Humblot

Most, Otto (1911), Finanzstatistik, in: *Die Statistik in Deutschland nach ihrem heutigen Stand. Festschrift Georg v. Mayr.* Hrsg. v. F. Zahn, Bd. I, München u.a.: Schweitzer, S. 759-824

Müller, Erika (1989), *Theorie und Praxis des Staatshaushaltsplans im 19. Jahrhundert. Am Beispiel von Preußen, Bayern, Sachsen und Württemberg* (Studien zur Sozialwissenschaft, 84), Opladen: Westdeutscher Verlag

Müller, Ernst/Ernst Posner (1934), *Übersicht über die Bestände des Geheimen Staatsarchivs zu Berlin-Dahlem. I. Hauptabteilung* (Mitteilungen der preußischen Archivverwaltung, 24), Leipzig: Hirzel

Mützell, Alexander A. (1821-26), *Neues topographisch-statistisch-geographisches Wörterbuch des preussischen Staats*, 6 Bde., Halle: Kümmel

Musgrave, Richard A./Peggy B. Musgrave (1989), *Public Finance in Theory and Practice*, 5. Aufl., New York u.a.: McGraw-Hill

Neumann, Anna (1911), *Die Bewegung der Löhne der ländlichen „freien" Arbeiter im Zusammenhang mit der gesamtwirtschaftlichen Entwicklung im Königreich Preußen gegenwärtigen Umfangs vom Ausgang des 18. Jahrhunderts bis 1850* (Landwirtschaftliche Jahrbücher, Erg.-Bd. 40.3), Berlin: Parey

Neumann, J. (1849), *Bemerkungen für die Aufhebung der Mahl- und Schlacht-Steuer und Einführung einer Einkommen-Steuer*, Berlin: Hofmann

Neumann, J. Wilhelm (1837), *Über Gewerbe-Freiheit und deren Gränzen im Staate. Ein staatswissenschaftlicher Versuch*, Berlin/Posen/Bromberg: Mittler

Neumark, Fritz [1954], Die budgetären und steuerlichen Aspekte einer wirtschaftlichen Integration. Generalbericht, in: *Aspects financiers et fiscaux de l'intégration économique internationale*, La Haye: Van Stockum, S. 21-53Neumark, Fritz (1977), Steuern: Grundlagen, in: *Handwörterbuch der Wirtschaftswissenschaften*, Bd. VII, Stuttgart u.a.: Fischer u.a., S. 295-309

Newcomer, Mabel (1937), *Central and Local Finance in Germany and England*, New York: Columbia University Press

Niskanen, William A. (1963), *The Demand for Alcoholic Beverages*, Ph.D. dissertation, University of Chicago

North, Douglass C. (1988), *Theorie des institutionellen Wandels. Eine neue Sicht der Wirtschaftsgeschichte* (Die Einheit der Gesellschaftswissenschaften, 56), Tübingen: Mohr

Nostitz, Hans v. (1908), Die Gemeindebesteuerung im Königreich Sachsen, in: *Gemeindefinanzen*, Bd. I: *System der Gemeindebesteuerung in Hessen, Württemberg, Baden, Elsaß-Lothringen, Bayern, Sachsen, Preußen* (Schriften des Vereins für Socialpolitik, 126), Leipzig: Duncker & Humblot, S. 243-277

Oates, Wallace E. (1972), *Fiscal Federalism*, New York: Harcout Brace Jovanovich

Oates, Wallace E. (1999), An Essay on Fiscal Federalism, in: *Journal of Economic Literature*, 37, S. 1120-1149

Ohnishi, Takeo (1972), *Zolltarifpolitik Preußens bis zur Gründung des deutschen Zollvereins. Ein Beitrag zur Finanz- und Außenhandelspolitik Preußens*, Göttingen: Vandenhoeck & Ruprecht

Ohnishi, Takeo (1979), Die Entstehung des ersten preußischen Staatshaushaltsetats im Jahre 1821, in: Jürgen Schneider (Hrsg.), *Wirtschaftskräfte und Wirtschaftswege. Festschrift für Hermann Kellenbenz*, Bd. III, Stuttgart: Klett-Cotta, S. 281-295

Ohnishi, Takeo (1980), Die preußische Steuerreform nach dem Wiener Kongreß, in: Barbara Vogel (Hrsg.), *Preußische Reformen 1807-1820* (Neue Wissenschaftliche Bibliothek. Geschichte, 96), Königstein: Athenäum u.a., S. 266-284

O'Rourke, Kevin H. (1997), The European Grain Invasion, 1870-1913, in: *Journal of Economic History*, 57, S. 775-801

Orth, Theodor (1933), *Untersuchungen über die Finanzverhältnisse der preußischen Groß- und Mittelstädte vor und nach dem Kriege*, Diss. rer. pol. Köln, Limburg: Schloßdruckerei

Peacock, Alan T./Jack Wiseman (1961), *The Growth of Public Expenditure in the United Kingdom*, Princeton: NBER

Pfeiffer, Eduard (1866), *Die Staatseinahmen. Geschichte, Kritik und Statistik derselben*, 2 Bde., Stuttgart: Kröner

Pfeiffer, Eduard (1867), *Das Steuerwesen in Württemberg und die von der Regierung beabsichtigte Steuererhöhung*, Stuttgart: Kröner

Pitlik, Hans (1998), Steuerwettbewerb oder Steuerharmonisierung in der WWU?, in: Rolf Caesar (Hrsg.), *Die Europäische Wirtschafts- und Währungsunion: regionale und globale Herausforderungen*, Bonn: Europa-Union-Verlag, S. 169-193

Pommerehne, Werner/Hannelore Weck-Hannemann (1996), Tax Rates, Tax Administration and Income Tax Evasion in Switzerland, in: *Public Choice*, S. 161-170

Poterba, James M. (1996), Retail Price Reactions to Changes in State and Local Sales Taxes, in: *National Tax Journal*, 49, S. 165-176

Prince-Smith, John (1879 [1845]), Ueber die Frage: Wer trägt die Mahl- und Schlachtsteuer, in: ders., *Gesammelte Schriften*, Bd. II, Berlin: Herbig, S. 273-289

Pritchett, Jonathan B. (1989), The Burden of Negro Schooling: Tax Incidence and Racial Redistribution in Postbellum North Carolina, in: *Journal of Economic History*, 39, S. 966-973

Prochnow, Peter-Michael (1977), *Staat im Wachstum: Versuch einer finanzwirtschaftlichen Analyse der preußischen Haushaltsrechnungen 1871-1913*, 2 Bde., Diss. Münster, Münster

Pyta, Wolfram (1991), *Landwirtschaftliche Interessenpolitik im Deutschen Kaiserreich. Der Einfluß agrarischer Interessen auf die Neuordnung der Finanz- und Wirtschaftspolitik am Ende der 1870er Jahre am Beispiel von Rheinland und Westfalen* (Vierteljahrschrift für Sozial- und Wirtschaftsgeschichte, 97), Stuttgart: Steiner

Pyta, Wolfram (1992), Liberale Regierungspolitik im Preußen der „Neuen Ära" vor dem Heereskonflikt: die preußische Grundsteuerreform von 1861, in: *Forschungen zur brandenburgischen und preußischen Geschichte*, NF 2, S. 179-247

Raumer, Friedrich v. (1810), *Das Brittische Besteuerungssystem, insbesondere die Einkommensteuer, dargestellt mit Hinsicht auf die in der Preußischen Monarchie zu treffenden Einrichtungen*, Berlin: Sander

Recktenwald, Horst C. (1970), Staatsausgaben in säkularer Sicht, in: Heinz Haller u.a. (Hrsg.), *Theorie und Praxis des finanzpolitischen Interventionismus. Fritz Neumark zum 70. Geburtstag*, Tübingen: Mohr (Siebeck), S. 407-430

Recktenwald, Horst C. (1977), Umfang und Struktur der öffentlichen Ausgaben in säkularer Entwicklung, in: *Handbuch der Finanzwissenschaft*, 3. Aufl., Tübingen: Mohr (Siebeck), Bd. I, S. 713-752

Recktenwald, Horst C. (1980), *Markt und Staat. Fundamente einer freiheitlichen Ordnung in Wirtschaft und Politik*, Göttingen: Vandenhoeck & Ruprecht

Reden, Friedrich W. v. (1851, 1853, 1856), *Allgemeine vergleichende Finanz-Statistik. Vergleichende Darstellung des Haushalts, Abgabewesens und der Schulden Deutschlands und des übrigen Europa*, 2 Bde., Darmstadt: Jonghans

Reding, Kurt/Walter Müller (1999), *Einführung in die Allgemeine Steuerlehre*, München: Vahlen

Regierungs-Blatt für das Königreich Württemberg (1824-1887), Stuttgart: Scheufele

Reichsenquete Tabak-, Eisen und Textilindustrie, in: *Drucksachen und Sitzungsprotokolle des Bundesrats* (1878)

Reidenbach, Michael (1997), Zur kommunalen Investitionstätigkeit im Deutschen Kaiserreich 1871 bis 1918, in: Karl Heinrich Kaufhold (Hrsg.), *Investitionen der Städte im 19. und 20. Jahrhundert* (Städteforschung, A, 42), Köln u.a.: Böhlau, S. 21-37

Reinick, A. (1863/64), Die Resultate der Mahl- und Schlachtstseuer in der Periode von 1838 bis mit 1861. Eine finanz-statistische Abhandlung, in: *Zeitschrift des königlich preussischen statistischen Bureaus*, 3, S. 217-235, 4, S. 160-167

Reulecke, Jürgen (1985), *Geschichte der Urbanisierung in Deutschland*, Frankfurt a.M.: Suhrkamp

Ricardo, David (1817), *On the Principles of Political Economy and Taxation*, London: Murray

Riecke, Karl V. (1879), Die direkten Steuern vom Ertrag und vom Einkommen in Württemberg, in: *Württembergische Jahrbücher für Statistik und Landeskunde*, S. 71-151, 185-207

Riecke, Karl V. (1879a), Die Entstehung des württembergischen Staatsgebiets, in: *Württembergische Vierteljahrshefte für Landesgeschichte*, 2, S. 1-22

Rinne, Horst (1982), Laspeyres, Etienne, in: *Neue Deutsche Biographie*, Bd. XIII, Berlin: Duncker & Humblot, S. 660f.

Ritschl, Albrecht/Mark Spoerer (1997), Das Bruttosozialprodukt in Deutschland nach den amtlichen Volkseinkommens- und Sozialproduktsstatistiken 1901-1995, in: *Jahrbuch für Wirtschaftsgeschichte*, Nr. 2, S. 27-54

Ritschl, Hans (1925), *Theorie der Staatswirtschaft und Besteuerung: reine Theorie der Staatswirtschaft und allgemeine Steuerlehre* (Bonner staatswissenschaftliche Untersuchungen, 11), Bonn/Leipzig: Schroeder

Rösener, Werner (1997), *Einführung in die Agrargeschichte*, Darmstadt: Primus

Rößler, Constantin (1873), Gutachten über die directe Personalbesteuerung in Deutschland, in: *Die Personalbesteuerung. Gutachten auf Veranlassung der Eisenacher Versammlung zur Besprechung der socialen Frage* (Schriften des Vereins für Socialpolitik, 3), Leipzig: Duncker & Humblot, S. 67-94

Rohrscheidt, Kurt v. (1910), Preistaxen, in: *Handwörterbuch der Staatswissenschaften*, 3. Aufl., Bd. VI, Jena: Fischer, S. 1186-1193

Rosenberger, Gerald (1999), *Finanzen und Finanzverfassung in den beiden Großherzogtümern Mecklenburg von 1850 bis 1914* (Geschichte, 27), 3 Bde., Münster: Lit

Rothe, Arthur (1902), *Das deutsche Fleischergewerbe* (Sammlung nationalökonomischer und statistischer Abhandlungen, 32), Jena: Fischer

Rümelin (1863), Beiträge zur Ermittlung des Volksvermögens und Volkseinkommens, in: *Das Königreich Württemberg. Eine Beschreibung von Land, Volk und Staat.* Hrsg. v. K. Statistisch-Topographisches Bureau, Stuttgart: Nitzschke, S. 654-676

Sammlung sämmtlicher Drucksachen des Reichstages, 10. Legislaturperiode, II. Session 1900/03, Bd. X, Nr.704

Scala, Dante J. (1998), Taxing the Intangibles: How States Pursued Corporate Wealth in the Early Twentieth Century, in: *Business and Economic History*, 27, S. 431-443

Schäffle, Albert E. (1880), *Die Grundsätze der Steuerpolitik und die schwebenden Finanzfragen Deutschlands und Österreichs*, Tübingen: Laupp

Schanz, Georg (1882), Zur Frage der Ueberwälzung indirekter Verbrauchssteuern auf Grund des bayerischen Malzaufschlags, in: *Jahrbuch für Gesetzgebung, Verwaltung und Volkswirtschaft im Deutschen Reich*, NF 6, S. 563-603

Schanz, Georg (1885), Die direkten Steuern Hessens und deren neueste Reform, in: *Finanz-Archiv*, 2, S. 235-529

Scheer, Christian (1988), Steuer, Steuerverteilung und Steuerinzidenz in der deutschen Finanzwissenschaft der ersten Hälfte des 19. Jahrhunderts und der Einfluß der britischen Nationalökonomie, in: Harald Scherf (Hrsg.), *Studien zur Entwicklung der ökonomischen Theorie 6* (Schriften des Vereins für Socialpolitik, NF 115.6), Berlin: Duncker & Humblot, S. 105-169

S[chemioneck], F. (1863), *Die Mahl- und Schlachtsteuer in Berlin*, Berlin: Selbstverlag

Schillings, Rudolf (1986), *Die Steuerbelastung gewerblicher Unternehmungen in der preußischen Rheinprovinz in den Jahren 1850 bis 1914* (Wirtschafts- und Rechtsgeschichte, 3), Köln: Müller Botermann

Schimmelfennig, Friedrich G. (1834), *Die preußischen direkten Steuern*, Bd. I: *Historische Darstellung der Grundsteuer- Verfassungen in den Preußischen Staaten*, 2. Aufl., Berlin: Logier

Schimmelfennig, Friedrich G. (1837, 1840), *Die preussischen indirekten Steuern oder die auf Produktion, Fabrikation und Konsumtion ruhenden Abgaben im Innern der preussischen Staaten. Eine systematisch geordnete Zusammenstellung der darauf Bezug habenden Gesetze und Verordnungen bis zum Schlusse des Jahres 1835*, 2 Bde., Potsdam: Riegel

Schinzinger, Francesca (1989), Die Auswirkungen der Miquel'schen Steuerreform auf die Finanzen der Stadt Aachen, in: Dietmar Petzina (Hrsg.), *Probleme der Finanzgeschichte des 19. und 20. Jahrhunderts* (Schriften des Vereins für Socialpolitik, 188), Berlin: Duncker & Humblot, S. 99-124

Schissler, Hanna (1982), Preußens Finanzpolitik nach 1807. Die Bedeutung der Staatsverschuldung als Faktor der Modernisierung des preußischen Finanzsystems, in: *Geschichte und Gesellschaft*, 8, S. 367-385

Schmelzle, Hans (1904), Der Mehl- und Fleischaufschlag in Bayern, in: *Blätter für administrative Praxis*, 54, S. 49-78

Schön (1895), Die geschichtliche Entwickelung des Kommunalabgabenwesens in Preussen und die wichtigsten principiellen Bestimmungen des neuen Kommunal-Abgabengesetzes, in: *Annalen des Deutschen Reichs für Gesetzgebung, Verwaltung und Statistik*, S. 249-284

Scholz, Ernst (1908), Das heutige Gemeindebesteuerungssystem in Preußen. Unter besonderer Berücksichtigung des Westens der Monarchie, in: *Gemeindefinanzen*, Bd. I: *System der Gemeindebesteuerung in Hessen, Württemberg, Baden, Elsaß-Lothringen, Bayern, Sachsen, Preußen* (Schriften des Vereins für Socialpolitik, 126), Leipzig: Duncker & Humblot, S. 279-318

Schott, Sigmund (1902), Die Mannheimer Brodpreise seit Aufhebung des Oktrois auf Mehl und Brod, in: *Beiträge zur Statistik der Stadt Mannheim*, Nr. 10

Schremmer, Eckart (1963), *Die Bauernbefreiung in Hohenlohe* (Quellen und Forschungen zur Agrargeschichte, 9), Stuttgart: G. Fischer

Schremmer, Eckart (1966), Die Steuerverfassung der vormals schwäbisch-österreichischen Landstände vom Jahre 1767, in: *Zeitschrift für Württembergische Landesgeschichte*, 26, S. 377-393

Schremmer, Eckart (1974), Zusammenhänge zwischen Katastersteuersystem, Wirtschaftswachstum und Wirtschaftsstruktur im 19. Jahrhundert: Das Beispiel Württemberg, 1821-1877/1903, in: *Wirtschaftliche und soziale Strukturen im säkularen Wandel. Festschrift Wilhelm Abel* (Schriftenreihe für ländliche Sozialfragen, 70), Hannover: Schaper, S. 679-706

Schremmer, Eckart (1985), Föderativer Staatsverbund, öffentliche Finanzen und Industrialisierung in Deutschland, in: Hubert Kiesewetter/Rainer Fremdling (Hrsg.), *Staat, Region und Industrialisierung*, Ostfildern: Scripta Mercaturae, S. 3-65

Schremmer, Eckart (1989), Taxation and Public Finance: Britain, France, and Germany, in: *Cambridge Economic History of Europe*, 8, Cambridge: Cambridge University Press, S. 315-494

Schremmer, Eckart (1994), *Steuern und Staatsfinanzen während der Industrialisierung Europas. England, Frankreich, Preußen und das Deutsche Reich 1800 bis 1914*, Berlin: Springer

Schremmer, Eckart (1994a), *Über „gerechte Steuern". Ein Blick zurück ins 19. Jahrhundert*, St. Katharinen: Scripta Mercaturae

Schremmer, Eckart (1996), Finanzreform und Staatshaushalt in Preußen nach 1820. Einige Beurteilungen, in: Hans-Peter Ullmann/Claus Zimmermann (Hrsg.), *Restaurationssystem und Reformpolitik. Süddeutschland und Preußen im Vergleich*, München: Oldenbourg, S. 111-138

Schremmer, Eckart (2001), Einfach und gerecht? Die erste deutsche Einkommensteuer von 1874/78 in Sachsen als Lösung eines Reformstaus in dem frühindustrialisierten Lande, in: *Scripta Mercaturae*, 35, Nr. 2, S. 38-64

Schulze, Guenther G./Heinrich W. Ursprung (1999), Globalisierung contra Nationalstaat: Ein Überblick über empirische Evidenz, in: Andreas Busch/Thomas Plümper (Hrsg.), *Nationaler Staat und internationale Wirtschaft: Anmerkungen zum Thema Globalisierung*, Baden-Baden: Nomos, S. 41-89

Schwarz, Otto (1913), *Das Gemeinde-Abgabenwesen Deutschlands und die schwebenden Reformbestrebungen*, Jena: Fischer

Schwarz, Otto/Georg Strutz (1900-04), *Der Staatshaushalt und die Finanzen Preussens. Unter Benutzung amtlicher Quellen*, 3 Bde., Berlin: Guttentag

Schwennicke, Andreas (1996), *„Ohne Steuer kein Staat". Zur Entwicklung und politischen Funktion des Steuerrechts in den Territorien des Heiligen Römischen Reichs (1500-1800)* (Ius Commune, 90), Frankfurt a.M.: Klostermann

Seade, Jesús (1985), *Profitable Cost Increases and the Shifting of Taxation: Equilibrium Responses of Markets in Oligopoly* (University of Warwick, Discussion Paper no. 260), Warwick

Seiler, Gerhard (1981), Gemeinden: Finanzen, in: *Handwörterbuch der Wirtschaftswissenschaft*, Bd. III, Stuttgart u.a.: Fischer, S. 507-525

Seutemann, Karl (1909), Die Grundsätze des interkommunalen Steuerrechts in Zusammenhang mit den Unterschieden der Steuerkraft der Gemeinden, in: *Finanz-Archiv*, 26, S. 1-60

Sidhu, Nancy D. (1971), The Effects of Changes in Sales Tax Rates on Retail Prices, in: *Proceedings of the Sixty-Fourth Annual Conference on Taxation*, Columbus: National Tax Association u.a., S. 720-732

Siegert, Rosemarie (2001), *Steuerpolitik und Gesellschaft. Vergleichende Untersuchungen zu Preußen und Baden 1815-1848* (Schriften zur Wirtschafts- und Sozialgeschichte, 63), Berlin: Duncker & Humblot

Silbergleit, Heinrich (1908), *Preußens Städte. Denkschrift zum 100jährigen Jubiläum der Städteordnung vom 19. November 1808*, Berlin: Heymanns

Sinn, Hans-Werner (1990), Tax Harmonization and Tax Competition in Europe, in: *European Economic Review*, 34, S. 489-504

Sinn, Hans-Werner (1997), The Selection Principle and Market Failure in Systems Competition, in: *Journal of Public Economics*, 66, S. 247-274

Sinn, Hans-Werner (2003), *The New Systems Competition*, Oxford: Blackwell

Smith, Adam (1776), *An Inquiry into the Nature and Causes of the Wealth of Nations*, London: Strahan & Cadell

Sommerlad, Theo (1911), Zollverein, in: *Handwörterbuch der Staatswissenschaften*, 3. Aufl., Bd. VIII, Jena: Fischer, S. 1058-1065

Sparre, Karl v. (1844), *Die Preussische Classensteuer und Mahl- und Schlachtsteuer aus dem Gesichtspuncte eines Praktikers. Eine Parallele, als Entgegnung auf den Verwandlungs-Vorschlag des Herrn von Bülow-Cummerow. Nebst Vorschlägen zur Beseitigung der Mängel beider Steuerarten, oder zu einer stellvertretenden Classen-Consumtionssteuer*, Giessen: Ricker

Spoerer, Mark (1998), Taxes on Production and on Imports in Germany, 1901-13, in: *Jahrbuch für Wirtschaftsgeschichte*, Nr. 1, S. 161-179

Statistik der preußischen Einkommen- und Ergänzungssteuer-Veranlagung für das Jahr 1896/97 (1898). Hrsg. v. Königlich Statistisches Bureau, Berlin: Königlich Statistisches Bureau

Statistische Uebersichten der Fabriken und vorherrschend für den Großhandel beschäftigten Erwerbs-Anstalten, der dafür arbeitenden mechanischen Kräfte und sämmtlicher Dampfmaschinen, der Handels- und Transport-Gewerbe, sowie der Handwerker im Gebiet des Zoll-Vereins. Hrsg. v. Central-Bureau des Zoll-Vereins, Berlin: Jonas 1864

Statistische Uebersichten der Waaren und Zollerträge für das Jahr 18.. Hrsg. v. Central-Bureau des Zoll-Vereins, Berlin: Jonas

Statistisches Amt der Stadt Aachen (1911), *Der Einfluß der am 31. März 1910 erfolgten Aufhebung der Schlachtsteuer auf die Fleischversorgung der Stadt Aachen*, Aachen: La Ruelle'sche Accidenzdruckerei

Statistisches Handbuch für das Königreich Württemberg (1896-1912/13). Hrsg. v. Königlich Statistischen Landesamt, Stuttgart: Kohlhammer

Statistisches Handbuch für den preußischen Staat, 1-3 (1888, 1893, 1898, 1903). Hrsg. v. Königlich Preußischen Statistischen Bureau, Berlin: Königlich Statistisches Bureau

Statistisches Handbuch für Württemberg, 23 (1914-21). Hrsg. v. Statistischen Landesamt, Stuttgart: Kohlhammer 1923

Statistisches Jahrbuch deutscher Städte (1890-1916). Hrsg. v. M. Neefe, Jena: Fischer

Statistisches Jahrbuch für das Deutsche Reich (1880-1917). Hrsg. v. Kaiserlichen Statistischen Amt, Berlin: Puttkammer & Mühlbrecht

Statistisches Jahrbuch für das Königreich Württemberg (1885-1895). Hrsg. v. Königlich Statistischen Landesamt, Stuttgart: Kohlhammer

Statistisches Jahrbuch für den Preussischen Staat (1903-1915). Hrsg. v. Königliches Statistischen Bureau/Landesamt, Berlin: Königliches Statistisches Bureau/Landesamt

Statistisches Jahrbuch für die Bundesrepublik Deutschland (1962, 2001). Hrsg. v. Statistisches Bundesamt, Stuttgart: Metzler-Poeschel

Statistisches Reichsamt (1929), *Die Staatseinnahmen aus Steuern und Zöllen im Deutschen Reich und im Auslande (Belgien, Frankreich, Großbritannien, Italien, Österreich, Vereinigte Staaten von Amerika), in den Jahren 1925, 1926, 1927 und 1928* (Einzelschriften zur Statistik des Deutschen Reichs, 9), Berlin: Hobbing

Statistisches Reichsamt (1930), *Die Ausgaben und Einnahmen der öffentlichen Verwaltung im Deutschen Reich für die Rechnungsjahre 1913/14, 1925/26 und 1926/27* (Einzelschriften zur Statistik des Deutschen Reichs, 10), Berlin: Hobbing

Statistisches Reichsamt (1930a), *Die deutsche Finanzwirtschaft vor und nach dem Kriege nach den Hauptergebnissen der Reichsfinanzstatistik* (Einzelschriften zur Statistik des Deutschen Reichs, 14), Berlin: Hobbing

Statistisches Reichsamt (1930b), *Finanzen und Steuern im In- und Ausland. Ein statistisches Handbuch*, Berlin: Hobbing

Steitz, Walter (1974), Budgetrecht und Haushaltsstruktur des württembergischen Hauptfinanzetats im 19. Jahrhundert, in: *Zeitschrift für Württembergische Landesgeschichte*, 33, S. 161-182

Steitz, Walter (1976), *Feudalwesen und Staatssteuersystem*, Bd. I: *Die Realbesteuerung der Landwirtschaft in den süddeutschen Staaten im 19. Jahrhundert* (Studien zu Naturwissenschaft, Technik und Wirtschaft im Neunzehnten Jahrhundert, 7), Göttingen: Vandenhoeck & Ruprecht

Steitz, Walter (1984), Gemeindeordnungen und Gemeindefinanzen im südwestdeutschen Raum im 19. Jahrhundert, in: Helmut Naunin (Hrsg.), *Städteordnungen des 19. Jahrhunderts. Beiträge zur Kommunalgeschichte Mittel- und Westeuropas* (Städteforschung, A19), Köln/Wien: Böhlau, S. 307-336

Stern, Nicolas (1987), The Effects of Taxation, Price Control and Government Contracts in Oligopoly and Monopolistic Competition, in: *Journal of Public Economics*, 32, S. 133-158

Struck, Emil (1882), [Rezension Falck und Kaizl], in: *Jahrbuch für Gesetzgebung, Verwaltung und Volkswirtschaft im Deutschen Reich*, 6, S. 267-270

Sumner, Michael T./Robert Ward (1981), Tax Changes and Cigarette Prices, in: *Journal of Political Economy*, 89, S. 1261-1265

Szabó, György/Christoph Hauert (2002), Phase Transitions and Volunteering in Spatial Public Goods Games, in: *Physical Review Letters*, 89, Nr. 118101

Tabellen und amtliche Nachrichten über den Preussischen Staat für das Jahr 1849, Berlin: Hayn, Bd. I (1851), Bd. V (1854)

Teschemacher, Hans (1912), *Die Einkommensteuer und die Revolution in Preußen. Eine finanzwissenschaftliche und allgemeingeschichtliche Studie über das preußische Einkommensteuerprojekt von 1847*, Tübingen: Laupp

Teschemacher, Hans (1915), *Reichsfinanzreform und Innere Reichspolitik 1906-1913. Ein geschichtliches Vorspiel zu den Ideen von 1914*, Berlin: Springer

Tetzlaff, Oskar (1912), *Finanzstatistik der preußischen Landkreise für das Rechnungsjahr 1908* (Preußische Statistik, 226), Berlin: Königliches Statistisches Landesamt

Tetzlaff, Oskar (1912), *Finanzstatistik der preußischen Provinzial- (Bezirks- usw.) Verbände für das Rechnungsjahr 1908* (Preußische Statistik, 228), Berlin: Königliches Statistisches Landesamt

Tetzlaff, Oskar (1920), *Finanzstatistik der preußischen Städte und Landgemeinden für das Rechnungsjahr 1911. Staat* (Preußische Statistik, 243), Berlin: Königlich Statistisches Landesamt

Teuteberg, Hans-Jürgen (1981), Wie ernährten sich Arbeiter im Kaiserreich?, in: Werner Conze/Ulrich Engelhardt (Hrsg.), *Arbeiterexistenz im 19. Jahrhundert. Lebensstandard und Lebensgestaltung deutscher Arbeiter und Handwerker* (Industrielle Welt, 33), Stuttgart: Klett-Cotta, S. 57-73

Teuteberg, Hans-Jürgen (1994), Die historische Entwicklung des Fleischkonsums in Deutschland neu bewertet, in: Reinhold Kluthe (Hrsg.), *Fleisch in der Ernährung*, Stuttgart/New York: Thieme, S. 1-13

Teuteberg, Hans-Jürgen/Peter Lesniczak (2001), Alte ländliche Festtagsmahlzeiten in der Phase sich intensivierender Verbürgerlichung 1880-1930, in: *Rheinisch-Westfälische Zeitschrift für Volkskunde*, 46, S. 319-353

Thier, Andreas (1999), *Steuergesetzgebung und Verfassung in der konstitutionellen Monarchie. Staatssteuerreformen in Preußen 1871-1893* (Studien zur Europäischen Rechtsgeschichte, 119), Frankfurt: Klostermann

Thier, Andreas (2000), Steuergesetzgebung und Staatsfinanzen in Preußen 1871-1893, in: Gerhard Lingelbach (Hrsg.), *Staatsfinanzen, Staatsverschuldung, Staatsbankrotte in der europäischen Staaten- und Rechtsgeschichte*, Köln u.a.: Böhlau, S. 311-333

Thier, Andreas (2001), Die Gesetzgebungsverfassung der deutschen konstitutionellen Monarchie als bewegliches System: preußische Steuergesetzgebung 1879-1893, in: Bärbel Holtz/Hartwin Spenkuch (Hrsg.), *Preußens Weg in die politische Moderne. Verfassung, Verwaltung, politische Kultur zwischen Reform und Reformblockade* (Berlin-Brandenburgische Akademie der Wissenschaften, Sonderband 7), Berlin: Akademie, S. 285-320

Thompson, I.A.A. (1998), The Decline of Spain, in: Peter Bernholz/Manfred E. Streit/Roland Vaubel (Hrsg.), *Political Competition, Innovation and Growth. A Historical Analysis*, Berlin u.a.: Springer

Thurston, Hugh (Hrsg.) (1963), *The EEC Reports on Tax Harmonization: the Report of the Fiscal and Financial Committee and the Reports of the Sub-Groups A, B and C*, Amsterdam: International Bureau of Fiscal Documentation

Tiebout, Charles M. (1956), A Pure Theory of Local Expenditures, in: *Journal of Political Economy*, 64, S. 416-424

Tilly, Richard H. (1966), The Political Economy of Public Finance and the Industrialization of Prussia, 1815-1866, in: *Journal of Economic History*, 26, S. 484-497

Tilly, Richard H. (1997), Investitionen der Gemeinden im deutschen Kaiserreich. Ein Überblick, in: Karl Heinrich Kaufhold (Hrsg.), *Investitionen der Städte im 19. und 20. Jahrhundert* (Städteforschung, A, 42), Köln u.a.: Böhlau, S. 39-59

Tooze, Adam J. (2001), *Statistics and the German State, 1900-1945. The Making of Modern Economic Knowledge* (Cambridge Studies in Modern Economic History, 9), Cambridge u.a.: Cambridge University Press

Trüdinger, Otto (1908), Die Kommunalbesteuerung in Württemberg, in: *Gemeindefinanzen*, Bd. I: *System der Gemeindebesteuerung in Hessen, Württemberg, Baden, Elsaß-Lothringen, Bayern, Sachsen, Preußen* (Schriften des Vereins für Socialpolitik, 126), Leipzig: Duncker & Humblot, S. 55-112

[Ucke, A.] (1847), *Die Mahl- und Schlachtsteuer im Vergleich zu der Klassensteuer*, Halle: Schwetschke

Uebersicht von den Staatseinnahmen und -Ausgaben mit dem Nachweise von den nachträglich zu genehmigenden Haushaltsüberschreitungen und außerplanmäßigen Ausgaben. Für das Rechnungsjahr (1862ff.), Berlin: Königliche Staatsdruckerei bzw. Reichsdruckerei

Ullmann, Hans-Peter (1996), Süddeutsche Finanzreformen in der ersten Hälfte des 19. Jahrhunderts, in: ders./Clemens Zimmermann (Hrsg.), *Restaurationssystem und Reformpolitik. Süddeutschland und Preußen im Vergleich*, München: Oldenbourg, S. 99-109

Umpfenbach, Karl (1859), *Lehrbuch der Finanzwissenschaft*, Bd. I, Erlangen: Enke

Vahlens Großes Wirtschaftslexikon (1994), 2. Aufl., 4 Bde., München: Beck/dtv

Verhandlungen der Württembergischen Kammer der Abgeordneten, Stuttgart: wechselnde Verlage 1848-1918

Verhandlungen des Hauses der Abgeordneten. Allgemeine Rechnung über den Staatshaushalt des Jahres .... nebst Anlagen, Berlin: wechselnde Verlage 1855-1914

Verhandlungen des Hauses der Abgeordneten, Anlagenbände, Berlin: wechselnde Verlage 1855-1914

Verhandlungen des Hauses der Abgeordneten. Sammlung sämmtlicher Drucksachen des Hauses der Abgeordneten, Berlin: wechselnde Verlage 1855-1914

Verhandlungen des Hauses der Abgeordneten. Stenographische Berichte über die Verhandlungen des Hauses der Abgeordneten, Berlin: wechselnde Verlage 1855-1914

Vogel, Barbara (1983), *Allgemeine Gewerbefreiheit. Die Reformpolitik des preußischen Staatskanzlers Hardenberg (1810-1820)* (Kritische Studien zur Geschichtswissenschaft, 57), Göttingen: Vandenhoeck & Ruprecht

Volckart, Oliver (1997), Einleitung: Obrigkeitlicher Wettbewerb als Faktor der Wirtschaftsentwicklung, in: ders. (Hrsg.), *Frühneuzeitliche Obrigkeiten im Wettbewerb. Institutioneller und wirtschaftlicher Wandel zwischen dem 16. und 18. Jahrhundert* (Contributiones Jenenses, 5), Baden-Baden: Nomos, S. 11-30

Volckart, Oliver (2001), Zur Transformation der mitteleuropäischen Wirtschaftsordnung, in: *Vierteljahrschrift für Sozial- und Wirtschaftsgeschichte*, 88, S. 281-310

Volckart, Oliver (2002), *Wettbewerb und Wettbewerbsbeschränkung im vormodernen Deutschland, 1000-1800* (Die Einheit der Gesellschaftwissenschaften, 122), Tübingen: Mohr (Siebeck)

Wagner, Adolph (1863), *Die Ordnung des österreichischen Staatshaushaltes, mit besonderer Rücksicht auf den Ausgabe-Etat und die Staatsschuld*, Wien: Gerold

Wagner, Adolph (1879), *Allgemeine oder theoretische Volkswirthschaftslehre* (Lehrbuch der politischen Oekonomie, 1), 2. Aufl., Bd. I, Leipzig/Heidelberg: Winter

Wagner, Adolph (1893), *Grundlegung der politischen Ökonomie*, 3. Aufl., Bd. I.2, Leipzig: Duncker & Humblot

Wagner, Adolph (1894), Die Reform der direkten Staatsbesteuerung in Preussen im Jahre 1891. Zweiter Artikel: Die Gewerbesteuerreform, in: *Finanz-Archiv*, 11 (1894), S. 1-76

Wagner, Adolph (1901), *Finanzwissenschaft*, Bd. 4: *Specielle Steuerlehre. Deutsche Besteuerung des 19. Jahrhunderts (Staats-, Communal- und Reichsbesteuerung)*, Leipzig: Winter

Wagner, Adolph (1904), *Die finanzielle Mitbeteiligung der Gemeinden an kulturellen Staatseinrichtungen und die Entwickelung der Gemeindeeinnahmen*, Jena: Fischer

Wagner, Adolph (1908), Gutachten zur Kritik der Berechnungen über die finanziellen, namentlich die Steuerbelastungen der Bevölkerungen sowie über die Vergleichungen zwischen den diesbezüglichen Daten in den verschiedenen Staaten, in: *Denkschriftenband zur Begründung des Entwurfs eines Gesetzes betreffend Änderungen im Finanzwesen*. Hrsg. v. Reichsschatzamt, Bd. III, Berlin: Reichsdruckerei, S. 114-132

Wagner, Adolph/Franz Oppenheimer (1911), Staat in nationalökonomischer Hinsicht, in: *Handwörterbuch der Staatswissenschaften*, 3. Aufl., Bd. VII, Jena: Fischer, S. 757-779

Wagner, Stefan (1980), *Die staatliche Grund- und Gebäudesteuer in der preußischen Rheinprovinz von 1815 bis 1895: Entwicklung von Steuerrecht, -aufkommen und -belastung* (Schriften zur rheinisch-westfälischen Wirtschaftsgeschichte, 31), Köln: Rheinisch-Westfälisches Wirtschaftsarchiv

Weitzel, Otto (1967), *Die Entwicklung der Staatsausgaben in Deutschland. Eine Analyse der öffentlichen Aktivität in ihrer Abhängigkeit vom wirtschaftlichen Wachstum*, Diss. Erlangen-Nürnberg

Welinder, Carsten (1956), Steuerüberwälzung und Steuerwirkungen, in: *Handbuch der Finanzwissenschaft*, 2. Aufl., Bd. II, Tübingen: Mohr (Siebeck), S. 335-356

Wentzel, Karl G. (1913), *Die Entwicklung der laufenden Rechnung Württembergs im 19. Jahrhundert*, Diss. Tübingen, Tübingen: Laupp

Werner, Eduard (1927), *Gründung, Organisation und Wirksamkeit des Steuerdirektorats in Schlesien von 1827 bis 1848 unter besonderer Berücksichtigung der Mahl- und Schlachtsteuer in Breslau*, Diss. Breslau, Breslau: Nischkowsky

Westhoff (1863), Die Klassensteuer in der Stadt Hirschberg im Vergleich zur früheren Mahl- und Schlachtsteuer, in: *Deutsche Gemeinde-Zeitung*, 2, S. 530-532

Wilson, John D. (1999), Theories of Tax Competition, in: *National Tax Journal*, 52, S. 269-304

Witzleben, Alexander v. (1985), *Staatsfinanznot und sozialer Wandel. Eine finanzsoziologische Analyse der preußischen Reformzeit zu Beginn des 19. Jahrhunderts* (Studien zur modernen Geschichte, 32), Stuttgart: Steiner

Wolff, Otto (1864), Die Mahl- und Schlachtsteuer, in: *Vierteljahrschrift für Volkswirtschaft, Politik und Kulturgeschichte*, 2, S. 168-196

Württembergische Gemeindestatistik. Zweite Ausgaben nach dem Stand vom Jahre 1907. Hrsg. v. Königliches Statistisches Landesamt, Stuttgart: Kohlhammer 1910

Württembergische Jahrbücher für vaterländische Geschichte, Geographie, Statistik und Topographie (1818-62), *Württembergische Jahrbücher für Statistik und Landeskunde* (1863-1914). Hrsg. v. königliches statistisch-topographisches Bureau, Stuttgart: wechselnde Verlage

Wüstenhoff, M. v. (1899), Verkehr und Verkehrsmittel in Berlin während der Jahre 1865 bis 1895, in: *Zeitschrift des königlich preußischen statistischen Bureaus*, 39, S. 225-294

Zeitschrift des königlich preußischen statistischen Bureaus (1861-1914). Hrsg. v. Königliches Statistisches Bureau, Berlin: Königliches Statistisches Bureau

Zur Geschichte und Kritik des ersten Vereinigten Landtages der preußischen Monarchie, Bd. IV, Leipzig: Wigand 1847

Stichwortverzeichnis

www.ingramcontent.com/pod-product-compliance
Lightning Source LLC
LaVergne TN
LVHW081333011026
849161LV00013BB/2914
* 9 7 8 3 0 5 0 0 4 0 8 8 2 *